경제 · 경제학

한국개념사총서 |11|

경제 · 경제학

이헌창 지음

小花

한국개념사총서 ⓫
경제 · 경제학

초판 1쇄 발행 / 2015년 11월 27일

지은이 / 이헌창

펴낸이 / 고화숙
펴낸곳 / 도서출판 소화
등록 / 제13-412호
주소 / 서울시 영등포구 버드나루로 69
전화 / 2677-5890
팩스 / 2636-6393
홈페이지 / www.sowha.com

값 30,000원

ISBN 978-89-8410-480-8 94300
ISBN 978-89-8410-337-5 (세트)

경제 · 경제학 / 지은이 : 이헌창, -- 서울 : 소화, 2015
p. ; cm. -- (한국개념사총서 : 11)

ISBN 978-89-8410-480-8 94300 : ₩30,000
ISBN 978-89-8410-337-5 (세트) 94300

경제학 [經濟學]
경제학사 [經濟學史]

320.109-KDC6
330.109-DDC23 CIP2015031435

| 한국개념사총서 발간사 |

19세기 중엽부터 우리 사회에 격랑을 몰고 온 인문 · 사회과학의 개념들에 관하여 혼돈 상태가 아직도 계속되고 있습니다. 몇 가지 예를 들어 봅니다. 민족과 민족주의, 근대국가와 주권, 자주와 독립 같은 핵심 개념들조차 비학문적으로 사용하고 있습니다. 이탈리아에서 19세기 통일 운동 이전의 민족과, 부활리소르지멘토을 지향하는 민족주의 운동의 원동력이 된 민족은 서로 구별됩니다. 근대국가는 서유럽에서 등장한 독특한 정치사회의 한 형식이며, 이 형식을 지탱하는 것이 주권 개념입니다. 주권은 서양의 중세 사회나 동양의 사대 질서에서 보는 통치권과는 다른 차원의 개념입니다. 자주와 정교금령은 사대 질서의 개념이며, 독립과 내치외교는 서양 공법 질서의 개념입니다. 이런 역사적 개념을 서로 구별하지 않는 것은 반反역사적은 아닐지라도 비非역사적입니다.

인문 · 사회과학의 개념은 정태적인 것이 아니라 정치 · 사회운동을 함축하고 있는 역동적인 성격을 지니고 있어서 개념사 연구는 정치 · 사회제도의 분석을 전제로 합니다. 그리고 개념들은 장소*topos*와 시간*tempo*에 따라 그 성격이 다르기 마련입니다. 그런데 이 지적 작업을 수행하는 데 세계 정치의 중심 지역 학자들보다 훨씬 어려운 위치에 놓여 있다는 것이 우리 한국 학계의 고민입니다.

우리는 외국 학자들처럼 개념의 공시적이고 통시적인 분석, 의미론이나 명의론에 안주할 수 없습니다. 우리는 여러 장소의 개념들의 충돌을 연구해야만 합니다. 더욱이 우리의 한반도는 독특한 역사적 성격을 지닌 장소입니다. 유럽 열강의 세계 팽창 대상 지역 중에서도 오지奧地에 속하는 곳입니다. 오지의 특징은 외래 개념에 대한 저항과 오해가 그 어느 지역보다 강렬하다는 데에 있습니다. 저항이 강하다는 것은 이미 지켜 온 개념들에 대한 집착이 강하다는 것을 의미합니다. 이른바 가정假晶 · pseudo-morphosis의 현상이 두드러진 곳입니다. 가정은 광물이 그 내부 구조에 따른 본래의 결정형과는 다른 결정형을 나타내는 현상을 지칭하는 광물학의 용어입니다. 다른 장소의 개념이 전파되는 경우, 본래의 의미가 왜곡되는 사회현상을 은유적으로 표현하기 위해 슈펭글러O. Spengler가 광물학에서 차용한 낱말입니다. 이런 점에서 한반도는 중국이나 일본과도 판이한 역사적 경험을 지니게 되었습니다. 오지라는 장소의 특징은 시간의 역사적 성격에도 반영됩니다. 세계 정치 중심 지역의 개념들이 뒤늦게 전파되는 특징을 지니고 있습니다. 오지와 세계사의 접목은 세계사 흐름의 최후 단계에 이루어져서 오지의 세계화는 난항을 겪게 됩니다.

그런데 한반도의 장소적인 특징은 여기에 머물지 않습니다. 같은 동북아 질서에 속하였던 중국과 일본의 변모로 동북아 삼국 사이에도 개념의 갈등이 야기됩니다. 교린 질서 안에 살고 있던 한국과 일본은 1868년부터 개념의 충돌이 시작되어 1876년까지 8년의 위기를 맞습니다. 이 위기를 거치면서 일본은 개념의 세계화 노력에 박차를 가하고 이런 개념에 의한 담론을 세계에 전파합니다.

같은 사대 질서에 살고 있던 중국이 1880년을 전후하여 사대 질서의 변형을 주장해 한국은 중국과 충돌하고 그리고 고민합니다. 유길준의 '양절체제兩截體制'라는 천재적인 직관은 사대 질서의 개념들을 서양 공법 질서의 개념으로 전환시키려는 중국에 대한 우리의 처절한 저항입니다.

이런 역사적 특징을 지닌 한반도라는 장소에서 인문 · 사회과학의 근대적인 기본 개념 형성에 중요한 시기*tempo*는 1850년에서 1950년에 이르는 1백 년이라고 생각합니다. 이질 문명권과 만나 충돌하면서 동시에 동북아 삼국 사이에 개념의 마찰이 병행하는 시기입니다. 이 시기의 개념들은 크게 세 부류로 나눌 수 있습니다.

첫째, 19세기 중엽 이전 우리에게는 알려지지 않았던 새로운 사회현상들의 전파 양상을 가리키는 개념들이 있습니다. 이런 생소한 유럽 학문 체계상의 개념들에 대한 오해는 아직도 존재하고 있습니다.

둘째, 19세기 이전에 사용되었던 개념 가운데 그 본래의 내용이 굴절되어 새로운 현상을 지칭하게 된 개념들이 있습니다. 본래의 의미와 굴절된 내용이 혼재하게 됩니다.

셋째, 19세기 중엽을 전후하여 사라진 개념들이 있습니다. 통용의 중단이 일시적인 것도 있고 다시 부활하는 경우도 있습니다. 어떤 경우이건 스스로 일어난 것이 아니라 그 배경에는 사회적인 격동이 있습니다.

이런 개념사 연구를 우리는 어떤 시각에서 어떻게 서술해야 합니까?

시간의 문제에 대해서는 공시적이고 통시적인 분석을, 그리고 장소의 문제에 관해서는 비교문명권의 입장에 입각해야 한다고 생각합니다. 우리는 이런 방법론에 따라 다음과 같은 순서로 주요 개념들을 서술할 것입니다.

먼저 동서양의 어원을 고찰합니다. 어원은 통시적 분석의 출발점입니다. 개념이 19세기 이전에도 동양 세계에서 통용된 경우에는 그 동양적인 의미와 19세기 이후의 변천 과정을 추적합니다. 그리고 19세기 중엽 새로 동양에 전파된 서양의 개념인 경우에는 서양 세계에서 통용된 의미와 동양에 전파되는 과정을 추적합니다.

그러나 서술의 중심은 한반도라는 장소에서 일어난 개념들의 해석, 번역, 굴절, 선택, 그리고 오해를 포함한 모든 충돌 현상에 관한 분석입니다. 그리고 1950년 이후 이 개념들이 한국 학계에 정착되는 데에 따르는 오늘날의 문제점들을 제시합니다. 정착 문제는 우리 학계의 수준을 폭로하는 일입니다.

이렇게 볼 때 개념사 연구는 인문 · 사회과학의 모든 분야에 걸친 연구입니다. 이른바 '전체의 역사l'histoire totale'를 시도하는 지적 작업입니다. 이런 학술 사업을 진행하기에는 우리 학계의 수준이 아직 일천하다고 걱정하는 소리도 있습니다. 그리고 개념사 연구 자체에 관한 회의와 냉소도 있습니다. 그러나 한국이라는 장소*topos*의 인문 · 사회과학 기본 개념에 관한 연구는 단지 학문상의 문제만이 아닙니다. 이 연구는 우리의 생존에 관한 현실적인 문제이기도 합니다. 개념의 정확한 인식에 의한 학술적인 담론의 세계화는 21세기에 우리가 한반도에서 한국적인 삶을 영위하기 위한 전제 조건입니다. 담론의 세계화를 이룩하지 못한 것이 1910년의 불행을 자초한 한 원인이기 때문입니다.

2008년 8월

한림대학교 한림과학원
한국개념사총서 편집위원회위원장 김용구

차례

| 지은이의 말 |

한국경제사 전공자가 경제학 개념사에 뛰어들게 된 데에는 예상하지 못한 계기가 작용하였다. 2005년 개교 1백 주년을 맞이하는 고려대학교가 1백 년사 편찬사업의 일환으로 학과별 학술사를 기획함에 따라, 저자는 해방 이전 경제학과 학술사를 맡게 되었다. 이것이 저자가 경제학 개념사 연구에 말려들게 된 첫 번째 계기였다. 보성전문학교가 1905년 문을 열었을 때 이재학전문과理財學專門科와 법률학전문과가 있었는데, 이재학전문과는 한국 최초의 경제학과였다. 그것은 1907년 경제학과로 명칭을 바꾸었다. 저자는 왜 이재학과라는 명칭을 채택하였는지를 설명하여야 했다. 만약 처음부터 학과명이 경제학과였다면, 저자는 경제학 개념사 연구에 뛰어들지 않았을지도 모르겠다.

고려대학교 경제학과의 1백 주년은 한국 경제학계에서도 뜻깊은 의미를 가졌기에, 2005년 4월 8일 이 분야의 전문가를 모셔서 본교의 경제학술 활동뿐만 아니라 한국의 경제학 발달 전반을 성찰하고 향후 과제를 모색하는 학술회의를 열었다. 2005년 4월의 발표까지 저자는 일본에서 경제학이라는 번역어의 대안으로서 이재학이 부상하였다가 결국 경제학이 최종 번역어로 정착되었다는 정도까지만 겨우 파악하는 데에 그쳤다. 4월 저자의 발표에 대한 논평 가운데 한양대학교 박찬승 교수는 중국의 량치차오梁啓超가 생계학生計學이라는 번역어를 제시하였다는 사실을 알려 주었고, 연세대학교 이제민 교수는 경제학이 economics가 아니라 political economy를 대상으로 하는 번역어로 고안되었다고 지적하였다. 이 지적들을 통해 유럽에서의 경제학 개념의 진화와 중국에서의 번역에 관해서도 공부할 필요를 느꼈다.

발표 후 일본의 번역 사정에 대한 공부를 더 하기 위해 고려대학교 도서관에서 후쿠자와 유키치福澤諭吉를 검색하다가 김연미의 2002년도 고려대학교 석사학위 논문인 「『서양사정西洋事情』의 영어 원전 번역 부분에 관한 연구 : 『*Political Economy for Use in Schools and Private Instructions*』와의 비교를 중심으로」를 읽게 되었다. 그래서 그 지도 교수인 일문과 이한섭 교수를 찾아갔는데, 마침 이 교수님은 어휘사를 전공하여 일본과 한국의 번역어에 관해 해박한 지식을 갖고 있었다. 이후 이 교수님은 번역 경위에 관련된 많은 자료를 제공해 주셨다.

2005년 4월 학술대회의 발표문과 논평문은 수정 · 보완되어 2005년 12월 고려대학교 출판부에서 출간된 『한국 경제학의 발달과 고려대학교』에 수록되었다. 그중 번역에 관한 내용은 대폭 확장되어 저자의 논문 「보성전문학교 시절의 경제학술 활동」의 제2절 제2항 "'Economics'의 번역과 학과명 변천의 배경"에 담았다. 이때까지도 저자는 경제학 개념사를 본격적으로 연구하겠다기보다는 고려대학교 경제학과의 역사를 정리하는 논문의 충실도를 높이는 차원에서 경제학의 번역 경위, 그리고 유럽에서의 경제학 개념의 변천을 적당한 정도로 공부하겠다는 의식을 갖고 있었다. 이 분야가 저자의 전공이라고 생각하지 않았기 때문이다.

저자가 경제 · 경제학의 개념사에 본격적으로 착수하게 된 데에는 2007년에 찾아온 두 계기가 작용하였다. 일본 간사이대학에서 2007년 7월 28~29일 '한자문화권 제 언어의 근대어휘의 형성 · 창출과 공유'라는 대주제로 국제심포지엄이 열렸는데, 저자는 이한섭 교수와의 인연으로 발표할 기회를 갖게 되었고 그것을 수정 · 보완한 논문 「한자문화권에서의 Political Economy와 Economics의 번역」을 『한자문화권 제 언어의 근대어휘 형성 : 창출과 공유』에 수록하였다(李憲昶 2008). 이 논문이 시모타니 마사히로下谷政弘의 「경제학과 이재학 : 메이지기 일본어 변천의 한 단면」(下谷政弘 2011), 그리고 모리 도키히코森時彦의 「청 말의 political economy의 수용 : 량치차오를 중심으로」(森時彦 2013)에서 언급된 것을 보니 기뻤다. 후쿠이현립대학 시모타니 총장은 『경제학용어고經濟學用語考』(日本經濟評論社, 2014)를 보내주었는데, 여기에 종전의 논문인 「경제학과 이재학 : 메이지기 일본어 변천의 한 단면」이 보완되어 제2장으로 수록되었다.

간사이대학의 발표가 결정된 무렵 저자는 개념사사전 편찬 사업을 추진하는 한림과학원에 경제학 관련 개념을 자문하다가, 2007년 5월 18일 한림대학교 한림과학원에서 '개념사와 경제사 · 경제학사', 그리고 '경제 · 경제학의 개념과 번역 경위'라는 주제로 발표를 하였다. 그리고 2008년에는 저자가 경제라는 주제로 한국개념사 총서의 집필에 참여하기로 정해졌다. 그런데 경제라는 개념은 경제학이라는 개념과 밀접한 관련을 맺고 있고 경제학의 변천에 따라 경제 개념이 변하기도 하였으므로, 양자를 동시에 다루는 개념사의 집필을 요청하여 허락을 받았다.

그동안 공부한 성과를 「Political Economy와 Economics의 개념 변천과 번역」이라는 제명으로 고려대학교 경제연구소의 2008년 *Discussion Paper* No.0807 http://ideas.repec.org/p/iek/wpaper/0807.html 로서 발표하였고, 지면의 제약으로 그 글 중 제4절 제2항을 모두 빼고 제2절과 제5절의 일부를 축약한 글을 한림과학원 발간의 『개념과 소통』 제2호 2008에 수록하였다.

사실 경제학이라는 개념은 유럽에서 성립하여 구미에서 진화하여 왔고, 이러한 개념의 성립과 진화에서 한국을 포함한 아시아 국가가 아직까지 기여한 바는 없다. 그렇다면 경제 · 경제학의 개념사는 기본적으로 그것이 성립하고 진화해 온 구미를 대상으로 해야 한다. 그래도 경제와 경제학이라는 한자어는 문호개방 이전 한자문화권에서 널리 사용되던 용어였다. 그래서 한국에서 경제와 경제학에 관한 개념사 연구라면 원래 한자문화권에 사용된 용어의 개념은 어떠한가, 유럽에서 형성된 경제학 개념과 어떤 점에서 통하고 또한 다른가, 어떻게 한자어 경제학이 번역어로 선택되었는가, 그리고 번역어로 선택되면서 원래 한자어의 개념이 어떻게 굴절되었는가를 다루어야 한다. 사회과학인 경제학 개념의 형성과 진화에 기여한 바 없는 한국에서는 개념사 연구가 번역의 연구와 밀접하게 결합되지 않을 수 없는 것이다. 그래서 저자는 개념사와 번역사를 결합한 연구에 착수하였다.

저자는 2008년부터 개념사 집필에 참여하기로 하였지만, 유럽 개념사 연구를 제대로 공부한 것은 2010년 한림과학원으로부터 『코젤렉의 개념사 사전』 제5권과 멜빈 릭터가 지은 『정치 · 사회적 개념의 역사』라는 번역본을 받은 이후다. 이 무렵 코젤렉의 『지나간 미래』를 구입하여 읽어 보았다. 이런 책들을 보고 경제 · 경제학이라는 개념이 성립한 사회적 배경, 그 개념의 사회적 영향에 관한 저자의 정리를 보완할 필요성을 느꼈으나 내용이 크게 변하지는 않았다. 저자가 경제사 전공자여서 이미 개념 형성 · 변화의 역사적 배경에 관심을 쏟고 있던 점도 있겠지만, 그 연구방법론을 충분히 소화하지 못한 탓이 있을 것이다.

경제학 개념사의 전공 소양이 부족한 상태에서 연구가 진행되었고 처음에는 대강 정리하는 데에 그치려다 점차 좀 더 자세히 연구하려고 방향을 전환하다 보니 작업상 우여곡절이 있었다. 일본과 중국에서의 경제학의 번역에 관해 상세히 정리한 펑톈위馮天瑜의 연구는 번역에 관한 일차 초고가 작성되던 2007년 처음 입수하였다. 만약 고려대학교 경제학과의 역사를 집필하던 2005년에 펑톈위의 논문을 보았더라면, 조선 후기 경제사의 전공자인 저자는 그 인용에 만족하여 political economy 내지 economics의 번역어에 관한 연구에 착수하지 않았을지도 모르겠다. 2007년에는 펑톈위의 논문을 보고서도 일본과 중국의 번역사에서 저자가 이바지할 여지가 있다는 자신감을 가질 수 있었다.

이 책의 초고가 완성되어 한림과학원에서 발표한 직후인 2010년

9월 『코젤렉의 개념사 사전』 시리즈 중에 '경제'라는 항목의 서적이 있다는 것을 알게 되었다. 사실 저자는 구미에서의 경제 · 경제학의 개념 변천에 대해 나름대로 기여하려는 포부를 가졌던지라 이 사실을 알고 당황하였다. 한림과학원은 저자의 요청을 받고 이 저서의 번역을 추진해 주었고 고맙게도 이 저서의 초벌 번역 원고를 2014년 5월에 보내 주었다. 그 번역서를 기다리기 위해 출판을 연기한 직후 진관타오金觀濤 · 류칭펑劉淸峰이 저술하고 양일모 · 송인재 · 한지은 · 강중기 · 이상돈이 옮긴 『중국 근현대사를 새로 쓰는 관념사란 무엇인가』 두 권을 받았다. 그전에 이 저자들이 2003년에 발표한 논문인 「'경세'에서 '경제'로 : 사회조직원칙 변화의 사상사 연구從「經世」到「經濟」: 社會組織原則變化的思想史研究」를 읽어 보았는데, 저서를 보면서 이들의 방법론을 더욱 잘 이해하게 되었다. 단편적인 자료로 개화기의 '경제'와 '경제학'이라는 용어의 사용빈도를 조사하고 그 의미를 검토해 보고 있었는데, 이한섭 교수가 2013년 7월까지 구축한 방대한 근대 문헌의 자료 파일에서 '경제 · 이재 · 생계'를 찾아 주어 유용하게 활용하였다. 그리고 이슬람권과 인도의 번역에 관한 이해가 진전되었다. 독일개념사시리즈의 경제 편 저서의 완역을 기다리면서 출간을 연기한 일이 다행이었다.

앞서 언급하였듯이 이 책은 유럽에서 만들어진 political economy, economics, 그리고 economy라는 개념이 한자문화권에서 번역되는 경위를 고찰하는 관심에서 출발하였다. 그중에도 한국에서의 번역어 사용 경위에 관한 Part 4의 집필이 가장 먼저 시작되었다. 한국에서 사용한 번역어는 일본에서 만들어졌으므로, 일본에서의 번역 경위에 관한 Part 2의 연구가 그다음으로 추진되었다. 그러다 보니 중국의 번역 상황에 대한 관심이 생겨 Part 3의 연구가 시작되었다. 저자는 애초에 political economy 내지 economics의 번역어에 대한 관심에서 출발하였으나, 그 번역 경위를 제대로 이해하기 위해 유럽에서 그 개념이 어떻게 성립하고 변천하였는가를 공부하게 되었다. 그러한 과정에서 그 개념이 오랜 역사에 걸쳐 성립되고 몇 번의 중요한 변화를 겪었으며 현대에도 진화하고 있는 사실을 알게 되었다. 그러한 내용을 Part 1에서 정리하였다.

그다음으로 번역어의 개념사에 관한 연구에 착수하였다. 이것은 Part 5에 수록된다. 개념사 저서를 구상하는 가운데 2008년에는 서유구徐有榘, 2012년에는 박제가朴齊家라는 조선 후기 실학자에 관한 논문을 쓰면서 이들의 경제사상을 개념사적으로도 고찰하게 되었다. political economy 내지 economics의 번역어 후보에 오른 용어들의 개념이 문호개방 이전에 어떻게 진화되어 왔는가에 대한 공부가 어느 정도 이루어지니, 문호개방기에 동서양의 개념이 조우하여 political economy 내지 economics의 번역이 성립하는 과정에 대한 이해가 진전되었다. Part 5를 중심으로 하는 이 내용을 2012년 11월 교토의 국제일본문화센터가 개최한 국제학술대회에서 발표하였으며, 그것을 수정 · 보완한 논문 「아시아에서 political economy의 번역어로서 등장한 제 용어의 원의原義와 그 진화」를 『동아시아에서의 지적 교류 : 핵심 개념의 재검토』에 수록하였다(李憲昶 2013c).

Part 2~5에 관한 연구를 진행하면서 한자문화권이 아닌 아시아의 다른 지역에서의 번역 상황은 어떠한가에 대한 관심이 생겼다. 한자문화권 외에 학술을 발전시킨 아시아의 주요 문화권은 이슬람 문화권과 인도문화권이라고 판단되어, 이 지역의 경제학 개념 번역에 관해 조사하였다. 그런데 국내에 전문가가 많지 않은 데다가 저자가 아랍어와 인도어에 무지하여 이 지역에 대한 지식의 획득에 특히 애로가 많았다. 2006년 10월부터 2007년 2월까지 히토쓰바시一橋대학에서 연구년을 보냈는데, 그곳 인도사 전문가인 다니구치 신키치谷口晋吉 교수를 방문하여 『아르타샤스트라Arthashastra』라는 유명한 저서가 있고 그 산스크리트어 저서명이 경제학이라는 뜻의 번역어라는 사실을 알게 되었다. 서울대학교 이은정 교수에 문의하여 이슬람권의 번역어가 이크티솨드iqtiṣād임을 알게 되었다. 이 번역어의 유래에 대해서는 이슬람문화와 역사에 권위자인 한국문명교류연구소의 정수일 소장으로부터 가르침을 받고, 정 소장님의 소개로 이슬람경제를 전공한 김동환 박사와 한국문명교류연구소의 정진한 선생으로부터 가르침을 받아 이 개념의 역사적 연원을 이해할 수 있었다. 정 선생은 2013년 10월 영국 유학을 간 이후에도 귀중한 가르침을 주었다. 그리고 서울대학교 박명규 교수는 역사적 개념에 관한 국제학술세미나에 참석하여 얻은 지식을 가르쳐 주어 인도와 이슬람권의 번역에 대한 이해를 진전시킬 수 있었다. 발표문 논문들의 일부는 2014년 Pickering and Chatto에서 출간한 *A Global Conceptual History of Asia, 1860-1940*에, 다른 일부는 2015년 옥스퍼드대학 출판부의 *Civilizing Emotions : Concepts in Nineteenth Century Asia and Europe*에 수록되어서 Part 6에서 긴요하게 활용하였다. 저자는 이슬람권이나 인도에서 경제학 개념의 번역을 종합적으로 잘 정리한 논저를 아직도 구하지 못한 상태이다. 그래서 여전히 알고 싶은 의문은 적지 않지만, 이제 대략적인 파악은 이루어졌다. 그 결과 유럽에서 성립한 경제학 개념의 세계적 전파 상황, 그 가운데 한자문화권의 특징을 대략적이나마 이해할 수 있었다. 원래는 이슬람권과 인도에 관한 내용은 Part 5의 말미에 두었다가 연구가 진전됨에 따라 2013년에 독립적인 Part 6으로 설정하였다. 이 영역에 관한 저자의 지식이 특히 부족하여 Part 6은 분량이 적다.

이 연구를 수행하면서 왜 경제학이 유럽에서 확립되었으며 한자문화권에서는 중국이 아닌 일본에서 구미 사회과학용어의 번역에서 선두에 서게 되었던가 하는 의문이 점차 커졌다. 저자는 조선 후기 경제사를 전공하고 있는데, 왜 유럽에서 먼저 근대경제를 확립하였고 아시아에서는 일본이 먼저 근대화에 성공하였던가 하는 과제를 오랫동안 의식해 왔으니, 그런 의문을 갖게 되는 것은 필연적 귀결인지도 모른다. 저자는 대학원 시절부터 왜 조선은 식민지화되었던가라는 물음에 관심을 품고 있었는데, 이 저서를 통해 한국의 경제학 수용 역량이 어떻게 형성되고 그 결정 요인이 무엇인가라는 물음에도 답하고 싶었다. 이런 물음에 제대로 답하는 것은 저자의 능력이 벗어나는 거대한 작업이라 엄두를 내지 못하고 있다가, 2013년에 들어와 불현듯 도전 욕구가 생겨 그것에 관한 독립적인 Part 7을 설정하였다. 이 글을 마무리하는 이 시점에서 저자가 가장 자신이 없는 장은 거대 담론의 Part 7이다. 그럼에도 이 과제를 다룬 것은, 저자의 글에 대한 비판을 통해 더욱 정확하고 풍부한 내용의 연구가 나올 수 있다면 연구자의 사명을 수행하는 것이 아닌가라는 생각이 들었기 때문이다.

경제학과를 졸업한 사람으로서 경제학의 개념과 번역사를 정리할 기회를 갖고, 나아가 그 성과를 단행본으로 출간하게 된 것을 행운으로 생각한다. 이 연구는 내 전공 분야가 아니라는 생각을 하다가 한림과학원 학술총서의 집필자로 정해지면서 그런 생각을 바꾸어야겠다는 마음이 들었는데, 2013년 이 글의 초안을 미리 잡아 가다 보니 이제 이 분야가 나의 전공이 되었다는 생각이 든다. 그래도 그간의 연구를 단행본으로 출간해야 하는 이 시점에서 저자의 소양과 지식이 여전히 부족함을 절감한다. 세계학계의 political economy 내지 economics의 개념 진화, 그것을 결정한 역사적 배경, 일본과 중국 학계의 번역 경위에서 미흡한 부분이 있을 것이다. 특히 동아시아 세 국가 이외의 그 번역어에 관해서는 아는 지식이 소략하다. 저자가 보지 못한 중요한 자료나 논저가 나올까 걱정이 든다. 서명을 알지만 입수하기 힘든 문헌도 있다. 그런데 더 깊고 넓게 파고드는 것은 한국경제사 연구를 본업으로 삼은 저자 개인의 힘만으로는 이미 벅찬 지경이 되었다. 추가 시간의 투입으로 더 얻을 지식의 편익보다 그 비용이 훨씬 크게 느껴진다. 게다가 책의 집필에 주어진 기한을 넘겨 이제 이 책을 향한 오랜 여정을 마치고자 한다.

지난 10년간 이 일에 전념하지는 않았고, 새로운 자료가 보이면 보완하고, 그런 것이 쌓이면 전반적으로 손을 보았다. 새로운 사실을 알게 되면 그것이 편입되는 부분의 서술 골격이 변하기 일쑤였다. 오랜만에 원고를 다시 보면 새로운 아이디가 떠오르고는 했다. 이 책이 많은 선행연구에 의존하였으나, 모든 곳에 저자의 독자적인 사실 정리와 해석이 있다는 점에서 자부심을 가진다. 이번 저술보다 새로운 지식의 발견이라는 즐거움을 빈번히 느껴 본 연구 과제를 수행해 본 적은 없다.

한 · 중 · 일 세 국가의 번역 경위에 관한 많은 문헌은 고려대학교 이한섭 교수의 덕분에 접할 수 있었다. 메이지기 일본 학계의 동향에 관해서는 박환무朴煥珷 선생으로부터 가르침을 받았다. 중국서를 중심으로 6만 권의 장서를 소장한 용인대학교 이동철 교수로부터 중국의 구미경제학 도입과 번역에 관한 정보를 얻었다. 고대 그리스 · 로마사와 경제학 개념의 어원에 관해서는 고려대학교 김경현 교수로부터 많은 가르침을 받아 이 부분이 만족스럽게 정리되었다. 이한섭 교수, 김경현 교수 등과 한 캠퍼스에 지내면서 쉽게 자문을 구할 수 있던 것은 행운이었다. 박이택 교수로부터 2013년 아메미야 다케시雨宮健의 논문을 소개받아 논문의 개선에 도움을 받았다. 유럽경제학사의 지식에 관해서는 고려대학교 박만섭 교수로부터, 유럽정치사상에 관해서는 박주원 선생으로부터 가르침을 받았다. 김효전 선생은 와세다대학에 연구 차 체류하면서 2006년 2월 20일자의 편지로 『한국경제학의 발달과 고려대학교』에 실린 졸고에 대해 격려와 더불어 여러 문제점을 지적해 주셨다. 2008년 2월 경제학 공동국제학술대회 한국경제학사 분과, 그리고 2014년 6월과 8월의 경제학사연구회에서 발표하는 행운을 누렸는데, 김균 교수와 홍기현 교수 등 여러 논평자에게 감사드린다. Part 1~4에 해당하는 글을 2007년 7월 일본 간사이대학에서 발표하고 Part 5를 중심으로 하는 논문을 2012년 11월 일본 국제일본문화센터에서 발표하였는데, 그곳에서 논평해 주신 분들에게도 감사드린다. 안병직 선생님은 「아시아에서 political economy의 번역어로서 등장한 제 용어의 원의와 그 진화」를 보시고 격려와 가르침을 주셨다. 이슬람권과 인도의 번역 연구에 도와주신 여러분에게 감사드린다. 저자도 참여하고 있는 성균관대학교 중국 식화지食貨志 연구팀의 박기수 교수, 하원수 교수, 그리고 황현 군으로부터 중국사의 가르침을 받았다. 이 저술에 관련된 질문에 도움을 주신, 언급하지 못한 여러분에게 감사드린다. 저자에게 개념사 집필에 참여하는 기회를 준 한림과학원에 감사드린다. 한림과학원에서 2007년 5월 18일과 2010년 9월 3일 두 차례 발표를 하였는데, 여기에서 받은 논평이 이 글의 개선에 도움을 주었다. 한림과학원은 개념사에 관련된 여러 저서를 제공해 주고 이 책의 집필을 위해 독일개념사시리즈 경제 편의 번역을 추진해 주었다. 예정보다 훨씬 늦게 나온 책을 기다려 주신 김용구 원장님을 비롯한 한림과학원의 여러분에게 감사드린다. 오래전부터 연구에 지장을 주던 위장 문제가 2014년 여름 심해져 연구하기 힘든 처지가 되었다. 2015년 봄에 조금 호전되었으나 충분한 검토가 어려워 걱정이 든다. 달리 생각하면 책의 마무리를 보도록 건강이 허용되어 다행이다. 고려대학교 경제학과 박사과정의 이남형 군은 중요한 정보를 제공하였을 뿐만 아니라 원고의 교정을 성실하고 유능하게 도왔다. 류재린 군과 윤영훈 군도 원고의 교정을 도왔다. 2015년 1학기 한국경제사를 수강한 학생들에게 읽혀 수정에 도움을 얻었다. 소화출판사 민성원 님의 세심한 편집에 감사드린다. 이런 수많은 도움에도 불구하고 발생한 본서의 잘못과 미비점은 모두 저자의 책임이다.

저자는 다행스럽게도 소년기와 청년기에 주위의 훌륭한 선생님들과 어른들로부터 가르침과 격려를 받을 수 있었다. 우리 집뿐만 아니라 큰댁, 고모댁, 그리고 이모댁에서 넘치는 사랑을 받았다. 중학 시절 고모아저씨의 격려를 받았으며, 대학 시절 큰아버님 · 큰자형 · 설뫼 자형 등 여러분의 격려를 받았다. 학문의 길을 어쩔 수 없이 포기하고 기업계에 투신하여 존경받는 기업가가 된 이헌조李憲祖 종

백형은 저자가 이 과제를 맡은 것을 무척 기뻐하고 학문에 힘쓰도록 격려해 주셨다. 저자의 오늘이 있도록 사랑과 격려를 베푼 집안 어른들께 이 책을 바친다. 저자는 잦은 병치레로 어릴 적부터 부모님과 큰누님 · 작은누님에게 걱정과 노고를 끼쳤고, 결혼해서는 아내 이수자에게 그러하고 있다. 그런 가운데 행복하게 보살펴 준 가족이 고마울 따름이다.

2014년 10월 고려대학교 연구실에서 완성하고 2015년 8월 보완하다

이헌창

| 머리말 |

이 책은 경제와 경제학이라는 개념의 역사적 고찰이다. 여기에서 경제는 번역어이지, 번역어가 성립하기 이전의 한자어는 아니다. 경제라는 용어가 먼저 나타났지만, 경제학이라는 학문이 성립하면서 그 대상으로 경제라는 개념이 다시 정의되었고, 경제학이 변천함에 따라 경제라는 개념도 변하였다. 그래서 이 책에서는 경제뿐만 아니라 경제학의 개념사도 다룬다.

Part 1에 대해

근대경제학은 유럽에서 성립하여 구미에서 발달하여 왔고 아시아는 그것을 도입하였다. 고전학파 경제학이 확립한 경제라는 개념은 그 수준의 학문을 갖지 못한 나라에서는 성립하기 어렵다. 그래서 Part 1은 구미 지역을 대상으로 경제와 경제학이라는 개념의 성립과 진화를 다룬다. 경제학에 해당하는 원래 영어는 political economy였다가 1875년부터 economics라는 용어가 사용되기 시작하였다. Part 1에서는 political economy와 economics의 어원 성립에서 현대적 개념에 이르기까지의 포괄적인 정리를 시도해 본다. 경제학의 변천에 따라 economy의 개념이 어떻게 변하였는지도 고찰한다.

경제학 개념사 연구에는 두 계열이 있다.

첫째, 경제학설사의 일환으로 이루어진 연구로 경제학자들이 경제학의 정의가 무엇이며 어떻게 변천하였는가를 정리하였다. 고전학파 경제학의 political economy 개념과 신고전학파 경제학의 economics 개념의 성립에 관해서는 하인츠 아른트와 피터 그뢰니웨건이 정리한 바 있다(Arndt 1984 ; Groenewegen 1985, 1987). 최근 로저 백하우스와 스티븐 메데마가 고전학파 이후 경제학 개념의 변천을 포괄적으로 정리하였다(Backhouse and Medema 2009).

둘째, 개념사의 일환으로 다룬 연구가 있다. 개념사 연구의 대표적 업적으로 라인하르트 코젤렉Reinhart Koselleck 등이 편찬하여 1972년부터 독일에서 출간된 『역사적 기본 개념 : 독일 정치 · 사회 언어 역사사전*Geschichtliche Grundbegriffe : Historisches Lexikon zur politisch-sozialen Sprache in Deutschland*』, 그리고 롤프 라이하르트Rolf Reichardt와 한스위르겐 뤼제브링크Hans-Jürgen Lüsebrink가 함께 편찬하여 1985년 이후 프랑스에서 출간한 『프랑스 정치 · 사회 기본 개념 편람 1680-1820*Handbuch politisch-sozialer Grundbegriffe in Frankreich 1680-1820*』을 들 수 있다. 전자는 경제도 다루었다. 정치적 · 사회적 개념은 '민주주의'처럼 오랫동안 사용된 개념, '국가'처럼 근대에 의미의 근본적 변화를 겪은 용어, 그리고 '파시즘'처럼 근대에 만들어진 신조어로 유형화되는데(릭터 2010 : 79), 경제 · 경제학은 두 번째 유형에 속한다. 오랜 학문적 전통을 가진 개념사 연구의 "초점 가운데 하나는 정치 · 사회사상에서 사용된 주요 개념들의 의미의 연속, 변모 및 혁신"이었다. 개념사 저술은 "개념의 의미와 기능에서 일어난 변화들을 정부, 사회, 경제구조에서의 변화와 연관"지은 점에서 "개념사를 사회사에 연결하고자" 했다(리히터 2009 : 197). 이들은 "모두 개념 및 그 역사에 대해 고도의 맥락적 분석을 시도했고, 양자 모두 사회적 · 정치적 변화를 개관한 다음 사상을 정치 · 사회구조의 변화와 연관시켰다"(릭터 2010 : 23, 34, 52). 『역사적 기본 개념 : 독일 정치 · 사회 언어 역사사전』의 일환으로 경제에 관한 저술도 이런 방법론에 입각하였다. 이는 중세 이전 economy 어원의 생성과 변화에 관한 가장 충실한 저술이고 근대에는 독일의 개념 변화에 초점을 두었다(Burckhardt, Oexle, and Spahn 1978).

이 두 계열의 연구는 연구 대상 시기와 방법론에서 상호보완성을 가지므로 Part 1에서는 그 종합화를 시도한다. 경제학사적 접근의 연구는 고전학파 경제학이 성립한 이후를 다룬 반면, 개념사적 접근의 연구는 고전학파 경제학까지를 주로 다루었다. Part 1에서는 경제와 경제학이라는 개념에 대해 어원의 성립기부터 현대에 이르기까지의 개념사를 재구성한다. 경제학사적 접근의 연구는 political economy의 개념을 주로 다룬 반면, 개념사적 접근의 연구는 economy의 개념을 주로 다루었는데, 양자를 유기적으로 관련지으면서 파악할 필요가 있다. 전자는 개념사의 방법론을 충분히 도입하지 않았고, 후자는 학설사적 접근이 약하다. 경제학의 발달에 따라 그 개념이 변화하였으므로 개념사 연구는 경제학사와 긴밀한 관련을 맺으면서 이루어질 필요가 있다. 또한 개념사의 방법론을 활용하여 경제와 경제학이라는 개념의 '연속, 변모 및 혁신'을 다루되 그 역사적 맥락도 고찰한다. 기존의 개념사 연구가 사회사적 · 정치사적 배경을 중시하였다면, 경제와 경제학의 개념사를 다루는 이 연구는 경제사적 배경에 유의하고자 한다. 물론 Part 1에서 언급하겠지만, 경제학의 개념사 또한 정치적 · 사회적 변화와 맥락이 닿아 있다. 그리고 개념은 사상의 정수라고 할 수 있으니 저자는 넓은 차원의 사상 변동을 조망하면서 개념의 성립과 변화를 고찰할 것이다.

경제와 경제학의 개념은 그 어원이 출현한 고대 그리스시대 이래 변화를 겪어 왔고 지금도 진화하고 있다. 앨프리드 마셜Alfred Marshall과 라이어넬 로빈스Lionel Robbins가 오늘날 경제학의 표준적인 정의를 내렸는데, 20세기 후반 이래 경제학의 영역 확장과 방법론 심화는 경제학 개념의 재정립을 요청한다. 그래서 경제학 개념의 내용과 변천을 탐구함은 오늘날 경제학을 성찰하고 그 개념을 재검토하는 데에도 이바지할 수 있다.

Part 2~4에 대해

Part 1이 경제와 경제학이라는 개념의 역사에 관한 연구라면, Part 2~4는 일본 · 중국 · 한국에서의 economy, political economy 및 economics라는 개념의 번역 경위를 다룬다. 사회과학인 경제학의 개념의 형성과 진화에 기여한 바 없는 한자문화권에서는 개념사 연구가 번역의 연구와 결부되지 않을 수 없다. 근대학문을 확립하지 못한 아시아에서는 유럽에서 성립한 근대학문의 개념에 꼭 맞는 용어가 없는 경우가 허다하여, 번역할 개념에 가장 맞는 용어를 모색하여야 했다. 세상을 다스리고 인민을 구제한다는 한자 경제經濟의 원래 의미는 고전학파의 political economy가 기본 고찰 대상으로 삼은 부富의 성격 · 생산 · 분배와는 부분적으로 상통하는 데에 그쳤고, 신고전학파의 economics가 기본 고찰 대상으로 삼은 희소稀少한 자원의 효율적 배분행위, 곧 합리적 선택과는 무관하였다.[1] 부의 성격 · 생산 · 분배를 종합적으로 표현하거나 희소한 자원의 효율적 배분행위를 의미하는 추상적인 개념은 유럽에서만 출현하였기 때문에, 번역상의 난관과 번역어의 모색은 불가피하였다.

일본과 중국에서의 번역 경위를 다룬 연구는 적지 않다. 오모다 소노에는 짧은 글에서 economy의 원래 의미와 그 번역어를 깊이 있게 고찰하였다(重田園江 2003). 모리 도키히코는 량치차오梁啓超의 번역어 선택에 관하여 정밀한 연구를 하였으며(森時彦 1999), 중국에서 선택된 번역어가 변하는 이면에 중국인의 경제학 이해 수준이 향상되는 것을 일본과 대비하면서 깊이 있게 고찰하였다(森時彦 2013). 펑톈위는 일본과 중국에서의 번역 경위에 관해 포괄적인 연구를 수행하였으나, 일본에 대한 설명이 소략하다(馮天瑜 2005a, 2005b, 2006). 시모타니 마사히로는 일본의 번역 경위에 관한 가장 포괄적이고 정밀한 연구를 제출하였다(下谷政弘 2014). 진관타오金觀濤 · 류칭펑劉淸峰은 방대한 중국근대사 문헌의 데이터베이스를 활용하여 경제를 포함한 8개 범주의 주요 개념을 고찰하여 번역어의 개념사 연구를 방법론

1 "'경제'라는 용어가 한자의 고전적 뜻과 심하게 다를 뿐만 아니라 그 어형(語形)으로부터 오늘날의 뜻을 도출할 수도 없다"(馮天瑜 2005a : 159).

적으로 진전시키고 번역 배경의 역사적 이해에 이바지하였다(진관타오 · 류칭펑 2010a, 2010b).

저자는 한 · 중 · 일 세 국가의 번역에 관해 고찰한 바 있었는데(李憲昶 2008), 이 책의 Part 2~4에서는 그것을 전면적으로 수정 · 확충하여 한 · 중 · 일 세 국가 모두를 대상으로 번역어의 성립 · 정착 과정을 종합적으로 고찰하였다. Part 2는 일본에서 경제학 개념의 번역 경위를, Part 3은 중국에서의 번역 경위를 다루는데, 중국과 일본에 관해서는 새로운 사실을 다수 추가하였다. Part 4는 조선에서 경제학 번역어의 수용 과정을 처음으로 포괄적으로 정리한 것이다. 동아시아 세 국가의 번역 경위를 종합적으로 정리하는 가운데 세 국가 간 번역 과정에서 영향을 주고받은 일, 그리고 번역 양상의 비교를 파악할 수 있었다. 그래서 한 · 중 · 일 각국의 개념 번역의 특징뿐만 아니라 이 동아시아 세 국가의 개념사의 전반적 특질을 해명하고자 한다.

펑톈위는 어휘사적 차원에서, 모리 도키히코와 시모타니 마사히로는 경제학설사적 차원에서 연구하였다면, 진관타오 · 류칭펑은 번역의 역사적 배경을 고찰하였다. 이 저서에서는 어휘사, 경제학설사, 그리고 역사적 배경을 다루는 관점을 종합하고자 한다. 코젤렉에 의하면, 18세기 프러시아 법전의 개정은 근대화를 지향한 관료들의 작품이며 그들이 정치적 · 사회적 · 법적 개념을 다시 정의하였다(리히터 2009). 한 · 중 · 일 세 국가에서도 구미경제학을 학습하고 그 개념을 번역하고 번역어를 수용하는 것은 근대화운동의 일환이었다.

본문에서 언급되겠지만, 일본에서 이재학理財學이라는 번역어가 대두한 것은 경제합리주의를 중시하는 새로운 시대적 조류의 산물로 보이며, 동아시아 세 국가의 엘리트층이 결국 경제학이라는 번역어를 채택한 것은 국가 부강의 절박한 필요성을 인식하였기 때문이다.[2] 일본의 관료, 정치가들이 경제 또는 이재라는 번역어를 선택한 것은 그들이 구상하는 근대국가의 청사진에 관련되기도 했다. 일본과 중국의 지식인들은 국가의 생존을 위해 서구사상을 도입하여 근대화해야 한다는 차원에서 번역어를 찾고 수용하였다는데(리히터 2009 : 216, 221), 경제학 번역어의 모색이 바로 그러하였다. 요아힘 쿠르츠는 외래 용어의 수용과 번역이 "근대 중국이라는 배경에서 독자적인 생명력을 발휘한다"고 했는데(리히터 2009 : 215 재인용), 이 지적은 한·중·일 세 국가의 경제학 번역 모두에도 해당함을 본문에서 밝힐 것이다.

Part 5~7에 대해

경제라는 한자어는 번역어가 되면서 그 의미가 변하였을 뿐만 아니라, 번역어 한자의 원래 의미가 economy라는 용어를 이해하는

2 한자에 조예가 깊지 않은 사람이 보아도 경제의 한자 의미가 고전학파의 political economy의 대상에 잘 부합하지 않음에도 불구하고 그것이 번역어로서 채택되어 정착한 것을 어떻게 이해해야 할까? 경제학은 1862년 일본에서 출판된 사전에서 처음으로 political economy의 번역어로 성립하였으나, 신고전학파의 economics의 뜻에 더욱 잘 맞는 이재학(理財學)이라는 번역어가 부상하여 경제학이라는 번역어를 압도한 적이 있다. 그러나 결국 경제학이라는 번역어가 채택된 데에서 드러나듯이, 단지 한자나 학문에 대한 지식 부족으로 인해 경제학이라는 번역이 정착하였다고 본다면 불충분한 인식이다. 그리고 번역어의 선택에는 경제학이라는 개념에 대한 이해뿐만 아니라 그 학문에 대한 사회적 요구가 중요한 역할을 하였다. 李憲昶(2008)은 이러한 점을 지적한 바 있다. 사회적 요구는 경제문제에만 국한되는 것이 아니라 어떠한 국가관이나 정치체제를 선택하는가에 따라 좌우되었다.

방식에 영향을 미쳤다. 새로운 번역어가 성립하면, 한자어의 원래 의미는 번역할 용어의 이해를 굴절시키는 프리즘이 되기도 하였던 것이다. 요컨대 아시아가 유럽의 근대 개념을 도입하는 과정은 일방적 문화 전파가 아니라 두 문명이 교류하는 과정이었다. 그런 점에서 번역된 근대 개념뿐만 아니라 번역어로 사용된 원래 개념을 이해할 필요가 있다. 경제와 경제학이라는 용어에 관한 한자문화권에서의 개념사 연구라면, 경제의 원래 의미가 유럽에서 형성된 political economy, economics 및 economy라는 개념과 어떤 점에서 통하고 또한 다른가, 양자의 개념 진화 과정에 상통하는 점이 있는가, 어떻게 한자어 경제학이 번역어로 선택되었는가, 번역어로 선택되면서 원래 한자어의 의미는 어떻게 변했는가, 그리고 한자어의 원래 의미가 번역할 용어의 이해를 어떻게 굴절시켰는가를 다룰 필요가 있다. 이러한 점들은 개념의 번역사 연구뿐만 아니라 번역어의 개념사 연구도 필요함을 보여 준다.

흥미롭게도 economy의 어원은 고대 그리스까지 소급되지만 근대에 들어와 새로운 의미를 부여받았고, 경제經濟라는 한자어의 기원이 중국 고대로 거슬러 올라가지만 번역어가 되면서 새로운 의미를 갖게 되었다. economy의 어원이 고대 그리스까지 소급되고 경제라는 용어는 중국 고대까지 소급되며, economy라는 개념이 근대에 들어와 새로운 의미를 부여받고 경제라는 개념도 그 번역어가 되면서 새로운 의미를 부여받게 되었다. political economy 또는 economics의 번역어로 등장한 한자어는 거의가 기원전에 출현하였다. 경제학이 번역어로 채택된 것은 그전의 유럽에서의 political economy 개념의 진화뿐만 아니라 한 · 중 · 일 세 국가에서의 경제 개념의 진화에 영향을 받았다. 다케나미 사토시는 도쿠가와德川시대에 "'경제'라는 용어가 개념적 · 이념적인 정책의 뜻에서 실질적인 경제정책이라는 뜻으로 이행하기 시작하는 단서"가 나타난 사실을 지적함으로써, 경제학이라는 번역어가 선택된 한 요인을 밝혔다(竹浪聰 1983 : 3). 중국과 조선에서도 그런 현상이 나타났다. 경제라는 한자의 진화가 번역어로서 선택되는 데에 영향을 미친 것이다. 다른 한편 유럽에서 경제학이라는 학문의 내용은 변천하여 왔고 그와 더불어 학문의 명칭이 변했는데, 이러한 학문의 진화 과정이 번역의 양상과 귀결에 영향을 미쳤다. 경제학의 정의 중 무엇을 따르는가에 따라 적합한 번역어가 달라질 수밖에 없다.

지금까지 번역어의 연구는 개념이 번역되어 번역어가 정착하는 시점에 집중되어, 번역어의 개념사 연구가 본격화되었다고 보기는 어렵다. 번역어 경제는 원래 존재한 한자어여서 그것이 언제 출현하고 원래 의미가 무엇인가에 관해서는 간단히 언급된 바 있다(馮天瑜 2004, 2005a, 2005b, 2006). 근대 개념과 중국어 사이의 접촉에 대해 깊이 있게 성찰한 진관타오와 류칭펑의 연구 역시 번역어의 원래 개념이 무엇인가를 언급하는 데에 그치고 19세기 중엽 양무洋務운동기부터의 시기를 주로 다루었다(진관타오 · 류칭펑 2010b). 한림과학원의 개념사 연구서 중에는 전근대 한국의 개념에 관한 자세한 고찰이 있지만, 그것만으로 독자적인 연구가 되기에는 충분하지 않다. 그런데 『역사적 기본 개념 : 독일 정치 · 사회 언어 역사사전』을 보면, 특정 개념은 원형이 시대에 따라 변형되고 대개 근대전환기에 재탄생하는 오랜 과정을 거쳤고, 경제라는 개념도 그러하였다. 한자어 경제 또한 서서히나마 진화하였고 그러한 도상에서 번역어가 되면서 새로운 개념으로 재탄생하였다.

Part 5에서는 한자문화권에서 political economy 또는 economics의 번역어로 등장한 용어들의 원래 한자어 개념이 어떠하고 어떻게 진화하여 왔는지를 다룬다. 먼저 경제와 경제학이라는 한자어가 어떻게 진화하여 번역의 대상이 되는 용어의 개념에 접근하였는가의 역사를 고찰한다. 경제학 이외에 political economy 또는 economics의 번역어 후보가 되었던 용어들, 그리고 그 개념에 접근하는 용어도 살펴본다. 이러한 고찰은 비교사적 시야에서 사상과 개념의 변천, 나아가 번역의 경위를 이해하는 데에 도움을 줄 것이다.

Part 1이 개념사, Part 2~4가 개념의 번역사라면 Part 5는 번역어의 개념사라 하겠다. 개념의 번역어 중에는 적당한 용어가 없어서 '만국공법'처럼 새로 만든 유형, '국가'처럼 그것에 대응하는 용어가 있는 유형, 그리고 그 본래 의미가 굴절되어 새로운 현상을 지칭하게 된 유형이 있는데, 경제는 세 번째 유형이다.[3] 이중 두 번째와 세 번째 유형에 대해서는 번역어의 개념사 연구를 시도해 볼 필요가 있다. 이러한 세 영역의 연구가 종합될 때, 근대 개념을 유럽으로부터 도입한 한자문화권의 개념사 연구가 완결된다고 하겠다.

Part 6에서는 개념의 번역사와 번역어의 개념사에 관한 연구의 지리적 영역을 이슬람세계와 인도까지 넓혔다. 유럽의 근대경제학

3 state는 그 의미에 맞는 한자어인 국가를 가졌지만, 조선시대의 국가 개념은 인민을 신민으로 간주하는 유교의 가부장적 국가였고, 구미 근대국가에 문호를 개방한 개항 후에는 인민을 주권의 소재로 삼고 계약에 입각한 국가 개념이 도입되었다(박상섭 2008). 이 경우 국가로 번역되더라도 개념의 성격이 변하였다. 한자어 의미를 살린 번역어 중에서 그 개념이 변한 것과 변하지 않은 것을 구분할 필요가 있는 것이다.

이 전파되기 전에 한자문화권뿐만 아니라 이슬람문화권, 인도문화권 등지에서 경제사상의 발전이 있었고 그러한 가운데 다양한 경제용어가 나타났다. 이 지역들도 자국의 언어로 경제학 개념의 번역어를 만들었다.

Part 1~6의 연구를 토대로 하여 Part 7에서는 근대경제학이 왜 유럽에서 먼저 성립하였는가, 그리고 아시아 각 지역이 유럽의 근대개념을 소화하여 자기 언어로 번역하는 역량은 왜 달랐는가에 관한 물음에 도전하였다. Part 1과 Part 7에서 설명하겠지만 경제 · 경제학의 개념 변동은 문명 전반의 발전을 반영하고 있다. Part 7에서는 역사 발전이 개념 변동을 어떻게 규정하였던가를 고찰한다.

개념사 연구는 다양한 학문의 소양을 필요로 한다. 개념사라는 명칭 자체는 개념이라는 철학영역과 역사영역을 종합하는 분야임을 드러낸다. 기존의 개념사 연구도 역사적 맥락에 유의하였으나, 역사는 부차적 영역에 불과하였다. 이 책은 역사 연구에 개념 연구와 대등한 비중을 부여함을 목표로 한다.

개념은 언어로 표현되므로 개념사는 어휘의 연구, 곧 언어학을 필요로 한다. 개념사 연구는 어휘의 의미뿐만 아니라 그 변천의 역사적 고찰을 요청한다. 경제와 경제학의 개념사를 연구하기 위해서는 경제이론의 역사, 즉 경제학사에 대한 이해가 필요하다. 나아가 해당 개념과 그 개념을 활용하는 경제이론뿐만 아니라 그런 개념과 이론의 배경을 이루는 경제사상에 대한 이해도 필요하다. 개념사를 학문으로 확립하는 데에 중대한 기여를 한 코젤렉은 사회사적 맥락을 중시하여 개념사를 통해 근대의 성립이라는 혁명적인 사건을 새롭게 조명할 수 있었다. 개념사뿐만 아니라 개념의 번역사와 번역어의 개념사를 종합하면, 동서양 간 문명교류사가 된다. 진관타오와 류칭펑은 번역어의 개념사 연구를 통해 중국근대화에 대한 이해를 진전시켰는데, 이 책은 지역적 범위를 넓혀 동아시아 세 국가의 근대화 과정에 대한 비교사적 이해를 진전시키고자 한다. 경제학 원어의 진화, 그리고 그 번역어의 성립과 진화에 관한 연구는 전근대사에 대한 새로운 통찰을 제공할 수 있다.

이상에서 알 수 있듯이 이 저서는 학제적 연구의 산물이며 세계적 범위의 비교사적 고찰이다. 저자는 경제 · 경제학의 개념사 연구를 통해 경제학술의 발전과 그 지역 차를 해명하고자 한다. 개념 변화는 학문의 발전을 반영하는데, 전자의 좁은 창으로 후자의 넓은 세계를 보려는 것이다. 이렇게 거대한 과제를 다루는 연구여서 미흡한 부분이 적지 않다. 이슬람권과 인도권에 대한 지식의 획득에 특히 애로가 많았고 조사가 불완전하다. 그리고 Part 7은 특히 저자의 역량에 비해 버거운 과제이고 대담한 가설을 필요로 한다. 저자는 확실한 사실을 정리하는 데에 그치지 않고 대담한 주장과 가설을 담는 전략을 택하였다. 달리 말해 제한적인 논거가 제시되어 충분히 검증되지 않은 가설이 적지 않다. 여기에서 제기된 주장에 대한 활발한 논의가 이루어져 여기의 과제에 대한 더욱 진전된 연구가 출현하기를 고대한다.

Part 1

economy, political economy 및 economics의 개념사

1. 고대 그리스에서 가정관리론 oikonomikos의 성립과 political economy 어원의 출현

크세노폰의 『오이코노미코스』

널리 알려진 바와 같이 economy, political economy 및 economics라는 용어는 크세노폰이 저술한 『오이코노미코스*Oikonomikos*』와 아리스토텔레스의 저술 『정치학*Politics*』에 나오는 oikonomia에서 유래하였다. 기원전 4세기 전반에 크세노폰이 저술한 『오이코노미코스』는 훌륭한 생활방식과 재산을 올바르게 쓰는 방도에 대한 장황한 서술로 시작하고 농업 경영에 가장 많은 지면을 할애하였는데, 기본적으로 가장家長의 덕목 등을 다룬 윤리학적 성격을 띠었으며 그 핵심 주제는 '사람과 재산의 관리'였다. 『오이코노미코스』는 '가정관리에 능한 자' 혹은 '가정관리자'를 뜻하는 ho oikonomikos에서 관사 ho를 빼고 편의상 형용사로 책 제목을 삼은 것이다. 그것은

ho oikonomos와 의미가 대동소이하며, 가정관리론으로 번역될 수 있다. economics의 어원인 이 그리스어는 가정을 뜻하는 oikos와 법 또는 규범이라는 뜻을 가진 nomos의 합성어다. 가정이라는 oikos, 그리고 규범 또는 관리라는 nomia의 합성어인 명사 oikonomia는 '가정관리를 위한 규범의 체계'로 번역할 수 있겠다. nomos가 구체적인 '법(규)'law · rule을 가리킨다면, nomia는 '법칙 · 규칙 · 규범 · 관리'의 뜻을 갖는 복합어의 접미사로 쓰인다.

여기에서 oikonomos나 oikonomia가 단순한 가정관리가 아니라 제도나 규범에 의한 관리라는 점에 유의할 필요가 있겠다. 이런 장점은 이 개념이 널리 보급되고 오래 살아남아 오늘날 economics라는 개념에 연결되도록 지원하였다고 생각된다.

크세노폰은 『오이코노미코스』에서 "oikonomia는 에피스테메epistēmē의 한 분야를 가리키는 이름으로서, 가정의 부富를 증식할 수 있게 한다. 그것은 한 사람의 총소유재산property과 같고 소유재산은 삶에 유용하다"라고 집약하였다(크세노폰 2005 : 118). oikonomikē와 oikonomika는 서로 교환 가능한 표기법의 형용사이지만, oikonomikos와 마찬가지로 oikonomikē technē가정관리술를 줄인 형태의 명사형으로 쓰인다고 볼 수 있다. 그런 점에서 모두 가정관리론으로 번역될 수 있다.[4]

4 김경현 교수는 크세노폰의 저서 제목인 *Oikonomikos* 앞에 남성형 정관사 ho가 붙어 있다고 가정해야 한다고 알려 주며 다음과 같이 정리해 주었다. 모두 가정관리론 내지 가정관리술로 번역될 수 있다.
oikonomikē/oikonomika = he oikonomikē technē = the art concerning management of household

가정관리론의 성립과 그 배경

가정oikos의 개념과 올바른 가정관리를 가르치는 내용은 초기 그리스 문헌에서 발견되며, 호메로스와 헤시오도스의 시대에 가정은 이미 사회의 기본 개념이었다. 그것은 비혈연자도 포함하는 가족공동체이며, 사회의 기본 단위일 뿐만 아니라 생산과 소비의 단위였다. 초기 그리스 시문詩文의 중심 주제 가운데 하나는 가정을 잘 관리하는 것이었다. 호메로스의 시대에 가정은 자급자족으로 운영되었으나, 기원전 5세기부터 도시시장이 발전하면서 그 영향을 받게 되었다. 예컨대 페리클레스는 자기 가정 경영의 수확물을 모두 판 다음 필요한 재화를 시장에서 하나씩 사들였다(Burckhardt, Oexle, and Spahn 1978 : 513~520). 그러한 가운데 가정관리론이 성립하였다고 할 수 있다.

로마법에서 가부장권pater familias은 자녀와 부인과 노예에 대한 지배권, 그리고 자기 재산에 대한 지배권을 포괄하는데(高木正道 1982 : 92~97), 그리스어 oikos는 라틴어 familia에 비해 재산 쪽에 더 역점을 두는 뜻을 가졌다(핀리 1993 : 15). 폴리스polis에서는 일반적으로 농지를 소유하고 있으며 중무장 보병이 될 수 있는 남성이 시민권을 가질 수 있었다. 기원전 5세기 아테네의 급진적 민주정에서는 농지가 없는 사람도 시민권을 갖게 되어 시민 5만 명 중 약 5천 명은 농지가 없었다(Thomas 2000b : 56, 59). 그리고 아테네 시민 5만 명 중 80퍼센트 정도가 노예를 소유하였는데 부자는 5~8명, 보통 시민은 2~4명의

oikonomikos = ho oikonomikos = the one who is experienced in management of household
→ the art concerning management of household

노예를 가졌다(雨宮健 2012 : 25). 그렇게 보면 oikonomia는 pater familias와 같은 지배권을 가진 가장이 공동생활과 생산의 단위인 가정을 관리하는 것을 말하며, 그에 관한 담론이 『오이코노미코스』인 것이다. 전근대에는 기업 대부분이 가족기업이어서 가정은 소비뿐만 아니라 생산의 주체였다. 전근대에는 가정과 국가가 2대 경제 주체였으므로 가정관리의 경제적 의의는 컸다.

기원전 4세기 초에 집필된 플라톤의 『소크라테스의 변명Apologia Soaratis』은 가정관리를 의미하는 oikonomia 개념뿐만 아니라 그에 관련된 중요한 개념으로서 돈놀이의 뜻을 담은 chrematismos에 대해서도 처음으로 언급하였다. 플라톤은 윤리적 시민이 폴리스에서 행복하게 공존하기 위한 문제의식 아래 이윤 추구에 대한 엄격한 제한을 의도하였다(Burckhardt, Oexle, and Spahn 1978 : 520). 플라톤의 가정관리론을 크세노폰은 경제학적으로, 아리스토텔레스는 정치학적으로 발전시켰다고 하겠다. 또한 크세노폰은 플라톤과 아리스토텔레스보다 농업의 상업화 경향에 더욱 관용적이었다(Burckhardt, Oexle, and Spahn 1978 : 524).

아리스토텔레스의 기여와 한계

가정oikos이 경제적 기능을 존립 요건으로 하는 사회의 기본 단위라면, 그것들로 구성된 폴리스 곧 국가는 정치조직이었다. 아리스토텔레스는 『정치학』에서 국가를 연구하기에 앞서 제1권에서 가정관리oikonomia를 먼저 다루었다. 아리스토텔레스의 제자의 저술로 간주되는 『오이코노미카Oikonomika』는 '가정관리술' 혹은 '가정학'으로 번역될 수 있는데, 총 기획적 학문인 정치학에 편입되어 있었다. 이 서명은 오이코노미코스oikonomikos라는 형용사의 중성복수형인 'ta oikonomika things concerning oikonomia'로 영어의 economics, politics처럼 복수형으로 쓴 것이다. 아리스토텔레스는 『니코마코스 윤리학*Ethica Nichomachea*』의 제1권 제1장에서 가정관리론oikonomikē의 목적이 부라고 하였다(아리스토텔레스 2006 : 13~14).

아리스토텔레스가 가정관리를 다룬 『정치학』 제1권의 제4장은 "재산krema은 가정의 일부이고 재산 획득 기술kretike은 가정관리의 일부이다"라는 구절로 시작한다. 그리고 제8장은 재산과 부의 획득 기술을 다루면서 그것이 가정관리 기술의 일부라고 한다. 부는 가정 또는 국가가 사용하는 도구의 집합으로 정의된다. 가정 운영의 기술은 가정의 자원 사용을 다루고, 재산 획득 기술은 가정 운영의 일부였다. 아리스토텔레스는 재산 획득 기술의 일종인 chrematistike를 가정의 운영에 관련된 자연스러운 욕구를 충족하는 행위와 부의 무한한 획득을 위해 이윤을 추구하는 부자연스러운 상행위kapelike로 나누었다. 전자는 농업, 수렵, 전쟁, 필요한 물품의 교환행위 등을 포함한다. 아리스토텔레스는 상행위로 거래하는 한편이 이윤을 남기면 다른 한편은 손해를 본다고 보아 이윤 추구의 상행위에 윤리적 정당성을 부여하지 않았다. 그는 이자 대부도 부자연스럽고 증오의 대상이라고 보았다. 가정관리에서는 재산을 잘 유지하는 것 못지않게 인간관계를 잘 유지하는 것이 중요하다. 『정치학』에 의하면, 국가polis의 기본 단위인 가정의 관리론 oikonomikē와 국가의 관리론인 politics 모두 도덕적으로 선한 삶의 달성에 기여해야 한다. 훌륭한 삶을 위해 존속하는 국가는 자연의 산물이며, 인간은 본성적으로 정치적 동물zoion politiken인 것이다. 아리스토텔레스에게 가정oikos은 여러 명의 노예를 포함하여 상층민, 주로 귀족의 가정을 의미하였다. 아리스토텔레스는 상업화되어 가는 민주정을 비판하고 귀족의 도덕적 삶을 실현해 줄 정치체제를 추구하였던 것이다(아리스토텔레스 1983 : 제1권 ; Wood and Wood 1978 : 227~237).[5] 그런 점에서 『정치학』은 성인과 군자의 도덕적 통치라는 유학의 정치 이념과 통하는 면을 가졌다.[6]

아리스토텔레스에 있어서 개인은 폴리스를 떠나서는 행복과 존재 가치를 실현할 수 없었다. 경제론을 정치학에 종속시킨 입장은 그런 관점에서 파생된 것으로 보인다. 아리스토텔레스는 경제의 개념을 규범적으로 제한하여 사용하였고 폴리스로부터 독립한 경제 행위에 관한 연구를 고려하지 않았다. 『니코마코스 윤리학』에 나오는 유명한 교환비율의 분석은 공동체의 정의를 고찰하는 일환으로 이루어진 것이다. 이러한 패러다임을 벗어나 경제를 자율적인 행동 영역으로 인식하게 된 것은 18세기에 들어와서였다(Burckhardt, Oexle, and Spahn 1978 : 522~524).

고대 그리스인은 지식의 탁월성을 학술적으로 추구하여 테크네technē와 에피스테메라는 개념을 만들어 그 내용을 풍성하게 하였다. 기술적 · 예술적이면서 엄밀한 지식인 테크네가 먼저 성립하였다.

5 아리스토텔레스에게 도덕적 삶의 귀족은 공자가 말하는 군자와 그렇게 다르지 않았다. 플라톤과 아리스토텔레스는 공자와 마찬가지로 도덕적 엘리트에 의한 정치체제를 추구하였던 것이다.

6 고대 그리스에서 영리 추구의 상업을 천시하는 관념은 아리스토텔레스에 국한되지 않는다. 시민이 무역으로 돈벌이하는 것을 금지하는 법률이 제정되기도 하였으며, 상인을 폴리스의 주된 영역인 아고라에서 배제하자는 제안도 있었다(Thomas 2000b : 60).

테크네는 오늘날 art와 technology 모두의 어원으로서 예술과 기술을 합친 개념이며 기예技藝로 번역된다. 애초에 에피스테메는 '지식'이라는 개념이었는데, 아리스토텔레스에 이르러 원리와 인과관계를 탐구하고 귀납과 연역을 통해 증명할 수 있는 이론적 지식으로 과학에 접근하는 개념이 되었다. 그리스문명의 영향을 직간접적으로 받지 않고 이렇게 수준 높은 지식 개념을 성립시킨 지역은 달리 없는 것으로 보인다. 아리스토텔레스는 에피스테메라는 차원 높은 사유를 『정치학』, 『니코마코스 윤리학』 등에서 구현하였다. 크세노폰은 『오이코노미코스』에서 가정관리에 관한 지식을 에피스테메로 보았는데, 아리스토텔레스는 『정치학』에서 가정관리oikonomia가 테크네라고 하였다(Leshem 2013 : 57). 아리스토텔레스는 『정치학』이 이론적 인식을 체계화한 에피스테메인 반면, 그 하부체계인 oikonomika는 그러한 수준에 이르지 못한 지식으로 간주한 것으로 보인다. 여기에 관한 자세한 설명은 part 7로 미룬다.

oikonomia의 의미 확장과 political economy 어원의 출현

원래 가정관리를 의미한 oikonomia는 기원전 3세기 전후에는 모든 형태의 조직이나 경영을 가리키게 되었고, 공공세입의 관리라는 의미로도 사용되었다(핀리 1993 : 18~19). 기원전 4세기 후반 아테네의 웅변가 디나르쿠스(Dinarchus 1, 97)는 '폴리스에 관련하여'라는 의미의 kata ten polin이라는 부사구와 '관리'라는 뜻으로 변한 oikonomia라는 단어를 결합하여 "oikonomia kata ten polinmanagement in relation with polis"이라는 표현을 사용했다. 아리스토텔레스의 제자의 저술로 간주되는 『오이코노미카』에서는 oikonomia의 개념을 관리 혹은 경영의 의미로 사용하고 있을 뿐 아니라 가정을 넘어 폴리스의 관리라는 의미로 확장되고 있다(Zoepffel 2006).

이렇게 oikonomia에서 '가정'이라는 의미가 탈각되면서 political economy에 해당하는 그리스어가 나오게 되었다. 군주제가 대세였던 헬레니즘시대인 기원전 2세기 말 그리스 철학자 필로데모스(Philodemus, Rhetorica II, 32, 9)는 '군주의 국가관리'라는 의미로 politike oikonomia를 사용하였고, 이 용어는 재정관리의 의미도 포함한다. 기원전 4세기 아테네에서는 이미 '재정관리'라는 뜻의 oikonomia가 사용되었는데(Zoepffel 2006 : 55) 재정 관리라는 의미의 politike oikonomia는 군주제가 대세인 헬레니즘시대에 들어와 빈번히 사용되었던 것으로 보인다. 가정관리인 oikonomia의 담론에 해당하는 『오이코노미코스』나 『오이코노미카』 같은 저술이 있었지만, 국가관리인 politike oikonomia의 담론에 해당하는 저술은 없었다. 그래서인지 국가관리론이라는 그리스어는 없었던 것이다. 가정관리론인 oikonomikos이건 국가관리인 politike oikonomia이건 부의 관리를 중요한 과제로 삼은 점에서 오늘날 경제학에 접근할 소지를 가졌다.

2. 고대 로마와 중세 유럽에서의 그리스 oikonomia 개념의 계승

그리스의 경제학은 로마에 전해졌다. 『오이코노미코스*Oikonomikos*』의 영향력은 로마시대까지 강력하여, 키케로Marcus Tullius Cicero, B.C. 106~B.C. 43는 그것이 농업이나 재산관리에 얼마나 설득력이 있는 논의를 전개하고 있는지 감탄하였다(크세노폰 2005 : 218). 그런데 고대 로마에서 경제학의 이론적 · 개념적 발전은 없었다.

oikonomia는 라틴어로 œconómĭa이고, oikonomikos는 œconómĭcus이다. oikonomikos나 œconómĭcus는 남성형용사이고, 후자의 여성 또는 중성복수가 *Oikonomika*를 번역한 *Œconómĭa*이다. 그리스어보다 라틴어에서는 중성복수형 œconómĭa를 더욱 빈번하게 쓰고 있다. 라틴어 œconómĭa는 가정관리에서 나아가 화술과 작문법을 포괄하기에 이르렀다. 이 광의의 라틴어를 프랑스어 oeconomie 또는 économie가 인계하였고, 여기에서 영어 economy가 나왔다.

고대 그리스 학문이 중세 유럽에 전해지면서 가정관리를 의미하는 œconómĭa가 다시 등장한다. 고대 그리스에서와 마찬가지로 중세 유럽에서도 집haus, 곧 가정은 사회의 기본 토대였고 물질적 · 인간적 관계를 포함하였다. 아리스토텔레스학파는 실천철학을 개인의 학문인 윤리학, 가정의 학문인 oeconomica, 그리고 공동체의 학문인 정치학으로 나누었는데, 이러한 학문체계는 중세 초기 유럽에도 전해졌다. 유럽인은 12세기부터 아랍어로 번역된 아리스토텔레스의 저술 등을 번역하여 고대 그리스의 학문을 학습하면서 학문을 발전시켰다. 고대 그리스에서와 마찬가지로 중세 유럽에서 œconómĭa는 하나의 기예ars로서 일정한 규칙에 따라 이루어지는 활동인 동시에 체계적으로 정돈된 지식이었으며, 또한 실천과학과 윤리학의 일부이자 경영철학이었다. 토마스 아퀴나스는 『니코마코스 윤리학』에 대한 논평에서 개인의 윤리, 가정의 윤리, 그리고 정치학이라는 삼분법을 옹호하였는데, 가정관리론ars yconomica은 가정의 기예이고 그 목적은 부라고 하였다. 이후에도 삼분법의 저술들이 나타났으며, 이 삼분법은 유교 경전인 『대학』에 나오는 수신, 제가 및 치국에 대응하여 흥미롭다. 『가정관리*Yconomica*』라는 책을 집필한 독일학자 메겐베르크Konrad von Megenberg, 1309~1374는 수신, 가정관리 및 정치를 도덕철학의 일부로 보았다. 이탈리아의 알베르티Leon Battisa Alberti, 1404~1472가 아리스토텔레스와 크세노폰의 사상에 기초하여 1434~1441년에 저술한 『집에 관하여*Della famiglia*』의 제3권은 '가정*Familie* : 가정관리*Economicus*'이다. 여기에서 알베르티는 신실하고 세심한 관리자로서 가장의 검소함이 집의 흥망을 좌우한다고 하였는데, 이 검소함은 인색과 낭비 사이의 중용을 말한다(Burckhardt, Oexle, and Spahn 1978 : 526~543). 이것은 Part 6에서 살펴볼 중세 이슬람세계의 검소함과 통하는 개념이어서 흥미롭다. 이슬람사상의 영향인지, 아니면 중용을 중시하는 아리스토텔레스사상의 자연스러운 결과인지는 확실하지 않다.

오토 브루너Otto Brunner에 의하면, oikos로부터 발전한 ökonimik라는 용어는 18세기까지는 집 전체에 대한 가르침에 다름 아니었고 시장에서의 이윤 추구행위를 수용하지는 않았다. 고대 그리스어 oikonomia는 아리스토텔레스의 권위에 의해 중세 유럽에서 윤리 및 정치와 더불어 실천철학의 교육 내용으로 남았다. 동시에 시장에서의 이윤 추구를 부정적으로 보는 관점 또한 계승되어 그것이 좀처럼 경제라는 용어에 수용되지 못하였다. 11세기 이후 유럽에서는 상업과 도시시장이 성장하였고 상인의 이윤 추구행위를 정당화하는 관점이 나타났다. 그러한 가운데 시장 거래를 둘러싼 경제적 사고는 스콜라철학의 가격 · 이윤논쟁 등에서 나왔다. 중세 유럽에서는 가정과 시장에서 각각 출발한 경제사상이 대립하고 있었던 것이다(Burckhardt, Oexle, and Spahn 1978 : 511~512, 544~550).

3. 근세 유럽 중상주의시대 political economy 용어의 대두

근세 프랑스에서 oeconomie politique의 성립

근세는 근대 초기early modern를 말한다. 유럽 근세는 16~18세기에 걸쳐 있다. 이 시기는 유럽 주도로 자본주의적 세계체제가 형성되었으므로, 세계사적으로 근세라 할 수도 있다. 산업혁명으로 경제가 지속적으로 성장하여 생활수준이 향상되면, 근대경제의 확립을 말할 수 있다.

중세 기독교에서는 교회를 '신의 가정'으로 보는 사고가 성립하였다(Burckhardt, Oexle, and Spahn 1978 : 533~534). 그러한 가운데 economy는 신의 섭리로서 완전한 질서를 의미하게 되었다. economy의 그리스어 어원에 나오는 규범적 요소가 확충된 것으로 볼 수 있겠다. 이런 중세의 개념이 경제질서의 원리를 탐구하는 과제를 자극하였는지도 모른다. 중세의 economy라는 개념을 '인간 정치집단의 질서 있는 관리'라는 의미로 확장하려면, political이라는 형용사를 붙이면 되었다. 이러한 '정치체제의 질서'라는 의미로 18세기 프랑스에서 l'économie politique라는 용어가 사용되었다(木崎喜代治 1978 : 3~4).

17세기 프랑스에서 국민국가 건설의 시대적 요구는 공공행정이라는 의미의 oeconomie politique라는 용어를 대두시켰다(Groenewegen 1987). 프랑스에서 처음으로 oeconomie politique를 사용한 것은 국가와 경제의 관계를 설명한 마예른튀르케Louis de Mayerne-Turquet의 1611년 저서로 알려져 있다(King 1948). 1615년에는 프랑스의 제조업자 몽쉬레스티앵Antoine Montchrestien de Watteville이 저서명에 '국가의 질서 있는 통치'라는 의미의 'l'Oeconomie politique'라는 표현을 사용하면서 부의 원천, 상업 활동, 식민지문제 등에 많은 지면을 할애하였다(重田園江 2003). 기원전 4세기에 크세노폰이 economics의 어원을 제목으로 삼은 저서를 편찬하였고, political economy가 제명에 들어가는 저서는 17세기 초 프랑스에서 처음 나왔던 것이다. 헬레니즘시대에 politike oikonomia라는 용어가 출현하였는데, 여기에서 oeconomie politique라는 용어가 나왔는지, 아니면 이 용어를 모른 채 국가관리라는 프랑스어가 고안되었는지는 연구 과제로 남긴다.

인간과학 또는 도덕철학의 분화와 경제학

아리스토텔레스는 정치학이라는 학문을 확립하였는데, political economy가 근세 유럽에서 학문으로 확립되는 역사는 정치학에서 분화되는 과정이었다. 중농주의학파重農主義學派가 성립하기 이전에 프랑스의 oeconomie politique는 오늘날 정치학 · 행정학의 내용을 중심으로 하였지만(Arndt 1984), 정치학과 경제학의 분화가 시작되고 있었다. 1751년부터 디드로Denis Diderot 등이 간행하기 시작한『백과전서百科全書』 제1권의 첫머리에는「인간 지식의 체계적 도시圖示」가 있다. 여기에서 이성의 영역인 철학은 자연과학, 인간과학Science de l'homme, 신의 과학 등을 포괄한다. 그리고 인간과학에는 도덕, 논리 등의 영역이 있다. 도덕과학은 특수한 것과 일반적인 것으로 나뉜다. 특수한 것이 법의 과학이며, 그것은 다시 자연적인 것, 경제적인 것, 그리고 정치적인 것으로 나뉜다. 정치학과 경제학의 분화가 완료되는 데에는 시간이 더 걸렸다. 그래서 장바티스트 세Jean-Baptiste Say는 1803년 발간한『경제학개론*Traité d'Économie Politique*』에서 "인간은 오랫동안 고유의 정치학la Politique, 결국 사회조직의 과학과 경제학l'Économie Politique을 혼동해 왔다. 경제학은 사회의 필요를 만족시키는 부가 어떻게 형성되어 분배되고 소비되는가를 가르치는 것이다. 그런데 부는 정치조직과는 본질적으로 관계가 없다"고 주장하였다(木崎喜代治 1978 : 4~7, 12).

영국에서는 프랑스보다 political economy라는 용어의 대두가 늦었지만, 근대경제학으로의 진화가 프랑스보다 늦은 것은 아니었다. 여기에서 근대경제학이란 중농주의학파 · 고전학파 이래 사회과학으로서 성립한 경제학을 의미한다. 경험론적 방법론을 중시한 베이컨Francis Bacon, 1561~1626과 수학적 방법론을 중시한 홉스Thomas Hobbes, 1588~1679의 영향을 받은 페티William Petty, 1623~1687는 새롭게 성립한 국민국가의 거시경제현상을 측정한 선구자였다. 그와 교류한 그런트John Graunt, 1620~1674는 최초의 인구학자라 할 수 있으며, 킹Gregory

King, 1648~1712은 이들의 분석을 확장하고 체계화하였다. 페티는 "사회현상의 분석에 수량적 방법을 도입하고자 의도하였으며" 페티의 저서명인 『정치산술*Political Arithmetic*』은 "사회현상의 분석에 수량적 방법을 도입하고자 의도하는" 학문의 성격을 잘 보여 준다. 이들의 저술은 "국민 계정과 역사인구학을 특징짓는 거시경제적 접근, 그리고 그 개념과 방법의 근대성"을 가진 것으로 평가된다. 이들의 방법론은 19세기에 들어서야 더욱 높은 수준으로 발전하였다(Spiegel 1991 : 120~127 ; Roncaglia 2006 : 55-58 ; Maddison 2007 : 249~250, 287).

영국에서 헤일스John Hales, 1584~1656는 1581년의 저서에서 경제학이 도덕철학moral philosophy의 한 분야라는 전통을 수립하였다(Spiegel 1991 : 83~85). 이후 경제학은 프랑스에서와 마찬가지로 도덕철학에서 분화되면서 전문 과학으로 성립하였다. 1724년 글래스고대학의 철학 교수이자 애덤 스미스Adam Smith의 스승인 프랜시스 허치슨Francis Hutcheson, 1694~1746은 라틴어로 쓴 『도덕철학 입문*A Short Introduction to Moral Philosophy*』을 출간하고 그 5년 후 영역본을 냈으며, *The Principle of Oeconomics and Politics*라는 표제가 붙은 제3권에서는 가정관리와 정치를 다루었다. oeconomics는 여전히 가정관리론이며 politics와 더불어 도덕철학에 속했던 것이다(핀리 1993 : 13~14). 영국에서는 고전학파가 성립하기 직전까지 그리스어 어원은 강한 영향력을 행사하였고 political economy라는 용어의 사용은 프랑스보다 1세기 이상 늦었다. 애덤 스미스는 도덕철학을 자연신학 · 윤리학 · 법학, 그리고 expediency로 나누었는데, expediency는 정치학과 경제학으로 구성되었다. 자연신학으로부터 인간 심성의 원리가 고찰되고, 그로부터 윤리학의 근거가 마련된다. 법학은 정의의 원리에 기초한 법률체계, 그리고 expediency 또는 사회적 효용의 원리에 기초한 법률체계로 나뉜다. 그런 점에서 윤리학이 정의의 법학을 설명해 줄 수 있으며, 사회를 지탱하는 지주인 정의를 다루는 법학이 경제학의 토대를 이룬다(Spiegel 1991 : 224 ; 김광수 2005 : 제2장).

제임스 스튜어트의 political economy 정의

영국의 마지막 중상주의자인 제임스 스튜어트James Steuart가 1767년에 출간한 『경제원리의 탐구*An Inquiry into the Principles of Political Economy*』라는 방대한 책은 인구와 농업, 무역과 공업, 화폐, 신용 및 과세를 대목차로 한 데에서 드러나듯이 경제생활을 주된 내용으로 삼았다. 중상주의학파는 political economy의 내용 속에 경제의 비중을 늘렸던 것이다. 영국에서 처음으로 political economy라는 용어를 사용한 이 책은 "단일의 거대한 개념체계a single great conceptual system를 만들려는 시도"로 평가되기도 한다(Spiegel 1991 : 202, 215 ; Skinner 1998). 영국의 마지막 중상주의자인 스튜어트를 거치면서 경제에 관한 담론은 경제에 관한 학문으로 발전하였다. 제임스 스튜어트는 이 저서의 제1권의 서문에서 economy가 가정을 대상으로, political economy가 국가를 대상으로 모든 욕구wants를 충족하는 art라고 정의하였다.[7] 책의 내용으로 보아 그 욕구는 경제적인 것이다. 당시 art는 기술skill이라는 의미였고, 그런 기술이 필요한 일부 학문 분야를 지칭

7 "Oeconomy, in general, is the art of providing for all wants of a family, with prudence and frugality. …What oeconomy is in a family, political oeconomy is in a state"(Steuart 1998).

하기도 했다(Williams 1983 : 41). 이것은 political economy에 대한 최초의 본격적인 학술적 정의로, 중상주의 경제학의 다음 단계인 고전학파 경제학이 정립한 근대적 경제학 개념에 이르는 과도 단계를 보여 준다. 중상주의시대가 근대경제의 전사前史를 이룬 것처럼, 중상주의 경제학은 근대적 경제학 개념을 배태하는 의의를 가졌던 것이다.

스튜어트가 "What oeconomy is in a family, political oeconomy is in a state"라고 정의한 것으로 보건대, 여기에서 political economy는 학문의 명칭이 아니라 economy와 마찬가지로 경제학이라는 학문이 대상으로 하는 내용으로서 경제로 번역되어야 할 것이다. 앞에서 언급하였듯이 고대 그리스에서 politike oikonomia는 국가관리라는 의미이고 그 담론을 의미하는 그리스어는 없었는데, 스튜어트가 political economy의 개념을 정의할 때까지도 사정은 마찬가지였다. 여기에서 주목할 사실은 중상주의 경제학의 성숙과 더불어 제임스 스튜어트의 정의에서 물질적 욕구의 충족이라는 오늘날 경제라는 개념이 나타나기에 이른 점이다. 그리고 스튜어트의 economy 정의에서 그 원리로서 절약frugality이 나온다.

4. 18세기 후반 고전학파 경제학에 의한 근대적 political economy 개념의 성립

고전학파와 중농주의학파의 근대적 political economy 개념

고전학파 경제학의 단계에 이르러 사회과학으로서 political economy가 확립되면서 그 개념은 근본적인 변용을 겪었다. 1758년 출간된 프랑수아 케네François Quesnay의 『경제표經濟表 · *Tableau économique*』와 1776년 출간된 애덤 스미스의 『국부론*An Inquiry into the Nature and Causes of the Wealth of Nations*』은 근대학문으로서 경제학의 초석을 놓았다. 케네는 중농주의의 대표적 인물이며, 스미스는 고전학파의 창시자이다. 케네에게 économie란 가정이나 국가의 관리가 아니라 국가의 경제순환을 표현하는 의미로 변했다(重田園江 2003). 『국부론』의 「제4편 경제학의 학설체계Of Systems of Political Economy」의 첫머리에서 스미스는 다음과 같이 스튜어트보다 구체적으로 학문의 정의를 제시하였다.

경제학은 정치가나 입법자를 위한 과학의 한 분야로 두 가지 목적이 있다. 첫째, 인민에게 풍부한 수입이나 생활 자료를 제공하는 것, 더욱 정확하게 말하면 인민이 스스로 충분한 수입이나 생활 자료를 얻도록 하는 것이다. 둘째, 공공서비스를 공급하는 데 충분한 수입을 국가에 제공하도록 하는 것이다. 경제학은 인민과 국가 모두를 부유하게 하려는 것이다.[8]

제임스 스튜어트가 사용한 political economy는 경제학이라기보다 경제로 번역될 성질임을 언급하였는데, 스미스에게 그것은 경제학으로 번역될 학문명이었다. 애덤 스미스가 political economy를 '정치가나 입법자의 과학의 한 분야'로 보는 것은 국가정책론의 관점에서 접근하는 중상주의학파의 유산을 반영한다. 그러면서도 스미스의 political economy는 중상주의 경제학처럼 국가관리의 경제정책론이 아니라 인민이 수입과 생활 자료를 얻고, 나아가 국가가 공공서비스를 공급하도록 수입을 증대하는 방안을 탐구하는 학문, 달리 말해 국부國富의 성격과 경제성장의 요인을 탐구하는 학문으로 질적 변혁을 이루었다.[9] 스미스는 자유롭게 계약을 맺는 개인들의 사회에서 분업이 점차 정교해지면서 노동생산성이 향상하고 나아가 경제가 성장함을 보여 주었다. 그는 이기적인 인간들이 활동하는 경쟁적인 시장이 자기조정력을 가짐을 입증하였다(하일브로너 · 밀버그

8 "Political economy, considered as a branch of the science of a statesman or legislator, proposes two distinct objects: first, to provide a plentiful revenue or subsistence for the people, or more properly to enable them provide such a revenue or subsistence for themselves; and secondly, to supply the state or commonwealth with a revenue sufficient for the public services. It proposes to enrich both the people and the sovereign."

9 "고전학파 경제학은 국부와 경제성장을 다루었다"(Backhouse and Medema 2009 : 222).

2010 : 144~158). 스미스는 "분업을 낳는 것은 교환의 힘이므로 분업의 범위는 늘 시장의 크기에 의해 제한된다"라고 하여 시장을 성장의 원동력으로 보았다.

제임스 스튜어트와 애덤 스미스의 political economy 정의는 프랑스 학계에 수용되었다(Groenewegen 1985). 프랑스에서 이 용어가 처음 대두되었을 때에는 '정치체제의 총체적인 질서를 유지하기 위한 통치'를 의미하였다. 그러다 18세기에 통치자의 의지와 무관하게 인간의 자유로운 행위의 결과인 자연적인 질서가 존재한다는 인식이 확산되면서 political economy의 대상은 국가 통치로부터 정치체제의 질서로 전환하였다. 이 질서의 자동적인 실현을 기대할 수 없었을 때 political economy는 여전히 질서 유지를 위한 통치의 담론 대상이었으나, 프랑수아 케네의 『경제표』는 정치체제 질서이론을 경제학적으로 전환하면서 경제과학을 창출한 의의를 갖는다. 프랑스에서 오랜 역사를 가진 économie politique는 1750년경까지 통상 경제학이라기보다는 정치학에 가까웠으나, 『경제표』 출간 이후 경제를 다룬 문헌이 대거 등장하였다(핀리 1993 : 15). 나아가 자동조절 기능을 가진 경제를 인식한 장바티스트 세나 시몽드 드 시스몽디 J. C. L. Simonde de Sismondi의 19세기 초 저술은 political economy를 '부의 재생산의 국민적 질서'를 다루는 학문으로 인식하였다(木崎喜代治 1978 : 14, 108~112). 세는 1803년의 저술에서 경제학을 부의 생산, 분배, 소비를 다루는 과학으로 정의하였다(Backhouse and Medema 2009 : 223). 고전학파 경제학이 확립된 다음 그에 합당한 정의가 이루어졌던 것이다.

사회과학으로서 경제학의 확립과 경제학 개념의 변화

개념사의 확립에 기여한 코젤렉은 1750~1850년 동안의 '문턱의 시대Schwellenzeit'에 유럽에서 많은 개념이 근본적이고 급속한 변화를 겪어 근대세계와 그 이전을 나누는 단절이 발생하였음에 주목하였으며, 『역사적 기본 개념 : 독일 정치 · 사회 언어 역사사전』의 연구진도 그러한 사실을 확인하였다(릭터 2010 : 47, 76~79). 스튜어트, 스미스 및 케네의 저술에서 드러나듯이 경제학의 개념도 이 문턱의 시대에 근본적인 변화를 경험하였다. 이것은 경제학이 사회과학으로서 확립되었기에 가능하였다.

근세 유럽에 discourse라는 명칭의 저술이 많았는데, 이는 담론으로 번역될 수 있다. 루소의 저서가 『인간 불평등 기원론*Discours sur l'origine et les fondements de l'inégalité parmi les hommes*』으로 번역되듯이, 그 단어가 나오는 책은 '-론'으로 번역하면 무난하다. discourse는 라틴어 discúrsus에서 유래하며 명사로는 '교제 · 논의', 동사로는 '논증하다'라는 의미를 가진다(佐幸信介 2003 : 100). 근대적 학문의 명칭으로서 science가 나오기 전에 인문 · 사회 분야의 수준 높은 학술 논의를 discourse라 지칭하는 일이 많았다. 앞서 고대 그리스에서 『오이코노미코스』라는 가정관리론은 기술적 논의의 담론인 테크네에 머물고 이론적 체계화가 가능한 지식영역인 에피스테메가 되지 못하였다고 언급한 바 있다. 중상주의시대의 경제 저술도 거의가 담론discourse 수준에 머물렀는데, 중농주의학파와 고전학파에 이르러 경제학은 이론적 체계를 갖춘 학문science으로서 성립되었다.

여기에서 스튜어트가 political economy를 국가의 욕구를 충족하는 art로 정의하였음에 반해, 스미스는 그것을 '과학science의 한 분야'로 인식하였다는 점에 주목하고자 한다. 경제학을 과학으로 자부하는 경제학자의 자의식은 스미스의 『국부론』에서 정립되었다. 담론 수준의 경제 논의가 과학으로서 학문을 지향하면서 political economy는 학문 명칭을 나타내게 된 것이다. 스미스는 뉴턴의 자연과학에 감명받아 그의 조화롭고 질서 있는 우주관을 경제계에 적용하였다(Spiegel 1991 : 222~223). 자동조절력을 가진 시장경제체제가 성립하고 있었기에 뉴턴의 조화롭고 질서 있는 우주의 법칙론을 경제계에 적용할 수 있었던 것이다. 앞에서 언급한 것과 같이 프랑스에서는 영국에 앞서 인간과학 · 도덕과학 등 과학이라는 용어가 유행하였는데, 경제학l'économie politique은 인간과학 중에서도 법과학의 한 분야로 인식되었으며, '정치체제의 질서l'ordre'를 탐구하는 것이었다(木崎喜代治 1978 : 4~9).

유럽에서 먼저 경제학이 근대학문의 반열에 오르게 된 데에는 16~17세기의 과학혁명이 중요하게 작용하였다. 그전 유럽인의 세계관은 종교적이었으나, 과학혁명 덕분에 세속적 · 과학적 관점에서 바라보는 세계관이 형성되었다. 이탈리아의 갈릴레오에서 시작하여 영국 뉴턴의 『자연철학의 수학적 원리*Philosophia Naturalis Principia Mathematica*』〔통상 『프린키피아(*Principia*)』〕1687에 의해 완성된 이 과학혁명은 근대경제학의 성립을 위한 방법론적 토대를 제공하였다. 물론 영국에서 제임스 스튜어트와 애덤 스미스 사이에 경제담론이 경제과학으로 전환하였다는 것은 아니다. 그 전환은 스튜어트 이전의 중상주의시대에 시작되어 스미스 이후의 신고전학파에서 완료되는데, 프랑수아 케네와 스미스가 그 전환점을 이루었다.

고대 그리스인은 사유의 탁월성을 학술적으로 추구하여 기술적 · 예술적이면서 엄밀한 지식인 테크네라는 개념을 만들었고, 나아가 아리스토텔레스는 원래 지식이라는 용어인 에피스테메를 원리와 인과관계를 탐구하고 귀납과 연역을 통해 증명할 수 있는 이론적 지식이라는 개념으로 승격하였음은 앞서 언급하였다. 에피스테메는 원래 knowledge로 번역되는 용어지만, 아리스토텔레스의 용례는 science로 번역되어야 할 것이다. 과학에 무관심한 로마인은 그리스의 과학적 지식이라는 아리스토텔레스의 개념을 수용하지 못하였다. 그래서 라틴어 sciéntĭa는 일반 지식을 의미하는 데에 그쳤다(도렌 2010 : 209, 421). 이 라틴어에서 14세기에 영어가 된 science는 원래 지식을 의미하고 art와 통용될 수 있는 개념이었으며, 그것은 아리스토텔레스 이전의 에피스테메와 같은 의미였다. 그런데 17세기부터 과학혁명이 진행되면서 science는 아리스토텔레스가 개념화한 에피스테메와 같은 개념 곧 과학으로 변하기 시작하여 그 변화는 18세기에 완료되었다(Williams 1983 : 277~278). 오늘날 학문은 science와 art로 분류될 수 있다. 테크네에 통하는 art라는 개념은 18세기 중엽부터 말엽에 걸쳐 예술과 기술로 분화되었다.[10] political economy가

10 샤를 바퇴(Charles Batteux)의 『유일한 원리로 환원된 예술들(*Les beaux arts réduits à un même principle*)』(1847)은 '기계적인 기술(arts mécaniques)'과 '아름다운 기술(beaux-arts)', 곧 기술과 예술을 구분한 최초의 것 중 하나이다. 이어서 18세기 후반 art가 theory 또는 science인가에 관한 논의가 있었고 양자가 분리되는 경향이 있었다. 예컨대 헤르더(Johann Gottfreid Herder)의 『비판논총(*Kritische Wälder*)』(1769)은 art가 "단지 취미의 애호가를 형성할 수 있는 데에 불과하여" "철학자를 형성하는" wissenschaft와는 다르다고 했다. 이러한 과정은 오타베 다네히사(2011 : 17~31)가 잘 정리하였다. 18세기에 사용된 science 또는 wissenschaft는 과학이라기보다는 학문으로 번역해야 할 것으로 생각된다. 오늘날 예술은 학문의 영역으로 승격되었고 science를 과학으로, 과학이 아닌 학문을 art로 부르기도 하는데, 이에 대한 설명은 위의 책에 나오지 않는다. 중세에는 주요 학과인 문법 · 논리 · 수사학 · 산수 · 기하 · 음악 · 천문을 liberal arts로 불렀다. 에드먼드 버크(Edmund Burke)는 『숭고와 아름다움의 이념의 기원에 대한 철학적 탐구

과학을 지향하면서 근대학문으로서 확립되고, 그에 수반하여 political economy와 economy가 새로운 개념으로 탄생하였다. 이것이 코젤렉이 말하는 문턱의 시대의 내용을 이룬다.

(A Philosophical Enquiry into the Origin of Our Ideas of the Sublime and Beautiful)』(1757)에서 예술을 liberal arts로 표시하였는데(오타베 2011 : 19~20), 오늘날 그 단어는 인문학으로 번역된다.

5. 근대적 economy 개념의 성립

지금까지의 논의를 정리해 보자. 고대 그리스어 oikonomia로부터 economy라는 용어가 나왔고, 이어서 political economy라는 용어가 나타났다. 처음에 economy는 가정관리를, political economy는 국가관리를 의미하였다. 유럽 중세에는 전자에 관한 담론이, 국민국가가 성장한 근세에는 후자의 담론이 활발하였다. 애덤 스미스에 이르러 political economy는 경제학이라는 학문명을 의미하게 되었는데, 이어서 economy는 가정의 범위를 초월하여 경제학의 대상영역을 의미하는 용례로 접근하였다. 그 과정을 살펴보자.

근세 유럽에서 political economy라는 용어를 처음 사용한 프랑스에서 economy는 가정이라는 의미를 가장 먼저 탈피하였다. 이것은 프랑스가 가장 먼저 절대왕권의 국가체제를 확립한 사실에 대응한다. 프랑스에서 1695년 출간된 학술용어집에서 'oeconomie'는 "원칙적으로 지속 경제체제가 주관하는 질서를 말한다"고 풀이되어 있다(Burckhardt, Oexle, and Spahn 1978 : 581). 1758년 출간된 케네의 『경제표』는 가정경제가 아닌 국민경제를 다룸으로써 économique는 사실상 경제학이라는 학문의 대상영역을 의미하였다.

옥스퍼드사전에 의하면, 1615년에 출간된 토머스 홉스의 『국가론』에 'the Oeconomy of a Common-wealth'라는 구절이 나온다. 이미 economy가 가정에 국한되지 않는 기관의 관리라는 의미로 사용되고 있는 것이다. 이 사전은 1670년에 나온 '절약'이라는 뜻의 economy 용례도 소개하고 있다(The Oxford English Dictionary 1989). 영국이 프랑스로부터 political economy 용어를 도입한 것처럼 economy 용례도 받아들였을 가능성이 있다. 앞에서 언급하였듯이 제임스 스튜어트는 1767년 저서에서 economy와 political economy의 정의를 내렸는데, 전자는 여전히 가정을 대상으로 하였다. 애덤 스미스의 『국부론』에는 political economy는 17번이 나오고 그 정의가 나오는데, political이라는 형용사가 첨부되지 않은 economy가 31번 나오나 그 정의는 발견되지 않는다. rural economy가 2번 나온다. economy가 단독으로 나오는 경우에는 절약이라는 의미로도 사용되며, 부자의 economy나 민간인의 economy처럼 가정관리에 통하나 가정관리에 꼭 국한되기 어려운 의미들도 있다. 절약적이라는 의미로 economical이 사용되고 있다. 프랑스의 저명한 경제학자라는 의미로 economist가 사용되었다.[11] 경제원칙에 따라 행동하는

11 "…distinguished in the French republic of letters by the name of the economists"(Smith

사람을 economist로 부르기도 한 것으로 보인다.[12] economy라는 용어는 이미 가정관리라는 틀을 벗어나고 있었으며, 경제적이나 경제학자라는 파생어까지 사용되고 있던 것이다. 케네의 저술로 'Economical Table'을 인용한 것 외에는 경제학의 학문 대상을 포괄적으로 의미하는 economy 용례는 잘 보이지 않는다. 애덤 스미스가 economy와 그 파생어를 오늘날의 의미에 가깝게 사용한 것은 프랑스 학술에 힘입은 바 적지 않을 것이다. 케네 등 프랑스 중농주의자는 애덤 스미스 등의 경제사상에 중대한 영향을 미쳤고(Spiegel 1991 : 199), 스튜어트와 스미스의 저서는 프랑스의 경제학술 발전을 자극하였다. 이렇게 프랑스와 영국의 경제학술이 서로 자극을 주면서 발전하는 가운데 economy와 political economy의 개념은 근대적인 내용으로 진화해 왔다.

『역사적 기본 개념 : 독일 정치 · 사회 언어 역사사전』의 경제 편은 독일에서 economy의 의미가 근대적으로 변하는 과정을 자세하게 추적하였다. 독일에서는 아리스토텔레스의 용어가 그대로 독일어로 바뀌어 oeconomia가 되었고, 또한 새로운 번역어 wirtschaft가 자리 잡았다. 근세 가정에 관한 문헌이 증가하면서 이 용어는 농업경제의 물질생활에 강조점을 두게 되었다. 고대 그리스 학문의 영향으로 economy는 시장에서의 이윤 추구행위를 수용하지 않았는데, 근세의 시장 발전으로 17세기 이후 상업Kommerzien이 지배적인

1961 : Chap. IX).

12 "If he was an economist, he generally found it more profitable to employ his annual savings in new purchases than in the improvement of his old estate"(Smith 1961 : Chap. IX).

표현법이 되고 긍정적인 의미를 부여받았다. 나아가 무역학Handels-wissenschaft과 거래학Handlungs-wissenschaft이라는 용어가 부상하였다. 애덤 스미스의 이론과 political economy를 수용하면서 상업도 시야에 넣은 경제라는 개념이 자리를 잡았다. 1848년 출간된 마이어große Ausg. Meyer의 사전은 oekonomie라는 단어를 풀이하면서 가정과 농업에 이어서 세 번째 의미로 물질적인 이익을 취하도록 관리하는 원칙의 요체가 절약이라고 했다. 19세기 전반에도 경제economy에 해당하는 용어는 그 가정경제적 어원 때문에 오해를 사기 쉬워 거의 사용되지 않았다. 그런데 19세기 중엽 이후 산업혁명과 더불어 이 용어는 오늘날과 같은 포괄적인 의미를 장악하여 상업과 무역학이라는 용어를 대체하면서 사용빈도가 높아졌다(Burckhardt, Oexle, and Spahn 1978 : Chap. VI~VII). 영국 및 프랑스보다 후진적인 독일에서 경제economy가 고대에서 유래한 어원을 탈피하는 데에 더욱 늦었던 것은 당연한 일인지도 모른다.

부 · 소득 · 이윤 · 임금 · 농업 · 공업 · 생산 · 분배 등 경제학을 구성하는 여러 용어는 전근대부터 여러 지역에서 존재하였고, 애덤 스미스 이래 그런 개념을 종합한 이론체계로서 경제학이 성립하였지만, 그 대상을 종합적으로 경제economy로 표현하는 데에는 시간이 필요하였다. 마찬가지로 희소성 · 합리성 · 선택 등과 비슷한 개념도 전근대문명에 존재하였지만, 희소한 자원의 효율적 배분행위로서 합리적 선택은 경제학이 심화되기 전에는 단일한 개념으로 정립되기 곤란하였다. economics가 경제학의 명칭이 되면서, economy는 자연스럽게 그 학문의 대상을 가리키게 된다.

6. 사회과학으로서 경제학과 그 개념의 성립을 낳은 역사적 배경

여기에서는 크세노폰의 『오이코노미코스』에서 애덤 스미스의 political economy에 이르는 개념의 긴 여정은 인류문명이 오랜 기간에 축적한 정수를 폭넓게 반영함을 보여 주고자 한다.

고대국가가 처음 출현하여 오랜 전통을 가진 바빌론과 페르시아의 지역에서는 법전 등 국가관리술이 성립하였다. 자유시민인 가장家長의 공동체로서 고대 그리스의 도시국가에서는 『오이코노미코스』 등 가정관리론에 관한 저술이 처음으로 출현하였다. 군주제가 대세를 이룬 헬레니즘시대에는 국가관리의 그리스어에 해당하는 politike oikonomia가 나타났다. 17세기 절대왕제의 프랑스에서는 국가관리라는 oeconomie politique 개념이 대두하였다. 여기에서 드러나듯이 정치체제가 경제담론과 개념에 깊은 영향을 미쳤던 것이다.

유럽에서는 근대 초기에 비혈연자가 가족으로부터 분리되고 가정의 생산 기능이 약화되었는데, 그로 인해 고대 그리스부터 이어진 가정관리론 내지 가정학의 영향력은 약화될 수밖에 없었다(高木正道 1982). 중세 후기 시장이 성장하고 가정이 아닌 사회조직이 활발히 나타났고, 근세에는 국민국가가 성립 · 발달하였다. 이 과정에서 economy는 가정에 국한되지 않는 '기관의 관리'라는 의미를 갖게 되고 political economy라는 학문의 대상을 의미하도록 변하였다. 개념 변화의 사회사적 배경도 있는 것이다.

시장 발달은 경제 분석의 발전을 위한 중요한 조건이었다. 고대 그리스 · 로마시대 지중해세계에는 초보적인 시장경제가 성립하였으나, 경제적인 자동조절기능을 갖춘 시장사회가 성립하지는 않았다. 그런 경제적 조건에서는 시장이 자동적으로 자원 배분의 문제를 해결해 주는 질서 있는 경제사회라는 관념이 인간에게는 생소하였다(하일브로너 · 밀버그 2010 : 40~45). 그래서 아리스토텔레스에게서 경제 분석이 독자적인 학문으로 성립하지는 못하고 정치학의 하부체계로 편입되어 있었다.

서유럽은 중세의 봉건체제 아래 원격지 유통의 발전 등에 힘입어 이미 시장이 역동적으로 성장하기 시작하여 유럽의 세계경제가 성립하였으며, 국민국가가 성립한 16세기 이후에는 시장을 지구적 차원으로 확대하였다. 힉스는 마르크스의 자본주의 성장에 선행하는 변혁이 시장 내지 교환경제의 성장이며, 경제학적으로 보면 후자가 더욱 근본적인 변혁이라고 하였는데(Hicks 1969 : 7), 이러한 변혁은 유럽 근세에 나타났던 것이다. 가격형성시장이 지배적인 배분 기구로 부상한 시장경제체제가 확립된 18세기의 유럽에서 시장사회를 분석하는 독자적인 학문으로서 political economy가 성립하고 그에 합당한 개념이 탄생하였다.

그러면 어떻게 시장이 자동적으로 자원 배분의 문제를 해결해 주는 질서 있는 경제사회라는 관념, 그리고 그것을 설명하는 경제학의 독자적 체계가 유럽에서 먼저 출현할 수 있었을까? Part 7에서 이 과제를 자세히 고찰하기로 하고 여기에서는 간단히 정리해 본다. 16~18세기 유럽 근세의 시장 발달은 그때까지 인류가 목격한 적이 없을 정도로 괄목할 만하였고, 이것이 유럽에서 먼저 근대경제학이 성립된 한 요인임을 부정할 수는 없다.

이슬람세계는 세계시장의 창출 이전에 동서교역의 중심지였고, 18세기 중국과 일본의 시장 발달 수준은 산업혁명 이전의 서유럽과 큰 차이가 없었다. 그런데도 아시아에서는 프랑수아 케네나 애덤 스미스의 경제 분석에 필적할 만한 것이 나타나지 않았다. 그런 점에서 시장 발전 수준만으로 애덤 스미스의 『국부론』 등 사회과학으로서 경제학의 탄생을 충분히 설명하지는 못한다.

정치 · 경제구조 면에서 유럽인이 아시아인보다 국가의 보이는 손으로부터 벗어난 시장의 보이지 않는 손을 인식하기에 유리하였다. 중세 아시아의 주요 문명권에서는 국가의 경제 통제력이 강하였던 반면, 유럽에서는 국가의 보이는 힘이 그렇게 강하지 않던 봉건제시대에 전 유럽 차원으로 원격지 유통이 활성화되었다. 근세 유럽의 국민국가는 세계무역에 참여하였지만, 중국과 일본의 정치권력은 무역을 강하게 통제하였다.

유럽문화도 근대경제학의 성립에 중요한 역할을 하였다. 그리스에서는 논리학 · 수학 · 사회과학 등이 이례적으로 높은 수준에 도달하였고, 후진적이던 중세 유럽의 학문은 11세기 이후 그리스의 학술을 잘 흡수하고 발전시켜 이슬람과 중국을 따라잡는 데에 성공하였다.

로마제국의 인류사에 대한 중대한 공헌은 로마법이다. 로마법은 자유주의 · 개인주의원리에 입각하고 역사상 최초로 단독소유권제도를 확립하여 그 법 개념을 정립한 공헌을 하였다. 사회가 개인으로 구성되고 개인이 집단보다 중요하다는 개인주의의 싹은 고대 그리스에서 싹텄고 고대 그리스인은 법을 개인의 조건에 맞게 유연하게 만들고자 했다(양동휴 2014 : 210). 로마법은 그리스문화를 발전시킨 것이었다. 존 로크John Locke, 1632~1704는 배타적이고 전면적인 소유권이라는 로마의 자연법 이념을 계승 · 발전시켜, 소유권을 기본권으로 보아 그 보호를 국가의 기본 임무로 선언하였다(玄勝鍾 · 曺圭昌 2004 : 23~29 ; Spiegel 1991 : 36~37). 스미스는 법학뿐만 아니라 경제학도 '입법자의 과학'이라고 보았는데, 로크와 마찬가지로 국가의 가장 중요한 임무는 '정의의 원리'에 입각하여 재산권과 계약을 보호하는 법제도를 유지하는 일이라고 보았다(김광수 2005 : 27~30, 171~174). 이것은 이기심의 원리에 입각한 시장사회의 보이지 않는 손이 작동하기 위한 전제였다. 유럽이 그리스의 학술뿐만 아니라 로마의 법문화를 계승하여 발전시킨 것은 경제학의 선두에 서는 데에 이바지하였다.[13]

종교개혁도 중요하다. 종교개혁 이전의 기독교는 주자성리학과

13 슘페터는 그리스와 로마에서 기원한 자연법사상이 합리주의, 공리주의 등 여러 면에서 경제학에 영향을 미쳤음을 지적하고 자세히 언급하였다(슘페터 2007).

유사하게 무제한적 물욕을 경계하여 농업을 상업보다 타락의 위험이 적은 것으로 평가하고, 경제활동을 도덕적 목적과의 연관 아래 통제 · 억압하고자 했다(토니 1983). 그래서 금욕, 선의 등의 도덕적 개입이 희소성과 불평등 등의 경제문제를 근본적으로 해결할 수 있다고 보는 경향이 강하였다. 원시기독교사상은 이슬람사상과 유교사상보다 시장에 비우호적이었으나, 유럽에서는 교권과 세속권이 대립하는 정치적 조건에 힘입어 종교개혁을 수행할 수 있었으며, 그 결과 기독교는 이슬람이나 유교보다 자본주의에 우호적인 사상으로 재탄생할 수 있었다.

종교개혁이 시작될 때 경제학은 아직 윤리학의 일부이고 윤리학은 신학의 일부였으나, 경제 환경의 변화와 종교개혁으로 경제학과 윤리학이 별개라고 주장하는 세속의 의견이 대두하였다. 도덕철학과 종교적 교훈만으로 인간의 파괴적 열정을 억제하기 힘들다는 생각은 르네상스기에 나타나 17세기에는 거의 확신으로 변하였으며, 17세기 말에 "이해관계가 세상을 지배한다"라는 명제가 대두하였다. 토머스 홉스가 1651년 펴낸 『리바이어던*Leviathan*』은 사리私利가 인간에게 가장 강력한 욕구이며 윤리도덕으로 사리 추구를 막을 수 없다는 판단을 전제로 삼았다. 이러한 문제에 대처하기 위해 영국의 철학자와 신학자들은 자유방임주의의 경제 이념을 정립하였다. 17세기에는 수학과 물리학의 영향으로부터 새로운 정치산술이 출현하고, 나아가 18세기에 고전학파 경제학이 성립하였다. 고전학파의 선구자인 애덤 스미스는 정의의 토대 위에서 사리가 추구되는 사회질서관을 수립하고 그런 질서 위에서 사리 추구가 사회복지를 증진하는 경제관을 내세웠다(토니 1983 ; 허쉬만 1994 ; Myers 1983).

경제학의 주된 고찰 대상은 중상주의자에게는 국가state의 재정이었지만, 스미스에게는 국민의 경제였다. 프랑스의 장바티스트 세는 경제학이 정치학과 달리 사회의 필요를 충족하는 부의 생산 · 분배 · 소비를 다루는 학문으로서 정치조직과는 본질적으로 관계가 없으며, 엄밀하게 말하면 국민으로 구성되는 '사회'의 경제를 다룬다고 했다(木崎喜代治 1978 : 12~13). 중상주의자는 political economy의 중심적 내용을 국가정책론으로 보았지만, 스미스는 『국부론』에서 인민의 자유로운 경제활동에 의해 성립되는 질서를 탐구하고 경제성장을 통한 인민의 복지 증진을 기본 관심사로 삼았는데, 이러한 학문적 관심사의 전환은 국가 · 사회 관념의 변화에 수반하였던 것으로 보인다. 이하에서 이 점을 설명해 보자.

조지프 슘페터Joseph Alois Schumpeter, 1883~1950는 애덤 스미스의 분석 골격이 스콜라학파와 자연법철학자로부터 나왔고 스미스가 천부적인 자유의 원칙을 강력하면서도 완전하게 표현하였으며, 루소주의도 스미스 경제사회학의 평등주의적 경향 속에 들어 있다고 하였다(Schumpeter 1954 : 181~185). 스미스의 보이지 않는 손은 중농주의 경제학파의 자연법과 비슷한 성격의 개념으로 이해되기도 한다. 케네는 자유로운 교역이 허용된다면 자연법은 저절로 작용할 것이며 시장은 스스로 작동하여 최적 상태로 나아갈 것이라고 보았다. 그래서 케네는 자유방임주의를 주창하였다(스트레턴 2002 : 106~108, 124).

스미스는 이기적인 인간들이 자유롭게 계약을 맺는 사회에서 경쟁적인 시장이 자기조정력을 가짐을 보여 주고자 하였는데, 그 바탕에는 근대적인 정치관 · 사회관이 놓여 있었다. 홉스는 계약을 통해 만들어지는 결사로서의 사회계약적 국가론을 처음으로 명료하게 제시하였다고 평가되는데(박상섭 2008 : 62~65), 개인의 이기적 행동으로 조화롭고도 풍요로운 시장사회가 성립한다는 스미스의 경제학은 사회계약으로 국가를 구성할 수 있다는 관념에 잘 어울린다. 스미스에게 국가state or commonwealth란 계약국가를 의미하고, 경제학은 인민과 국가를 포괄하는 국민nations의 부를 탐구하는 학문이었다. 스미스 경제학의 토대가 되는 도덕론의 "출발점은 홉스에 의해 정교화된 의미에서 인간의 자연적 평등이다"(크랍시 2007 : 42~43). 토머스 홉스와 그후의 사상가들은 욕망을 억제될 성질이 아니라 추구되고 충족되어야 할 것으로 긍정하였다. 그러한 위에서 홉스, 로크 등은 고대 · 중세에 인간행위를 규제하는 외적 규범이던 자연권이론을 인간 욕구를 충족하기 위한 권리를 규정하는 이론으로 탈바꿈시켰다. 국가를 비롯한 모든 제도는 일차적으로 이러한 자연권을 보호하는 장치로 규정된다(김남두 1993 : 6).

홉스와 달리 스미스는 자유주의자로서 자유주의 경제학의 원조다. 17세기 영국에서 자유주의가 대두하였는데, 그 중심인물은 존 로크였다. 로크는 재산권을 자유의 가장 중요한 수단으로 보았다. 홉스는 재산권을 국가의 창조물로 보았으나, 로크는 그것이 국가 성립 이전에 존재한 자연권이라고 본 점에서 달랐다. 자연법 아래에서는 타인의 자유를 침해할 수 없으며 생명, 자유 및 재산은 결코 양도할 수 없는 신성불가침한 권리의 대상이다. 로크는 재산권이 정부가 보호해야 하는 자연권이라고 옹호한 최초의 인물이었다. 이러한 자유주의사상은 영국 경제학의 지배적인 이념이 되어 고전학파 경제학의 성립에도 영향을 미쳤다. 스미스는 『국부론』에서 사회의 역사적 발전 4단계를 제시하였는데, 재산권이 법의 보호를 받는 것은 핵심 발전 기준이고 마지막 단계에서 시장이 스스로 지배하는 힘을 갖는다고 보았다(스트레턴 2002 : 128~130).

영국에서는 1215년에 귀족 등이 자유민에 대한 왕권의 자의적인 침해를 막는, 대헌장大憲章으로 번역될 수 있는 「마그나카르타Magna Carta」를 쟁취하였으며, 그것은 사회적 통념으로 존속하였다(길링엄 · 댄지거 2005). 나아가 1689년 제정된 영국의 「권리장전」은 중세의 법 지배 전통을 계승하는 한편 자의적 권력을 제한하여 귀족과 서민의 권리와 자유를 확인함으로써 근대를 열었다. 1789년 프랑스의 국민의회가 발표한 「인권선언」은 신분에서 해방된 개인을 주체로 하는 인권의 논리를 처음으로 성립시켰다. 그 결과 공권력의 담당자인 국가로부터 자유를 확보한 인권의 주체로서 개인이 성립하였다. 그것은 주권국가가 성립하면서 신분제를 해체하고 인권 주체로서 개인을 창출해 가는 과정이었다(히구치 요이치 2012 : 10~12, 38~41). 근대국가 제도를 설계한 홉스와 로크의 저서는 「권리장전」 이전에 완성되었으며, 시민의 통치에 관한 로크의 『정부에 관한 두 논고*Two Treaties of Government*』는 「권리장전」이 제정된 해에 출간되었다. 자본주의 경제 질서를 설계한 애덤 스미스의 『국부론』은 명예혁명과 프랑스혁명 사이, 그리고 산업혁명이 시작된 무렵에 출간되었다. 사상ideas이나 이론은 시대상을 반영하지만, 시대를 선도하기도 하는 것이다.

데이비드 흄David Hume, 1711~1776은 1739~1740년에 걸쳐 출간된 『인간 본성에 관한 논고*A Treatise of Human Nature*』에서 데카르트 등의 엄격한 이성관에 반대하여 이성보다는 욕구가 인간의 행동을 규율한다고 보아 추상적 도덕원칙이 아닌 구체적 감정에 입각한 도덕철학론을 확립하였다. 스미스는 이 도덕철학론을 계승하고 그에 입각한 경제학을 확립하였다. 흄과 스미스는 사회를 개혁하려는 계몽주의자이며 근대 시민사회의 개인주의적 장점을 살리려는 자유주의자였다(Spiegel 1991 : 157, 164, 206~214 ; 박순성 2003 : 99~105 ; 민경국 2014 : 14~36). 스미스는 『도덕감정론*The Theory of Moral Sentiments*』의 집필 이후 프랑스의 대표적인 계몽주의 · 자유주의 사상가인 볼테르의 영향을 받았다(스트레턴 2002 : 122~123). 스미스는 정의의 법률체계의 공법公法을 다룬 『법학 강의*Lectures on Jurisprudence*』의 제1편에서 자유의 자연권 전개를 고찰하고, 국민의 동감同感 정의에 의해 지지되는 권력 분립의 혼합 정부가 자유의 자연권을 잘 지원한다고 보았다. 스미스의 경제학에는 개인의 자유와 재산권을 보호해 주는 정의로운 정부가 전제되어 있으며, 그런 법학 · 정치이론의 바탕에는 정의로운 정부를 지지하는 동감의 도덕원리가 있었다(김광수 2005 : 30, 32).

개인의 사적 이익의 추구가 사회 전체의 이익을 증대한다는 자동조절적 경제관은 국가로부터 자립해 가는 시장경제뿐만 아니라 시민사회의 형성을 전제로 한다. 한나 아렌트Hannah Arendt에 따르면, 고대 도시국가가 발생한 이래 사적 영역과 공론영역은 가정과 정치적 영역의 구분에 상응하여 구별되는 실체로서 존재하여 왔는데, 근대의 출현과 더불어 사적 영역도 공적 영역도 아닌 사회적 영역이 출현하였다. 그는 "경제적으로 조직되어 하나의 거대한 인간 가족의 복제물이 된 가족 집합체"를 사회, 사회가 정치적 형태로 조직화된 것을 민족이라 불렀다. 그는 사회가 탄생한 이후 가정 경영이 공론영역에서 거론되었고, 과학으로서 경제학의 탄생이 사회의 발생과 일치하였다고 본다(아렌트 2006 : 80~98). 로크는 자본과 재산권뿐만 아니라 시민사회라는 개념을 제시하고 시민사회가 만든 정부는 재산권을 보호하여 시민사회에 봉사해야 한다고 주장하였다(포사이스 · 킨소소퍼 1993 : 199~205). 이처럼 17~18세기에는 시민의 사회적 삶이 국가에서 분리된 독립영역으로 인식되기에 이르렀는데(박주원 2000 : 195~199), 고전학파 경제학은 그러한 영역으로서 경제를 분석 대상으로 삼았다. 국민국가와 그로부터 자립하는 사회가 형성되면서 계약국가론이 성립하였다. 아울러 시장경제체제도 성립하는 새로운 시대를 설명하고 뒷받침할 수 있는 경제학이 요청되는 시대를 배경으로 애덤 스미스를 필두로 하는 고전학파 경제학이 성립한 것이었다.

스미스 방법론의 연원을 살펴보자. 과학적 설명 방법에는 여러 분야에서 사실을 수집한 후 각각 다른 원리에 의해 파악된 사실을 설명하는 아리스토텔레스적인 방법, 그리고 일반원리를 제시하여 입증하는 뉴턴적인 방법이 있는데, 스미스는 후자가 더욱 과학적 방법이라고 평가하였다. 스미스는 영국 경험철학의 거장 데이비드 흄의 영향을 받아 실증주의방법을 채택하였을 뿐만 아니라 아리스토텔레스로 거슬러 올라가는 실재주의적 방법도 구사하였다. 그런데 스미스는 추상적 · 연역적 합리주의를 중시한 점에서 경험주의자인 흄과 달랐는데, 이는 뉴턴의 영향으로 보인다(Spiegel 1991 : 214 ; 김광수 2005 : 제4장).

이처럼 크세노폰의 『오이코노미코스』로부터 애덤 스미스의 political economy에 이르는 개념의 긴 여정의 배경에는 고대 그리스에서의 시장경제의 초보적 형성과 학술 발전, 로마제국에서의 개인의 재산권과 계약을 보호하는 법문화의 성립, 그리고 근세 서유럽에서의 종교개혁, 과학혁명, 시장경제체제의 형성, 사회계약론과 계약국가론의 탄생, 개인주의와 자유주의, 그리고 계몽주의라는 변혁이 있었다. 애덤 스미스의 경제학은 인류문명이 오랜 기간에 축적한 정수를 폭넓게 반영하고 있었던 것이다. 아시아에서는 선진 지역도 이러한 조건이 부분적이고 제한적으로 충족되는 데에 그쳤기 때문에 근대경제학이 성립하기 어려웠다. 18세기 전반 서유럽과 아시아 선진 지역의 경제적 격차는 컸다고 하기 어렵겠지만 고대 그리스의 학술과 로마의 법문화, 종교개혁, 과학혁명, 개인주의와 자유주의, 계몽주의 등 유럽에 고유하거나 현저한 문화 때문에 경제학술의 격차는 컸다. 아시아에 관한 설명은 Part 7로 미룬다.

7. 19세기 후반 이후 신고전학파 경제학의 대두와 economics 개념의 정립

과학적 경제학의 추구와 새로운 학문명의 모색

중농주의학파와 고전학파가 사용한 political economy라는 용어는 신고전학파가 주도권을 장악하여 주류 경제학으로 부상한 19세기 후반부터 economics로 대체되어 갔다. economy가 그리스어 oikonomia와 라틴어 œcónómĭa로부터 유래하였다면, economics는 그리스어 oikonomikos와 라틴어 œcónómĭcus에서 유래하였다. 형용사의 중성복수형으로 집합명사 혹은 추상적 개념인 oikonomika가 economics의 어원이 될 수도 있다. 앞에서 언급하였듯이 애덤 스미스의 스승인 프랜시스 허치슨이 1747년 발간한 *The Principles of Oeconomics and Politics*는 가정관리와 정치를 다루었는데, 가정관리론이라는 그리스어에서 나온 이 영어가 훗날 경제학이라는 학문

명칭으로 재탄생하였다.

애덤 스미스는 political economy의 정의에서 경제학을 과학이라 하였으나, 고전학파 경제학의 과학성에 대한 불만이 나타나서 1830년대부터 과학적 경제학과 그렇지 않은 경제학의 구분이 갈수록 성행하였다(Groenewegen 1985). political economy의 도덕철학적이고 정치적인 요소에 대한 불만이 커졌는데, 도덕철학의 가치판단은 실증과학의 연구 대상이 아니고 정치는 파당적이어서 객관성을 보증하기 어렵다고 인식되었기 때문이다. 스미스는 political economy를 도덕철학의 한 영역으로 인식하였으며, 고전학파인 세와 리카도David Ricardo는 이미 도덕철학에서 분리된 과학으로 만들고자 했다(Backhouse and Medema 2009 : 223).

신고전학파는 이처럼 경제학의 전문성과 과학성이 진전되는 과정을 완결하고자 했다. Part 1에서 살펴본 economy와 economics의 그리스어 어원에는 규범이라는 뜻을 가진 nomos가 들어 있고 그리스와 중세의 economy에 관한 논의는 기본적으로 규범론이었는데, 중상주의와 애덤 스미스가 그 규범적 성격을 크게 줄이고 실증 분석을 진전시켰다. 나아가 신고전학파 경제학은 고전학파 경제학의 태반인 도덕철학의 윤리학적 성격을 배제한 순수과학을 수립하고자 했다.[14] 신고전학파는 고전학파가 지향한 과학성을 진전시키고자 수학의 도구를 적극 활용하고 물리학적 개념을 도입하여 한층 엄밀한 분석 논리를 추구하였다. 여기에 가치판단이 들어갈 여지는 없었

14 슘페터 등은 political economy가 도덕철학의 규범적 원칙을 옹호하였다면, economics는 가치중립적이라고 보았다(Arndt 1984 : 268).

으며, 규범경제학은 별도로 자리를 잡아야 했다. 그리고 political economy의 용어가 보유한 정치학의 요소를 제거한 전문 과학을 확립하고자 했다. 고전학파 이전에는 정책담론이 중시되었기 때문에 가치판단의 도덕철학이 요청되었다고 볼 수도 있다. 1883~1884년 카를 멩거Carl Menger와 구스타프 슈몰러Gustav Schmoller의 방법논쟁을 거치면서 신고전학파는 귀납적 설명의 역사학도 배제해 갔다. 멩거는 경제학의 주된 과제인 법칙의 탐구를 위해 이타심, 윤리, 관습 등의 사회적 현상을 배제하고 이기심의 경제적 동기에만 입각하자고 주장하였다(Milonakis and Fine 2008 : 1, 101~108). 경제학을 과학으로서 확립하려는 운동은 중상주의학파→중농주의학파→고전학파→신고전학파를 거치면서 갈수록 고양되었던 것이다.

경제학을 과학으로서 확립하자는 동기가 신고전학파의 성립을 낳은 중요한 요인이었는데, 신고전학파 경제학의 선구자 중 한 사람인 윌리엄 스탠리 제번스W. Stanley Jevons는 『경제학이론*The Theory of Political Economy*』 제2판1879의 서문에서 학문 명칭이 바뀌는 과정과 자신이 명칭 변화를 지지하는 이유를 잘 정리하였다. 제번스는 제1판1871의 서문에서 경제학이 '수학적 과학'이어야 한다고 주장하였고, 제2판의 서문에서도 경제학자들의 "과학은 명시적으로 수학적인 기반 위에서만 만족스럽게 다루어질 수 있다"라고 천명하였다.[15] 이

15 제번스는 제2판의 서문에서 "모든 경제학은 과학적이려면 수학적이어야 한다(all economic writers must be mathematical so far as they are scientific at all)"고 주장하였다. 슘페터(Schumpeter 1954 : 6~9)는 과학을 도구지식(tooled knowledge)으로 정의하고 케네나 스미스가 경제학을 과학으로서 확립하지는 못하였다[pre-s(cientific)]고 평가하였는데, 이것은 제번스와 같은 신고전학파의 입장을 계승한 것이다.

어서 political economy라는 '우리 과학의 두 단어로 된 성가신 명칭the old troublesome double-worded name of our Science'을 가능한 신속히 버리고 economics라는 '한 단어로 된 편리한 용어the single convenient term'로 대체하자고 주장하였다.

두 단어의 학문명을 한 단어로 바꾸려는 노력은 신고전학파가 성립하기 이전부터 있었다. 제번스는 제2판의 서문에서 "여러 저자가 plutology, chrematistics, catallactics 등과 같은 완전히 새로운 이름을 도입하고자 했다"고 지적하였다. 새로운 이름들이 모두 그리스어라는 점은 근대경제학자들이 경제 분석의 뿌리를 고대 그리스의 학술에서 찾았음을 보여 준다. plutology는 부를 의미하는 그리스어에서 유래하였으며, 프랑스의 쿠르셀세뉴에Courcelle-Senueil는 1858년 출간한 저서 『경제의 이론과 실천에 관한 논고*Traité théorique et pratique d'économie politique*』에서 경제적 동기의 인간과 사회에 대한 영향을 탐구하는 과학이라는 의미로 사용하였고, 오스트레일리아의 헌William Edward Hearn은 plutology가 인간 욕구의 충족 활동에 관한 이론이라는 제목의 저서*Plutology, or the Theory of the Efforts to Satisfy Human Wants*를 1864년 출간하였다(Flux 1987 : 897). 이재학理財學으로 번역될 수 있는 chrematistics는 아리스토텔레스의 『정치학』에 나오는 부를 획득하는 기술로서의 chrematistike에서 유래하였으며, 글래드스톤William Ewart Gladstone, 1809~1898 등 소수 인물이 이 용어를 political economy보다 선호하였다(Finley 1987 : 421~423). catallactics는 '교환의 학문'으로 번역될 수 있는 그리스어로서, 웨이틀리Richard Whately가 1831년의 강의에서 처음 사용하였다. 이 명칭을 옹호한 유명한 경제학자는 적지 않은데, 맥레오드Henry Dunning Macleod는 1863년에 이것을 유일하게 바른 용어로 보았고, 미제스Ludwig von Mises는 1949년의 저서 『인간행동 : 경제학 논고*Human Action : A Treatise on Economics*』에서 이 용어를 사용하였다(Rothbard 1987 : 377~378). 경제학은 과학을 지향하면서 거시적인 국부의 미시적 기초인 개인의 행동을 구명하는 데에 관심이 기울어졌다. 1870년대에 본격화된 한계혁명限界革命으로 성립한 신고전학파는 소비자의 효용극대화, 생산자의 이윤극대화 등과 같은 개인 소비자와 개별 기업의 합리적 선택에 의한 최적화를 분석 과제로 삼았다. 이러한 개인주의적 요소의 중시가 개인 간 교환을 다루는 학문이라는 catallactics의 성립과 확산을 낳았다(Backhouse and Medema 2009 : 223~224).

그런데 학문명의 최종적인 귀결은 불만의 주된 원천인 'political'을 삭제하되 'economy'라는 어휘를 살리는 것이었다. 맥레오드는 1875년의 논문에서 economics를 학문 명칭으로 사용할 것을 최초로 주장하였다. 당시 political economy는 부의 학문, 부의 생산 · 소비 · 분배를 다루는 과학 내지 학문science, 또는 교환의 학문으로 정의되고 있었는데, 맥레오드는 이 학문이 물리과학a physical science이기 위해서는 "교환량交換量 간 관계를 규율하는 법칙을 다루는 과학"으로 정의해야 한다고 주장하며 그에 합당한 학문 명칭을 찾았다. 맥레오드는 아리스토텔레스의 제자의 저서로 간주되는 『오이코노미카』를 영어 economics로 번역하고, oikia가 가정을 의미할 뿐만 아니라 더욱 포괄적으로 재산property 일반을 가리킨다고 보았다. 그는 political economy보다 economics를 선호한 이유로 경제학이 정치와는 전혀 무관하고 재산을 다룬다는 점을 제시하였다. 그는 교환의 학문이라는 의미의 catallactics라는 명칭을 수용한 적이 있었지만, 입장을 바꾸어 아리스토텔레스의 저술에서 유래하는 economics라는 유력한 용어가 있는 상태에서 명칭을 변경하는 것은 이점이 없다고 판단하였다(Macleod 1875). 맥레오드는 정치와는 무관한 과학을 지향하여 economics라는 학문명을 주장하였고, 이런 입장은 이후 앨프리드 마셜Alfred Marshall과 제번스에 계승되었다.

앨프리드 마셜, 메리 페일리 마셜Mary Paley Marshall 부부는 1879년 출간한 『산업경제학*The Economics of Industry*』에서 political interests가 국가의 단지 일부 이해관계를 의미하므로, political economy 대신 economic science 또는 더욱 간단히 economics를 사용하자고 제안하였다. 그러면서 이들은 경제학이 과학임을 강조하였다.[16] 그들은 이 학문이 정치의 파당적 이해관계와는 달리 국민경제적 관점에서 공평하게 생산자의 업무를 다루는 학문이므로 political을 뺀 명칭을 사용하자고 했다. 마셜이 맥레오드의 용어에 끌린 다른 이유는 경제학이 교환을 다루는 학문이라는 정의가 마음에 들었기 때문이다(Groenewegen 1985). 신고전학파는 생산이나 분배보다는 교환 과정의 합리적 배분을 중시하였던 것이다.

제번스는 맥레오드와 마셜 부부의 'economics' 사용을 보고 『경제학이론』의 제2판 서문에서 그 제안을 옹호하였다. 제번스는 economics가 한 단어라는 편리함 외에도 맥레오드가 지적한 친숙한 용어이고 다른 지식 분야인 수학mathematics, 윤리학ethics, 미학aesthetics

16 "But now 'political interests' generally mean the interests of only some part of the nation ; so that it seems best to drop the name 'Political Economy,' and to speak simply of Economic Science or more shortly Economics"(Marshall and Marshall 1879 : 2).

의 명칭과 유사하다는 장점을 갖고 있다고 하였다. 또한 그것은 아리스토텔레스시대부터 사용한 권위를 가진 용어이다. 제번스는 "economics가 거의 1세기 전에 프랑스의 경제학자들에게 'la science économique'라고 알려진 과학의 공인된 명칭이 되기를 희망하였다"고 하였다.

이상에서 살펴본 바와 같이, 헨리 더닝 맥레오드, 앨프리드 마셜, 그리고 윌리엄 스탠리 제번스는 경제학을 과학으로 확립하려는 과정에서 economics라는 명칭을 채택하였다. 마셜과 제번스 같은 저명한 경제학자의 긍정적 반응에 힘입어 economics는 영국뿐만 아니라 다른 나라로도 확산되었다. 마페오 판탈레오니Maffeo Pantaleoni가 1889년 이탈리아에서 출간한 『경제학 입문*Manuale di Economia Pura*』(영문판은 *Pure Economics*)에서는 economìa politica가 아닌 economìa pura가 저서명에 들어갔다. economìa pura는 번역하기 쉽지 않다. 고전학파의 political economy를 경제학으로 번역한다면 economìa pura는 '순수경제학'으로 번역되어야겠고, 신고전학파의 economics를 번역어로 삼는다면 그냥 '경제학'으로 번역하면 될 것이다. 판탈레오니는 그 서문에서 economìa pura를 economic science와 동의어로 사용하여 economic art나 political economy와 구별하였다. 이처럼 판탈레오니는 economìa pura를 신고전학파적 개념으로 사용하였으니, 그냥 경제학으로 번역하는 것이 바람직하다. 미국 학계에서도 1892~1893년 political economy가 economics로 대체되었다(Mason and Lamont 1982 : 396). 그런데 마셜이 1920년 출간한 『경제학원리*Principles of Economics*』의 제8판에서도 political economy와 economics를 동의어로 간주한 데에서 드러나듯이, 당시도 용어의 전환은 완료되지 않았다. 그렇지만 political economy는 본문의 처음에 economics의 동의어로서 한 번 언급되는 데에 그쳤다.

프랑스에서의 신고전학파 선구자인 레옹 왈라스Marie Esprit Léon Walras는 경제학의 새로운 명칭을 제시하지 못하였지만, 그 개념에 관한 자세하고도 깊이 있는 성찰을 하였다. 그는『경제학 요론*Éléments D'économie Politique Pure*』을 1874년 초판 출간하였는데 1926년 제5판까지 냈으며, 1889년의 제2판부터는 '사회적 부의 이론'이라는 부제가 붙었다. 이 책의 제1부는 경제학의 대상과 분할을 다루었다. 그는 먼저 중농주의 · 애덤 스미스 · 장바티스트 세 등의 정의를 고찰하여 모두 불충분하다고 본 다음, 경제학은 자연과학, 도덕과학 및 art로 분류되므로 과학, art 및 윤리학을 구분하는 일이 중요하다고 보아 그 고찰로 나아갔다. 과학은 관찰하고 묘사하고 설명하는 반면 art는 처방하고 지시한다고 했으며, 과학, art 및 윤리학의 기준은 진리, 유용함 및 선이라고 했다. 이어서 부제로 나오는 사회적 부에 관해 고찰하였는데, 그것은 희소한 모든 재화를 의미한다. 그는 서문에서 économie politique pure가 "완전경쟁이라는 가정 아래 가격 결정의 이론"이고 "희소하여 가격이 설정되는 모든 재화의 총합이 사회적 부를 이루니, 그것은 사회적 부의 이론이기도 하다"고 정의했다. 이것은 오늘날 미시경제학의 정의와 같다. 희소한 재화는 '유용하면서 수량이 한정된' 것이다. 순수경제이론은 사회적 부의 교환가치를 다루며 물리학 · 수학과 같은 과학이고 수학을 적극 활용해야 한다고 하였으며, 사회적 부의 분배는 도덕과학의 영역이라고 보았다. 그는 economic이 분업에서 나오며 기술적인 것과 구분된다고 보았다(Walras 2003). 왈라스는 경제학의 과학화를 추구하였을 뿐만 아니라 앞으로 살펴볼 희소성 정의의 선구를 이룬 점에서도 주목된다. 그리고 국가가 아니라 사회의 관점에 입각한 데에도 유의할 필요가 있다.

마셜과 로빈스에 의한 economics 개념의 현대적 정의

economics라는 용어가 최종적인 승리를 거두는 데에 결정적 기여를 한 앨프리드 마셜은 그 개념에 대한 현대적 정의를 내렸다. 1879년 부인과 함께 출간한 『산업경제학』의 제1권 제1장 제4절의 제목이 'Definition of the Term Economics'였다. 그 제1장에서 마셜 부부는 경제학이 과학이라고 전제한 다음 "경제적 습관과 후생well-being 상태에 관련된 사실을 수집 · 조사 · 정리하여 그 이치를 설명한다"라며, "물질적 부를 획득하려는 인간행동, 그리고 물질적 부에 직접 의존하는 후생의 상태를 경제적이라고 한다"라고 했다.[17] 이러한 정의는 마셜이 1890년 제1판을 출간한 『경제학원리』에서 더욱 세련되었다. 그는 이 저서의 본문 첫 문장에서 경제학이 "인간의 후생에 필요한 물질의 획득과 사용에 밀접하게 관련된 개인적 · 사회적 행위"를 연구한다고 정의하였다. political economy라는 용어가 대두된 프랑스 중상주의시대에 그 학문은 국가 이익에 봉사하였다가, 애덤 스미스의 경제학에서는 개인과 시장이 전면에 나오고 국

17 "Those portions of human conduct which are directed towards the acquirement of material wealth, and those conditions of human well-being which directly depend on material wealth, are called Economic. The Science of Economics collects, examines, arranges and reasons about the facts which are connected with the economic habits and conditions of well-being in various countries at various times"(Marshall and Marshall 1879 : 5).

가의 위상이 낮아졌는데, 마셜의 경제학 정의에서는 국가가 거론될 필요조차 없어진 대신 개인과 사회가 전면에 나서게 되었다. 애덤 스미스는 "경제학이 인민과 국가 모두를 부유하게 하려는 것이다"라고 하였는데, 마셜은 인민 삶의 질 내지 생활수준에 해당하는 후생이라는 개념을 중시하였다. 스미스가 국민 전반의 부의 증진에 관심을 기울였다면 마셜은 가난한 대중의 생활 개선에 깊은 관심을 기울였는데, 이러한 문제의식이 경제학 개념 정의에 반영된 것이다. 시스몽디는 1819년 간행한 『경제학의 새로운 원리들*Nouveaux Principes D'économie Politique*』에서 "인간의 물질적 복지가… 경제학의 목적이다"라고 하였는데(木崎喜代治 1978 : 13), 마셜은 이러한 정의를 계승하여 발전시켰다 하겠다. 고전학파 성립기에 경제학은 국부를 다루는 학문으로 정의되었다가 신고전학파 성립기를 전후하여 개인 행동을 다루는 학문으로 변하였다.[18]

마셜에 이어 라이어넬 로빈스Lionel Robbins는 경제학의 현대적 정의를 확립하였다. 그는 1932년 발간한 『경제과학의 성격과 의의에 관한 소론*An Essay on the Nature and Significance of Economic Science*』에서 희소성의 관점에서 "경제학이 목적과 대체용도를 가진 희소한 수단 사이의 관계로서 인간행동을 연구하는 과학"[19]이라는 정의를 제시하였다.

18 "Political economy or Economics is a study of mankind in the ordinary business of life; it examines that part of individual and social action which is most closely connected with the attainment and with the use of the material requisites of wellbeing. …Thus it is on the one side a study of wealth; and on the other, and more important side, a part of the study of man"(Marshall 1920 : 1).

19 "Economics is the science which studies human behaviour as a relationship between ends and scarce means which have alternative uses"(Robbins 1935 : chap. 1).

효율을 추구하는 경제학의 정신을 이보다 잘 표현하는 정의는 없다. 그는 마셜 등에 의한 물질주의적 정의가 서비스의 포함 여부 문제로 논란의 소지가 있을 뿐만 아니라 경제재經濟財에 대한 성격을 오도한다고 비판하였다. 경제재의 본질은 물질성이 아니라 희소성의 가치이기 때문이다. 또한 그는 고립된 개인이나 폐쇄적 공동체도 희소한 수단으로 야기되는 경제문제를 가진다는 점에서 교환의 학문이라는 정의는 포괄 범위가 불충분하다고 비판하였다(Robbins 1935 : Chap. 1). 오스트리아학파의 카를 멩거는 미시경제학에 적용되는 방법론적 개인주의를 정립하였고 필요량보다 부존 자원량이 적은 재화가 경제재라고 봄으로써, 경제재의 본질을 희소성에서 찾는 로빈스 정의의 선구를 이루었다. 윅스티드Philip H. Wicksteed, 1844~1927는 대체용도를 가진 자원의 선택을 통해 효율을 극대화하는 관념을 제시한 바 있다(Spiegel 1991 : 528, 533, 536~537).

이처럼 전문 과학을 지향하는 운동은 신고전학파 경제학을 성립시킴과 아울러 political economy에서 economics로의 학문 명칭의 전환, 그리고 학문에 대한 새로운 정의를 낳았다. 원래 가정관리라는 그리스어 oikonomia에서 출발하여 폴리스 내지 국가의 관리를 의미하도록 형용사 political을 부착하였는데, 정치와 무관하게 가정과 기업이라는 개별 경제 주체의 행동을 분석하는 과학을 지향하면서 political을 떼어 버리고 가정관리론을 의미하는 그리스어 oikonomikos를 어원으로 삼은 economics라는 학문 명칭이 채택되었다. oikonomikos 단계에서는 사적인 가정경제를 다루다가 political을 부착하면서 국가관리라는 공적인 영역을 다루게 되었는데, 고전학파 성립을 전후한 시점부터 시장체제가 확립되고 사회가 탄생하여 공론영역으로 거론된 사회의 사적 민간경제를 분석의 중심에 놓게 되자, political이라는 형용사가 필요 없어졌다.[20] 고전학파의 political economy 개념에 비해 신고전학파의 economics 개념은 한편으로는 정치학 · 윤리학과의 연계를 단절한 순수경제영역을 다루어 대상영역을 축소하였고, 다른 한편에서는 희소한 자원의 관리를 위한 합리적 선택을 분석하는 과학적인 방법론을 강조한 점에서 특색이 있다.

political economy가 국가관리를 의미할 때 economy는 그리스어 어원인 oikonomia와 마찬가지로 가정관리라는 뜻을 갖고 있었다. 앞에서 살펴보았듯이 중농학파 · 고전학파에 이르러 political economy가 '경제학'이라는 학문명을 의미하게 되자, economy는 가정관리라는 그리스어 어원을 탈피하여 경제학이 다루는 영역을 의미하는 현대적 용어로 접근하였다. 그러다 economics가 경제학을 뜻하게 되면서 economy는 명백히 그 학문의 대상인 경제를 의미하게 되고, 희소한 자원의 효율적 배분행위는 경제행위의 핵심적 뜻이 되었다. 옥스퍼드사전은 economy의 첫 번째 뜻풀이로 가정관리를 제시하고 있으나, 오늘날 일상용어로서의 economy는 가정관리라는 뜻을 상실하여 domestic economy 또는 household economy라고 해야 가정경제로 받아들여지는 것이다. 그래도 economy는 가정경제의 중요한 원칙이라 할 '절약'이라는 뜻을 어원의 흔적으로 남

20 빅셀(John Gustaf Knut Wicksell)은 『경제학 강의(*Lectures on Political Economy*)』(1901～1906)에서, political economy라는 용어가 국가의 강력한 역할을 중시하는 중상주의시대에서는 적절하지만 자유방임의 고전학파의 대두와 더불어 적절하지 않게 되었다고 보았다(Arndt 1984 : 267에서 재인용).

기게 되었다(Sidgwick 1987). 요컨대 사회과학으로서 경제학이 성립한 다음 그 대상으로서 경제라는 용어가 새롭게 정의되었던 것이다.

8. 20세기 후반 이후 경제학 개념의 확장

로빈스 정의의 보급

라이어넬 로빈스의 정의는 신고전학파 경제학이 역사학파 경제학과 제도학파 경제학을 압도한 제2차 세계대전 이후에야 순조롭게 확산될 수 있었다. 나아가 수학적 방법론이 일반화되는 1960년대 말부터는 그의 정의가 분석적 힘을 발휘할 수 있었다. 로빈스의 정의는 신고전학파가 순수과학을 지향하여 경제학을 수학으로 설명하려는 입장을 훌륭하게 구현했다. 희소성의 문제는 선택을 요구하고, 희소한 자원의 효율적인 선택은 합리적 극대화로 귀결된다. 1940년대 이후 희소성뿐만 아니라 선택 · 합리성 · 극대화 등의 경제원리가 고려되기에 이르렀고, 1970년대가 되면 이러한 원리들이 명시적으로 결합되어 경제학의 정의를 이루었다(Backhouse and Medema

2009 : 227~229). 신고전학파 경제학의 발전과 더불어 로빈스의 정의가 확산되고 구체화된 것이다.

라이어넬 로빈스가 제시한 희소성이라는 관점의 정의는 오늘날 주류 경제학의 핵심을 이룬다. 새뮤얼슨Paul A. Samuelson은 노드하우스William D. Nordhaus와 공동으로 편찬한 『경제학*Economics*』에서 "경제학은 사회가 어떻게 희소한 자원을 사용하여 가치 있는 상품을 생산하고 다른 집단에게 분배하는가를 연구한다"[21]고 자신의 단독 저서보다 간단하게 정의하였다. 립시 등이 저술한 『경제학*Economics*』은 "경제학은 무한한 인간 욕구를 충족하기 위한 희소한 자원의 사용에 관한 연구이다"[22]라며 더욱 간단한 정의를 제시하였다. 그후 맨큐N. Gregory Mankiw는 『경제학 원리*Principles of Economics*』에서 "경제학은 사회가 희소한 자원을 어떻게 관리하는가를 연구한다"[23]고 정의하였다. 한나 아렌트는 근대경제학의 성립을 사회의 탄생과 결부하였는데, 오늘날 사회의 관점은 경제학 정의의 주류를 이룬다.

로빈스의 정의는 한편으로는 가치판단문제를 경제학의 영역에서 배제하면서, 다른 한편으로는 희소성의 관리에 관계되면 사회과학 전반, 그리고 역사 등 인문학의 영역에도 적용될 수 있는 양면성을 가졌다. 제이컵 바이너Jacob Viner, 1892~1970가 1930년대에 "경제학이란 경제학자가 하는 것이다Economics is what economists do"라는 유명한

21 "Economics is the study of how societies use scare resources to produce valuable commodities and distribute them among different groups"(Samuelson and Nordhaus 1989).

22 "Economics is the study of the use of scare resources to satisfy unlimited human wants" (Lipsey, Purvis, and Steine 1987).

23 "Economics is the study of how societies manages its scare resources"(Mankiw 2007).

말을 남긴 것은 로빈스 정의의 영역 확장력을 간파하였기 때문일 수도 있다(Becker 1990 : 4 ; Backhouse and Medema 2009 : 222).

마셜 정의의 영향력

경제학 대상영역의 확장은 경제학이 후생 충족requisites of wellbeing을 위한 일상적인 인간사를 다룬다는 앨프리드 마셜의 정의에 대한 관심을 유도한다. 오늘날 경제학에 관한 표준적인 정의는 희소한 자원의 관리에 관한 연구라는 방법론 차원의 정의이지만, 후생 충족을 위한 일상사라는 고찰 대상 차원의 정의는 지금까지 일반인뿐만 아니라 학계에도 무시하지 못할 영향을 미쳐 왔다.[24]

마셜의 경제학 정의는 칼 폴라니Karl Polanyi의 실체적 정의에 통한다. 폴라니에 의하면, 아리스토텔레스가 제시한 경제의 개념은 물질적 욕구의 충족 과정이라는 실체적인 의미였으나, 희소한 자원의 효율적 배분행위라는 형식적 정의를 제시한 신고전학파 경제학이 주류로 확립된 이래 경제의 실체적인 정의는 학문상의 지위를 상실하고 말았다. 폴라니의 실체적 · 형식적 정의는 대립하는 관계라기보다는 경제행위의 실체와 원리의 관계에 있다고 하겠다. 폴라니는 신고전학파가 "인간의 경제를 시장 형태와 동일시하는 경향"을 비판하고 시장이 아닌 배분체제로서 선물 교환인 호혜reciprocity, 그리고 국가 등이 거둔 물자 · 노동력을 분배하는 재분배redistribution를 제시

24 경제학자가 아닌 사람도 일상적으로 사용하는 '경제 형편이 좋다', '경제 불황' 등에 나오는 '경제'라는 용어는 희소한 자원의 관리라는 신고전학파의 핵심적 경제 개념에 직접 연결되기 어려우나, 마셜의 정의나 폴라니의 실체적 정의가 이러한 일상용어에 잘 부합한다.

하였다(폴라니 1983 : 제2장). 폴라니는 호혜와 재분배가 희소성의 원리로만 설명되지는 않는다고 보았으나, 형식적인 정의를 명확한 형태로 제시한 라이어넬 로빈스는 교환경제가 아닌 고립된 개인이나 폐쇄적 공동체도 희소성의 경제원리의 적용을 받는다고 보았다(Robbins 1935 : 18~20). 더글러스 노스Douglas C. North는 호혜와 재분배의 변화 또한 거래비용이라는 경제원리로 설명할 수 있다고 보았다(North 1977). 그렇다 해도 희소성원리와 무관한 이타적 증여나 호혜적 거래가 있으므로 경제행위를 희소성에만 귀결시키는 것은 곤란하다. 관습과 규범이 호혜에, 권력적 동기가 재분배에 작용하므로 호혜와 재분배의 물질생활을 모두 경제원리로만 설명하기는 어렵다. 하일브로너Robert Heilbroner는 경제학이 일용할 양식 등 "사회의 물질적 안녕에 필요한 것들을 조달하는 과정에 대한 연구"라고 하여 실체적 정의를 따랐다. 그는 희소성이 인간 욕구의 범위에 영향을 받는다고 하여 희소성에 절대적인 의의를 부여하지는 않았다(하일브로너 · 밀버그 2010 : 17, 23, 49).

크루그먼 등의 저서 『경제학의 근본요소*Essentials of Economics*』에서는 경제를 "사람이 필요로 하는 재화와 서비스를 생산하고 그것을 필요로 하는 사람에게 분배하도록 조정하는 시스템"[25]으로 정의한 다음, 경제학을 개인과 사회 전체의 두 수준에서 연구하는 학문 분야라고 하였다. 대부분 로빈스의 정의를 기본으로 삼는 반면, 크루그먼 등은 마셜의 정의를 기본으로 하고 있다. 크루그먼 등은 경제

25 "A well—function system for coordinating production activities—the activities that create the goods and services people want and get them to the people who want them" (Krugman, Wells, and Olney 2007).

학이 선택에 관한 문제를 다루며 선택이 자원의 희소성에서 비롯된다고 보는 점에서 폴라니나 하일브로너와 다른 입장을 갖는다.

경제학영역의 확장 : 정치와 역사와 윤리에 대한 관심

고전학파는 경제문제를 폭넓게 다루었으나, 정치학과 윤리학으로부터 독립된 전문 과학으로서 경제학을 확립하고자 한 신고전학파는 희소한 자원의 효율적 배분이라는 과제에 집중하였다. 신고전학파는 초기에 경제학을 정치, 윤리, 역사를 배제한 순수과학으로 확립하고자 하여 경제학의 영역이 축소되었다. 그런데 희소한 자원의 관리에 관련된 선택의 문제는 광범위한 인간사에 걸쳐 있으므로, 20세기 후반부터 경제학자들은 신고전학파 등이 성취한 진전된 방법론에 입각하여 경제학의 영역을 확장하여 왔다.[26] 오늘날 경제학은 수학, 통계학 및 실험이라는 분석적 도구로 무장하고 다시 애덤 스미스 등 고전학파 경제학자처럼 폭넓은 영역을 다루게 된 것이다.

성립기의 신고전학파 경제학은 정치를 배제한 순수과학을 지향하였던 반면, 마르크스경제학은 생산 과정에서의 소외관계와 분배 과정에서의 착취관계라는 인간관계를 중시하여 경제학의 영역에서 정치를 배제하지 않았다.[27] 그래서 마르크스는 political economy를

26 백하우스와 메데마(Backhouse and Medema 2009 : 222)는 지난 2백 년간 경제학의 영역이 확장되어 왔다고 하였으나, 저자는 그것이 신고전학파의 성립기에 축소되었다가 20세기 후반에 확장되었다고 본다.

27 "…economics studies the social (inter-personal) relations of production and distribution" (Sweezy 1946). 본문에서와 달리 스위지는 저서의 부제에 'political economy'를 사용하였다.

시민사회의 해부학으로 인식하였고, 마르크스주의자는 신고전학파 경제학과 달리 이 용어를 포기한 적이 없다. 그리고 1960년대 이후 주류 경제학의 공공선택이론은 공공재의 공급을 위한 의사결정으로서 정치적 과정을 분석하였는데, 이처럼 시장경제와 정치의 혼합영역을 다루는 분야는 political economy라고 불렸다. 경제학이 다시 정치영역에 관심을 기울이게 된 것이다. 이것은 정치경제학으로 번역되어야겠지만, 중농주의학파 · 고전학파가 사용한 political economy는 경제학으로 번역되는 것이 적절할 것이다. 마르크스주의자의 political economy는 고전학파의 개념을 계승한 점에서 경제학으로 번역해도 무방하며, 신고전학파와는 달리 정치적 과정을 고찰한 점에서는 정치경제학으로 번역해도 문제가 없을 것이다.

고전학파와 독일 역사학파의 경제학은 역사학을 중시하였다. 애덤 스미스는 『국부론』에서 자신의 자유주의 경제사상을 확립하는 데에 있어서 역사 지식을 광범하게 동원하였다. 각 국민경제를 분석의 단위로 삼아 그 불균등 발전을 탐구하고 각국의 실정에 맞는 경제정책 과제를 도출하기 위해 경제발전단계론의 수립에 주력한 독일 역사학파는 고전학파 이후 한동안 세계 경제학계를 석권하였다. 경제발전정책에 직접 활용될 수 있는 이점 때문으로 보인다.

그런데 수학이나 물리학과 같은 과학을 지향한 신고전학파는 경제학을 정치학이나 도덕철학뿐만 아니라 역사학으로부터 분리하고자 노력하였다. 앨프리드 마셜은 1902년 케임브리지대학의 교과과정과 졸업시험제도를 개편하며 경제학을 역사학과 도덕철학으로부터 분리하는 개혁을 추진하였다. 당시 마셜이 주도하여 제출한 보고서는 "과거의 자세한 연구에 소모할 시간이 없다"고 적었다(Gay 1903).

존 케인스John Maynard Keynes의 『고용, 이자 및 화폐의 일반이론*The General Theory of Employment, Interest and Money*』1936은 거시경제학을 성립시켰다. 그 위에서 제2차 세계대전 이후 주류 경제학은 선진국의 경제 재건과 신생 독립국의 경제 발전이라는 과제에 대처하기 위해 장기 경제성장을 중요한 인식 대상으로 삼게 되었고, 사이먼 쿠즈네츠Simon Kuznets는 성장사학의 선구를 이루었다. 나아가 1960년대에 경제이론과 통계 방법을 역사 연구에 적극 활용하는 신경제사가 대두하였는데, 그 중심은 경제이론을 적극 활용하여 가설을 검증하고 필요하다면 사실에 반하는 가정까지 도입하는 계량경제사cliometrics이다. 신경제사는 과학적 방법론을 도입하여 경제성장과 제도의 분석에서 성과를 거두었다. 경제학 개념과 게임이론을 활용하여 제도를 탐구한 신제도경제학은 신경제사를 지원하였다. 1825년 베를린대학에 초빙된 랑케Leopold von Ranke부터 역사학은 과학을 추구하였는데, 신경제사는 자연과학적 방법에 가장 가깝게 접근한 역사 연구이다. 그런데 1970년대에 역사학계는 과학적 설명의 믿음에 회의하게 되었고, 이런 역사학계를 의식하여 사회과학의 분석 도구와 역사학의 서사체를 결합하는 분석적 서사체analytic narrative의 역사서술법을 주창하는 경제사학자들이 나타났다(Goldin 1995 ; 이헌창 2012). 경제사는 장기적인 경제성장의 과정과 요인을 탐구함으로써 후생의 증진, 곧 생활수준의 지속적 향상이라는 경제학 과제의 구명에 이바지하고 있다.

신고전학파가 과학성을 명분으로 배제하려던 정치현상뿐만 아니라 윤리도 20세기 후반의 경제학계가 다시 편입하고 있는 점은 흥미롭다. 영국에서 political economy는 도덕철학으로부터 나왔는데, 신고전학파는 가치판단을 배제한 과학을 지향하기 위해 윤리성을 배제하고자 하였다. 그런데 케네스 볼딩Kenneth E. Boulding은 기호가 주어진다는 경제학의 가정을 문제시하고 인간의 학습 과정에 관한 과학이 윤리적 고려로부터 벗어날 수 없다는 점에서, 경제학은 도덕과학a moral science이어야 한다고 주장하였다(Boulding 1969). 볼딩의 주장은 고전학파 성립 이전 도덕철학의 전통을 복원하는 셈이어서 흥미롭다. 아마르티아 센Amartya Sen에 의하면, 경제학은 공동선共同善의 실현을 위한 윤리학적 기원과 계산논리적 관점의 공학적 기원을 갖는다. 그런데 라이어넬 로빈스는 경제학과 윤리학의 결합을 불가능한 것으로 보았고 이러한 견해는 오늘날 널리 유행하고 있다. 센은 공학적 접근의 기여를 인정하면서도 윤리학적 관점이 현대경제학, 특히 후생경제학에서 중요한 의의를 가지므로 두 접근법 간의 균형이 필요하다고 보았다(센 1999 : 15~23). 2000년대에는 경제윤리를 다룬 『기부, 이타심 및 호혜의 경제학 핸드북*Handbook of the Economics of Giving, and Altruism, Reciprocity*』과 『경제학과 윤리학의 핸드북*Handbook of Economics and Ethics*』이 나왔다. 전자의 편집자인 세르즈크리스토프 콤Serge-Christophe Kolm은 애덤 스미스 이래 여러 경제학자가 이타심과 증여를 연구해 왔고 그러한 연구가 1960년대부터 다시 고양되고 있다고 하였다. 스미스부터 이타심이 타인의 권리와 재산의 존중을 낳는 점에서 이기심과 상호 보완하여 시장체제를 원활하게 작동시킨다는 점을 지적하기 시작하였다는 것이다(Kolm 2006 : 5, 51). 후자의 편집자인 얀 페일Jan Peil은 스미스부터 케인스에 이르기까지 경제학은 도덕철학으로 널리 이해되었으나, 후생경제학이 개인 간 효용을 비교할 수 없다고 주장한 이래 규범적 논의는 경제학에서 사라졌다가, 20세기 말부터 실증경제학과 규범경제학의 이분법에 대한 비판이 고조되면서 윤리도덕에 관한 경제학적 고찰이 진전되고 있다고 지적하였다(Peil 2009 : XVI).

경제학영역의 확장 : 인간에 대한 이해

고전학파 경제학자들은 경제학이란 후생을 결정하는 부의 성질, 생산, 분배 및 소비를 다루어야 한다고 생각하였다. 신고전학파로 넘어오면서 후생의 증대를 위한 희소한 자원의 효율적 관리라는 경제학의 정의가 성립하였다. 그것은 합리적 선택이라는 더욱 추상적인 용어로 표현될 수 있었다. 고전학파에서 신고전학파로 넘어가면서 경제학의 주된 관심사가 경제행위의 객체에서 주체로 바뀌었다고 하겠다. 그래서 마셜은 경제학이 국부뿐만 아니라 인간을 탐구하는 학문이라고 정의한 것이다. 그래도 20세기 중엽까지 경제학자들은 종래부터 다루던 재화와 서비스의 생산 · 분배 · 소비, 그리고 거시적으로는 국민소득 · 물가 변동 · 실업 등에 대한 탐구에 집중하였다.

게리 베커Gary S. Becker는 경제학의 연구 주제가 아니라 그 접근법이 다른 사회과학으로부터 경제학을 구분해 주는 특성을 더 잘 보여 준다고 보았다. 극대화행위, 시장 균형 및 안정된 선호가 핵심을 이루는 "경제학적 접근은 인간행동의 넓은 영역을 통합할 수 있기 때문에 매우 강력하다"고 주장한다(Becker 1990 : 4~7). 애덤 스미스는 이기심을 전제로 『국부론』을 집필하였고, 마르크스의 계급투쟁역사관은 물질적 이득을 추구하는 인간관에 입각해 있는데, 베커는 경제학의 분석 방법이 이기적이라거나 물질적 이득에 의해 전적으로 좌우된다거나 하는 인간 동기의 가정에 의존할 필요는 없다고 했다. 그는 이기심 · 이타심 등의 어떠한 동기에 입각하더라도 경제 분석을 유효하게 적용할 수 있으며, 인간의 다양한 가치관 · 선호체계 · 계산을 편입하는 것이 합리적 선택이론을 확장하는 중요한 계기라고 보았다. 그 본보기로서 그는 증오와 편견이라는 감정이 개입된 인종적 · 성적 차별, 이타심이 개입하는 결혼 · 출산 · 이혼 등의 가족사 등으로 경제 분석을 확장하였다(Becker 1993). 베커에 의해 신고전학파 경제학의 '합리성'은 협소한 물질주의에 국한되지 않고 영역을 넓게 확장할 수 있게 되었다. 마셜의 정의처럼 경제학은 일상적인 인간사를 포괄적으로 연구하게 되었고, 바이너의 "경제학이란 경제학자가 하는 것이다"라는 말이 현실화된 것이다.

경제학자들은 합리적 선택을 하는 이기적 인간을 전제하는데, 그것과 상통하는 명제는 인간이 인센티브에 반응한다는 것이다. 인센티브는 인간행동을 특정 방향으로 유인하기 위해 제공된 것을 말한다. 20세기 후반에 시장중심적 사고의 영향력이 커지면서 이 단어의 사용량이 급증하였고, 나아가 경제학의 담론에도 등장하였다. 이 용어를 경제학적 용례로 처음 사용한 것은 인센티브에 따라 임금을 지불하는 제도로 생산성을 높이자는 것이었다. 결국 합리적 선택을 하는 이기적 인간에 대해 어떠한 제도를 설계하여 경제효율성을 높일 것인가 하는 과제가 인센티브의 사용량을 늘린 것이다. 그래서 1980년대부터는 '인센티브를 이용한 제도를 설계한다'는 의미의 인센티바이즈incentivize라는 용어가 확산되었다.[28] 제도의 설계

28 마이클 샌델(2012)은 인센티브와 인센터바이즈의 사용 확산을 보여 주고 있다.

가 경제 효율과 경제성장에 중요하다는 인식의 확산은 인센티브라는 용어의 사용 확산과 인센터바이즈라는 용어의 출현을 낳은 것으로 판단된다. 이러한 가운데 "경제학은 근본적으로 인센티브를 활용하는 학문이다"라는 정의도 나왔다(레빗 · 더브너 2010 : 36).

게리 베커에 힘입어 경제학적 방법론은 결혼, 이혼, 출산, 육아, 낙태, 교육, 건강, 범죄, 환경 등과 같은 도덕윤리에 직결된 문제도 다루게 되었다. 인센티브는 경제적 인센티브뿐만 아니라 사회적 · 도덕적 인센티브를 포괄하므로, 경제학이 인센티브를 다룬다면 사회와 도덕의 영역까지 걸치게 된다(레빗 · 더브너 2010 : 36~41). 신고전학파 경제학자들은 경제학이 과학이려면 가치판단의 규범적 명제를 다루지 않고 검증 가능한 실증적 명제만 다루어야 한다고 선언했다. 그런데 도덕에 관련된 선택을 다루거나 그러한 선택에 인센티브를 적용하는 제도를 설계하려는 경우에 어떻게 가치중립을 유지할 수 있는가 하는 의문을 품는 학자가 많아졌다. 이들은 '내재적 동기 유발이나 도덕적 헌신이 중요한' 교육 · 건강 · 시민 생활 · 환경 등의 영역에 시장논리가 적용되면, 시장은 비시장적 규범을 부패시키고 훼손하거나 밀어낸다고 주장한다(샌델 2012 : 제3장).

20세기 후반 이래 경제학의 발전이 개념의 재정립을 요청하는 것은 경제학 연구영역의 확장에만 기인하지 않는다. 행동경제학과 실험경제학의 출현은 합리적 선택을 다룬다는 경제학의 방법론적 정의에 대한 재검토를 요청하고 있다. 마셜은 고전학파의 전통을 계승하여 경제행위의 주체인 인간에 대한 탐구를 경제학의 과제로 삼았으나, 신고전학파는 기본적으로 합리적 선택을 하는 인간관을 전제하고 경제적 동기를 탐구 대상으로 삼지 않았다. 근래 대두한 행동경제학은 인간의 경제적 동기를 실험을 통해 관측하여 합리적인 인간관이라는 경제학의 가정假定 자체를 문제시하고 있다. 합리적 선택을 하는 호모에코노미쿠스는 가상의 존재일 뿐이고 많은 연구 결과가 인간의 예측이 불완전하고 편향되어 있다는 사실을 보여준다. 인간은 '정황 또는 맥락'의 사소한 변화만으로도 큰 영향을 받을 수 있다. 결국 인간은 인센티브뿐만 아니라 넛지nudge에도 영향을 받는 것이다(탈러 · 선스타인 2009).

진화적 게임이론은 제도를 분석에 통합하는 방식을, 생태경제학은 자연과 경제의 상호 연계관계가 형성되는 방식을, 심리경제학은 합리성을 다루는 방식을, 비선형 동학과 복잡계 이론은 일반 균형을 이해하는 방식을 다시 정의하고 있으며, 실험경제학은 실증 작업에 대한 경제학자의 생각을 변화시키고 있다. 이들은 신고전학파 정통 경제학의 토대를 이루는 합리성, 욕망, 균형 대신 의도적 행동, 계몽된 이기심, 그리고 지속 가능성이라는 절충적인 삼위일체를 제시하였다. 그런 가운데 세기의 전환기에 경제학의 최전방에서는 경제학이 "상호작용을 하는 개인과 제도들로 구성되고 있는, 자기 재생산적인 진화하는 복잡계"를 다룬다는 정의가 나왔다.[29] 이처럼 20세기 후반 경제학이 영역을 확장하고 행동경제학이 경제학의 기본 가정에 도전장을 던지는 상황에서 "경제학의 어떠한 간명한 정의도 부적절해 보인다"라는 견해가 있다(Backhouse and Medema 2009 : 231).

경제학의 역사는 과학을 추구한 역사이며, 고전학파와 신고전학

29 컬랜더 · 홀트 · 로서(2011)의 서문에 이들의 주장이 잘 드러나 있다.

파는 과학으로서 경제학의 성립과 발전에 기여하였다. 그런데 경제학이 복잡계를 다룬다면, 그리고 볼딩이나 센처럼 경제학이 윤리도 다루는 도덕철학의 정신을 회복해야 한다면, 19세기 말의 신고전학파처럼 경제학이 순수과학이라고 자부할 수 있을까?[30] 매클로스키 Deirdre McCloskey는 학문의 탐구에서 개별 진리는 존재하되 그것을 통합하는 전체 진리는 존재하지 않으므로, 개별 진리를 탐구하는 경제학이 다른 사람을 설득하기 위한 수사적rhetorical 경제문제이며 과학으로 의미를 갖기 위해서는 담론 윤리discourse ethics를 지켜야 한다고 주장했다(컬랜더 · 홀트 · 로서 2011 : 46~47). 맨큐는 거시경제학이 분석도구를 개발하고 이론적 원리를 확립하는 과학이라기보다는 현실적 경제문제를 해결하는 공학에 더욱 가깝다고 했으나(Mankiw 2006), 센의 경우 이론과학과 공학의 구분을 의식한 것 같지는 않다.

30 역사학이 수사학인가, 아니면 과학이 될 수가 있는가에 관한 오랜 논쟁이 있고 경제사까지 포함하면 현재에도 진행 중이라고 할 수 있다(이헌창 2012). 행정학이 과학인가 아트인가에 대한 논쟁도 활발히 진행되었다(박종민 2009 : 1~18).

9. 경제학 개념의 정리

경제학의 정의는 이상에서 살펴본 새롭게 확장하는 영역과 새롭게 진화하는 방법론을 포괄하여 재정립되어야 할지 모른다. 여기에 대한 관견을 제시하고자 한다. 전략적 사고를 하고 진화하는 인간의 사회는 복잡계일 수밖에 없고, 그런 복잡성을 이해하고 그것을 포괄하는 경제학의 개념을 모색할 필요가 있다. 그런데 경제의 복잡계를 명료하게 파악하는 이론체계와 정의가 나오기 전에는 경제계를 일관된 법칙성으로 파악하는 정통 경제학의 간명한 정의는 유지될 필요가 있다.

경제학의 개념을 대상영역, 과제 및 방법론으로 각각 살펴보자. 재화와 서비스의 생산 · 분배 · 소비가 경제생활인데, 생산과 소비에서는 희소성의 문제로 인하여 자원의 효율적 배분이라는 과제가 대두하고 분배에서는 소득의 공정하고 형평한 분배의 과제가 대두한다. 경제학은 효율적 자원 배분과 공평한 소득 분배에 기여하기 위한 목적을 가진다. 그러기 위해서는 이러한 경제행위에 나타난 법칙성과 인간의 행동원리를 구명해야 하며, 이것이 경제이론의 과제이다. 경제학의 단기적 핵심 과제는 희소한 자원의 효율적 배분이지만, 장기적 핵심 과제는 생활수준의 지속적 향상이다. 경제학은 이러한 과제를 해명함으로써 복지 증진에 기여해야 하는 것이다.

경제학이 후생의 충족을 도모한다는 마셜의 지적은 경제학의 핵심적 과제라 할 수 있다. 고전학파가 부에 관심을 가진 것도, 신고전학파가 희소성의 관리를 중시한 것도 후생 · 복지의 증진을 위한 것이다. 경제학은 애덤 스미스의『국부론』을 기점으로 근대적 학문으로 성립한 이래 지금까지 인간 삶의 개선이라는 목적의식을 가진 학문이었다는 사실을 잊어서는 안 된다. 후생의 증진이라는 마셜의 정의, 희소한 자원의 효율적 관리라는 로빈스의 정의, 그리고 경제성장이라는 경제사의 주요 탐구 과제 모두가 경제적 삶의 향상을 목표로 삼는다.

이상의 점들을 고려하고 주요한 정의들을 종합하여 경제학은 개인적 차원에서 경제행위의 원리와 법칙, 사회적 차원에서 생산 · 분배 · 소비행위를 조정하는 시스템의 원리와 법칙, 그리고 장기적으로는 경기 변동과 경제성장의 과정과 요인을 과학적으로 탐구하고, 그럼으로써 단기적으로는 희소한 자원의 효율적 배분과 산출물의 공평한 분배, 장기적으로는 생활수준의 향상이라는 경제문제의 공학적 해결을 도모하는 학문이라고 정의해 보고자 한다.

경제학과 다른 학문의 경계를 어떻게 구분할 것인가? 먼저 대상영역으로 보자. 문화는 생산성에 영향을 미치고 문화적 재화는 욕구의 충족 대상으로서 기업이 생산하는 대상이기도 하다. 사회적 관계의 유지를 위한 선물 교환은 경제적 지출과 생산에 관련된다. 교육은 생산성과 지출에 관련된 중요한 요소이며, 안전과 국방에 대한 투자 또한 비용을 요구하며 인간 삶에 영향을 미친다. 이처럼 문화, 사회, 교육, 국방 등은 경제영역과 중첩되고 관련된다. 그런데 이 영역들은 경제논리로 환원될 수 없는 고유한 영역도 갖고 있다. 폴라니가 말한 것처럼 호혜와 재분배는 시장과 더불어 주요한 경제통합 형태이지만, 경제원리가 아닌 사회규범과 정치논리의 영향을 받을 수 있다. 이러한 성찰 위에서 학제 간 연구가 진전될 필요가 있다.

앞에서 언급하였듯이 "경제학은 근본적으로 인센티브를 활용하는 학문이다"라고 정의할 때, 여기에는 사회적 · 도덕적 인센티브도 포함된다. 도덕주의와 공리주의는 다르나, 상호 배제하지는 않는다. 칸트의 도덕률처럼 도덕의 추구란 편익과 무관하게 인간이라면 마땅히 그 자체를 추구해야 할 가치로 보면, 그것은 공리와 무관한 도덕주의이다. 이것을 의무론적 도덕주의deontological moralism라 부른다. 그렇지 않고 도덕이 협력과 신뢰, 사회질서 유지 등의 편익 또는 공리를 제공하기 때문에 추구해야 한다는 관점이라면, 그것은 목적론적 도덕주의teleological moralism이며 이는 경제학의 분석 대상일 수가 있다.

경제학의 통상적 대상영역은 그 방법론이 포괄하는 영역과 잘 일치하지는 않는다. 희소한 자원의 합리적 배분을 달성하는 극대화와 균형의 방법론은 경제생활에 특히 깊은 관련을 갖지만, 거기에 국한되지 않고 인간 생활의 거의 모든 영역에 적용된다. 그래서 경제학의 기본원리, 그에 입각하여 개발된 분석법이 경제행위에 국한되지 않고 정치 · 국방 · 교육 등 관련 영역, 심지어 결혼 · 이혼 · 출산 등 가족관계 등에까지 적용되기에 이르렀다. 그런데 결혼 · 이혼의 선택 여부는 경제논리로 설명되는 부분이 있겠지만, 그 자체를 경제행위라고 보기에는 어색하다. 그런 점에서 경제논리의 규정을 받는 비경제영역을 설정할 수 있다. 합리적 선택의 원리를 경제학자들이 주도적으로 개발하였지만, 경제원리로 한정하기보다는 사회과학의 원리로 규정할 수도 있다.

10. 시대적 산물로서의 경제학

애덤 스미스 이래 근대경제학은 과학적 방법을 추구해 왔다. 경제학이 인간사회를 다루면서 엄밀한 과학일 수가 있는가에 대해 성찰할 필요가 있지만, 과학성을 추구하는 자세는 견지해야 한다. 과학성은 시대를 초월하는 학문의 강점이다.

아메미야 다케시雨宮健는 "오늘날 경제학자들은 인간이 어떻게 행동하는가how people behave에 주로 관심을 가진 반면, 플라톤 · 아리스토텔레스 · 크세노폰은 인간이 어떻게 행동해야 하는가how people should behave에 더 큰 관심을 기울였다"고 하였다(Amemiya 2007). 후자의 연구 자세는 학문이 미성숙한 단계의 산물로 간단히 규정될 수 있는가? 전근대에는 국가가 재산권 등 인간의 기본권을 제대로 보장하지 못하고 무력투쟁이 일상화되어 재산과 삶을 약탈하고 시장경제가 미성숙하여 사회 전반의 자원 배분을 자동으로 해결하기 어려웠다. 이러한 시대에는 자원의 효율적 관리보다 더욱 시급한 과제가 정치공동체와 경제생활을 안정시키고 그 속에서 조화로운 삶을 사는 것이었다. 고대 그리스의 지식인들은 그런 시대적 요구에 부응하는 경제학을 하였던 것이다. 인민의 계약에 의해 성립한 국가가 기본권을 보장하고 시장이 전반적 경제문제를 해결해 줄 수 있는 환경이 마련된 후에는 경제학자들이 희소한 자원의 효율적 관리에 관심을 집중할 수 있었다. 물론 고대 그리스인이 규범경제학뿐만 아니라 실증경제학을 더욱 발전시켰으면 하는 아쉬움은 있을 수 있다. 그러한 실증경제학은 폴리스의 안위와 관련하여 논의될 성질이므로 오늘날 분석에 능한 경제학자도 다루기 어려운 면이 있다.

조선시대 유학자들은 효율보다는 공평을 추구하고 경제성장보다는 경제 안정, 구체적으로 말해 기근 대책에 주력하였다. 조선시대 5백여 년간은 인구로만 보아 연평균 0.2퍼센트 정도 성장한 시대여서, 조선시대 사람에게 경제성장을 주요한 과제로 삼으라는 것은 연목구어緣木求魚와 다를 바 없다. 매디슨Angus Maddison의 대략적 추계에 의하면, 1990년 국제물가로 표시한 세계 평균의 1인당 생산GDP per capita은 예수가 탄생한 서력 기원 무렵 444달러, 1000년경 435달러, 1820년 667달러였다. 즉 1000~1820년 사이의 연평균 증가율은 0.05퍼센트에 불과하였다(Maddison 2001). 맬서스Thomas Robert Malthus법칙에 지배당하는 전근대의 최대 경제문제는 기근 대책이었고, 풍흉豐凶에 따른 경제 불안정의 극복이 중요한 과제였다. 그런 점에서 조선시대 유학자들은 고대 그리스 학자와 마찬가지로 시대적 과제에 부응하는 경제문제를 다루었던 것이다. 조선시대 유학자들이 효율에 소홀하여 경제성장률이 다소 하락하였을지는 모르겠으나, 공평과 기근 대책에 주력한 것은 조선왕조가 5백여 년간 장수하는 데 이바지하였다.

이처럼 대중이 절대빈곤에 머물고 굶어 죽는 사람이 많았던 전근대에 인류는 경제 안정을 위해 시장에 전적으로 의존할 수는 없었고 도덕경제론moral economy을 발전시켰다. 그런데 지속적 성장을 이룬 근대에 들어와서는 이기심의 원리에 입각한 시장이 지배력을 강화하는 가운데 경제적으로 풍족해졌을 뿐만 아니라 사회적으로도 안정되었다. 이처럼 시장이 인간의 삶을 개선해 왔고 경제문제를 해결할 수 있다는 믿음이 사회적으로 공유된 시대에야 시장 분석의 근대경제학이 꽃필 수 있었다. 물론 그 믿음에 동참하지 않은 무리들이 마르크스경제학을 발전시켰으나, 20세기 후반 사회주의 경제의 해체 전후에 그 영향력이 급격히 쇠퇴하였다.

그런데 21세기로의 전환기 이래 주류 경제학이 인간의 삶을 개선하고 경제문제를 잘 해결할 수 있다는 믿음에 대한 회의가 커지고 있다. 이스털린Richard Easterlin은 경제성장에도 불구하고 삶의 만족도가 높아지지 않을 수 있는 역설을 제시하였다. 2천 년대 선진 자본주의국의 금융위기는 세계화라는 시장 심화가 초래한 불안정성뿐만 아니라 미국 월가 등 금융 엘리트의 비윤리적 행위가 낳은 경제적 비용을 성찰하는 계기가 되었다. 정보통신 등의 기술 발전으로 선진국에서 실업률이 높아지는 데에 대해 경제학은 효과적인 대책을 제시하지 못하고 있다. 경제성장에 따른 공업화가 세계적 범위로 확산됨에 따라 이산화탄소의 배출 증가로 인한 지구온난화문제가 지구 환경을 심각하게 위협하는 단계에 이르렀다.

2011년 선진국에서 불평등에 대한 사회적 반발이 나타났다. 2014년 토마 피케티Thomas Piketty는 『21세기 자본론*Le Capital au XXIe siécle*』에서 자본주의시대에 빈부 격차가 확대되었음을 실증하고, 최상위 1퍼센트의 부유층에게 최고 80퍼센트의 소득세를 물리자는 정책안을 제안하였다(Piketty 2014). 한국을 포함한 많은 상위 경제권 국가에서 20세기 중엽에 소득분배가 개선되었다가 1980년대 이래 상위 1퍼센트에게 소득이 집중되는 현상이 나타나고 있다. 피케티는 실증적 · 과학적 분석법을 구사하여 불평등화 추세를 해소하기 위해 부자의 재산권을 존중하는 자본주의사회의 도덕을 수정하는 제안을 한 것이다. 피케티 저서에 대한 세계적 열풍은 불평등문제에 대중뿐만 아니라 경제학계도 반응하고 있음을 보여 준다. 근대에 들어와 시장경제론에 밀렸던 도덕경제론이 시장경제 아래 안정된 삶을 위협받게 된 사람이 갈수록 많아지는 21세기에 들어와 부활하고 있다고 볼 수도 있으며, 칼 폴라니의 표현을 빌리면 사회를 해체하려는 시장의 힘에 대해 사회가 반격하고 있다고 볼 수도 있다. 피케티의 열풍으로 보건대, 앞으로 경제학은 다시 고대 그리스나 조선시대에서처럼 인간이 어떻게 행동해야 하는가 하는 문제에 관심을 갖게 될지도 모른다.

애덤 스미스의 『국부론』이 나온 이후 240년간은 인류문명이 성립한 이래 시기의 10퍼센트에도 미치지 못한다. 신고전학파가 확립된 지는 1백 년이 조금 넘었고, 희소성에 입각한 라이어넬 로빈스의 정의가 나온 지는 1백 년에 훨씬 못 미친다. 애덤 스미스의 『국부론』은 자동조절적 시장에 대한 신뢰를 전제로 하는 경제사상으로 패러다임이 전환함을 보여 준다. 그런데 시장에 맡겨서는 환경, 실업, 불평등, 지구온난화 등의 문제가 인류문명을 위협할 정도로 심각해질 전망이라면 경제학의 새로운 패러다임 전환이 필요할지 모른다. 그런 전환이 이루어지면 경제학 개념의 변화가 일어날 수 있다. 이에 대비하여 우리는 지금까지 경제학의 성취 중에서 계속 견지할 것과 수정 · 보완해야 할 것이 무엇인가를 성찰할 필요가 있다. 실증성과 과학성에 대한 맹신은 버리더라도 그것을 추구하고 존중하는 자세는 견지할 필요가 있다. 인간이 자유의지에 의한 합리적 선택을 추구하는 경향이 있고 그것이 바람직한 속성이므로, 합리적 선택이론도 발전시킬 필요가 있다고 생각한다. 물론 합리성과 희소성으로 해소되지 않은 영역에 대한 연구가 필요할 것이다.

경제학은 가치관 내지 기호를 주어진 것으로 가정하고 편익과 비용을 따져 추구하는 목표의 차액을 극대화하는 도구합리주의instrumental rationalism를 추구해 왔다. 이런 방법으로 이룬 성과는 부정될 수 없다. 나아가 어떠한 가치관 내지 선호체계 등을 갖는 것이 인간 행복의 도모나 사회적 문제의 대처에 유리한지, 그래서 개인의 행복과 사회적 후생을 극대화하는 방안이 무엇인지 하는 문제까지 경제학이 탐구할 수 있다면 고무적이라고 하겠다. 이런 가치판단을 다루는 문제를 과학적으로 분석하기 곤란함은 오래전부터 지적되어 왔지만, 21세기의 엄중한 경제 과제를 해결하기 위한 개방적 학문 논의는 절실하다. 예컨대 돈벌이를 위해 투입하는 시간, 여가 시간, 그리고 가족과 친구를 위해 투자하는 시간의 선택문제에 대해서도 경제학이 개방적으로 논의할 수 있어야 경제학이 행복의 문제에 문호를 개방하는 것이 아닐까? 경제학이 복지를 즐겨 거론하면서 행복에 대해 침묵한다면 이상한 일이다. 과세나 공공재의 생산과 같은 시장 실패에 대한 기존 처방으로 환경 · 실업 · 불평등의 문제를 기본적으로 해결하기 어렵다면, 시장 효율과 사회 안정성의 관계를 고찰하는 논의가 본격화되어야 하지 않을까 생각된다. 효율을 무시한 도덕론적 · 의무론적 담론은 한계가 있는 만큼 지금까지 경제학의 성취가 21세기의 도전에도 이바지할 바는 클 것이다.

공자는 "조그만 이익에 집착하면 큰일을 이룰 수 없다見小利 則大事不成"라고 하여,[31] 큰일을 이룰 수 있는 진정한 이익을 추구하라고 가르쳤다. 그는 남에게 잘 보이려는 위인지학爲人之學을 하지 말고 자기를 위하는 위기지학爲己之學을 하라고 하여,[32] 진정으로 자신에게 이로운 길로 가라고 가르쳤다. 기부와 봉사가 '당신 자신을 위한 선물'임은 과학적으로 설명된다(안드레센 2013 : 19~24). 그런 점에서 이기심과 이타심이라는 서양식 구분에 난점이 있다. 앞에서 언급하였듯이 베커는 경제학의 분석이 이기심에 국한될 필요가 없고 이타심도 포괄할 수 있다고 보았는데, 서양의 이기심보다 공자의 '위기'가 경제학의 합리적 선택에 잘 부합하는 개념이 아닌지 검토해 볼 필요가 있다. 단, 공자가 명예를 추구하는 '위인지학'을 비판하고 자아실현의 '위기지학'만을 평가하여 오늘날의 세속적 인간에게는 지나치게 엄격한 도덕관을 제시한 점은 지적될 필요가 있다. 갈수록 심각해지는 실업과 불평등의 문제에 사회적으로 대처하고 지구온난화를 막도록 이산화탄소 배출에 대한 현명한 합의를 위해서는 이기심에 입각한 경제학이 아니라 자신과 인류를 위한 '위기爲己'의 경제학

31 『論語』「第13 子路篇」.

32 『論語』「第14 憲問篇」.

이 필요할지 모른다. 저자가 사용하는 위기 개념은 세속적 명예욕인 위인爲人을 배제하지 않는다.

이상으로 보건대 21세기의 엄중한 시대적 과제는 도덕과학으로서 경제학의 부활을 요청한다. 그런데 도덕과학으로서 경제학의 부활은 사회과학으로서 경제학의 발전 추세에 역행하는 것은 아닐까? 저자는 오히려 합리적 선택이론의 발전으로 보며, 사회과학으로서 경제학을 더욱 풍성하게 할 수도 있다고 생각한다. 주류 경제학자는 희소한 자원의 관리를 위한 합리적 선택행위를 핵심적 경제행위로 간주한다. 그런데 인간의 경제행위를 합리적 선택으로만 이해할 수 없다는 행동경제학의 성과를 고려할 필요가 있다. 행동경제학을 통해 경제학은 심리학과 만난다. 이기심과 이타심이 상호보완하여 시장체제를 원활하게 작동시킨다는 지적이 있는 만큼, 경제학은 이기심만 전제하지 않고 다양한 인간 동기를 포괄해야 할 것이다. 게리 베커의 지적처럼 합리적 선택이론은 이기심뿐만 아니라 이타심 등 다양한 가치관과 선호체계 등을 전제로 할 수 있다. 그러면 분석의 폭이 넓어지고 새로운 방법론이 개발될지도 모른다.

실업이 인간의 실존을 위협하고 지구온난화가 인류의 존립을 위협하는 데에 대한 공감을 갖고 21세기의 시대적 과제의 해결에 실효성을 가진 정의의 법을 수립하여 경제 게임의 룰을 확립할 필요는 없을까. 앨프리드 마셜의 지적처럼 경제학은 인간의 탐구를 과제로 삼을 필요가 있으며, 『국부론』에서 경제학적 인간관을 확립한 애덤 스미스의 『도덕감정론』도 다시 들여다볼 필요가 있다.

애덤 스미스는 인간의 감정을 크게 이기심과 이타심으로 구분할 수 있다고 했다(스미스 2014 : 511). 이것이 경제학계를 포함하여 오늘날

세계 학계의 일반적 구분법이다. 그런데 생물학자 에드워드 윌슨 Edward Wilson은 이타심은 궁극적으로 이기심이라고 보았다(윌슨 2000 : 제7장). 애덤 스미스는 미덕의 성품에 관한 학설을 소개하기를, 에피쿠로스는 천연적 욕망의 가장 기본적인 대상이 육체적 쾌락과 고통에만 있다고 보았던 반면, 플라톤 · 아리스토텔레스 · 제논은 그 외에도 지식, 우리의 친척과 친구 및 조국의 행복 등과 같은 수많은 대상이 있으며 이 모두가 궁극적으로 그 자체로 바람직하다고 주장하였다. 에피쿠로스는 미덕이 고통을 막아 주고 안락과 쾌락을 가져다주므로 바람직하나, 다른 세 철학자는 그것이 수단적인 가치를 지니기 때문이 아니라 그 자체로서 가치를 지니기 때문에 바람직하다고 하였다. 에피쿠로스가 오늘날 경제학자의 일반적인 관점에 입각하였다면, 세 철학자의 관점은 공자의 위기론에 통한다. 이타적 행위도 허영심과 같은 이기적 동기에 입각하고 있다는 버나드 맨더빌Bernard Mandeville, 1670~1733의 주장에 대해, 애덤 스미스는 "충분한 근거와 이유가 있는 명예와 평판에 대한 애호, 진정으로 존중받을 만한 수단을 통해 존중받고자 하는 애호까지 허영심이라는 이름으로 불러서는 안 된다"고 지적하였다(스미스 2014 : 572~573, 591~592). 맨더빌이 말하는 박수갈채를 위한 허영심은 공자의 '위인지학'에 통하는 개념이다. 스미스는 이타심의 존재와 그 긍정적 효과를 인정하여 공자의 '위기'와 같은 그리스철학자의 견해를 소개하였던 것이다.

Part 2

일본에서의
경제학 개념의 번역사

1. 번역어 경제학의 성립과 그 개념 이해의 심화

동아시아 최초의 번역어 경제학

일본이 근대학문의 도입과 번역에서 뛰어난 성취를 이룬 중요한 조건은 도쿠가와시대 난학蘭學의 전통이었다. 난학자들은 신속하게 영어를 습득하여 영일사전을 편찬할 수 있었으며, 서양에 유학하여 경제학을 체계적으로 학습하고 경제학 저서를 번역하는 데에 선도적 역할을 맡았다.

1862년 막부의 양학洋學 연구기관인 번서조소蕃書調所(개성소(開成所), 도쿄대학의 전신)에서 편찬한 영일사전인 『영화대역 수진사서英和對譯袖珍辭書』는 political economy를 이미 '경제학'으로 번역하면서 economy를 '집안일家事을 하는 것, 검약하는 것'으로 번역하였다. 난학자 니시 아마네西周는 『백학연환百學連環』1870에서 '근래近來'에 쓰다 마미치津田眞道

가 political economy를 경제학으로 번역하였다고 밝혔다(重田園江 2003). 니시가 1862년의 편지에 유럽의 철학과 경제학을 일컬어 '공평정대한 담론公平正大之論'이라고 쓴 데에서 드러나듯이, 네덜란드로 유학 가기 이전에 이미 유럽의 경제학과 접촉을 하였고 경제학이라는 번역어를 알고 있었다(杉山忠平 1991 : 33~35, 80~81). 난학자 호리 다쓰노스케堀達之助가 『영화대역 수진사서』의 편집주임으로서 작성한 「서문」에 의하면, 번서조소 교수인 니시 슈스케西周助,[33] 지무라 고로千村五郎, 다케와라 유시로竹原勇四郎, 미쓰쿠리 데이이치로箕作禎一郎[34] 등이 이 사전의 편찬에 크게 기여하였다. 쓰다가 '등'의 인물에 포함되었는지는 알 수 없다. 그도 번서조소 교수인 이상 그 기관이 만드는 사전의 편찬에 참여하였을 가능성이 높으며, 설사 참여하지 않았더라도 직장 동료로서 친교를 맺고 있던 니시의 자문에 응해 경제학으로 번역하였을 수 있다. 이상으로 보건대 쓰다 마미치가 경제학이라는 번역어를 만든 시점은 번서조소에 취직한 1857~1862년 사이이다.

『영화대역 수진사서』에서 politics를 '정치학', political을 '정치에 관련된政ニ拘リタル'으로 번역한 것으로 보건대, economy가 '집안일을 하는 것'이라는 의미이니, political economy를 물질적 측면을 중심으로 국사國事 내지 정사政事를 하는 정도로 생각하여 경제학으로 번역한 것으로 보인다. 앞으로 언급하겠지만 후쿠자와 유키치福澤諭吉

33 니시 슈스케(西周助)는 지인들이 스스럼없이 부를 때 사용하던 니시 아마네의 다른 이름이다.
34 미쓰쿠리 데이이치로(箕作禎一郎)는 일본에서 처음으로 권리와 의무라는 단어를 사용한 것으로 유명한 미쓰쿠리 린쇼(箕作麟祥, 1846~1897)와 동일인이다.

는 1868년 출간한 『서양사정 외편西洋事情 外篇』에서 그렇게 설명하였다. 경세제민經世濟民의 약자인 경제란 원래 정치윤리와 국가관리를 종합하는 의미였다. 그래서 일본의 도쿠가와시대에도 "경제 학설은 대체로 정치론이고 시무론時務論"이었다(本壓榮治郎 1942 : 2~4). 이렇게 경제라는 한자어 원래의 의미를 근본적으로 바꾸지는 않은 채 political economy의 번역에 사용하였음이 분명하다.

최초의 번역자가 이해하던 political economy는 어떠한 내용인지 잘 알 수 없으나 니시 아마네가 '공평정대한 담론'이라고 한 데에서 드러나듯이, 도덕철학moral philosophy의 영향을 받은 경제학이었을 것이다. political economy를 공평정대한 담론으로 본다면 경세제민의 축약어에서 번역어를 구함은 자연스럽다. 경제학으로 번역된 시점은 아직 신고전학파가 출현하기 이전이나, 애덤 스미스의 『국부론』이 나온 지는 1백 년 가까이 지났으므로 쓰다 마미치와 니시 아마네가 경제학으로 번역할 때 고전학파 경제학에 대해서는 어느 정도 지식이 있었던 것으로 보인다.[35] 그런데 이후 니시가 경제학이라는 번역어의 대안을 모색하는 사실에서 드러나는 것처럼 1862년의 시점에서 고전학파 경제학을 충실히 이해한 것은 아니다. 니시는 1862년 네덜란드로 유학 가서 경제학이라는 번역어가 "경세제민으로부터 채용되어, 오로지 물질생활만을 논하는 데에는 적당하지 않은 것 같다"고 판단하였다.

18세기 중엽의 유럽에서 성립한 중농학파 · 고전학파 경제학이

35 1863~1869년에 걸쳐 일본인이 읽은 개성소에 소장된 책에는 네덜란드어로 쓰인 경제학 서적이 있었고, 그 가운데 애덤 스미스에 대한 지식도 있었다(山崎怜 1971 : 137).

만들어 낸 political economy의 개념에 해당하는 용어가 한자문화권에서는 출현하지 않았기 때문에, political의 뜻과 economy의 뜻이 합성된 한자어로서 경제가 선택되었다고 보아야 한다. 여기에서 알 수 있듯이 정치를 의미하는 형용사 political이 없었다면 경제라는 번역어가 고안되기 힘들었을 것이다. political economy의 어원이 번역의 양상에 영향을 미쳤던 것이다. 게다가 고전학파 경제학이 전제하는 자유로운 개인이 계약으로 국가를 구성한다는 관념이 낯설기 때문에 인민이 생산자와 소비자로서 주체가 되는 경제를 다루는 학문체계를 상정하기 힘들어, 국가정책론의 시각으로 고전학파 경제학을 이해하여 경제학으로 번역하였을 가능성이 있다. 이와 관련되는 사실로서 political economy에 해당하는 네덜란드어는 staathuishoudkunde인데, 그것은 '국가관리의 학문'이라는 의미이다(Groenewegen 1985 : 746). 난학자들은 political economy의 번역어로서 국가관리론에 상응하는 '경제학'을 찾는 데에 이 네덜란드어의 도움을 받았을 수 있다. 유럽에는 국가로부터 자립한 시민사회 또는 시장경제라는 관념이 있어 과학으로서 경제학이 성립할 수 있었다고 Part 1에서 언급하였는데, 동아시아에는 그런 관념이 없었으므로 구미에서 도입한 경제학을 처음에는 국가에 의한 물질생활의 관리라는 차원으로 이해했다고 볼 수 있다.

경제학이라는 번역어가 성립한 원인을 근대학문에 대한 이해 부족의 탓으로만 돌리는 것은 아니다. Part 5에서 언급하겠지만 도쿠가와시대에 경제론의 발전 가운데 경제라는 용어가 실질적인 경제정책이라는 뜻으로 사용되기에 이르고, 경제학이라는 용어가 나타났기 때문에 경제학이 political economy의 번역어로서 채택될 수 있었다고 볼 수도 있다. 경제란 원래 정치를 의미했지만, "도쿠가와 시대 말기에 가까워지면서 경제문제의 중요성이 점차 증가하여 이윽고 '경제'가 '정치'로부터 분리 · 구별되어 각각 검토되는 경향이 생긴 것이다"(島崎隆夫 1959 : 116). 경제사회의 성립이 거론되는 데에서 알 수 있듯이 일본의 막번제幕藩制사회에서는 중국과 조선의 중앙집권제사회보다 정치로부터 경제의 자립이 진전되었으므로 경제라는 개념의 진화가 좀 더 진전되었다. 게다가 초기에 도입된 고전학파 경제학의 도덕철학적 성격은 그것과 친화성을 갖는 한자인 경제학이 번역어로 선택되도록 도왔다. 앞으로 소개될 1876년 출간된 『이재원론理財原論』에서는 애덤 스미스의 글래스고대학 강의 시절 경제학이 '수신학修身學 · moral philosophy의 한 지파枝派'였다는 사실을 소개하고, 경제학이 수신학을 근본으로 하고 "천하의 공리公利로 귀결된다"고 했다(史官本局 1876 : 75~77).

쓰다 마미치와 니시 아마네는 막부의 명령으로 1862~1865년 네덜란드로 유학을 가서 레이던대학의 피세링Simon Vissering에게 경제학 등 다섯 과목의 강의를 듣고 돌아와 각서를 제출하였는데, 여기에서 쓰다는 네덜란드어 staathuishoudkunde를 경제학으로 번역하였다. 니시와 함께 떠난 유학에서 쓰다가 경제학 번역서를 맡기로 한 것 자체는 그가 이전부터 경제학 지식을 가졌기 때문일 것이다. 그런데 이들은 경제학을 제외한 네 과목의 번역서를 냈다. 이 사실은 쓰다가 경제학이라고 번역했다는 니시 증언의 신빙성을 높여 준다.

1854년 개국 이전에 유럽 경제학의 지식을 가진 난학자들이 있었다 하나(本壓榮治郎 1958 : 45), 사회과학의 소개는 규제를 받았으므로 경제학이 본격적으로 도입되지는 않았다. 1810년과 1855~1858년에 각각 나온 일란日蘭사전인 『역건譯鍵』과 『화란자휘和蘭字彙』에는 경제학이라는 번역어가 없었던 점으로 보아도(鄭英淑 2004 : 88, 90) 개국 전에 이 번역어가 없었음이 분명하다(竹浪聰 1983).

번역어 경제학의 확산과 개념 이해의 심화

간다 다카히라神田孝平는 엘리스William Ellis가 저술한 *Outlines of Social Economy*(1846)의 네덜란드어판을 번역한 『경제소학經濟小學』을 1867년에 출간하였는데, "서양 경제학의 이식移植은 이 책에서 비롯한다"고 평가된다(本壓榮治郎 1966 : 19). 번서조소의 교수를 역임한 간다는 『영화대역 수진사서』에 나온 번역어인 경제학을 사용하였던 것이다. 『경제소학』의 「서序」에서 간다는 유럽의 교육을 교과敎科 · 정과政科 · 이과理科 · 의과醫科 · 문과文科로 분류하고, 정과에 5개 부문의 법학과 아울러 '회계학statistics'과 '경제학political economy'을 포괄하였다. 『경제소학』은 첫 항목인 「문화이속文化夷俗」에서 "태평부강太平富强을 이루는 방도를 계발하는 것…을 이 학문에 들어가는 제일보로 삼는다"고 했고, 경제에 관련된 포괄적인 내용을 수록하고 마지막 항목인 「결미結尾」에서 "경제학의 포괄 범위가 극도로 넓어 이 편編과 같은 것은 구우일모九牛一毛에 불과하다"고 했다. 이처럼 political economy가 법학 · 통계학과 더불어 광의의 정치학을 구성하면서 문화 · 풍속까지 포함한 "태평부강을 이루는 방도"를 포괄적으로 다루는 학문이라면, '경제학'이라는 번역어보다 나은 한자가 지금의 저자에게도 잘 떠오르지 않는다.

마찬가지로 난학자인 후쿠자와 유키치는 1866년 출간한 『서양사정 초편初篇』에서 유럽 국가들의 역사, 정치, 국방, 재정을 다루었다. 그는 국가를 집으로 비유할 때 이 책으로는 집의 기둥이나 벽이 조성되지 않았다고 보고, 윌리엄 체임버스William Chambers와 로버트 체임버스Robert Chambers가 저술한 『교육용 경제학*Political Economy, for Use in Schools, and for Private Instructions*』1852을 1862년 유럽에서 구입하여 번역한 『서양사정 외편』을 1868년에 출간하였다. 『서양사정 외편』의 「제언提言」은 후쿠자와가 경제라는 번역을 수용한 배경을 드러낸다.

> 체임버스 씨의 경제서 중 양분되는 논설의 전반부에서 인간 교류의 방도로부터 각국의 분립分立 원인, 각국의 교제, 정부의 발생 원인, 정부의 체재, 풍속 및 인민교육 등의 조항을 설명한 것을 'social economy'로 하며, 후반부에서 경국제세經國濟世의 사건을 논한 것을 'political economy'로 한다. 그런데 근래 사우社友 간다 다카히라가 번역한 『경제소학』을 얻어 열람하니 후반부에 기재된 바와 대동소이하다. 따라서 이 책 중 전반부를 번역하고 나머지 경제론은 생략한다.

후쿠자와는 『서양사정 외편』에서 다음과 같이 경제economy 개념을 풀이하였다.

> economy란 고대 그리스어로 가법家法이라는 뜻이다. 가법이란 가를 보존하는 규칙으로 집안의 온갖 일을 정리하는 것이다. 가사를 정리하는 기술術은 무익한 경비를 줄임을 대원칙으로 하므로, economy라는 문자는 질소검약質素儉約의 뜻으로 사용된다. …political이라는 글자는 국國을 의미하여… 이 둘을 합쳐 political economy라고 할 때에는 국민, 가를 보전

하는 법이다.

이 인용구는 영어 economy와 한자 經濟 양자가 지닌 원래 뜻을 연결한 점에서 주목된다. 간다 다카히라나 후쿠자와 유키치는 경제라는 한자의 원래 뜻을 살리면서 그것을 번역어로 선택하였던 것이다.

『서양사정 외편』 제3권에 있는 「경제 총론」에서는 "경제학의 취지는 인간 의식주의 수용需用을 충족하고 재화를 증식하여 부를 이루어 사람으로 하여금 환락을 향유하게 하는 데에 있다"고 하여 고전학파적인 경제학 정의를 소개하면서도, 그 「제언」에서는 "경국제세의 사건을 논하는 것을 'political economy'로 한다"고 했다. 『서양사정 외편』의 원본인 『교육용 경제학』의 내용은 인간과 가족에서 출발하고 광범하여, 후쿠자와 유키치로 하여금 경국제세를 논하는 것이 경제학이라는 생각을 하게 만들었다. 간다나 후쿠자와는 일본에 고전학파 경제학의 체계적 원리를 처음으로 소개했지만(本壓榮治郎 1958 : 45), 이들이 이해한 political economy의 개념은 부의 성격·생산·분배를 다룬다고 보는 고전학파의 개념보다 포괄적인 내용을 가졌고 전통적인 경제라는 의미에 통하는 것이었다. 후쿠자와는 체임버스의 『교육용 경제학』에서 서양 근대사회의 기본구조를 배울 수 있었는데, 『서양사정 초편』을 출간한 시점에는 고전학파 경제학을 초보적으로 이해하는 데에 그친 것으로 보인다.

경제학이라는 번역어가 선택되어 확산된 데에는 political economy라는 학문이 경국제세라는 정책 목표를 구현할 방도를 제공해 주기를 바라는 사회적 요구가 작용하기도 했다. 그래서 간다 다카히라는 경제학이 "태평부강을 이루는 방도를 계발하는 것"이라고 했던 것이다. 니시 아마네는 신학문을 '부국안민富國安民의 학술'로 인식하였는데, 부국안민은 한자어 경제의 내용에 포괄되는 물질적인 목표였다. 경제와 부국안민은 유교의 정치 이상이며, 근대에도 통용될 수 있는 정치 목표였다. 경제학이라는 번역어는 유럽에서 유입된 신학문의 내용과 한자문화권의 전통 사상의 타협을 이룬 산물이었던 것이다. Part 5에서 언급하겠지만 문호개방 이전에 한 · 중 · 일 세 국가 모두 '경제'담론에서 오늘날 의미의 경제의 중요성이 커졌으므로 이러한 타협이 가능하였다.

근대경제학 도입사에서 후쿠자와 유키치의 중대한 기여는 경제학이 '법술法術'이 아니라 '경제의 정칙定則'을 다루는 '일종의 학문'이라고 인식한 점이다(下谷政弘, 2014 : 58~60). Part 5에서 언급하겠는데 구미경제학이 도입되기 이전에 '경제학'이라는 용어가 있기는 했으나, 그것은 후쿠자와의 표현에 따르면 '법술'이지 '학문'의 단계에 이르지는 못하였다. 후쿠자와의 표현을 고대 그리스식으로 바꾸면, 법술은 테크네technē · art이며, 학문은 에페스테메epistēmē · knowledge이다. 후쿠자와는 동아시아에서는 처음으로 유럽에서 도입한 경제학이 법칙을 다루는 학문인 반면, 그 도입 이전의 경제학이 담론에 불과하였다는 차이점을 명확히 지적하였다.

쓰다 · 간다 · 후쿠자와는 경제학을 한자의 원래 의미를 살리면서 political economy의 번역어로 삼았으나, 한자문화권에 속하지 않은 미국 선교사 헵번James Curtis Hepburn은 economy를 경제로 번역하면서도 원래 뜻과 무관한 내용으로 풀이하였다. 그가 1867년 처음 출간한 『화영어림집성和英語林集成』上海 : 美華書院은 political economy의 번역어인 경제학을 받아들인 다음, economy를 '부를 증진하기 위한 화폐나 재산의 현명한 사용'이라는 뜻으로 풀이하였다. 여기에서 경제는 한자어의 원래 의미와 전혀 무관하다. 그는 economy를 political economy라는 학문의 대상으로 인식하여 처음으로 경제로 번역하였을 뿐만 아니라 근대적 의미의 economy 개념으로 풀이하였다. 1872년 출간된 헵번의 『화영어림집성』 재판에는 economy의 번역어로 경제는 나오지 않고 검약이 있으며, political economy의 번역어로 경제학이 나온다. 초판과 재판이 상해에서 인쇄된 것은 당시 일본에는 로마자 활자가 없었기 때문인데, 제3판은 1886년 도쿄의 마루젠상사서점丸善商社書店에서 출판되었다. 니시는 『백학연환』에서 economy를 가정家政으로 번역하였는데, 어원인 고대 그리스어 oikonomia에 상통하는 의미였다.

일본의 구미 용어 번역은 부국강병을 위해 구미문명을 학습하는 작업의 일환이었고 넓게는 근대화운동에 포함되었다. 막부는 자신의 존립과 일본의 번영을 위해 번역 사업을 벌이고 니시 아마네 등의 유럽 유학을 추진하였다. 메이지시기의 정치가들은 경제제도를 설계하고 정책을 구상하면서 번역어를 사용하기도 했다. 그 좋은 예를 들면 1870년 이토 히로부미伊藤博文는 「화폐 · 지폐 · 공채의 발행 방법에 관한 건의」의 가운데 "이 진화眞貨의 주조와 지폐의 발행은 우리 전국 경제상 제일의第一義의 기초"라고 하며, 화폐제도의 개혁이 불편을 초래하겠지만 "경제의 실리實理를 거둘" 수 있다고 했다(中村政則 · 石井寬治 · 春日豊 1988 : 6~9). 이것은 헵번이 풀이한 '경제'의 의미라기보다는 Part 1에서 언급한 최근 크루그먼 등이 정의한 바와 같은 시스템으로서의 경제라는 의미에 가까워 흥미롭다. 아무튼 이 시점에서 번역어 경제가 생활용어로서 확고히 정착하였음을 알 수 있다. 메이지시기의 정치 관료들이 정책을 구상하고 국가제도를 설계하면서 새로운 개념을 선구적으로 사용하였던 것이다. 이것이 번역어의 확산에 기여하였음이 틀림없다. 1874년 오쿠보 도시미치大久保利通는 「식산흥업에 관한 건의」에서 정부가 "공업을 장려하고 물산을 증식시켜 부강의 토대를 다져야 한다"고 했고(中村政則 · 石井寬治 · 春日豊 1988 : 16~17) 이 무렵부터 식산흥업정책이 추진되었는데, 부강을 위한 식산흥업정책의 추진은 경제학에 대한 관심을 높여 그 개념의 이해를 증진하였음이 분명하다.[36]

이처럼 경제가 번역어로 사용되면서 원래의 한자어와는 다른 개념을 갖게 되었지만, 그렇다고 해서 원래의 의미를 완전히 망각한 것은 아니었다. 1884년 출간된 국어사전 『언해言海』는 '경국제세'라는 원래 의미를 적은 다음에 "개인, 가족, 국가의 경비를 절약하고 부를 증진하여 생계를 이룬다"라는 번역어 개념을 추가하였다(重田園江 2003).

36 손열(2009 : 330~331)은 메이지 관료의 경제 구상을 경제학 개념사에 결부하여 파악하였다.

2. 번역어 경제학의 대안 모색과 번역어 이재학의 대두

번역어 경제학의 대안 모색

1860년대부터 일본은 놀랄 만큼 빠르게 구미경제학을 흡수하였다. 경제학 지식의 증대를 낳은 주된 계기는 구미경제학 서적의 활발한 수입과 번역이었다. 『경제소학』이 간행된 1867년부터 1897년까지 구미경제학의 번역서가 274종 출간되었고, 특히 1880년대를 전후하여 경제학 서적의 번역이 활발하였다(本壓榮治郎 1966 : 20 ; 杉原四郎 1972 : 5~8). 해외 유학도 경제학 지식의 증대를 위한 중요한 계기였다. 1871년 9월까지 유학생 수는 281명에 달했으며 그 가운데 사비 유학생은 37명에 불과하였다. 유학생은 1872년 3월에 관비 259명, 사비 97명으로 늘었다. 1875년부터는 문부성文部省 유학생이 파견되었는데, 1912년까지의 메이지시기에 파견된 유학생 683명 중 경제학 전공은 12명으로 많지 않았다(渡邊實 1977 : 253, 266, 부록 제1표). 메이지 시기 경제학 분야 유학생이 많지 않은데도 그렇게 경제학 번역 서적이 많고 구미경제학을 잘 흡수한 것은 난학의 전통이 있었던 데다가 외국인 초빙교수를 잘 활용하였기 때문으로 보인다.

쓰다 마미치와 니시 아마네는 네덜란드 유학을 통해 영국 자유주의 경제학에 정통한 피세링에게 배웠는데, 이것은 일본인에 의한 최초의 서양 유학일 뿐만 아니라 최초의 체계적인 경제학 학습이었다. 이 니시가 경제학이라는 번역어의 대안을 제시한 최초의 인물로 보인다. 그는 유학 중에 경제학이라는 번역어가 맞지 않다고 생각하여 1863년 제산학制産學이라는 번역어를 고안하였다. 니시는 1870년에 편찬한 『백학연환』에서 근대학문을 정리하면서 중농학파, 고전학파의 주요 경제학자와 고전학파 경제학이 다루는 내용의 대강을 소개하였다. 여기에서 그는 쓰다가 만든 번역어인 경제학이 "경세제민으로부터 채용되어 오로지 물질생활만을 논하는 데에는 적합하지 않은 것 같다"고 평가하여, 『맹자』「양혜왕 장구 상梁惠王章句上」에 나오는 '제민지산制民之産'에서 제산학이라는 번역어를 제안하였다. 주자는 제민지산에 관한 설명의 앞에 나오는 '항산恒産'의 '산'을 '생업'으로 풀이하였다. '산'은 명사로는 '산물 · 재산'이라는 뜻을 가졌으니, 생업을 도모하는 재산인 생산수단으로 풀이할 수도 있다. '제'는 '치수에 맞추어 재단한다, 법 같은 것을 정하다, 제한하다' 등 동사로서의 뜻뿐만 아니라 '법제, 명령' 등 명사로서의 뜻도 가진다. 맹자 이전의 시대부터 오늘날 의미의 '제도'라는 한자어가 사용되었다. 그래서 제민지산을 인민의 생활 기반을 제도로써 마련한다는 의미로 풀이하고자 한다. 맹자에게는 정전제井田制를 통해 항산을 마련해 주는 것이 '제산'의 중심적인 이상을 이룬다. 그런 점에서 제산은 오늘날 경제 의미에 포괄된다. 니시는 그리스어 어원을 따져 economy를 '가정家政'으로 풀이하고 political economy를 '국가의 제산에 관련되는 바'로 보았다. 일본에서는 니시가 economy의 어원을 고찰하면서 한자 번역어를 만들어 낸 최초의 인물로 보인다.

니시 아마네는 1875년 『메이로쿠잡지明六雜誌』 제38호에 수록된 논문 「인세삼보설人世三寶說」에서 한문 고전에 나오지 않는 '이학利學'이라는 번역어를 선보였다. 그런데 그는 경제학이라는 번역어에 대한 미련을 버리지 않고 있다가 결국 1877년경부터 그것에 정착하였다(杉山忠平 1991 : 33, 56~57 ; 馮天瑜 2005a : 175). 이것은 경제학이라는 용어의 궁극적 승리를 예고한다. 앞에서 언급하였듯이 니시는 신학문을 '부국안민의 학술'로 인식하였는데, 그 이상을 잘 표현하는 한자어가 경제학이었다. 한자어 경제란 유학의 정치적 이상을 포괄적으로 표현하고, 부국안민은 경제의 경제적 목표를 잘 집약하는 것이었다.

Part 3에서 자세히 설명하겠지만 1847년 미국 선교사 브라운Samuel Robbins Brown은 홍콩에서 『치부신서致富新書』를 간행하였는데, 이 책은 『경제학개론*Outlines of Political Economy*』의 번역서로 인식되고 있다. 이 책은 1871년 일본에서 복각 · 출판되어 필독서 목록에 오르는 한편 1875년 일본어로 번역 · 출판되었다(孫建軍 2012 : 37~44 ; 合衆國鮑留雲易 1871 ; ブラオン 1875). 『치부신서』 복각판의 「서문」에서는 종래 '경제의 이치'를 잘 설명하지 못하였는데 이 책이 '경제의 요체'를 얻었다고 평가하였다. 간다 다카히라가 1867년 『경제소학』을 출간한 이래 경제학 번역서들이 출현하였지만, 『치부신서』 복각판이 나오는 1871년

까지는 브라운만큼 경제학을 잘 이해하여 일본인이 알기 쉽게 정리한 저서는 없었던 모양이다. 이 복각본을 교열한 히라타 무네타카平田宗敬가 경제학 서적을 '치부전서'로 표현한 점은 주목된다. 『치부신서』의 일역본인 『치부신론역해致富新論譯解』의 서문에서는 "서양의 경제학술이 치부의 방도이다彼之經濟之術, 所以致富之道"라고 하였고, 그 「예언例言」에서는 이것이 "경제학에 입문하는 최선의 책"이며 경제치부의 방도를 쉽게 설명하였다고 평가하였다. 부를 다루는 학문을 경제학이라고 번역하는 데에 논란이 일어나는 와중에서 경제학이 치부의 방도를 다루고 '경제치부'의 학술이라고 한다면, 번역어의 의미가 더욱 명확하게 전달될 수 있었을 것이다. 치부란 한자문화권에서 익숙한 용어였기 때문이다. 히라타 등 일본인은 economy의 번역어 경제를 치부로 대체하거나 보완하고자 의도하였다. 사토 노부히로佐藤信淵가 1844년 집필한 『치부소기致富小記』가 1881년 다시 간행되었는데, 이것도 치부라는 개념에 대한 관심이 개국 후에 커졌음을 보여 준다. 그런데 '치부'는 번역어로서 널리 확산되지 못하였다.

프랜시스 웨일랜드Francis Wayland의 『경제학요론*The Element of Political Economy*』1837은 메이지 초기에 널리 읽혔다. 후쿠자와 유키치는 그것을 번역한 『경제전서經濟全書』 권1에서 "경제는 부유富有의 학문이며, 혹자는 그것을 부국학의 뜻으로 사용하기도 하나 아직 그 자의字義를 다 얻지는 못한다. 대개 부유해지는 방법은 한 사람에게도 국가에게도 그 취지가 다를 바가 없으면 된다"고 하였다(重田園江 2003). 한자어 부국은 기본적으로 국가재정의 충실화를 의미하였는데, political economy는 그뿐만 아니라 국민의 부를 포괄하여야 하므로 후쿠자와는 부국학이라는 번역어가 불충분하다고 보았던 것이다. 한자문화권에서 '국國'이라는 용어는 아직 국민을 기본으로 하는 nation, state라는 개념으로 충분히 전환하지 못하였기 때문이다. 그래서 중상주의학파와는 달리 고전학파 이후의 경제학은 부국학이라는 좁은 의미의 명칭으로 포괄하기 어려웠다. 웨일랜드 저서의 첫머리에 "Political economy is the science of wealth"라는 정의가 있어서, 부학富學이라는 번역어를 사용하는 사람도 있었다. 그런데 "이것으로는 사소한 돈벌이의 학문으로 들릴 수 있는 폐단이 있다고 하여 널리 행하여지지 않고 이론異論이 있으나마 역시 '경제학'이라고 불리게 되었다."[37] 단순한 개인의 돈벌이도 국가재정의 충실화도 아니고 사회 전체가 부유해지는 '공평정대한' 학문을 지향하는 사회적 요구는 치부 또는 부학에 대한 경제학이라는 번역어의 승리를 낳은 것이다.

번역어 이재학의 대두

1870년대에 경제학이라는 번역어의 대안이 모색되는 가운데 이재학理財學이 유력한 번역어로 대두하였다. 메이지정부는 페리Arthur Latham Perry의 저서인 『경제학요론*Elements of Political Economy*』의 일부를 『경제원론經濟原論』이라는 이름으로 출간하였다.[38] 그후 신판의 원서

37 穗積陳重(1980), 『法窓夜話』, 岩波文庫, p.194에 나오는데, 下谷政弘(2014 : 65)에 재인용되었다.

38 두 번역자 중 한 사람인 미쓰쿠리 린쇼는 막부 말기 개성소 교수직 견습이었는데, 1870년 태정관 제도국 중변(中辯)이던 에토 신페이(江藤新平)의 명령으로 프랑스 민법을 번역하였다(宋本三之介 · 山室信一 1999 : 294).

原書가 입수되자, 1875년 태정관太政官의 정원正院에 설치된 사관본국史官本局은 완역한 내용을 『이재원론』으로 서명을 바꾸어 1876~1878년에 걸쳐 발행하였다. 『이재원론』이라는 서명 아래에 '일명 경제학'이 첨부되었고, 본문에서는 경제학이라는 번역어가 사용되었다. 뒤이어 나카야마 신이치中山眞一는 대장성大藏省의 명령으로 조지프 가르니에Joseph Garnier의 『재정학 · 경제학 논고*Traité de finances, Traité d'économie politique*』의 제3판1872을 번역하여 1878년 출간한 『이재론』에서 경제학이라는 번역을 받아들인 다음, public finance를 이재학으로 번역하였다. 중국 전근대에서 이재라는 한자는 "재정 운용, 특히 수지를 개선하는 것을 말한다"는 의미로 사용되었으므로(斯波義信 2012 : 1), 이재학이 오늘날 재정학과 같은 용례로 번역될 소지는 있었다. 이것이 일본뿐만 아니라 중국과 조선에서도 번역어로서 이재학의 약점으로 작용하였으나, 이재학이 번역어로서 채택되지 않은 주된 요인은 아니었다.

『이재원론』이 간행되기 이전에 이재라는 용어가 보급된 점에 유의할 필요가 있다. 중국 고대의 고전인 『역경』에 이미 이재라는 용어가 나오는데, 일본의 개국 이전에는 이 용어가 잘 쓰이지 않았다. 그러다 쓰다 마미치와 동일인인 쓰다 신이치로津田眞一郎가 1868년 번역한 『태서국법론泰西國法論』이나 후쿠자와 유키치의 『서양사정』1868~1870에 서양의 '이재'를 평가하는 글이 나온다(下谷政弘 2014 : 72~73). 서구화 내지 근대화를 추구하는 가운데 국가경제력 증진 내지 경제근대화를 위해 서양의 이재 활동에 주목하게 되었으며, 이를 체계적으로 설명해 줄 수 있는 학문이 political economy인 것이다. 치부는 부의 증식 자체를 말하는 데에 그친 반면 이재는 그 원리를 설명하여 학술적 개념으로서 더욱 적합하였다. 그런 점에서 치부는 경제라는 번역어에서 이재라는 번역어로 넘어가는 가교 역할을 하였는지도 모른다.

국가경제력 증진 내지 경제근대화를 위해 서양의 이재에 주목한 지식인의 저술은 관료와 정치인에게 영향을 주었다. 1873년 대장경大藏卿에 취임한 오쿠마 시게노부大隈重信는 1875년에 중요한 재정정책을 차례차례 건의하였는데, 1월에 제출한 최초의 건의이자 초기 오쿠마 재정의 기본 이념과 정책을 포괄적 · 구체적으로 제시한 「재정 수지 안정의 근본책에 관한 건의」에서 첫 구절은 "가만히 생각건대 국가 이재의 요체는 수입과 지출의 두 방도를 철저히 조사하여 소통하고 각각 그 방도를 얻는 데에 있다"로 시작하고, 이어서 '국가 이재의 도道'라는 용어가 나오고 자신의 건의안을 마무리하면서 말미에 "우리 국가 인민으로 하여금 부실富實을 이루고 산업을 보호하며 세입세액歲入稅額을 따라서 증대할 수 있어서 마침내 이재의 본本을 세우고 경제의 취지를 관철시키고자 하는 데에 불과하다"고 했다(中村政則 · 石井寬治 · 春日豊 1988 : 19~34). 여기에서 오쿠마 시게노부는 이재를 국가경제정책의 기본원칙으로 볼 뿐만 아니라 인민이 부유해지는 원칙에도 결부한 점에 주목할 필요가 있다. 이 대장경의 경제정책 구상이 이재라는 번역어를 낳았던 것으로 보인다. 오쿠마는 1881년 정부에서 추방당하여 1882년 입헌개진당立憲改進黨을 만들었으며, 그의 자유주의적 성향은 정책 이념을 설명하는 용어로서 유학에 충실한 이념을 나타내는 용어인 경제보다는 유학 전통으로부터 자유로운 이재를 선호하게 만들었던 것으로 생각된다.

메이지정부는 문명개화의 추진, 정치적 동기 등으로 인해 폭넓은 범위의 번역을 적극 후원하였는데(마루야마 · 가토 2000 : 166~175), 『이재원론』도 여기에 포함된다. 정부는 경제 구상과 정책 실행에 이바지하기 위해 경제서를 번역하기도 했으며, 그러한 가운데 정책 이념에 부합하는 번역어가 고안되거나 보급되었던 것이다.

1870년 제정된 대학규칙에는 이용후생학利用厚生學이라는 수업 과목이, 도쿄대학 전신이 된 가이세이학교開成學校에서는 1873년 법학과에 경제학이라는 과목이 처음 나타났다. 도쿄대학 문학부는 개설된 해인 1877년 경제학 과목을 두었다. 그런데 도쿄대학은 1879년 9월 문학부의 학과 조직을 개편하여 제1과 중 사학history을 빼고 그 대신 이재학political economy을 넣었다. 조직 개편으로 성립된 철학정치학 · 이재학과哲學政治學及理財學科에서는 이재학이 4학년이 선택하여 전공할 과목 중에 하나가 됨으로써, 그 번역어로서의 지위가 인정되었다. 이후 학과명뿐만 아니라 교과명으로도 이재학이 사용되었다(東京大學百年史編輯委員會 1987 : 873~875).

하버드대학을 졸업한 페놀로사Ernest F. Fenollosa는 1878년 9월부터 1884년까지 도쿄대학의 초빙교사로 경제학 강의를 담당하여 일본의 경제학을 개척하였다(東京大學百年史編輯委員會 1987 : 873~875). 그는 1848년 출간된 이래 널리 읽힌 존 스튜어트 밀John Stuart Mill의 『경제학원리 *Principles of Political Economy*』를 중시했다고 한다. 페넬로사가 사용한 교과서가 『밀의 저서 이재론강ミル氏著理財論綱』이고 그가 강의한 지 1년이 지난 1879년 철학정치학 · 이재학과로 학과명이 바뀐 것으로 보건대, 그의 강의가 자유주의 경제학과 더불어 이재학이라는 번역어의 확산에 기여하였을 것이다(森藏三郎 1943).

이재학이라는 번역어는 영국의 자유주의 경제학에 대한 일본인의 이해가 심화되는 가운데 등장하여 확산되었다. 도쿄대학이 철학 · 정치학 · 이재학과를 설치한 1879년, 그리고 정치학 · 이재학과政治學及理財學科를 설치한 1880년은 자유주의 경제사상이 보급되는 단계였다(杉原四郎 1972 : 9). 이 시기 유럽에서는 신고전학파가 성립하는 중이었으나, 일본에서는 고전학파 경제학이 중심을 이루었다. 고전학파의 political economy 개념은 그래도 경제학이라는 한자어에 부분적으로 통하는 바가 있었음에도 불구하고, 고전학파 경제학의 이해가 심화되는 가운데 흥미롭게도 신고전학파의 economics 개념에 어울리는 한자어인 이재학이라는 번역어가 확산되고 있었다. 고전학파 경제학 저서를 번역한 『이재원론』에서는 경제학을 교역과 가격 결정의 이론을 탐구하는 학문으로 정의하였는데, 이러한 정의는 경제보다 이재라는 한자어와 친화성을 가진다.

이재라는 번역어가 경제라는 번역어의 강력한 경쟁 상대로 부상한 것은 경제사상에 대한 이해의 증진에만 기인한 것은 아니다. 그것은 근대화라는 새로운 시대사조에 대응한 것이다. 조선시대에는 이재라는 용어가 즐겨 사용되지 않았지만 생소하지는 않았는데, 흥미롭게도 조선보다 이재 관념이 훨씬 중시된 메이지유신 이전의 일본에서는 이재가 거의 사용되지 않는 용어였다. 그러다 이재는 메이지시기에 자유, 평등, 인권 등과 함께 새로운 시대를 상징하는 용어로서 수용되었다. 그 반면 계몽사상가에게 경제는 구시대의 잔재로 간주되기도 하였다(下谷政弘 2014 : 72~73, 85~87). Part 3에서 언급하겠지만 중국에서는 개인과 권리의 관념, 그것에 입각한 사회계약론에 대한 이해가 진전되고 그에 수반하여 유교 이념에 대한 비판의식이 확산되면서 경제라는 번역어의 대안이 모색되었는데, 일본에서도 그러한 근대적 관념의 도입과 유교 비판의식이 '경제'라는 번역어의 대안을 모색하게 만들었을 가능성이 있다. 일본에서 고전학파의 자유주의 경제사상이 보급되는 1863~1888년 경제이론에 대한 이해가 깊지는 않았으나, 네덜란드 유학 시절의 쓰다 마미치와 니시 아마네부터 고전학파 경제학의 전제로 흐르고 있는 근대적 개인의 자유와 평등에 입각하여 시민사회체제를 건설하려는 사상적 자양분을 흡수하고자 했다. 이 시기 지방에서도 자유민권사상이 성장하였다(杉原四郎 1971 : 10~13). 정부가 출간한 경제학 저서명에 '이재'가 들어가게 된 것은 1873~1875년경 '관민융합官民融合'의 계몽주의사조가 있었던 점과 관련이 있을 것이다(山崎怜 1971 : 140). 이재가 재정 관리의 원칙일 뿐만 아니라 민간경제생활의 원칙이라는 의미로 사용된다면, 이재라는 용어는 경제합리주의뿐만 아니라 개인주의와도 통할 수 있는 개념이다. 1874년 이후 자유민권운동이 성장하였는데, 그 주도적 인물인 오쿠마 시게노부가 이재라는 번역어를 사용한 데에서 드러나듯이, 이재의 확산은 자유민권운동과 관련이 있었던 것으로 보인다.

이노우에 데쓰지로井上哲次郎 등이 저술한 『철학자휘哲學字彙』의 1881년도 초판과 1884년도 재판은 economics를 '가정家政 · 이재학'으로, political economy를 '이재학'으로 번역하였다. 이러한 선택은 이재학이라는 번역어가 경제학보다 학술적으로 적절하다고 생각되었기 때문이다. 여기에서 economics가 번역 대상이 된 것이 처음 확인된다. 1912년의 제3판에는 economics를 '가정, 이재학, 경제학'으로 번역하였다. Part 1에서 언급한 것처럼 맥레오드Henry Dunning Macleod가 1875년에 처음 제시한 economics라는 용어는 1879년 마셜 부부와 제번스의 호의적 반응에 힘입어 학문적 파급력을 갖게 되었으니, 당시 일본은 유럽의 최신 학술 정보를 신속히 흡수하고 있었다. 유럽에서 전문 과학을 확립하려는 움직임이 economics라는 용어를 성립시켰는데, 일본에서는 그러한 동향이 이재학이라는 번역어의 대두에 영향을 미친 것으로 보인다. 『철학자휘』는 영국 경제학의 최신 동향을 반영하여 economics라는 어휘를 수록하고 이재학이라는 새로운 번역어를 채택하면서도, 그 고대 그리스어 어원 oikonomia가 의미하는 '가정'을 겸용하여 흥미롭다.

학계에서 이재학의 지지층이 늘어나는 가운데 정부가 이 번역어로의 통일을 유도하였다. 이것은 전수학교專修學校가 1880년 개교할 때 설치한 경제과를 1888년 이재과로 개칭한 데에서도 드러난다. 1888년 5월 공포된 「특별인가 학교규칙」에 의하면, "문부대신文部大臣의 인가를 거친 학칙에 의해 법률학 · 정치학 또는 이재학을 교수敎授하는 사립학교의 졸업증서를 가진 자"에게 고등시험의 응시 자격이 부여되었다. 전수학교는 그 자격을 얻기 위해 경제과를 이재과로 개칭한 것이다(專修大學 1981 : 534~535, 546). 게이오의숙慶應義塾이 1890년 경제학을 전공하는 단독 학과를 설립할 때, 후쿠자와 유키치는 1867년 『서양사정』의 출간 때부터 자신이 관용적으로 사용하던 '경제학'을 제쳐 놓고 이재학이라는 용어를 선택했다. 그래서 "제국帝國대학을 비롯한 공사립학교에서는 오로지" 이재학이라는 명칭을 사용하게 되었다(金井延 1894 : 1).

후쿠자와 유키치가 경제학이라는 번역어를 포기하고 이재학으로 바꾼 것은 「특별인가 학교규칙」의 영향을 받았을 터인데, 과학을 나타내는 번역어로 이재학이 더욱 적절하다고 생각하게 되었기 때문이라는 추측도 있다(慶應義塾 1962 : 201~202). 앞에서 언급하였듯이 후쿠자와는 경제학이라는 번역어를 사용할 때 그것이 법칙을 다루는 학문이라고 인식하였던 것이다. 다른 이유도 생각해 볼 수 있다. 이미 설명하였듯이 서구화 내지 근대화를 추구한 후쿠자와는 『서양사정』에서 서양의 이재를 높이 평가하고 있었다. 그는 경제학을 문명화의 수단으로 생각하고 지혜 · 검약 · 정직이라는 경제윤리를 중시하면서도, 자유로운 경쟁에 의해 인간의 자발적인 창의를 북돋우는 다양한 경제활동을 중시하여 그것을 통해 '권력의 편중'을 타파하려고 했다(八木紀一郎 1999 : 제2장). 경제윤리의 중시는 '경제'라는 번역으로 접근시킨 요인인 반면, 자유로운 경쟁의 중시는 '이재'라는 번역으로 접근시킨 요인으로 판단된다. 그리고 자유민권사상을 주창하고 국가가 아니라 국민의 관점에서 경제를 바라보게 되면서 경제학이라는 용어 대신 이재학이라는 용어를 사용하게 되었을 가능성도 있다. 요컨대 후쿠자와 유키치는 경제학이 과학임을 인식하고 서양의 이재 활동을 평가하고 자유민권을 주창하였기 때문에, 관이 이재학으로의 학문명 변경을 요구한 데에 능동적으로 호응할 수 있었다고 판단된다. 후에 관이 다시 이재학에서 경제학으로 학문명을 바꿀 때, 후쿠자와가 게이오의숙의 이재학과 명칭을 고수한 것은 그 선택의 논거가 굳건하였기 때문으로 생각된다.

political economy를 처음 경제학으로 번역한 『영화대역 수진사서』를 편찬한 것은 막부의 양학 연구기관인 번서조소였다. 이런 번역어를 이토 히로부미와 같은 정치 관료는 그의 정책 구상안에 활용하였다. 이어서 자유주의적 성향을 가진 오쿠마 시게노부는 자신의 경제정책 구상에서 이재라는 용어에 핵심적인 의의를 부여하였고, 그 직후 정부에서 발행한 책자에 이재가 처음 등장하였다. 그리고 이재학이라는 번역어의 통일을 유도한 것은 정부였다. 정부의 요구로 관학인 도쿄대학이 먼저 이재학이라는 용어를 채택하고 이어서 사학도 따랐다. political economy의 번역어로 본다면 일본 개국 후의 번역은 민간 지식인뿐만 아니라 관료 · 정치인이 함께 참여한 사업이었으며, 이들의 국가와 사회에 대한 구상과 정책 이념이 번역어의 형상화에 영향을 미쳤다. 메이지시기에 관민 협력은 일본의 경제 발전을 낳은 중요한 요인이었는데, 이는 번역의 추진과 번역어의 모색에도 나타났다.

이처럼 대학 등 고등교육기관에서는 이재학이라는 번역어가 우세해진 때에도 일반 사회에서는 경제학이라는 번역어가 널리 사용되었다(下谷政弘, 2014 : 82~84). 전수학교가 학과명을 이재과로 바꾼 후에도 과목이나 기관지機關誌의 명칭에는 여전히 '경제'가 사용되었다. 이재학이라는 번역어가 강한 힘을 발휘할 때에 나온 서적이나 잡지의 명칭에도 경제가 자주 사용되었다. 서명과 본문에 경제학과 이재학을 혼용하는 저서들도 있었다.[39] 메이지유신 이전에 거의 사용되지 않던 이재가 익숙한 용어인 경제를 물리치고 사회적으로 확산되는 데에는 제약이 따랐던 것이다.

1880년대 전반 자유민권파와 정부가 대립하고 1881년 마쓰카타

39 나카가와 쓰네지로(中村恒次郎)의 『경제실학 강의(經濟實學講義)』의 권1(1886, 東京 : 岩本米太郎)의 본문에서는 이재학과 경제학이 혼재되어 나오나 이재학이 더 많이 사용되고 있다. 노리타케 고타로(乘竹孝太郎)가 강술(講述)한 『이재학 강의(理財學講義)』(1890, 明治法律學校講法會)는 저서명과는 달리 본문에서는 경제학이라는 용어를 쓰고 있다. 1888년의 「특별인가 학교규칙」을 의식하여 서명만 이재학으로 사용하였던 것으로 생각된다.

마사요시松方正義의 디플레이션정책과 1882년 이후 민권운동에 대한 탄압으로 고전학파 경제학은 국민적 학문으로서 정착 · 성장하지 못하였다(杉原四郎 1971 : 13). 개국 전 일본에는 개인주의와 자유주의의 전통이 없어 메이지시기에 자유민권 세력의 힘은 약했던 것이다. 메이지정부가 자유민권운동을 탄압하고 독일식 발전 전략을 채택한 것은 경제학이라는 번역어가 이재학을 압도하는 여건을 조성하였다. 물론 자유민권운동을 탄압한다고 해서 서구로부터 유입된 개인의 자유와 민권의 사상이 사라질 수는 없고 그 운동이 확산되는 시대적 추세를 막을 수는 없었다. 경제학이라는 번역어의 개념 자체가 전통적인 한자어에서 벗어나 개인의 합리적 선택이라는 의미를 담게 되면 개인주의 및 자유주의와 결부되기 마련이었다.

3. 번역어 경제학의 궁극적 선택

1890년대에는 사태가 반전되어 번역어 '경제'가 '이재'를 압도하였다. 그 변화는 도쿄대학에서 먼저 나타나 정치학과가 경제학을 담당하던 1893년 이재학 강좌가 경제학으로 개칭되었다(東京大學百年史編輯委員會 1987 : 884). 그리고 같은 해에는 「특별인가 학교규칙」이 폐지되었다. 번역어에 대한 정부의 견해가 바뀐 것이다. 1897년 대장성이 '금융 행정을 일원적으로 총괄하는' 이재국理財局을 신설하였는데, 정부는 이재라는 개념의 범위를 경제 중에서 재정 · 금융의 영역을 다루는 내용으로 한정하고자 한 것으로 보인다.

이재라는 번역어가 대두한 이유를 찾기는 어렵지 않다. 경제라는 용어는 정치 · 문화를 포괄하는 반면, 이재라는 용어는 경제생활에 국한되는 강점을 가졌다. 그리고 헵번이 영어로 풀이한 economy의 의미에 가까운 한자어는 이재였다. 앞에서 언급하였듯이 신고전학파의 economics가 고찰 대상으로 삼은 자원의 효율적 배분이라는 개념에 대해 경제와 달리 이재는 친화성을 갖는 한자였다. 이재학이라는 번역어가 보급되는 시기는 신고전학파가 대두하던 때였다. 『철학자휘』의 1881년도 초판에서 드러나듯이, 정치학과 무관한 전문 과학을 가리키는 개념으로서 economics라는 용어의 대두도 이재학이라는 번역어의 대두를 지원하였다. economics라는 용어를 처음 주창한 맥레오드의 저서 『초보자를 위한 경제학Economics for Beginner』을 일본어로 옮긴 『마 씨 이재학麻氏理財學』이 1889년 간행되었는데, 번역자 아카사카 가메지로赤坂龜次郎는 political economy를 경제학으로, 그리고 economics를 이재학으로 구분하였다(馮天瑜 2005a : 168~169). 그런 점에서 신고전학파 경제학의 영향력이 이재학이라는 번역어의 출현과 무관하지는 않았다.

그러면 경제학이라는 번역어가 궁극적인 승리를 거둔 원인을 어떻게 설명해야 할까. 그 변화의 계기는 국가관에서 찾을 수 있다. 독일의 국가학자인 카를 라트겐Karl Rathgen은 1882~1892년 도쿄대학에서 정치학 · 행정학 및 경제학을 강의하였는데, 라트겐이 자주 인용한 요한 카스퍼 블룬칠리Johann Kaspar Bluntschli는 홉스 · 로크 · 루소 등의 자연법적 국가론에 대비되는 유기체적 국가론을 내세웠다. 독일에서는 영국과 프랑스의 개인주의적 · 사회계약적 국가관에 대항하여 국가를 유기체로 보는 이론이 18세기에 나타나 19세기에 확립되었다. 이러한 국가주의 이념은 개인과 인권이 아니라 민족Volk이라는 공동체와 그것을 유지하는 윤리에 토대를 두었다(박상섭 2008 : 70~88, 135~136). 미국의 페놀로사는 도쿄제국대학 최초의 경제학

교수로서 1878년에 초빙되어 1884년까지 영미 중심의 자유주의 경제학 도입에 기여하였으나, 독일에서 유학한 와다가키 겐조和田垣謙三가 1884년부터 페놀로사 후임으로서 강의를 맡게 되면서 독일 신역사학파의 경제학풍이 영향력을 강화하였다. 1887년에는 독일의 에거트U. Eggert가 초빙되어 독일 경제학풍의 확산에 가세하였다(李基俊 1997 : 52~53). 그래서 일본에서 1863~1888년은 고전학파의 자유주의 경제사상이 보급되는 시기라면, 1888~1907년은 보호주의적 · 국가주의적 · 개량주의적 역사학파 경제학이 도입되는 시기로 규정된다(杉原四郎 1971 : 10). 라트겐, 와다가키 등의 강의를 계기로 도쿄대학이 국가유기체이론과 독일 역사학파 경제학을 채택하면서 번역어로서 '경제학'이 '이재학'을 압도하게 된 것으로 사료된다.

와다가키 겐조는 자신이 지도하던 도쿄대학 법과 학생인 미야코게이자부로宮古啓三郎가 프랑스 경제학자 르루아볼리외Pierre Paul Leroy-Beaulieu의 저서를 번역한 『보류 씨 경제학ボーリュー氏經濟學』을 교열하여 1891년 발간하였는데, 그 저서에 경제라는 번역어가 사용되었다. 와다가키가 도쿄법학원東京法學院에서 편찬한 1893년도와 1894년도 3년급 강의록인 『경제학』을 보아도 경제라는 번역어가 사용되었다. 이로써 보건대 도쿄대학에서 이재학 강좌가 경제학 강좌로 개칭된 데에는 와다가키 겐조가 주도적 역할을 하였을 가능성이 있다. 와다가키는 『보류 씨 경제학』의 「서序」에서 이 프랑스 학자의 책이 '영국의 오리무중의 추상'이나 '독일의 구체적 평범'의 양극단에 빠지지 않고 중용을 얻고 있다고 평가하였다. 그는 1893년도 3년급 강의록인 『경제학』의 첫머리에서 학문의 본체를 연구하기 전에 그 기원 및 연혁을 탐색하는 것이 보통의 순서라 역사학파적 접근법을

채택하였음을 밝혔다. 여기에서는 독일의 강단사회주의파가 극단적 개인주의와 극단적 사회주의의 중간에 서서 경제학의 발달에 이바지하였으니 이 학풍이 일본에 도입되어 극단적인 영국학파가 종래 독점하던 현상이 변한 것이 '일대경사一大慶事'라고 하였다. 영국의 자유주의 경제학풍은 개인주의 취향에도 연결될 수 있는 이재라는 한자어에 친화적인 반면, 독일 역사학파 경제학풍은 국가주의 이념을 담은 경제라는 한자에 친화적이었던 것이다.

이러한 학풍의 변화 가운데 역사학파 경제학의 대두를 주도한 인물인 가나이 노부루金井延는 번역어 '경제학'을 옹호하는 논리를 정연하게 제시하였다. 가나이는 1881년 도쿄대학 문학부에 입학하여 영국의 자유주의 경제학뿐만 아니라 독일 역사학파 경제학도 배우고 독일에서 2년간 그리고 영국에서 1년간 유학한 후 귀국하여 1890년 도쿄대학 법과 교수가 되었고 1897년 역사학파 경제학자의 학회인 사회정책학회의 창립에 진력하였다(李基俊 1997 : 57). 그는 1894년의 논문에서 한자문화권에서는 처음으로 애덤 스미스 이후 영국 · 독일 경제학자들의 학문 정의를 종합적으로 검토한 후, 이재학이라는 번역어가 '온당하지 않다'고 보고 경제학이라는 번역어를 다음과 같이 옹호하였다(金井延 1894 : 1~12). "이재는 '재화에 관한 법칙'을 의미하므로 이재학의 내용은 경제학의 한 분과分科인 재정학에 해당한다. 사회와 국가의 '재화상의 현상을 강구講究하는' 학문에 적합한 번역어는 '국가를 다스리는 것에서 부국강병의 의미로' 확장된 한자어인 경제학이다." 가나이는 당시 일본이 추구한 부국강병이라는 목표를 신학문이 도모하는 것으로 간주하면서 그에 합당한 신학문의 번역어를 구했던 것이다. 가나이 노부루는 경제학을 '재화의 교역에 관한 학문'으로 보는 맥레오드의 정의는 "지나치게 협소하여 받아들일 수 없다"고 하고, 소득의 발생과 지출에 관한 일상적인 인간사에 관한 학문으로 보는 마셜의 "정의는 소위 개인주의에 치우쳐 국가를 망각하는 결점을 가진다"고 하며 영국 학자들의 경제학 정의를 받아들이지 않았다. 그는 국가주의의 관점에서 독일 학자 슈몰러Gustav Schmoller의 "정체政體의 경제적 측면의 과학", 그리고 바그너Adolf Wagner의 "국민국가의 개별적 경제 유기체로서 국민경제를 다루는 과학이다"[40]라는 정의가 핵심을 담았다고 보았다.[41] 영국 고전학파 경제학의 political economy와 다르게 독일에서는 national economy의 학문이라는 Volkswirtschaftslehre라는 용어가 사용되고 있었던 것이다. 이 용어의 문자적 의미는 네덜란드어 Staathuishoudkunde와 마찬가지로 국가 또는 국민의 관리학이다. 이런 평가를 토대로 가나이 노부루는 "경제학은 유기적 사회를 조직하는 인류에 관한 학문으로서 오로지 그 재화상의 현상을 강구하는 것이다"라는 정의를 제시하였다. 가나이가 경제학이라는 번역어를 옹호한 것은 독일의 국가유기체설과 국가주의 경제학을 받아들이고,[42] 독일에서와 마찬가지로 이 학문을 통해 후진적인 일본의 부국강병을 도모할 수 있다고 기대하였기 때문이다.

40 "National Economics or political Economics is the science of the national economy, considered as the organization of individual Economics of nations organized as states."

41 와다가키도 1893년도 3년급 강의록인 『경제학』에서 강단사회주의파의 대표적인 학자로 먼저 바그너와 슈몰러를 들었다.

42 독일 사회정책학파의 영향으로 1896년 사회정책학회가 조직되었을 때 가나이는 주요 멤버였다(杉山忠平 1991 : 17~18).

일본이 이재학에서 경제학으로 번역어를 다시 바꾼 데에는 영국의 자유주의 경제학보다는 독일의 국가주의 경제학을 선호하게 되었기 때문이며, 그 바탕에는 사회계약적 국가론과 유기체적 국가론 중 후자를 선택하여 국가체제를 설계해 나간 역사적 사실이 놓여 있다. 일본에서 자유로운 개인의 활동에 입각한 경제를 분석하고 인민의 복지 향상을 주된 과제로 삼는 자유주의 경제학이 보급된 것은 서양의 민주주의 이념에 입각하여 인민 주권의 논리를 펼친 자유민권운동의 대두와 관련이 있다. 이러한 사회계약적 국가론과 자유주의 경제학의 이해가 진전되면서 국가정책론 내지 국가관리론의 관점에서 벗어나 경제현상을 탐구하는 학문이라는 이해가 진전되어 이재학이라는 번역어가 대두하였던 것으로 생각된다. 그런데 메이지 정부에 의해 창출된 천황제국가는 1881년부터 인민을 천황의 신민臣民으로 간주하였고, 청일전쟁 이후 국가주의가 강화되었으며, 그후에는 유교적 가족주의를 유기체론에 접합한 국가관이 출현하였다(橋川文三 · 松本三之介 1971 : 233, 287~289, 399). 개인의 이익을 바탕으로 계약을 통해 국가가 구성되는 것으로 보는 자연법적 국가관에 비해 유기체적 국가관은 효와 충을 기본 윤리로 삼는 유교의 가부장적 국가관에 더욱 잘 결합할 수 있었던 것이다(박상섭 2008 : 136). 천황제국가가 확립되는 동시에 자유민권운동이 좌절되는 가운데 유기체적 국가론과 역사학파 경제학이 주도권을 장악하면서 결국 경제학이라는 번역어가 승리를 거두었다.

이처럼 경제학이라는 번역어가 궁극적인 승리를 거둔 기본 원인은 독일 역사학파 경제학이 영국 자유주의 경제학에 대항하면서 등장하여 1880년대에 일본 경제학의 주류가 된 사실에서 찾을 수 있다. 만약 1870년대에 본격적으로 성립된 신고전학파 경제학이 일본 경제학계의 주류로 부상했더라면 이재학이라는 번역어가 승리를 거두었을 것이다. 고전학파 경제학이 주류이면서 그에 대한 이해가 심화되던 단계에서 이미 '이재학'이 '경제학'을 압도하고 있었다. Part 1에서 언급하였듯이, 희소한 자원의 효율적 관리를 다룬다는 정의는 라이어넬 로빈스Lionel Robbins의 1932년의 저서 『경제과학의 성격과 의의에 관한 소론』에 의해 성립하였는데, 이재에 통하는 이 현대적 정의가 뒤늦게 확립된 점도 지적할 필요가 있다.

그러면 독일 역사학파 경제학은 어떻게 일본 경제학계의 주류로 부상할 수 있었을까. 첫째, 일본의 엘리트는 독일의 경제적 · 군사적 성취에 감명을 받았다. 일본은 1870~1871년 프로이센과 프랑스의 보불전쟁 승리로 약진하는 독일을 발전 모델로 지향하면서 독일의 국가주의적 경향을 반영한 역사학파 경제학을 도입하였고, 1887년에는 국가학회를 발족시켰다(杉原四郎 1972 : 16~23). 둘째, 자유주의 경제학보다 역사학파 경제학이 국민경제의 형성 등을 통해 국가 통합을 달성하고 식산흥업정책을 통해 근대산업국가를 수립해야 하는 시대적 과제에 더 잘 봉사할 수 있다고 인식되었다. 역사학파 경제학은 독일의 후진성을 자각하여 영국과 같은 선진국이 되기를 목표로 삼았으므로, 마찬가지로 후진성을 자각하던 일본의 엘리트에게 호소력을 가질 수 있었다. 셋째, 일본의 천황제국가관이 국가계약론보다는 국가유기체론에 더 잘 어울렸는데, 자유주의 경제학보다 역사학파 경제학이 이러한 국가관에 더 잘 어울렸다. 그래서 국가주의 이념에 이재학보다 더 잘 어울리는 경제학이 선택될 수 있었다. 요컨대 일본이 처한 시대적 배경에 규정된 국가적 선택으로 인하여 자유주의 경제학이 이론적으로 심화되어 확산되지 못하고, 경제학은 국가재정과 식산흥업에 유리한 실무 지식의 집적으로서 도입되는 경향이 있었다(東京大學百年史編輯委員會 1987 : 880). 이러한 가운데 국가학 내지 국가경제학에 친화적인 경제학이라는 용어가 자유주의사상에 친화적인 이재학이라는 용어에 승리를 거두었다. 이 점은 가나이 노부루가 경제학이라는 번역어를 옹호한 논리에 잘 나타나 있다.

경제보다 유학의 정책 이상을 더 잘 표현하는 한자어를 찾기 힘든데, 이재학에서 경제학으로 번역어의 대세가 바뀐 것은 일본사회의 유교에 대한 비판의식이 약화된 것인가? 일본의 역사는 유교사회를 가져 본 적이 없었고 문호개방기에 일본은 조선 및 중국과 달리 신속히 유교에 대한 철저한 비판을 수행하였다. 후쿠자와 유키치는 서양문명의 수용을 위해 유교의 질곡에서 벗어나야 한다고 보아 유교를 철저히 비판하고 이를 주도하였으나, 천天 · 의義 · 이理 · 덕德 등 유교의 핵심적인 의미를 가진 문자를 저작에 사용하였다(미야지마 2012 : 389~390). 후쿠자와도 유교가 일본문명을 세련되게 만든 공덕을 인정하였는데, 근대화에 성공한 일본이 번역어를 만드는 데에 유교개념을 활용한 것은 근대적 변혁을 함에 있어서 유교를 전면 부정할 것까지는 없고 부분적으로 활용할 필요가 있었음을 드러낸다. 물론 근대화를 위해서는 개인 권리의 신장, 경제합리주의, 과학적 사유 등을 저해하는 유교적 요소는 철저히 부정되어야 했다. 사실 국가를 잘 다스리고 인민을 구제한다는 경제라는 용어는 전근대와 근대를 가리지 않고 통할 수 있는 정책 이상이었다. 게다가 천황제국가는 유교적 가족주의를 유기체론에 접합한 국가관에 입각하였다.

일본인은 근대화를 저해하는 유교적 요소를 배제하면서 부국강병 정책과 천황제 국가관을 지원하는 유교적 요소를 취사선택하였던 것이다. 그런 점에서 경제학이라는 번역어의 정착은 새로운 학문에 대한 사회적 요구, 새롭게 대두하는 국가주의, 그리고 전통적인 유교 이념이 타협한 산물로도 볼 수 있겠다.

도쿄대학은 1885년 문학부의 정치학 · 이재학과를 법학부로 옮겼고, 1886년 「제국대학령」에 의해 새로 설립된 법과대학 정치학과에 경제학의 연구 · 교육을 맡겼으며, 그러한 가운데 경제학은 관료 양성의 교육체계로 편입되었다(八木紀一郎 1999 : 10). 독일의 대학과 마찬가지로 도쿄대학은 관리의 양성을 주된 목적으로 삼았다. 경제학이 정치학과에 소속된 시절에는 이재학과라는 명칭이 사라졌으며, 경제학은 독일 사회정책학파로 압도적으로 기울어 국가학의 일환으로 존속하였다(東京大學百年史編輯委員會 1987 : 882). 국가학의 중심지인 도쿄대학에서 먼저 1893년 이재학이 경제학으로 대체된 것은 당연한 귀결이었다. 「특별인가 학교규칙」이 폐지된 1893년 이후 전수학교는 이재과의 명칭을 고수할 필요가 없어져 그로부터 10여 년이 경과한 1905년에 경제과로 환원되었다(專修大學 1981 : 812~813). 이것은 경제라는 번역어의 최종적인 승리를 상징하는 일로 평가하고 싶다. 1908년 도쿄대학에서는 정치학과로부터 분리된 경제학과가 성립되었다.

'이재'라는 번역어를 가장 오래 고수한 게이오의숙은 1919년 사립대학으로 인가를 받으면서 이재과를 경제학과로 개칭하였다(慶應義塾 1960 : 1694). 관학적 성격이 농후하여 국가학을 지향한 도쿄대학과 달리, 게이오대학은 민간 상공인의 양성을 기본 목표로 삼고 자유주의 경제학의 전통이 강하여 이재학이라는 번역어를 가장 오래 고수하였을 것이다. economics와 political economy의 번역어로 이재학을 채택하던 『철학자휘』는 1912년의 제3판에 이르러 경제학을 겸용하기에 이르렀는데, 이것은 번역어로서 이재학이 경제학에 압도된 후에도 학계에서 오랫동안 존속하였음을 보여 준다.

Part 3

중국에서의 경제학 개념의 번역사

1. 초기 단계 외국인 선교사의 번역

선교사 루도비크 부글리오Ludovico Buglio(중국명 利類思)는, 토마스 아퀴나스가 1267~1273년에 걸쳐 저술한, 오늘날 『신학대전神學大全』이라고 부르는 *Summa Theologiae*를 한자로 번역한 『초성학요超性學要』를 1650년에 편찬하였다. 여기에서 economy에 해당하는 라틴어 œconómica를 제가齊家로 번역하였다. economy의 어원이 되는 고대 그리스어 oikonomika의 뜻에 충실한 번역이었다(雷立柏 2007).

문호개방 이후 political economy 내지 economics의 번역에 대한 중국의 모색은 일본보다 복잡한 양상을 띠며 오래 지속되었다. 중국에서 근대경제학의 도입과 그 개념의 번역은 먼저 외국인 선교사에 의해 이루어졌다(Trescott 2007 : 7). 로버트 모리슨Robert Morrison, 1782~1834이 1807년 중국에 도착한 이후 개신교 선교사들이 활발히 번역

활동을 하여 1867년까지 777권의 개신교 번역서가 출간되었다. 그런데 지리, 역사, 정치, 경제에 관한 번역서는 1854년까지 13종에 불과하였다(마시니 2005 : 70~71). 영국 경제학자 존 맥컬럭John Ramsay McCulloch이 1832년 출간한 『실용적 · 이론적 · 역사적 무역사전*A Dictionary, Practical, Theoretical and Historical of Commerce and Commercial Navigation*』을 독일인 선교사 카를 귀츨라프Karl Friedrich Gützlaff(중국명 구오스라(郭實臘))가 중국어로 번역한 『무역통지貿易通志』는 1840년 싱가포르의 견하서원堅夏書院에서 간행되었는데, 이 책의 내용은 웨이위안魏源의 『해국도지海國圖志』에 서술되어 있다. 『무역통지』의 서문에 실학 정신에 통하는 '거실저사据實著事'라는 표현이 나와 흥미롭다. 이 책의 「발언發言」에는 "상업이 비록 토지 생산물을 산출하지 못하나 국가의 부를 늘린다商雖不出地之産, 致加國之富"라는 상업에 대한 근대적 인식이 나오는데, '치부'는 곧 구미경제학의 내용을 이루는 핵심 용어로 간주되었다. 귀츨라프는 1839년 『제국지용대략制國之用大略』이라는 경제학 책자를 출간하였는데(熊月之 2009), 이것은 훗날 일본의 니시 아마네西周가 『맹자』에 나오는 '제민지산制民之産'에서 고안한 제산학이라는 번역어에 통하여 흥미롭다.

1839년 중국에 온 미국 선교사 새뮤얼 브라운Samuel Robbins Brown(중국명 鮑留雲)은 1847년 『치부신서致富新書』를 간행하였다. 이 책은 경제학을 소개한 한자문화권 최초의 책이다. 그 「예언例言」에서 "미국 현인걸사賢人傑士의 저작에 관계된다"고 하였는데, 앞으로 언급할 영국 선교사 조지프 에드킨스Joseph Edkins는 이 책이 미국 컬럼비아대학에서 도덕철학을 강의하는 교사이자 선교사인 존 맥빅카John McVickar가 1825년 출간한 『경제학 개요*Outlines of Political Economy*』의 번역서라고 하였다. 그런데 『치부신서』는 원저보다 분량이 적을 뿐만 아니라 목차도 다르고 경제학 교과서의 엄격한 논리적 서술을 구사하지 않고 있다(Casalin 2006). 그 대신 유학 경전 등에서 나오는 중국인에게 익숙한 표현이 많이 수록되어 있어 유교적 관념을 가진 중국인이 거부감 없이 평이하게 경제학 관념을 이해할 수 있도록 하였다. '치부신서'라는 서명은 political economy의 번역명으로 보인다. 『경제학 개요』는 부wealth의 생산 · 분배 · 소비라는 체제로 구성되어 있는데, 중국인이 전통적으로 사용해 온 '치부'라는 용어는 부의 생산을 의미하였다. 『치부신서』는 중국인이 쉽게 이해할 수 있도록 저술되었지만, 중국에서 경제학에 대한 관심을 높이는 데에는 성공하지 못하였다. 치부는 번역어로 확산되지 못하고 뒤이어 '부국富國'이라는 번역어가 대두하였다. 중국인은 경제학이라는 학문을 통해 국가의 부를 증진하는 데에 관심이 컸기 때문으로 생각된다. 그런데 앞에서 언급하였듯이 이 저서는 1870년대 전반 일본에서 갓 태동한 경제학에 대한 관심을 높이는 데에 기여하였다. 1878년 영국인 선교사 존 프라이어John Fryer는 국가의 사회간접자본 건설 공사를 다룬 『공정치부논략工程致富論略』을 집필하였고, 이것은 1897년 신기서장愼記書莊에서 서정총서西政叢書로 출간되었다.

독일인 선교사 롭샤이트W. Lobscheid가 1866~1869년 편찬한 『영화자전英華字典 · *English and Chinese Dictionary*』[43]은 1820년대부터 외국인 선교사들이 만든 영 · 중사전英中辭典을 집대성한 것이다. 그것은 최초의

43 Lobscheid, Wilhelm(1866~1869), 『英華字典(*English and Chinese Dictionary*)』, Hongkong : Daily Press Office.

체계적인 영·중사전인데(선궈웨이 2012 : 168~172), 여기에서는 economy를 '치국자治家者·치가지도治家之道·제가지도齊家之道·절용節用' 등으로, 그리고 political economy를 '치국지도治國之道·국보학國寶學·이국보지사理國寶之事'로 번역하였다. 롭샤이트의 economy 번역은 부글리오의 번역을 계승하면서 절용이라는 의미를 포괄하였다. 롭샤이트의 political economy의 번역에서는 고대에 생성된 개념에 해당하는 '치국지도'가 나오는가 하면, 중상주의시대의 개념에 해당하는 '국보학'과 '이국보지사'라는 번역이 나오기도 했다. 중상주의자는 귀금속을 국부로 보았지만, 애덤 스미스에게는 귀금속이 아니라 인민의 생산성에 뒷받침된 소비 수준이 국부였으니, 롭샤이트의 정의는 스미스의 경제학에 미치지 못했던 것이다. 롭샤이트의 번역에 치부가 포함되지 않았음이 흥미롭다. 치부는 도덕적 함의가 없는 개념이고 오히려 도덕을 손상할 우려를 가진 활동인 반면, '치가·치국·제가' 및 '절용'은 유교도덕을 담은 개념이다.

이홍장李鴻章의 참모로 활동한 바 있던 펑구이펀馮桂芬은, 중국이 유럽과 통상한 지 20년이 지나는 동안 유럽인 중에는 중국의 언어와 실정을 익힌 사람이 많으나 중국인 관헌과 신사紳士 중에는 그런 사람이 전혀 없어서 교섭 때에 통역을 담당한 통사通事가 많았다고 했다(마시니 2005 : 82~83). 명 말 양정균楊廷筠, 1557~1627, 이지조李之藻, 1564~1630 및 서광계徐光啓, 1562~1633가 마테오 리치Matteo Ricci, 1552~1610의 번역 사업을 돕기도 했으나, 이 정도로 유럽에 대한 관심과 지식을 가진 엘리트는 이들의 사후에 사라져 2세기가 지난 문호개방 후에 나타났던 것이다. 이처럼 중국의 유럽문명에 대한 대응이 놀랄 만큼 느렸던 데에는 로마 교황청의 전례典禮에 대한 강경한 태도를 탓할 수 있겠지만 천주교를 혹독하게 탄압한 일본과 비교해 볼 때, 그 주된 요인은 화이관華夷觀에 사로잡혀 외국을 배울 생각을 하지 않은 세계관 때문이었다.

2. 1860년 제2차 아편전쟁 이후 중국 정부와 민간에 의한 번역

국가 주도의 번역

1840년 제1차 아편전쟁을 전후하여 유럽문명에 관심을 가진 중국인 선구자가 나타났는데, 제2차 아편전쟁으로 1860년 베이징이 함락당한 후에야 중국 정부도 관심을 갖기 시작하였다. 마테오 리치와 서광계徐光啓가 협력하여 유클리드의 *Element of Geometry*의 전반부를 번역한 『기하학원본幾何學原本』 여섯 권을 1607년 북경에서 출간하였는데, 그 뒷부분인 『속 기하학원본續幾何學原本』 아홉 권은 중국인 수학자 리산란李善蘭이 알렉산드 와일리Alexander Wylie와 함께 번역하여 1857년 출간하였다. 이후 리산란이 쩡궈판曾國藩에 요청하여 1865년 최초의 완역본이 나왔다(마시니 2005 : 104~105).

1862년 베이징에 외국어를 학습하고 국제관계 전문가를 배양하는 최초의 근대적 학교인 동문관同文館이 설립되었다. 제1차 아편전쟁은 미국 페리함대의 일본 내항보다 14년 먼저 일어났지만, 최초의 외국인 학교의 설립에서는 중국이 일본보다 7년 늦었다. 1867년에 동문관의 경제학 · 국제법률학 교습敎習으로 임용된 미국인 선교사 윌리엄 마틴William Alexander Parsons Martin은 곧 바로 '부국책富國策'이라는 교과목을 설치하여 당시 케임브리지대학의 경제학 담당 교수인 헨리 포세트Henry Fawcett의 『경제학 안내서*Manual of Political Economy*』1863를 교재로 삼았다. 마틴은 이 책을 동문관 부교습副敎習인 왕펑자오汪鳳藻에게 번역하게 하여 1880년 『부국책』으로 출간되었다.

포세트는 고전학파 경제학의 마지막에 위치한 학자였고, 그의 저술 『경제학 안내서』는 애덤 스미스부터 존 스튜어트 밀에 이르기까지 고전학파 경제학설을 비전문가도 이해하기 쉽게 설명한 고전학파 경제학의 모범적인 개설서로 평가된다. 『경제학 안내서』를 축약한 『부국책』은 번역이 매끄럽지 못해 량치차오梁啓超 등의 불만을 샀다. 포세트의 부인Millicent Gallet Fawcett, 1847~1929은 남편의 저서를 초보자가 알기 쉽게 간략하게 정리한 『초보자를 위한 경제학*Political Economy for Beginners*』을 1870년에 간행하였다. 일본에서는 1873년 하야시 마사아키林正明가 그 책을 번역한 『경제입문經濟入門』을 출간한 이래 다종다양한 번역서가 나왔다. 그런데 헨리 포세트 책의 번역본이 없었기 때문에 1881년에는 중국에서 출판된 『부국책』에 훈점을 찍은 복각본이 출판되었을 뿐만 아니라 그 일역본이 『경제원론』이라는 이름으로 출간되었다(森時彦 2013 : 257~260). 『치부신서』의 출판 시점에서는 중국이 일본에 앞서 경제학 지식을 접할 수 있었으나, 포세트 저서가 중국에서 처음 번역 · 출판된 1880년을 전후하여서는 구미

경제학의 수용에서 일본이 중국보다 한층 적극적이었던 것이다. 그래서 일·중 간 근대경제학 수준의 격차는 청일전쟁 때까지 점차 확대되었다.

1862년 홍콩의 중학교에 입학하고 1874년 중국 정부가 파견한 중국인 유학생을 인솔하고 도미한 적이 있는 콰치자오鄺其照는 1868년 중국인으로 처음으로 영·중사전인 『자전집성字典集成·*An English and Chinse Lexicon*』[44] 출간하였다. 이 사전에는 political economy나 economics라는 단어는 나오지 않고 economy는 절검節儉, 절용節用으로 번역되어 있다. 1875년에 나온 재판도 마찬가지였다. 콰치자오는 political economy라는 학문명에 합당한 중국어를 찾지 못하였고, 중국어로 명확하게 번역될 수 있는 economy의 용어만 제시하였던 것이다.

이재라는 번역어의 출현

1867년 상하이의 강남기기제조총국江南機器製造總局은 번역관을 세웠다. 여기에서 가장 두드러지게 활약한 인물은 영국인 선교사 존 프라이어인데, 그는 후쿠자와 유키치가 1868년 출간한 『서양사정 외편』의 원본인 『교육용 경제학*Political Economy, for Use in Schools, and for Private Instructions*』을 번역한 『좌치추언佐治芻言』을 1885년에 출간하였다. 프라이어가 구술로 번역한 것을 잉쭈시應祖錫가 적었다고 한다. '좌치'란 경국제세經國濟世와 같은 뜻이다. 이 책은 그야말로 경국제

44 鄺其照(1868), 『字典集成(*An English and Chinse Lexicon*)』, De Souza & Co.

세에 관한 다기한 내용을 다루고 있으며, 영국의 자유주의 경제사상을 담고 있다. 「제14장 논재용論財用」부터 마지막 「제31장 논사차論賒借」까지가 경제학에 관한 것이다. 제14장에서는 '이재지서理財之書'가 애덤 스미스의 『만국재용萬國財用』 곧 『국부론』에서 출발하였다고 보고, economy의 그리스 어원은 '치가지법治家之法'인데 근래 절검으로 해석된다고 하며, 이 학문이 재물의 소비 · 생산 · 분배를 다룬다고 설명하였다. 경국제세를 의미하는 『좌치추언』의 서명은 경제라는 번역어의 대두를 예고하였다. 이 책에서는 economy를 음역하였는데, political economy를 다룬 『국부론』을 이재의 저서라고 보는 점이 주목된다.

1847년에는 새뮤얼 브라운이 political economy를 다룬 것을 '치부'의 책이라고 하였는데, 1885년 프라이어는 그것을 '이재'의 책이라고 하였다. Part 2에서 언급하였듯이 일본에서는 브라운의 『치부신서』가 1871년 복각된 후 널리 보급되다가 이재라는 번역어가 1876년 이래 점차 보급되었는데, 중국에 거주한 선교사들이 political economy의 내용을 보여 주는 한자어를 선택한 추이도 비슷하여 흥미롭다.

『좌치추언』의 영문 원본은 서두부터 자유로운 개인이 사회를 조직하는 방식과 원리를 논술하고 있는데, 후쿠자와는 이 책으로 서양 근대사회의 기본구조를 탐구할 수 있었다. 그런데 『좌치추언』에서는 individual을 '인人'으로, society를 '회會'로 번역하고 자유주의 사회조직의 원칙을 "국가 통치의 근원은 모두 가정에서 시작된다"라는 유교의 학설과 유사한 것으로 수정된 데에서 드러나듯이, 근대경제학뿐만 아니라 그 전제가 되는 사회사상에 대한 이해가 부족하였다(진관타오 · 류칭펑 2010b : 104~105). individual을 '인'으로 번역해서는 개인주의가 드러날 수 없다. 중국에서는 청일전쟁의 패배를 계기로 일본이 모방한 서양 근대사회의 기본구조를 해명한 『좌치추언』에 대한 관심이 높아진 결과, 1907년까지 10종이 넘는 다양한 판본이 출판되었다(森時彦 2013 : 265). 이 번역서는 캉유웨이康有爲, 량치차오 등에게도 영향을 미쳤다.

서양의 과학과 기술을 도입하여 중국의 부강을 도모한 양무파洋務派 관료가 1882년에 이재를 번역어로 사용한 것은 김윤식金允植, 1835~1922의 일기인 『음청사陰晴史』에서 엿볼 수 있다. 김윤식은 영선사領選使로 임명되어 1881년 12월 학도와 공장工匠 38명을 인솔하고 톈진天津에 가서 체류하면서 북양대신 리훙장 등 많은 중국 양무파 관료들과 접촉하였다. 김윤식은 1882년 4월 21일 쉬중후徐仲虎를 방문하였는데, 그는 뤄펑루羅豊錄 자사刺史가 서양 학문을 이해하는 뛰어난 학자라고 평가하였다. 뤄펑루는 이름이 젠인健寅이고 국회판局會辦 자리에 있었으며, 그는 서양을 돌아다녀 시무를 깊게 알고 화학을 잘 알며 저술이 많다고 했다. 김윤식은 6월 13일에 뤄펑루와 대화를 나누면서 조선이 부강해지는 방도를 물었다. 뤄펑루가 대답하는 가운데 "내가 영국 런던에 1년간 있을 때 서양인의 이재서를 읽었는데, 그 말이 깊은 근거를 가져서 국가를 다스리는 자가 몰라서는 안 되며 왕안석王安石과 유안劉晏이 비할 바가 아니라고 했다." 뤄펑루는 고전학파 경제학을 알았음이 분명하며, 그가 김윤식에게 전한 경제학의 정보는 동료 양무파 관료에게도 전달되었음이 분명하다. 부민富民, 나아가 부국강병을 위해 서양의 경제학을 배워야 하며, 그것은 한자로 이재를 다루었다고 생각하는 양무파 관료가 출현한 것이다. 이로써 보건대 고전학파 경제학을 접한 중국의 지식인이 선교사에 앞서 한자어 이재를 연상한 것으로 보인다.

뤄펑루와 서양의 경제학을 논할 때 김윤식은 임오군란의 소식을 접하고 있었다. 박주대朴周大가 조선 말의 상황을 연차적으로 적은 야사집인 『나암수록羅巖隨錄』에 의하면, 임오군란의 진압을 위해 조선에 군대를 끌고 온 중국의 흠차제독欽差提督 우창칭吳長慶이 조선에 보낸 글에는 다음과 같이 이재에 힘쓸 것을 권하는 조항이 있다.

> 국가 재화가 고갈됨을 논함은 절실한 사정이라 하겠다. 재화는 인민의 생명과 국가의 명맥에 관계된다. 천하를 다스리는 방도는 인민이 좋아함을 좋아하고 인민이 싫어함을 싫어하는 것이다. 그러기 위해서는 재용보다 급한 것이 없다. 귀국 궁정의 비용은 오직 절약에 달려 있으니, 본 군문이 속단할 바가 아니다. 단 국가를 다스리는 방도는 사람을 잘 얻어 이재를 하는 것보다 앞서는 것이 없다. 사람을 잘 얻으면 재화의 원천이 열리고 재화의 흐름이 절약되니 재화를 이루 다 쓸 수 없게 된다. 그렇지 못하면 재용이 고갈되니 국가가 어떻게 지탱하겠는가?[45]

여기에서 이재는 단지 국가재정의 충실화에만 국한되지 않는다. 국가경제 전반을 효율적으로 관리하여 산업을 개발하고 지출을 절약하여 재화를 풍족하게 하는 것이다. 이재는 종래 사용하는 한자어 의미에 통할 뿐만 아니라 번역어 의미에도 통하는 것이다.

45 "論國財罄竭, 可謂切中事情. 財者, 民命國脈所關. 平天下之道, 在好民好惡民惡. 而好民所好, 惡民所惡, 尤莫急於財用. 貴國宮廷費用, 惟在節省, 本軍門無所懸斷. 但治國之道, 莫先於得人以理財. 得人, 則開財之源, 節財之流, 不勝用. 否則財用罄竭, 國何以立."

일본에서는 이재라는 번역어가 1876년 이래 점차 보급되었으므로, 일본과 중국에서 이재라는 번역어가 처음 나온 시차時差는 10년 이내였다. 뤄펑루가 "영국 런던에 1년간 있을 때 서양인의 이재서를 읽었다" 하니, 일본의 영향을 받지 않고 이재가 번역어로서 성립하였을 가능성이 높다. 그렇다면 그것이 유력한 선택임을 보여 준다. 옌푸嚴復는 애덤 스미스의 저서 『국부론』을 번역하여 1901년 출간한 『원부原富』의 「역사예언譯事例言」에서 일본에서는 경제학으로 번역한 반면 중국에서는 이재학으로 번역하였다고 적었다. 옌푸도 일본에서 이재학이라는 용어의 성립 역사를 잘 몰랐던 것이다.

번역의 사회적 배경과 일본과의 비교

중국의 총세무사總稅務士 로버트 하트Robert Hart는 영국의 출판사 맥밀란에서 간행한 서적 16종을 가져왔다. 영국 선교사 에드킨스가 그것들을 5년에 걸쳐 번역하여 1886년 총세무사總稅務司에서 출간하였다. 에드킨스는 1893년 제번스의 『경제학 이론*The Theory of Political Economy*』1871을 번역한 『부국양민책富國養民策』을 출간하였다. 이 책도 『부국책』과 마찬가지로 원서를 축약 · 정리한 것으로, 일본과 중국의 번역 초기에는 그러한 책이 많았다. 제번스는 신고전학파의 선구자로서 이 책에 노동가치설에 대해 효용가치설을 내세우는 등 새로운 학설을 담았는데, 번역자나 당시 중국의 독자들이 그런 사실을 이해하기는 어려웠을 것으로 보인다. 일본에서는 1882~1924년 사이에 이 책의 번역서가 7종 나왔다. 그러한 과정에서 번역어가 착실히 변화하여 현대경제학계에서 상용하는 어휘에 가까워졌다.

1884년 와타나베 슈지로渡邊修次郎가 번역한 『경제초학經濟初學』과 『부국양민책』의 경제용어를 비교해 보면, 『경제초학』에서는 명사형 번역어가 제시된 반면 『부국양민책』에서는 번역어라기보다는 설명문에 가까운 것이 많다(森時彦 2013 : 267~270). 1880년대에는 일 · 중 양국 간에 경제학에 대한 이해 수준과 그 번역 능력에서 상당한 격차가 벌어져 있었던 것이다.

조지프 에드킨스는 번역서들의 내용을 총괄하여 정리한 『서학약술西學略述』을 아울러 출간하였는데, 제8권이 '경제'이고 그 첫 번째 항목이 '부국'이었다. 앞에서 언급하였듯이 미국 선교사 헵번이 1867년에 상하이의 미화서원美華書院에서 출간한 『화영어림집성和英語林集成』은 경제라는 번역어를 수록하였는데, 에드킨스가 그것을 모른 채 『서학약술』을 출간한 것으로 생각되지는 않는다. 에드킨스는 일본의 번역어인 경제를 받아들이고 부국, 양민養民 등을 경제의 기본 과제로 삼았던 것으로 보인다.

『부국책』의 범례는 경제학이 신학문이고 근대사회에서 가장 중시되고 강병도 도모할 수 있다고 하였다. 『부국책』과 같은 해에 출간된 정관잉鄭觀應의 『이언易言』에도 '부강의 사업富强之事'을 도모하는 서양 학문에 대한 관심이 표명되어 있으며, 『서학약술』의 서문에서 리훙장은 서학西學으로 중국의 부강을 도모할 수 있다고 평가하였다. 서양의 군사적 · 경제적 충격을 받아 양무운동기에 국가의 부강이 정책 목표가 되고 민간의 영리 추구 터전인 상업을 긍정적으로 평가하는 분위기가 조성되었다.[46] 그러한 가운데 다수의 지식인은

46 이러한 사실을 "경제활동의 자립영역을 인정하려는 것으로 간주할 수 있다"는 견해도 있다(溝

economy의 중요한 효능을 '부강'으로 보았다. 나아가 청일전쟁의 패배 이후 부강은 중국의 중요한 사회적 구호가 되었다(진관타오 · 류칭펑 2010b : 342~348). 일본에서와 마찬가지로 중국에서도 political economy가 부국 내지 부국강병을 도모할 수 있는 학문으로 주목을 받았다. 그래서 청일전쟁 이전까지 부국학이 그 유력한 번역어였다. 신학문의 도입에는 국가적 요청도 작용하였던 것이다. 경제적인 부국과 군사적인 강병을 기본 과제로 삼는 학문이라고 할 때, 그것은 한자어 경제학의 원래 의미와는 상당한 괴리가 있었다. 그래서 중국인은 부국강병을 위한 학문에 경제학이라는 호칭을 붙이는 데에는 주저하였다(鈴木修次 1981 : 80).

청일전쟁 이전 중국에서 political economy라는 신학문은 소수 선각자의 주목을 받았으나 일본과 달리 사회적 관심을 끌지는 못하였다.[47] 서양 논저에 관심을 가진 중국인이 소수에 불과하였던 것이다(마시니 2005 : 125). 중국은 일본보다 먼저 서양에 문호를 개방했지만, 경제학의 도입과 번역에 한층 소극적이었다. 일본에서는 19세기 후반 경제학 저서의 번역이 활발하여 중요한 서적은 대개 번역되었지만(杉原四郎 1972 : 6~7), 중국인은 19세기 말까지도 경제학의 중요성을 거의 인식하지 못하였다. 일본에서는 일본인이 처음부터 자력으로 political economy의 번역어를 고안하고 경제학 저서를 번역하였으나 청일전쟁 이전의 중국에서는 외국인이 경제학 저서의 번역을 주

口雄三 · 池田知久 · 葉坦 2001 : 115).

47 량치차오는 1902년의 「생계학학설 연혁소사(生計學學說沿革小史)」에서 1901년 옌푸가 『원부』를 출간하기 이전에 경제학 번역서가 한둘 있으나 볼만한 것은 없다고 하였다.

도하였으며, 중국인이 독자적으로 번역서를 출간하고 political economy의 번역어를 고안한 적이 없었던 것으로 보인다.[48]

문호개방 이전 양국의 학문적 역량에서 유의미한 격차가 없었음에도 불구하고 경제학의 도입과 번역에서 격차가 발생한 것은 기본적으로 경제학에 대한 사회적 관심의 차이를 반영한다. 일본사회는 중국과 영국의 두 차례에 걸친 전쟁을 목격하고 중국사회보다 강렬한 위기의식을 느꼈다. 사무라이 관료가 문민 관료보다 군사적 충격에 더욱 민감하게 대응하는 것은 당연하였다. 그래서 일본은 개국 후에 양이攘夷운동을 전개하다가 현격한 무력의 열세를 자각하고 중국에 앞서 부국강병책을 적극 추진하였다. 그런데 중국사회는 청일전쟁 이전까지 중국이 세계의 중심이라는 중화사상에 젖어 있어서 문명의 변경의식을 가진 일본과는 달리 서양문명의 충격에 둔감하였다. 중국에서는 마카오 출신의 융윙容閎이 선교사의 도움으로 유학을 가서 1854년 예일대학을 졸업하였으니 일본보다 유학의 역사가 빨랐다. 그러나 중국은 1872년에야 쩡궈판과 리훙장의 후원으로 120명의 유학생을 보냈는데, 미국화되는 데에 대한 우려의 목소리가 커지는 등의 이유로 1881년 유학 사업이 중단되었다(페어뱅크 · 크레이그 1992 : 198). 문호개방 이전 유교사회가 아니었던 일본은 부국강병 이념을 저항감 없이 받아들여 그것에 봉사할 신학문의 도입에 적극적일 수 있었던 반면, 유교의 종주국인 중국은 부국강병을 패도覇道

48 팡웨이구이(方維規)는 장쯔무(張自牧)의 『여측위언(蠡測危言)』(1877)에서 서양 학문 15개를 나열하는 가운데 거론한 '세무학(世務學)'이 경제학임이 틀림없다고 하였는데(方維規 2008 : 197), 그것이 정치학이거나 정치학과 경제학을 합한 것일 가능성도 배제할 수는 없다.

로서 경계하는 관념을 불식하는 데 시간이 걸렸다. 그래서 『원부』의 서문을 쓴 우루룬吳汝綸도 중국에서는 이익 추구를 꺼리고 상업을 억압하여 '이재의 학문理財之學'이 없어서 경제 발전에 지장을 받았다고 보았다. 이러한 점들로 인해 청일전쟁 이전 중국에서는 소수의 선각자만이 부국강병의 도모에 유용한 학문으로 간주된 political economy에 관심을 기울였던 데에 반해, 일본은 메이지유신 이전부터 사회적 차원에서 신학문을 적극 도입하였다. 그러니 일본이 번역어의 모색에 훨씬 열심인 것은 당연한 귀결이었다.

3. 청일전쟁 이후 번역어 모색의 활발한 동향

청일전쟁의 패배라는 충격을 받고서야 중국은 구미와 일본의 근대문명을 능동적이고 적극적으로 배우려는 태세를 갖추게 되었다. 그러한 가운데 중국사회의 political economy에 대한 관심이 확산되고 중국인이 그 번역어의 선택에 고심하게 되었다. 청일전쟁 이후 서양문명에 관심을 증대한 중국인은 중국의 우선 과제가 구미 국가처럼 부강해지는 것이라고 보았고, 중국인들이 경제학을 학습하는 주요한 동기는 부국강병의 도모였다(方維規 2008 : 195~197). 그래서 부국학이라는 번역어는 한동안 경쟁력을 가져서 량치차오는 『시무보時務報』 제29책1897의 「변법통의變法通議(二)」에서 '부국학의 책富國學之書'을 거론하면서 일본에서는 '경제서'라 한다고 했다. 청조 학부學部는 동문관同文館 이래의 전통을 계승하여 부국학을 번역어로 정하였다

(馮天瑜 2005a : 177). 그런데 20세기에 들어와 부국학이라는 번역어가 확산되지는 않았다. 부국이 기본적으로 국가재정의 충실화를 의미하여, 일본에서처럼 국민의 부를 탐구하는 고전학파 경제학을 부국이라는 용어로 포괄하기 어렵다고 판단되었기 때문일 것이다. 옌푸와 량치차오 역시 이러한 점을 인식하였다고 보아야 한다. 그렇다고 해서 중국인이 신학문을 통해 구미 국가처럼 부국강병을 도모해야겠다는 동기를 포기한 것은 결코 아니어서, 그것은 결국 일본에서처럼 경제학이라는 번역어가 선택되도록 유도하였다.

량치차오는 『시무보』 제14책1896에서 "자생학資生學은 곧 이재학인데 일본에서는 경제학이라고 한다"고 했다(馮天瑜 2006 : 7). 그는 중국인으로는 경제학이라는 번역어를 처음으로 거론하였던 것으로 보인다(Lippert 2004 : 124). 1896년 당시에는 이재학이라는 번역어가 유력하였던 모양인데, 량치차오는 자생학이라는 번역어를 고안하였다. 옌푸는 1895~1898년 이재라는 번역어를 사용하였다(沈國威 2011 : 19~20).

오시마 사다마스大島貞益는 독일 역사학파 경제학의 선구자 프리드리히 리스트Friedrich List, 1789~1846가 1841년 출간한 『경제학의 국민적 체계*Das Nationale System der Politischen Ökonomie*』를 일본어로 번역한 『이씨 경제론李氏經濟論』을 1889년 간행하였는데, 일본에 유학한 중국인이 만든 잡지 『역서휘편譯書彙編』은 제2~8기에 걸쳐 『이 씨 경제론』을 중국어로 다시 번역하여 수록하면서 『이재학』이라고 서명을 바꾸었다. 『역서휘편』 제7기1901. 8에서는 일본인의 논문 「경제학연구의 방법經濟學硏究之方法」을 게재하면서 "경제라는 것은 이재 또는 부국의 뜻인데, 원문을 통용하여 이 명칭을 그대로 쓴다"는 주를 달았다. 1901년 당시 중국에서 유력한 번역어는 이재와 부국이었던 것이다. Part 2에서 살펴본 것처럼 당시 일본에서는 독일 역사학파 경제학의 영향력이 강화되면서 경제학이라는 번역어가 이재학이라는 번역어를 압도하고 있었는데, 일본에 유학한 중국인은 독일 역사학파 경제학을 도입하면서 political economy나 economics의 원래 개념에 잘 부합되지 않는 경제라는 번역어를 선택하기를 주저하였던 것이다. 그런데 그후 『역서휘편』에서 이재학이라는 용어는 점차 감소하고 경제(학)라는 용어가 점차 증가하였다(沈國威 2011 : 19).

영국에 유학했던 옌푸嚴復는 1898년 헉슬리Thomas Huxley의 『진화와 윤리학*Evolution and Ethics and Other Essays*』을 번역하여 출간한 『천연론天演論』에서 이재학이라는 번역어를 계학計學으로 바꾸고 '이재계학'으로 번역하기도 했다(鈴木修次 1981 : 80~81). 량치차오는 이 책이 최초의 성공적인 번역서라고 생각하였다. 옌푸는 애덤 스미스의 『국부론』을 번역한 『원부原富』를 1901년 출간하였는데 국민총생산의 증가, 1인당 소비, 보이지 않는 손과 같은 경제학 개념을 충분히 소화하지는 못하였으나 스미스의 여러 생각을 간명하게 제시하였다(Trescott 2007 : 29~31). 이 번역서의 「역사예언譯事例言」에서 economics를 계학으로 번역한 논거를 다음과 같이 제시하였다. economics는 그리스어 어원으로는 가정을 다스린다는 뜻인데, 나아가 요량料量 · 기획경영 · 절약 · 출납의 일을, 더 확충되어서는 국가의 식량 생산과 재화 지출의 원칙을 의미하게 되었다. 이처럼 그 포괄하는 뜻이 다기한데, 일본의 번역어인 '경제'는 지나치게 넓은 반면 중국의 번역어인 '이재'는 지나치게 좁다. 회계, 국계國計, 가계 등에 쓰이는 '計'는 '다스리다' 내지 '관리하다'라는 economics의 그리스어 어원에 부합한다.

중국에서는 옌푸가 처음으로 political economy가 아니라 economics의 번역을 시도하였던 것이다.

옌푸는 대표적 경제학자로서 애덤 스미스와 존 스튜어트 밀과 같은 고전학파 경제학자뿐만 아니라 앨프리드 마셜과 제번스와 같은 신고전학파 경제학자도 거론하고 있다. 옌푸가 당대의 경제학자가 아니라 시간적으로 멀리 떨어진 애덤 스미스의 『국부론』을 번역한 것은 영국을 포함하는 근대 유럽의 부강을 낳은 원리의 풍부한 원천을 담고 있기 때문이었다(슈워츠 2006 : 163~167). 옌푸는 스펜서Herbert Spencer의 『사회학 연구*Study of Sociology*』를 읽고 사회진화론이 영국의 부강을 낳은 요인이고 중국을 부강하게 만드는 지침을 제공한다고 믿었다. 그래서 그의 저술은 경제 발전이 국가의 강화에 기여함을 강조하였다(Trescott 2007 : 29). 옌푸는 밀의 『자유론*On Liberty*』과 『논리학 체계*A System of Logic*』 등도 번역하였던 데에서 드러나듯이, 고전학파 경제학의 토대에 자리 잡은 철학과 사회사상을 이해하고 있었다. 그래서 그는 애덤 스미스의 『국부론』을 잘 이해하였다. 이 점은 그가 자유경쟁시장에서의 기업 역할을 옹호하였다는 평가에서도 드러난다(Trescott 2007 : 37).

당시 중국에서 누구보다 경제학을 잘 이해한 옌푸가 왜 일반적으로 사용되던 이재라는 번역어를 포기하고, 경제라는 한자어에 접근하면서 양자를 절충하는 계학으로 바꾸고자 하였을까. 옌푸는 "계학이 절실하게는 중국의 빈부에 관계되고 멀리는 황종黃種의 성쇠에 관계되므로, 내가 애덤 스미스의 글을 볼 때마다 시사時事에 부합한다"고 생각하였다. 산업혁명을 수행한 서유럽과 엄청난 경제적 · 군사적 격차를 목격한 막말 · 메이지시기 일본의 지식인이나 서유럽을 잘 배운 일본과의 전쟁에서 충격적인 패배를 경험한 중국의 지식인은, 소비자의 효용극대화와 기업의 이윤극대화와 같은 정태적 이재행위를 분석하는 신고전학파의 저술보다 계몽주의 역사의식과 자유로운 개인의 계약사회관에 입각하여 국부의 증진 방향을 제시한 애덤 스미스의 저술에 관심이 더 갔다. 고전학파 경제학의 극복에 공헌한 제번스의 저서가 이미 축약된 상태나마 번역되었음에도 불구하고, 옌푸가 그보다 1백 년 전에 고전학파를 창시한 스미스의 저서를 공들여 완역한 이유는 거기에 있는 것이다.

이처럼 economics가 중국의 경제 발전을 도모하는 지식의 제공이라는 존재 의의를 가졌기에, 재화의 효율적 관리라는 협소한 의미의 '이재학'이 아니라 경국제세의 의미에 접근하는 '계학'으로 번역되었다. 중국이 이재학이라는 번역어를 포기하고 결국 경제학을 받아들이게 된 데에는 내적인 요인도 있는 것이다. 후진적인 상태에서 경제 발전을 도모하여 따라잡기catch-up를 추구해야 하는 시대적 과제가 경제학이라는 용어로의 접근을 낳은 점에서는 일본과 상통하는 바 있고, 앞으로 언급할 한국과도 상통하였다. 그런데 옌푸가 경제학이라는 한자어를 선택하지 않은 것은 수입한 학문을 지칭하기에는 지나치게 넓은 개념의 외연을 가진다고 생각하였을 뿐만 아니라, 사회진화론과 자유기업주의를 신봉한 그가 유교도덕의 이상을 제시한 경제라는 용어를 회피하고자 하는 잠재의식이 작용했을 수도 있다.

4. 번역어 경제와 여타 번역어의 경합

량치차오梁啓超보다 political economy 내지 economics의 번역어 모색에 심한 우여곡절을 겪은 사람은 찾기 어렵다.[49] 그것은 번역어 후보인 한자어의 근대적 개념으로서 적응력 여부를 보여 주는 점에서도 흥미롭다. 량치차오는 1898년 무술정변戊戌變法의 좌절 직후 일본에 망명하는데, 그전에는 중국에서 번역어로 사용되던 부국학과 이재학을 혼용하였다. 망명기에 일본인을 대상으로 집필한 글에서는 그들에게 익숙한 '경제'라는 용어를 사용하였다. 그런데 1902년 『신민총보新民叢報』의 창간1902. 1. 1.에 즈음하여서는 political economy

49 량치차오의 경제사상과 번역어 모색에 관해서는 모리 도키히코(森時彦 1999, 2000)의 정밀한 연구에 주로 의거하여 설명한다.

에 적합한 번역어를 찾을 필요를 느꼈다. 량치차오는 일본 망명 이후 일본의 번역어를 적극적으로 널리 수용하였으나, 경제를 받아들이는 데에는 주저하였다. 그 번역어가 중국에서 널리 사용되는 한자어와 의미가 달라 혼란스러웠기 때문이다. 그는 옌푸의 계학이라는 번역어가 개괄적이지 못하고 복합명사를 만드는 데에 불편하다는 점에서 채택하지 않고 직역에 가까운 '정술이재학政術理財學'이라는 어휘를 제시하였다. 량치차오도 political economy에서 정치적 측면을 배제하면 이재학이 가장 적합한 번역어라고 보았던 것이다. 이 번역어에 대해 『신민총보』를 통해 토론이 이루어졌는데, '도쿄애독생東京愛讀生'은 제3호1902. 2. 1.에서 네 자의 명칭이 장황하고 정술이재학도 계학과 마찬가지로 '경제혁명, 경제사회'처럼 복합명사를 만드는 데에 불편하다고 비판하였다. 이 비판을 수용한 량치차오는 새로운 번역어를 모색한 내용을 제3호에 수록하였는데 『한서漢書』에 나오는 '식화食貨', 『관자管子』에 나오는 '경중輕重', 『논어』와 『사기』에 나오는 '화식貨殖' 모두를 포기하고, 『사기』에 나오는 '평준平準'을 번역어로서 채택하였다. 『논어』와 『사기』에 나오는 화식은 '사부私富'에 치우치고 정치적 함의를 갖지 않으며, political economy는 공공公共의 재부財富를 중시하는 개념이라고 보았기 때문이다. '평준'이란 정부가 물자의 매매와 운송을 통하여 물가 안정을 도모하는 일로서 공공성을 가진다. '사부'는 애덤 스미스의 wealth of nations에 통하는 개념으로 볼 수도 있겠는데 스미스의 wealth of nations는 인민 일반의 부를 의미하는 반면 『사기』에 나오는 화식은 특별히 재산을 잘 모으는 일이어서 부의 차원이 다르기는 하다. 그런 점을 고려하더라도 량치차오가 사부의 화식을 버리고 국가관리의 평준을 번역어로 선택한 것은 고전학파 경제학에 대한 이해가 아직 깊지 않음을 보여 준다.

옌푸는 『신민총보』 제7호1902. 4. 1.에 량치차오의 관점을 반박하는 글을 실어, 현재 유럽 경제학계는 political을 빼버리고 economics를 많이 사용하므로, 이재학이라는 번역어 앞에 '정술'을 붙일 필요가 없다고 했다. 옌푸는 신고전학파로 넘어가면서 경제학 개념의 변화가 일어나고 있다는 사실을 알고 중국에서는 그것을 번역의 문제에 거론한 최초의 인물이었다. 그리고 중국 고전어에는 신학문에 해당하는 용어가 없다고 보았다. 평준은 원래 일개 관명官名에 불과한 데다가 번역어가 되기에는 의미가 너무 협소하다. 그리고 통속通俗에서 가장 즐겨 사용되는 이재학보다 계학이 정확한 정의라고 역설하였다. 당시 이재가 가장 널리 사용된 번역어였던 것이다.

일본의 한 중국인 유학생은 『신민총보』 제7호에서 '경經'이 다스린다는 정치적 함의를, '제濟'가 구제한다는 경제적 함의를 가져 경제라는 용어가 political economy의 뜻에 잘 부합한다고 주장하고, 평준은 일개 관명이므로 신학문의 함의를 나타내기에 부족하고, 계학은 statistics의 번역어인 통계학과 혼동될 우려가 있다고 보았다. 량치차오는 평준을 제시한 지 두 달이 지나지 않아 『신민총보』 제7호에서 그것을 버리고 생계라는 번역어를 사용하자고 제안하였는데, 그 유학생은 생계는 의미하는 범위가 너무 좁아 정치적 · 이재적 의미를 배제하여 수용할 수 없다고 했다. 경제라는 한자가 정치적 · 경제적 함의를 모두 가진 것은 한자문화권에서 political economy의 번역어로 선택되는 중요한 요인이었다.

량치차오는 『신민총보』 제8호1902. 4. 15.에서 평준이 적절한 번역어가 아님을 인정하고 계학은 economy를 '계'라는 단음절로 표시하는 불편함을 가진다고 지적하며, 경제라는 번역어는 원래 의미와 크게 달라 반드시 새로운 번역어를 구해야 한다고 주장하였다. 그래서 량치차오는 생계라는 번역어를 잠정적으로 사용하면서 향후 평가를 받겠다고 하였다. 이후 량치차오는『신민총보』제9 · 13 · 17 · 19 · 23호1902에서「생계학설 연혁소사生計學說沿革小史」를 집필한 데에서 알 수 있는 것처럼 생계학이라는 번역어를 채택하였다.

일본에 유학한 후이루胡以魯는 1914년 발표한「논역명論譯名」에서 economy를 이재로 번역하는 것은 재정이라는 제한된 면에 치우친다고 하였다. Part 2에서 살펴보았듯이 일본에서 가나이 노부루金井延는 경제학이라는 번역어를 옹호하면서 이재학이라는 번역어가 이런 문제점을 가진다고 지적한 바 있다. 후이루 또한 량치차오에 동의하여 economy를 계라는 한 자로 표시하는 불편함을 지적하고 생계를 번역어로 지지하였다(沈國威 2014 : 303~318).

『신민총보』제11호1902. 6. 1.에서 국계학國計學이라는 번역어를 사용하자는 주장이 나온 데에 대하여, 량치차오는 신학문이 국가만 다루지 않고 개인경제나 가정경제도 다룬다는 점에서 수용하지 않았다. 그는 제3호1902. 2. 1.에서 화식이 사부에 치우친 점에서 화식을 거부하고 국가 물가관리의 평준이라는 번역어를 제시하였는데, 논쟁과정에서 신학문에 대한 이해를 심화하였던 것이다. 제12호1902. 6. 15.에는 계학을 옹호하는 옌푸의 글이 실렸다. political economy나 economics의 번역어를 둘러싸고『신민총보』에서 벌어진 논쟁보다 활발하고 흥미진진한 것을 찾기는 어렵다. 이 논쟁은 근대학문을 수용하려는 중국인의 열정이 일본에 비해 늦게나마 용솟음치고 있는 것을 보여 준다.

구학舊學에 소양이 깊은 옌푸나 량치차오는 경제라는 한자어의 원래 의미가 political economy나 economics와 달라서 그것을 번역어로 사용하는 데 주저하였지만, 구학에 대한 소양이 부족한 채 일본에 유학하거나 신학문의 영향을 받은 다음 세대는 주저 없이 경제라는 번역어를 수용하였다. 그래서 1906년부터 일본의 중국인 유학생을 대상으로 토지국유화논쟁을 벌이면서 량치차오는 본의 아니게 경제라는 번역어를 활발히 사용하였다. 그후 그는 구학에 소양을 가진 인사를 대상으로는 생계를 사용하였으나, 중화민국 성립 후 불특정 다수의 청중에게 이미 회자되는 경제를 사용하였다. 1906년 3월 이후 경제라는 번역어를 사용하던 량치차오는 1910년 2월부터 생계라는 번역어로 회귀하였다가 1912년 10월부터는 생계와 경제를 병용하였다.

량치차오가 이처럼 번역어 모색에 심한 우여곡절을 겪은 경위를 설명하기는 쉽지 않다. 모리 도키히코에 의하면, 량치차오는 "원의原義에의 배려로 경제를 피하고" "개인적 기호와 감성에 충실한 생계가 최적"이라고 생각하였다(森時彦 2000 : 514, 520). 이러한 원의에 대한 배려만큼 번역어의 선택에 강력한 힘을 미친 것은 그의 사회철학 및 경제학의 사명에 대한 관념이었다. 량치차오는 일본 망명 전에는 고전학파의 자유무역론을 신봉하였고 이재학이 국가 간 차별과 경계를 무시한다고 서술하였다. 그런데 일본으로 망명하는 배에서 『가인지기우佳人之奇遇』를 읽은 것이 계기가 되어 망명한 지 1년여 지난 1899년 "세계주의는 이상에 속하고 국가주의는 현실에 속한다"고 했다(森時彦 1999 : 230~233). 유럽에서도 자유방임주의시대가 종언을 고하고 19세기 후반 보호주의와 간섭주의로 회귀한 제국주의 시대를 주목하였다. 이러한 역사적 현실적 인식을 토대로 하여 량치차오는 경제사상에서는 역사학파의 국민경제학설, 정치사상에서는 블룬칠리의 국가유기체설을 받아들였다(森時彦 1999 : 238~246).[50] 당시에 많은 중국인이 개인 권리의 옹호를 중국의 부강을 촉진하는 도구로 파악하였으므로(진관타오 · 류칭펑 2010b : 73), 개인 권리의 옹호는 부강을 위한 내정內政이고 국가주의는 제국주의시대의 적자생존 경쟁에서 살아남기 위한 부강을 도모하는 외정外政의 성격을 가진다고 볼 수 있다. 량치차오는 중국의 반半식민지적 현실을 극복하고 민족을 통일시키는 것이 지상 과제라고 생각하여 부국강병을 도모하는 데에 유용하다고 판단되는 국가유기체설과 국민경제학설을 받아들였다. 량치차오가 일본에 망명하여 경제라는 번역어를 사용한 것은 이러한 사상사적 배경에서 이해될 수 있다. 당시 일본에서도 국가주의가 대두하여 경제라는 번역어에 힘을 실어 주고 있었던 것이다.

그런데 량치차오가 1902년경부터 경제라는 번역어의 사용을 다시 기피한 데에는 원래 뜻에 대한 배려 외에 다른 이유가 있었던가? 량치차오는 1902년에 "국가의 주권은 개인에 있다", "국권이란 개인의 권리가 모여서 이루어진다"라고 하여 개인과 권리의 관념, 그리고 사회계약론을 천명하였는데, 진관타오金觀濤 · 류칭펑劉靑峰은 근

50 유럽의 국가관은 옌푸와 량치차오에 의해 19세기 말 중국에 전해졌다. 이들은 자유주의적 · 사회계약적 국가관을 도입하였으면서도 후기로 갈수록 유기체적 국가관으로 경도되어 갔다(胡偉希 2003). 제국주의시대에 열강으로부터의 자주독립을 도모하기 위해 중국인이 국민으로서 일체 의식을 가져야 하는데, 개인 자유의 이론보다는 유기체적 통일체로서 국가사상을 가지는 것이 긴요하였기 때문이다.

대경제학의 토대에 있는 자유주의 사회철학을 수용한 것이 유교의 도덕 이상을 표현하는 경제라는 번역어 대신 그것과 거리가 먼 생계라는 번역어로 전환하게 된 원인이었다고 본다(진관타오 · 류칭펑 2010b : 70, 360). 그런데 량치차오가 개인과 권리의 관념, 그리고 사회계약설을 받아들였다고 해서 국가주의를 버린 것은 아니었다. 그는 1902년 「생계학설 연혁소사」에서 서양 경제학설사를 정리하면서 역사학파의 입장을 취하며 "중상주의는 16세기 이후 유럽에서는 실로 경제계의 진보를 저해하였으나 만약 오늘날의 중국에 이식하면 실로 시대를 구제하는 둘도 없는 법문法門이 될 것이다"라고 했다. 량치차오는 중국의 부강을 개인의 권리 신장보다 상위의 가치에 두었으나, 중국의 부강을 위해 전통적 전제주의를 넘어서는 입헌군주제의 수립을 지향하였다(박상섭 2008 : 157~160). 량치차오가 경제와 생계라는 번역어 중 어느 것을 선택할지 주저한 것은 자유주의와 국가주의의 철학 중 어느 한쪽으로 확고하게 귀결되지 않았던 사실과 관련이 있을 것이다.

왕룽바오汪榮寶와 예란葉瀾이 1903년에 편찬한 『신이아新爾雅』에 의하면, "생산 · 분배 · 교환 · 소비를 논하는 학과를 계학이라고도 경제학이라고도 하고 세속에서는 이재학이라고도 한다"고 하였다. 『신이아』의 저자가 일본 유학생임에도 불구하고 계학을 번역어로 선택한 것은 량치차오나 옌푸처럼 경제의 원래 의미가 신학문의 내용과 다르다고 생각했기 때문일 것이다. 이재학은 세속에서 사용하는 번역어로 순위를 뒤로 돌렸다. 『신이아』의 편찬자는 『신민총보』에서 벌어진 논쟁을 보았음이 분명하다. 『신이아』에서 경제학을 소개한 '석계釋計'에서는 제1편이 총론이고 제2편이 생산을 다룬 '석

생재釋生財'이며 제3편이 분배를 다룬 '석석분釋析分', 제4편이 '석교역釋交易', 제5편이 소비를 다룬 '석용재釋用財', 제6편이 '석재정釋財政'이다. 1910년에 학부學部는 계학을 표준 학술용어로 선정하였다(沈國威 2011 : 25). 이처럼 옌푸의 번역어 계학은 지식인층의 지지를 모았으나(馮天瑜 2005a : 179~180 ; 唐慶增 1975 : 19), 이재학 · 경제학 등 다양한 번역어를 압도하지는 못하였다.

중국에서 공교孔敎운동에 참여한 천환창陳煥章은 컬럼비아대학의 박사학위논문으로 중국의 경제사상을 다룬 저서를 1911년 영어로 출판하였는데, 여기에서 economics의 일본어 번역인 경제는 뜻이 너무 넓고 정치학에 해당되는 내용이라고 수용하지 않았다. 그 대신 『역경』에 나오는 이재가 부의 관리administering wealth라는 의미로 더욱 정확하고 포괄적인 번역어라고 보았다(Chen 1911 : 48~49). 천환창과 같은 경제학 전문가가 옹호하였음에도 불구하고 이재는 번역어로서 궁극적인 선택을 받지 못하였다.

5. 번역어 경제학의 궁극적 승리

청일전쟁 이후 부국강병을 달성한 일본에 대한 중국사회의 관심이 높아지는 가운데 경제라는 번역어에 대한 중국인의 저항감이 줄어들었다. 또한 1900년대 중국에서 일본의 경제학자가 강의를 하고 일본의 경제학 서적이 영향력을 발휘하면서 경제학이라는 번역어가 보급되었다. 청일전쟁 패배 이후 중국인의 저술에서 '부강, 경세', 그리고 '경제'라는 용어의 사용빈도 수는 갈수록 증가하였다. 그중에도 경제가 부강을 대체하기까지 하면서 사용빈도가 많아졌다(진관타오 · 류칭펑 2010b : 344~352).

동아시아 세 국가에서 경제학이라는 번역어가 궁극적인 승리를 거둔 데에는 신학문에 대한 사회적 요구를 잘 표현한다는 점이 공통적으로 작용하였다. 일본이 초기에 political economy의 번역어로서 경제학을 사용한 데에는 이 신학문을 통해 경국제세의 국가 발전을 도모하려는 동기가 작용한 것처럼, 중국이 처음에 부국학이라는 번역어를 주로 사용한 데에도 부국 내지 부국강병을 도모하기 위한 동기가 작용하였다. 그다음 단계에 일본에서 이재학이라는 번역어가 대두한 것은 신학문의 내용에 더욱 부합하는 용어를 찾으려는 학문적 동기가 작용하였는데, 중국에서 이재학 · 계학 · 생계학 등의 번역어가 출현한 것도 마찬가지 사정으로 이해할 수 있다. 국가주의 사조는 경제, 개인주의 사조는 이재라는 번역어를 선택하도록 유도하는 경향이 일 · 중 양국에서 나타났는데, 국가 주권을 위협받는 제국주의시대에 국가 부강의 추구라는 시대적 과제는 경제라는 번역어의 채택을 유도하였다고 하겠다. 일본에서와 비슷하게 중국에서도 학계뿐만 아니라 정계도 신학문의 번역어 모색에 노력하고 그 귀결에 영향을 미쳤다.

중국에서 신해혁명파의 새로운 학문에 대한 실천적 요청은 경제학이라는 번역어가 널리 받아들여지게 되는 계기로 작용하였다. 신해혁명 직후인 1912년 8월 쑨원孫文은 베이징에서 「사회주의의 유파와 비평社會主義之派別與批評」이라는 제목의 강연을 하면서 다음과 같이 경제라는 번역을 옹호하였다(馮天瑜 2005a : 180~182).

> 경제학은 본래 우리나라에서 시작되었다. 관자管子는 경제가여서 소금 제조업과 어업의 이익을 진흥하고 정치를 잘하여 부강을 이루었으나, 특히 당시에 경제학이라는 명사名詞가 없고 조리條理도 없어서 과학을 이룰 수가 없었다. 그후 경제의 원리는 계통의 학설을 이루어 혹 부국학 또는 이재학으로 불리나 모두 그 뜻을 포괄하기에는 부족하고, 경제 두 글자가 그것에

조금 가깝다.

여기에서 쑨원이 '정치를 잘하여 부강을 이룬다'는 뜻을 포괄해야 하는 점을 중시한 것에 주목하고 싶다. 관자, 곧 관중管中, ?~B.C. 645이 소금제조업과 어업의 이익을 진흥하고 정치를 잘하여 부강을 이룬 점에서 경제가라고 쑨원이 말하였을 때, '경제가'는 한자어 의미이다. 경제학자라면 『관자』라는 저서가 경제합리주의의 관점으로 시장을 잘 이해한 점에서 오늘날 경제학에 접근한다고 볼 것이다. 쑨원도 옌푸와 마찬가지로 한계혁명限界革命 이전 단계의 political economy의 이해 수준에 머문 데다가 중국 국가의 부강을 도모하는 데에 봉사하는 것으로 학문의 위상을 설정하였기에 경제학이라는 번역을 옹호하였다. 요컨대 반식민지화 위기의 극복을 위해 부국강병을 추구하는 문제의식이 경제라는 번역어에 힘을 실어 주었다. 쑨원은 토지소유권의 제한을 통해 사회적 평등을 추구한 헨리 조지Henry George의 영향을 강하게 받았는데(Trescott 2007 : 45~51), 인민을 구제한다는 뜻을 담은 경제라는 용어는 이런 사회적 · 정책적 관심을 잘 드러낸다.

하지만 경제의 원래 의미가 새로운 학문의 내용과 잘 맞지 않다는 점 때문에 신해혁명 전후에도 널리 보급되지는 못하였다. 그래서 20세기 초의 중국에는 음역과 의역을 합쳐 economy에 대한 다수의 번역어가 병존하여 통일되지 못한 상태였다.

경제가 economy의 번역어로서 논의되는 가운데 그 용어의 함의가 변하게 되었다. 처음에는 경제라는 용어의 함의가 넓어져서 서학을 포괄하게 되었다. 장즈둥張之洞은 『권학 편勸學篇』에서 중국의 역사와 청나라의 정치론을 '중국경제'라 불렀고 서양의 제도와 기술 등을 '서학경제'라 불렀다. 이어서 1902년경부터는 경제라는 용어의 내포가 축소되어 economy에 상응하는 뜻으로 사용빈도 수가 늘었다. 그리하여 경제학용어의 외연은 economics와 일치하게 된 것이다. 그러한 과정에서 경제라는 번역어가 점차 널리 수용되었다.

그러한 가운데 경제라는 용어가 유교도덕의 함의를 벗어던지고 유교를 비판하던 사람도 사용하게 되었다. 신문화운동의 영수 천두슈陳獨秀는 1917년 "개인 독립주의는 경제학이 낳은 대원칙"이고 개인의 권리를 무시하는 중국의 유자儒者는 현대경제를 논할 수 없다고 주장하였다(진관타오 · 류칭펑 2010b : 134, 348~356). 일본에서는 영국과 프랑스의 개인주의적 · 사회계약적 국가론에 대항하여 국가를 유기체로 보는 독일의 이론을 도입한 것이 경제학이라는 번역어의 이재학에 대한 우세를 낳았다. 량치차오가 일본에 망명하여 경제라는 번역어를 사용한 것은 이러한 국가주의의 영향을 받았기 때문인데, 천두슈가 "개인 독립주의는 경제학이 낳은 대원칙"이라고 천명하여 흥미롭다. 유교의 영향력이 약화된 시대에 활약한 세대는 이처럼 한자어 함의를 변화시키면서 경제라는 용어를 수용하였다. 그런데 이후 중국사회가 근대 구미 수준으로 개인주의와 재산권제도를 성숙시키지 못한 것으로 보건대, 중국사회가 경제를 번역어로 수용한 것이 유교적 전통과 완전한 결별이라고 하기는 어렵다.

『신청년新青年』을 보면 1919년부터 '경제'의 사용빈도 수가 크게 늘어 주로 마르크스주의의 경제관을 소개하는 글에 집중적으로 사용되었다(진관타오 · 류칭펑 2010b : 367). 경제를 애용한 사회주의자는 평등사회의 실현이 경세제민의 이상을 구현한다고 볼 수 있었다. 공자는 가난보다는 불평등을 근심하라고 가르쳤고, 맹자는 생계를 보장하는 항산恒産의 마련을 중시하여 토지 재분배의 정전제를 주장하였으니, 유교 이상과 사회주의 이상은 상통하는 면이 있었다. 문호 개방 이전에 유자는 유교도덕의 정책 이상을 잘 구현한 구호인 경제를 애용하였다가, 자유주의가 대두한 짧은 기간에는 유교도덕에 대한 비판이 강화되어 경제가 아닌 가치중립적인 번역어가 모색되었다. 그러다가 다시 경제가 청일전쟁 이래 중국의 국가적 목표인 부강, 나아가 1915년부터 시작한 신문화운동 이후 영향력을 강화한 사회주의적 가치를 잘 담을 수 있는 번역어로서 점차 널리 보급된 것이다.

이리하여 경제는 1920년대 이후에야 통일된 술어術語로 통용되기에 이르렀다. 1929년 『사회과학대사전』에는 경제학이라는 번역어가 다른 모든 경쟁자를 물리치고 수록되기에 이르렀다(Lippert 2004 : 126).

Part 4

한국에서 번역어 경제의 도입과 정착

1. 청일전쟁 이전 번역어 경제의 도입과 제한적 사용

외국 견문을 통한 번역어 경제와 이재의 도입

서양문명에 가장 폐쇄적이던 조선은 중국과 일본보다 늦은 1876년에 문호를 개방하였다. 안정된 중화세계질서 아래 왕도적王道的 안민책安民策의 추구를 이상으로 삼던 조선의 지배층은 개항 후 만국공법적萬國公法的 질서 아래 부국강병을 위한 근대화정책을 추진하게 되었다. 정책 패러다임의 이러한 변혁을 낳은 첫 번째 계기는 근대적 군사력의 충격이고, 두 번째 계기는 외국시찰단을 통한 국제정세와 서양문명에 대한 이해의 증진이었다. 부국강병을 위한 근대화 시책은 1880년 이후 본격적으로 추진되었으며, 그 중요한 계기는 1880년 제2차 수신사修信使의 보고였다.

조선 정부는 일본을 통해 근대문명을 학습하려는 최초의 본격적

시도로 1881년 조사시찰단朝士視察團을 파견하였는데, 이들의 방대한 시찰보고서에는 근대문물에 대한 일본의 번역어가 다수 수록되었다. 대장성 시찰의 임무를 맡은 어윤중魚允中은 도쿄의 상법강습소商法講習所의 교과목을 수록하면서 '경제학'이라는 번역어를 처음으로 소개하였다. 강진형姜晉馨이 『일동록日東錄』에 수록한 학과목은 "어학 · 법률학 · 이학理學 · 화학 · 중학重學 · 광학光學 · 기학氣學 · 산학算學 · 광학鑛學 · 함학函學 · 천문학 · 지리학 · 기기학機器學 · 동물학 · 식물학 · 사학 · 한학漢學 · 영학英學 · 상고학商賈學 등 명색名色"을 망라하였으나, '경제학'은 나와 있지 않다(許東賢 2000a : 59~61 ; 許東賢 2000b : 234~235).

조사시찰단의 일원인 이헌영李鑄永의 『일사집략日槎集略』이라는 보고서에도 적지 않은 번역어가 나온다(李漢燮 2003). 이헌영이 일본의 사숙 도진샤同人社를 방문하여 설립자 나카무라 마사나오中村正直와 문답하는 가운데 "대개 귀국이 통상通商 이후 지금까지 상하 제도가 한결같이 서법西法을 따르는데, 이것이 과연 통상에 이로운가?"라고 물었다. 이헌영이 '제도'와 '법'이라는 용어를 동시에 사용한 것이 흥미롭다. 나카무라는 통상이 이로울지 손해를 끼칠지는 하기 나름이라고 답하면서 "우활迂闊한 서생書生이 경제 대도大道에 어두워" 확답을 하지 못한다고 겸손하게 말하자, 이헌영은 "경제도 문장 중에 나온다"라며 자신도 우활한 서생으로 이번 유람에서 일본의 장점을 배우고자 한다고 했다. 나카무라 마사나오가 사용한 경제는 번역어에 가깝지만 한자어로 읽어도 무방하다. 이헌영이 사용한 경제는 한자어이지만, 그가 경제라는 번역어를 알고 한자어와 상통하는 의미로 사용하였는지는 알 수 없다.

Part 3에서 1882년 6월 13일에 김윤식金允植이 중국 톈진에서 양무파 관료인 뤄펑루羅豊錄와 대화를 나눈 사실을 소개한 바 있다. 김윤식이 "지금 조선이 부강해지는 방도富强之道는 무엇을 우선으로 삼아야 하는가?"라고 묻자, 뤄펑루는 "학교를 중흥하여 교화를 돈독히 함興學敦化이 그 근본이며 이재理財와 치병治兵이 그 표標이다"라고 답한다. 김윤식은 "이재와 치병이 진실로 당장 급한 일이다. …그런데 조선은 생재生財의 방도가 전혀 없으니 그 표를 다스리고 싶어도 쉽게 할 수 있겠는가?"라고 물었다. 광산개발론의 논의가 있은 다음 뤄펑루는 "내가 영국 런던에 1년간 있을 때 서양인의 이재의 책을 읽었는데, 그 말이 깊은 근거를 가져서 국가를 다스리는 자가 몰라서는 안 되며 왕안석王安石과 유안劉晏이 비할 바가 아니라고 했다." 그러자 김윤식은 "서양인의 이재는 반드시 부민富民을 우선으로 삼고 인민이 부유해지면 국가가 따라서 부유해지고 이어서 다른 나라로 나아간다. 우리도 인민을 부유하게 한 이후에 우리 인민의 통상을 유리하게 할 수 있으니, 한 사람의 사견私見으로는 할 수가 없다. 그래서 그 이익이 매우 박하니 지금 갑자기 그 방법을 배우려고 해도 상당히 느리고 장애가 있다. 그러나 재무를 담당하는 사람은 이 마음을 지니려고 힘쓰지 않으면 안 된다"[51]고 했다. 그러자 뤄펑루는 『논어』에 "백성이 넉넉하면 군주가 누구와 더불어 부족할 것인가百姓足, 君孰與不足"라는 말이 나와 옛사람이 "재물을 인민에 저장해 두라藏富於民", 그리고 "인민과 이익을 다투지 말라不與民爭利"라고 했으니,

51 『陰晴史下』 1882. 6 : "民富則國隨而富, 乃至他國, 亦使富饒而後, 可以利吾民之通商, 不爲一人一己之私起見. 故其利甚博, 今欲遽效其法, 頗似迂緩. 然掌財之人不可不務存此心."

"그 이치가 매우 명백하므로 마음에 두는 데에 그치지 말라"고 충고하였다. 『순자荀子』 「대략 편大略篇」에서는 "사士 신분 이상은 모두 이익 추구를 부끄럽게 여겨 인민들과 생업을 다투지 말아야 한다不與民爭業"라는 구절이 나오며, 『한서漢書』 권11 「애제기哀帝紀」에는 '여민쟁리與民爭利', 그리고 권24상 「식화지食貨志」에는 "인민과 이익을 다투지 마라毋與民爭利"라는 구절이 나온다. 남송 대의 『속 자치통감장편續資治通鑑長編』 권364 「철종 원우원년 정월 무술조哲宗 元祐元年 正月 戊戌條」, 그리고 『문헌통고文獻通考』 권171상 「형고刑考」에서는 "옛날에는 부를 인민에 저장한다古者藏富於民"라는 표현이 확인된다. 이 구절들은 조선시대에도 애용되었다.

대화 당시 김윤식은 '서양인의 이재西人理財', 곧 서양의 경제학을 알고 있었음이 주목된다. 춘추전국시대 법가法家가 국가재정을 충실히 하는 부국을 궁극적 정책 목표로 삼았다면, 유가儒家는 부민이 전제되지 않은 부국책은 의미가 없다고 보았다(趙靖 · 石世奇 1993 : 第4章). 그런 점에서 법가사상은 유럽 중상주의 경제학에, 유가사상은 고전학파 경제학에 통한다. 유학자이자 정치가인 김윤식이 경제학 서적의 번역서를 보았는지 알 수 없으나, 보지 않았더라도 양무 관료와의 필담만으로도 부민을 통한 부국이라는 고전학파 경제학파의 취지에 공감할 수 있었다.

이처럼 개화 관료들은 일본의 번역어 경제, 그리고 중국어 번역어 이재를 모두 알고 있었는데, 이후 대세는 번역어 경제였다. 1880년 제2차 수신사의 보고 이후 조선은 근대문명을 도입하는 주된 창구를 일본으로 삼았기 때문이다. 게다가 일본에서는 중국보다 경제학의 도입이 활발하고 번역어가 일찍 정착하였다.

『한성순보』와 『한성주보』에 사용된 번역어

『한성순보漢城旬報』는 1883년 10월 31일부터 1884년 12월까지 1년 2개월에 걸쳐 36호가 발행되는 데에 그쳤지만, 일본과 중국의 많은 번역어를 수록하였다(李漢燮 2010). 조선은 중국과 달리 새로운 번역어를 만들려는 노력이 미미하였으나, 중국에 앞서 일본의 번역어를 활발히 도입하였다(朱京偉 · 李漢燮 2014). 개화기 신문은 근대문명의 지식과 더불어 근대문명의 성취를 반영한 근대 용어를 다수 소개하였으며, 『한성순보』에는 번역어로서 경제가 14번 나온다. 대부분은 외국 소개에서 나오는데, 예컨대 제9호[52]에서는 미국금은산액美國金銀産額을 소개하고 『영경경제잡지英京經濟雜誌』에 수록되어 있다고 하였으며, 제16호[53]에서는 『경제학』 등 영국 서적을 출판한 일본의 보도를 소개하였다. 제18호[54]에서는 경제에 뜻을 둔다면 제당업製糖業을 장려해야 한다는 논설이 나와, 번역어 '경제'가 비로소 생활용어로 자리를 잡았음이 드러난다. 이것은 오늘날 경제의 의미와 완전히 동일하다. 번역어의 영향이 없었다면 이용후생, 부국, 재용財用 등의 용어가 사용되었을 것이다. 제29호[55]에서는 구미 국가들의 통화량을 다룬 영국 책이 '국가의 경제'에 유익하다고 지적하였다. 조사시찰단의 보고서가 많은 번역어를 조선에 소개하였다면, 『한성순보』는 그것이 소화되어 생활용어로서 정착되기 시작하였음을 보여 준다. 제24호1884. 6. 14.에서 중국 기사를 소개한 「노성지론老成至論」에 "군무

52 「미국금은산액(美國金銀産額)」, 『한성순보』 제9호[1883. 12. 21(양력 1884. 1. 18)].
53 「영국출판신저서적(英國出版新著書籍)」, 『한성순보』 제16호(1884. 3. 1).
54 「제당수권(製糖須勸)」, 『한성순보』 제18호(1884. 3. 21).
55 「구미제국화폐액(歐美諸國貨幣額)」, 『한성순보』 제29호(1884. 6. 11).

軍務는 빈말로 경제를 이야기하는 자로서 할 수 있는 일이 아니다"라는 구절이 있는데, 여기에서는 원래 한자어 경제가 사용되었다.

갑신정변으로 중단된 『한성순보』에 이어서 1886년 1월부터 1888년 7월까지 발간된 『한성주보』에는 '경제'라는 번역어가 10번 나온다. 『한성주보』에는 번역어의 출현빈도가 늘지 않았으나, 생활용어로서 정착한 용어가 대부분을 차지하였다.

『한성순보』에는 단지 경제라는 번역어만 나오는 데에 그치지 않고 경제학 관련 기사도 여러 건 있었다(李基俊 1997 : 98). 그중 제22호[56]에서는 중국의 『만국공보萬國公報』에 실린 글을 소개하면서 나라를 부유하게 하는 것이 지상 과제라고 천명하고 서양 사람은 "물재物才 · 풍재風才 · 수재水才 · 화재火才 · 전재電才 · 기력氣力을 이용하여 최소의 비용과 최단의 시간과 최소의 인원으로 최대의 이익을 얻으며", 그들이 "통상을 제일로 여겨 상인을 농공의 윗자리에 올려놓은 것은 농공이 있다 하더라도 상인이 없으면 필요 이상으로 물건이 쌓여 소용없게 될 것이기" 때문이라고 했다. 부국을 위한 기본원리가 기술적 · 경제적 효율의 추구라고 하여 경제원리를 잘 소개하고 있는 것이다. 1886년 5월 17일자 『한성주보』에 수록된 「목우설」에서는 "우리 조정이 통상을 시작한 이래로 모국경방謀國經邦의 책策으로 부강을 앞세우지 않은 적이 없었는데", "세상에 경제를 잘하는 자世之善經濟者가" 부강의 방책을 시행하자고 주장했다.

56 「부국설 상(富國說上)」, 『한성순보』 제22호[1884. 5. 1(양력 5. 25)].

번역어 사용의 특질과 배경

일본과 중국에서는 political economy의 번역어를 찾고 확정하는 데에 장기간의 치열한 모색이 있었는데, 조선에는 그 정도의 모색은 보이지 않는다. 그 대신 일본에서 만든 번역어를 신속히 흡수하여 사용하였고, 경제는 한 예인 것이다. Part 2에서 언급하였듯이 일본에서는 미국 선교사 헵번이 1867년 출간한 『화영어림집성和英語林集成』이라는 사전에서 economy를 경제로 번역하면서 한자어 원래 의미와 무관하게 '부를 증진하기 위한 화폐나 재산의 현명한 사용'이라는 뜻으로 풀이했으며, 1871년 이토 히로부미가 오늘날의 의미로 경제를 사용하고 있었다. 조선에서의 사용은 일본에 십수 년 뒤진 데에 불과하였다.[57] 중국에서 economy의 번역어가 생활용어로서 활용되는 것은 청일전쟁 이후였다.

조선은 메이지 국가 일본을 오랑캐로 여겨 교류를 거부하다가 일본의 무력시위로 1876년 국교를 재개하였고, 1880년 제2차 수신사와 1881년 조사시찰단의 보고를 계기로 근대 서양문명을 도입하는 주된 창구를 일본으로 정하였다. 이것은 1881년 정부가 처음으로 중국에 유학생을 파견하여 군사기술을 학습하였다가 조사시찰단

57 조선인이 종전에 몰랐던 다른 근대 개념의 번역어인 만국공법의 사례도 번역어가 신속히 도입됨을 보여 준다. 조선 정부는 1876년 일본과 조약을 체결할 당시에 중국에서 1864년 번역된 『만국공법』을 가졌던 것 같으며, 그해 수신사로서 일본을 방문한 김기수(金綺秀)는 사행기인 『일동기유(日東記遊)』에서 만국공법을 비판적으로 언급하였다(김용구 2008 : 70~72, 94, 101, 113~115). 이 『만국공법』을 통해 주권의 개념이 알려지고, 나아가 김윤식과 유길준은 조공책봉체제 아래 조선의 주권 개념을 정립하는 데에 고심하였다(박상섭 2008 : 226~233). 『한성순보』에서 사용된 근대문명을 나타내는 번역어로는 김효전의 『헌법』에 언급된 것만 거론하더라도 권리 · 입법권 · 행정권 · 사법권 · 민주주의 · 사회주의 등이 있고, 주권에 해당하는 치국지권(治國之權), 의회에 해당하는 민회(民會)가 있다(김효전 2009 : 36~78).

보고 이후에는 주로 일본에 유학생을 파견한 데에서도 드러난다. 중국의 문화적 우월성을 어느 나라보다도 깊게 의식하고 일본을 문화적 후진국으로 얕보던 조선이 이렇게 신속하게 새로운 문명의 도입 창구를 중국에서 일본으로 전환하고, 그 직후 경제라는 일본의 번역어가 정착한 것은 놀라운 일이다.

일본과 중국이 고심하여 고안한 번역어를 조선이 신속히 흡수한 것은 선진 기술, 제도를 흡수하여 따라잡기를 실현하게 하는 사회적 역량을 가졌음을 드러낸다(Abramovitz 1986). 중국은 18세기 이전 2천 년 이상에 걸쳐 동아시아 최고의 문명국이었으며 조선보다 중국문명을 열심히, 그래서 성공적으로 흡수한 나라는 없다. 이것은 5백 종이 넘는 중국 여행기에서도 드러난다. 선진 중국과 국경을 같이 하는 반도라는 환경은 외국의 선진문명에 민감한 체질을 낳았던 것이다. 1876년 강화도조약 이전에 일본이 조선보다 문화적으로 앞섰다고 생각한 조선인은 손가락으로 꼽을 정도에 불과하지만, 1607~1811년 사이에 12차례에 걸쳐 통신사로 다녀온 사람들은 모두 70여 종의 여행기를 남겼다. 문호개방 이전의 중국과 일본에 대해 조선보다 풍부한 기록을 남긴 나라는 없다. 홍대용의 『연기燕記』, 박제가의 『북학의』, 박지원의 『열하일기』는 모두 단 한 번의 일본 또는 중국 여행으로 완성된 수준 높은 여행기로서, 18세기 후반 조선의 성숙한 문화 역량을 보여 준다(이헌창 2010a : 150~152 ; 이헌창 2011 : 103). 열심히 배워야 할 대상 국가가 제2차 수신사의 보고 이후 일본으로 기민하게 바뀌었다. 중세에 세계 최고의 선진문명을 이룬 중국, 그리고 유럽 근대문명을 가장 신속하고 유능하게 흡수한 일본과 지리적으로 가까운 조선은 선진문명을 흡수하는 사회적 역량을 축적해 왔다. 이러한 역량은 20세기 후반 한국사의 발전을 낳은 요인이기도 하다.

앞에서 청일전쟁 이후 부국강병을 달성한 일본에 대한 중국사회의 관심이 높아지는 가운데 경제라는 번역어에 대한 중국인의 사용 빈도가 높아졌음을 언급하였는데, 조선에서는 이러한 변화가 중국보다 빨랐다. 1860년의 제2차 아편전쟁 직후 성립한 대원군집권기부터 왕도적 안민책에서 부국강병책으로 정책적 패러다임의 전환이 이루어지기 시작하였다. 그러다 제2차 수신사와 조사시찰단의 견문에 접하면서 고종과 개화파는 중화질서에 입각한 국제적 평화의 시대가 만국공법질서에 입각한 국제적 경쟁의 시대로 전환하였음을 확고히 인식하였다. 1881년 어윤중魚允中은 귀국 보고에서 새로운 세계질서는 춘추전국시대보다 치열하게 쟁패爭覇하는 대전국大戰國 시대와 같으며, 그 속에서 나라를 보존하기 위해서는 부국강병책을 추구해야 하고, 부강하기 위해서는 강병뿐만 아니라 통상을 도모해야 한다고 했다. 이 보고를 계기로 정부는 동양의 유교도덕을 유지한 채 서양의 기술을 도입하려는 동도서기론東道西器論의 정책 이념을 정립하고 통상 확대와 군사력 강화를 통한 부국강병책을 추구하고자 했다(이헌창 2004 : 65~77). 동도서기론에서 한 단계 더 나아가 서양 근대문명을 포괄적으로 도입하려는 변법變法개화파가 형성되어 1884년 갑신정변을 일으켰다. 변법개화파는 문명개화파라고 불리기도 한다. 이후 정부는 재정 수입의 부족으로 부국강병책의 실효를 거두지 못하였으나, 부강에 대한 사회적 관심은 점차 확산되었다. 국가의 기본 정책 목표를 부국강병으로 잡고 개인의 이익 추구인 상업을 긍정적으로 평가하는 사회적 추세는 중국에서와 마찬가지로 경제학 도입을 위한 토양을 이루었다.

경제라는 번역어를 생활용어로서 사용한 『한성순보』는 동도서기론과 변법개화론을 포괄하였으며 부강, 개화 및 문명의 기사가 각각 108건, 30건, 16건 나온다. 『한성순보』에서는 부강한 구미 국가가 바로 문명국이라고 보아 부강을 개화의 핵심 과제로 삼고 부강한 문명국이 되는 관건은 제도, 과학, 기술, 학문에 달려 있다고 보았다(李守龍 1988 : 738 ; 길진숙 2004 : 63~69 ; 노대환 2010 : 107~112). 한 예를 들면 『한성순보』 제2호[58]에서는 "인민의 소행이 사회에 해가 없어서 정부가 금지할 필요가 없는" '자주의 권리自主之權利'를 인정하여 "상하 협력함으로써 크게는 한 나라의 부강을 도모하고 작게는 한 몸의 권리를 보존한다"고 하면서 "서양 각국의 부강이 민회民會에서 나왔다는 것은 근거가 없지 않다"고 했다. 부국강병, 개인의 권리가 인정되는 민주사회 등에 대한 사회적 관심이 나타나 확산되는 가운데 경제라는 번역어가 수용되어 확산되었던 것이다.[59]

변법개화파가 일으킨 갑신정변의 정강政綱 중에 문벌을 폐지하여 "인민 평등의 권리人民平等之權를 제도화하고" 재능에 따라 관리를 등용하려는 원칙이 있는데, '인민 평등의 권리'라는 용어는 갑신개화파가 근대적 개념에 입각하여 근대국가의 건설을 지향하였음을 드

58 「구라파주(歐羅巴洲)」, 『한성순보』 제2호[1883. 10. 11(양력 11. 10)].

59 유럽에서 성립한 개인 권리 · 민주주의 · 시민사회 등도 문호개방 이전의 동아시아에서 성립하지 않았으나, 한 · 중 · 일 세 국가는 그것을 소화할 수 있는 문화 역량을 어느 정도 축적하였다. 조선을 예로 들면 민본(民本) 이념이 발달한 것은 민주주의의 이해에, 다양한 차원에서 민간의 공론(公論)이 활성화된 것은 사회 개념의 정착에 자산으로 작용하였다(이헌창 2010a : 122~129, 146~150).

러낸다.

갑신정변을 주동하였다가 일본에 망명한 박영효는 1888년 내정 개혁에 관한 건의서를 고종에게 보냈는데, 그 세 번째가 "경제로써 인민 생활과 국가재정을 윤택하게 한다經濟以潤民國"라는 항목이었다. 이 항목 아래 의식주 등에 유용한 재화의 생산과 유통에 힘써 민부를 축적하여 문명개화를 돕고 부강을 도모하자는 취지를 적은 다음 그 실현 방도로서 44개 세목을 제시하였다. 흥미롭게도 '경제이윤민국經濟以潤民國'에서 '경제'는 번역어에 가깝지만, "경제로써 인민과 국가를 윤택하게 한다"는 구절 전체의 뜻은 한자어 '경제'에 통한다. 박영효는 경국제민을 도모하는 차원에서 번역어 경제를 사용하였던 것이다. 박영효는 당대 한 · 중 · 일 세 국가의 지식인 대부분처럼 경제학의 중요한 효용을 부강 등 국가 발전의 도모라고 보았기 때문에 번역어 경제는 한자어 경제와 통하는 일이 많았다. 그리고 매관매직을 금지하고 군주의 녹봉을 정하고 관원의 녹봉을 적절히 하고 호구제도를 정비하는 처음 5개 세목은 번역어 경제의 항목이라기보다 한자어 경제의 항목에 포함된다. 박영효가 사용한 경제는 번역어의 의미와 한자어의 의미가 섞여 있었던 것이다. 이것은 위에서 살펴본 『한성순보』의 용례에서도 그러하고 앞으로 살펴볼 『서유견문西遊見聞』 등에서도 그러하다. 그래도 『한성순보』와 『서유견문』에 나오는 경제는 대부분 번역어였다. 지식인, 나아가 일반인이 순수한 번역어로서 한자를 사용하게 되기에는 상당한 시간이 흘러야 했던 것이다.

유길준이 사용한 번역어

일본에 이어서 미국에 유학하던 중 갑신정변의 소식을 듣고 귀국한 유길준俞吉濬은 정변을 일으킨 변법개화파와 친분이 있다는 이유로 1886~1892년 연금되었다. 1887~1889년 그는 구미 근대문명에 대한 최초의 보고서인『서유견문』을 집필하였는데, 여기에 나온 경제, 경제학 및 경제인의 용어 14건은 대개 번역어였다. 예컨대 제7편에서 과세課稅문제로 "국가의 경제를 손상하지 못하"도록 하자는 문장에서 '경제'란 오늘날의 개념과 다르지 않다. "화폐가 균질적이지 않으면 민이 그 폐를 입고 화폐가 정밀하지 않으면 국가가 그 병을 받는다"고 경제인이 말했다는데, 여기에서 '경제인'은 오늘날 의미의 호모에코노미쿠스가 아니라 경제학자이다. 학문을 소개하면서 2번 나오는 '경제학'은 모두 번역어이다. '경제 하는'이라는 동사형은 4번 나오면서 모두 '도道'와 결합되어 있는데, 그 가운데 3번은 제8편의 '세입을 지출하는 사무'에 관한 항목에서, 1번은 제1편의 '화폐의 대본大本'이라는 항목에서 나오는 데에서 드러나듯이 모두 번역어 개념으로 보아야 한다. 그중 "경제 하는 도의 본의本意는 백 만금이라도 마땅히 써야 할 곳에 쓰고 반 푼이라도 쓰지 않아야 할 곳에는 쓰지 않는다"라는 구절은 번역어 개념을 가장 잘 담고 있다. "경제 하는 요도要道는 현명한 사士와 총명한 사람을 천거하여 정부의 관직을 주어서 그 직분을 봉행奉行함과 그 규모를 준수함에 있으니"라는 구절에서는 한자어 의미로 사용되었다고 볼 수도 있겠으나, 사람을 잘 뽑아 세입·지출 사무에 '경제 하는 요도'를 발휘하게 하라는 번역어 의미로 이해하는 것이 무난하겠다. 그런데「제13편 학업學業 하는 조목」에서 19개의 서양 학문을 소개하면서 경제학을 포함하지 않고, 정치학을 "정사政事 하는 경제"로 정의하였고 "일신一身으로부터 가국가家國家에 이르기까지 각기 서로 맞는 경제가 있다"고 했는데, 여기에서 '경제'는 한자어의 원래 의미인지 번역어인지 명확하지 않다. 이 정치학의 내용 중에 "또한 수세 하는 법규와 생재 하는 방도와 지출하는 책략을 상세히 진술하여"라는 내용이 있기 때문이다. 아마도 political economy의 용어나 고전학파 경제학의 포괄적인 내용으로 인해 경제학을 포함하는 용례로 정치학을 사용하였을 수도 있다. 그런데 제20편에서 베를린대학교의 학과를 소개하면서 정치학과 경제학을 분리하고 있다.

이처럼 유길준은 경제라는 용어를 번역어 개념으로 사용하는 한편으로 한자어 원래 의미에 통하는 용례를 사용하기도 했다. 개념상 혼란을 가졌다기보다는 두 용례를 겸용하는 것이 그의 사상적 특징을 반영한다고 보아야 할 것이다. 유길준은 구미 근대문명의 전면적인 도입을 주장한 점에서 변법개화론자이지만, 오륜五倫의 유교윤리를 행실의 개화로 보는 데에서 드러나듯이 동도서기론의 요소도 가졌다. 그는 개인의 권리와 자유라는 새로운 가치를 주장하면서 가족과 국가라는 전통적인 가치를 옹호하였다. 그는 유교문명의 성취를 인정하고 유교윤리의 장점을 계승한 위에서 근대문명을 전면적으로 도입하자는 입장이었다. 유길준이 일본 유학을 마치고 귀국한 직후인 1883년에 쓴 「경쟁론」에 의하면, "인생의 만사가 경쟁에 의지하지 아니한 것이 없으니⋯ 모두 경쟁으로 인하여 진보할 수 있다"고 하며, 경쟁의 대상이 "지덕智德을 연수하는 일부터 학문 · 기예技藝와 농공상 백반의 사업에 이르고" 경쟁으로 개인의 '지덕과 행복', 그리고 국가의 '위광威光과 부강'을 증진할 수 있으며, 지력과 빈부의 차는 ‘경쟁할 정신’에 크게 좌우된다고 했다. 유길준은 조선이 폐쇄적이어서 경쟁이 국내에만 국한되어 뒤떨어졌다고 주장하여 경쟁론을 개방통상론에 연결하였다. 『서유견문』에서는 더욱 성숙된 경쟁론이 제시되었다. 그 「제4편 인세人世의 경려競勵」에서는 처음에 “각기 자기의 직분을 힘쓰며 자기의 호오好惡에 따라 자기의 취의趣意를 달성하고자 앞을 다투니… 인간의 미리공익美利公益은 이 도를 경유하여 성취되고”라는 구절이 나오고 뒤에는 “한 나라의 부강은 그 나라의 인민이 이 도를 잘 닦음에 있다”고 했는데, 개인의 이기심 추구가 사회적 후생을 증대한다는 애덤 스미스의 명제에 통하는 말이다. 경쟁이 잘 이루어지기 위해서는 ‘사욕’을 마음대로 부려서는 안 되고 ‘절검節儉’해야 하며 가족과 국가의 공동체 윤리를 가져서 ‘천도인리天道人理 본연의 대경大經에 돌아가야’ 한다고 주장하였는데, 이것은 유교윤리를 못 버린 탓으로 여겨질 수도 있겠으나 시장의 공정한 경쟁을 위한 도덕 감정을 갖추자는 것을 익숙한 유교윤리로 표현하는 면이 있었다고 하겠다.[60]

유길준은 공정한 경쟁을 단지 윤리의 문제로만 보지 않고 다음과 같이 제도의 문제로도 인식하였다. 이전의 봉건시대에는 정치가 문란하고 남의 재산을 마음대로 탈취하였는데, “국가가 법기法紀를 개

60 애덤 스미스는 『국부론』에서 시장교환에서의 이기심을 말하였으나 그전에 저술한 『도덕감정론』에서는 공감하는 이타심을 거론하였는데, 오늘날 이타심이 부정행위를 막고 시장 규칙의 준수를 유도하여 이기심과 보완함으로써 시장이 효율적으로 작동할 수 있도록 한다고 지적되고 있다(Kolm 2006 : 50~51). 애덤 스미스의 이러한 견해는 “이익은 의의 조화로운 상태이다(利者義之和也)”라는 유학의 명제에 통하므로, 오늘날 경제학자보다 유길준 같은 개화사상의 유학자가 더욱 잘 이해할 수가 있다.

정하고 민생의 권리를 보호한즉 경려하는 풍습도 따라서 변할지라" 라고 하여 시장경쟁을 위한 제도 개혁의 중요성을 지적하였다. 그런데 『서유견문』 「제14편 상고대도商賈大道」에서 상인의 공부 중에 "어른을 섬기는 도에 공경한 성리性理를 지킴과 임금을 섬기는 도에 충성하는 분의分義를 닦아 국가의 선량한 백성이 되기는 모든 사람에게 공통되는 바이라"라고 한 데에서 드러나듯이, 전제군주제 아래의 유길준은 입헌군주제 아래의 애덤 스미스와 달리 전근대적 윤리를 완전히 탈피하지는 못하였다. 유길준은 근대경제학의 원리를 상당한 정도로 이해하고 그것과 유교윤리의 접점을 찾으려 노력하였기 때문에, 전통적 의미의 경제와 번역어 경제를 동시에 구사하였던 것으로 생각된다. 갑오개혁 이전에 『서유견문』보다 경제라는 번역어를 많이 사용한 개인 저술은 없다.

조선의 유일한 독자 번역어 국재론

『한성순보』 제19호에는 미국 박사 보절덕寶節德의 『국재론國財論』을 소개하는 기사[61]가 있다. 1877년 일본에서 『보 씨 경제학寶氏經濟學』 보절덕 원찬(寶節德氏 原撰), 나가타 겐스케 역술(永田健助 譯述)이 출간되었는데, 보절덕은 영국 케임브리지대학의 포세트이고, 그 원본은 『경제학 안내서 *Manual of Political Economy*』1863이다. 이 책은 중국에서도 법사덕法思德 저술의 『부국책富國策』으로 1880년에 번역 · 출간되었다. 여기에서 일본의 번역어인 이재학, 그리고 중국의 번역어인 부국책을 절충하는

61 「各國國債에 對한 設略」, 『한성순보』 제19호(1884. 4. 1).

독자적인 번역어인 '국재론國財論'이 고안된 것이 흥미롭다. 이 번역어가 일본과 중국에서는 발견되지 않는다.[62] 『한성순보』에서는 그 밖에 '국재'라는 용어를 수록한 기사가 3번 검색되는데, 국가재정이라는 의미로 사용되었다.[63] 한국에서 political economy의 독자적 번역이 시도되었다 해도 미약한 흐름이었다. 이 국재론 외에 조선의 독자적인 번역어는 아직 보고된 바가 없다.

62 후쿠자와 유키치가 저술한 『민간경제록(民間經濟錄)』 2편(福澤氏版, 1880)에 '국재(國財)'라는 용어가 나오나, 그것은 국가의 재산을 의미했다. 중국에서 1880년 발간된 『부국책(富國策)』의 제1권 제1장의 총론에서는 애덤 스미스의 『국부론』을 '방국재용론(邦國財用論)'으로 번역하였는데, 이 번역어의 영향을 받았을 가능성이 있다.

63 유길준이 『서유견문』을 집필하는 데에 참조할 수 있던 소수의 책 중 포세트 저서의 번역본인 『부국책』이 있었으며(兪東濬 1987 : 155), 『서유견문』에 국가재정이라는 의미로 '국재'가 2번 사용된 것으로 보건대 유길준이 국재론이라는 번역어를 고안하지는 않았을까? 그런데 유길준은 1883년 5월 일본에 건너가 육군 사관생도로서 훈련을 받은 다음 1884년 7월에 돌아와 그럴 가능성이 낮다.

2. 갑오개혁 이후 번역어 경제의 보급

1880년 제2차 수신사의 보고 이후 활기차게 전개된 개화정책은 1884년 갑신정변의 좌절로 활력을 상실하였다. 갑신정변 이후 한동안 번역어의 사용 또한 뚜렷한 진전을 보지 못하였다. 청일전쟁을 배경으로 일어난 갑오개혁, 그것을 뒤이은 독립협회의 운동은 개화정책과 개화운동의 새로운 차원으로의 발전을 보여 준다. 중국과 마찬가지로 조선은 청일전쟁 이전에는 일부 선각자가 근대문명을 수용하는 데에 그쳤고, 중체서용론中體西用論이나 동도서기론에서 드러나는 것처럼 근대문명의 전면적 수용에는 이르지 못하였으나, 청일전쟁 후에는 사회적 차원에서 근대문명을 포괄적으로 수용하는 방향으로 나아갔다. 골수 유학자를 제외한 누구에게나 청일전쟁으로 서양문명의 중국문명에 대한 승리가 명확해졌기 때문이다.

갑오개혁 정부가 아관파천 이후 무너지고 이어서 독립협회운동은 탄압을 받았지만, 개화의 도도한 물결은 국가도 막을 수 없었다. 문명개화는 1895년경에 이미 친근한 메시지가 되어 조선 정부는 문명개화에 호소하였고 1896년 이후 발간된 『독립신문』 등의 광고주들은 문명개화의 메시지를 상품화하였다(슈미드 2007 : 109, 139, 151).

『독립신문』과 『관보』에서 사용된 번역어 경제

갑오개혁 이후 신문 발행이 진전되면서 번역어 경제의 보급이 확산되었다. 서재필이 사장 겸 주필을 맡은 『독립신문』은 정부의 후원 아래 1896년 4월 7일 창간되어 주 3회 발간되다가 1899년 12월 4일 폐간하였다. 『독립신문』의 일본어 어휘를 조사한 박혜진의 연구에 의하면 보통명사는 2천 338어, 고유명사는 182어가 등장하는데, 일본에서 독자적으로 창출된 단어, 그리고 중국 고전에 있었으나 일본에서 새로운 의미를 부여한 단어로 대별된다. 단순어의 비중이 높았고, 파생어와 복합어의 경우 근대일본어 어휘를 받아들이면서 근대적인 개념이 보다 구체화된 용어로 나타나고 있었다. 국내기사에는 1천 573어, 국외 기사는 335어, 국내외 기사에는 843어, 광고에는 120어, 기타에는 310어가 출현하였으며, 대부분 외국 기사의 단순한 번역이 아니고 국내에서 소화되어 사용되었다. 보통명사 어휘 2천 338어 중 현대한국어에 현존하는 어휘는 총 2천 14어로 86퍼센트 비중을 차지하였다(朴慧眞 2014). 『독립신문』도 『한성순보』와 마찬가지로 근대어를 흡수하는 역량이 낮지 않았음을 보여 준다.

여기에 '경제'는 26건 나온다. 그중 "국ᄉᆞ를 경제홈이리요"[64]는 전통적인 의미로 사용된 것으로 보이고, 나머지는 거의 오늘날 경제 의미로 사용되었다. 그중 '경졔학'은 모두 8번 나오는데, 『독립신문』이 발간되던 해인 1896년에는 5번 나온다. 다음의 기사는 경제학이 자원의 효율적 배분원칙을 다룬다는 의미를 담고 있어서 경제학이라는 학문을 잘 이해하고 있었던 것으로 보인다.

> 뎡부政府에셔 뎨일 급히 홀 일이 권공장勸工場이라 권공쟝이라 ᄒᆞᄂᆞᆫ거슨 뎡부에셔 크게 학교를 셰우고 인민을 모집 ᄒᆞ야 각식 공업을 ᄀᆞᄅᆞ치ᄂᆞᆫ 쳐소라 뎡부에셔 아모것도 모로ᄂᆞᆫ ᄇᆡᆨ셩들을 불샹 ᄒᆞ다고 의ᄉᆞ 업시 돈 주ᄂᆞᆫ거슨 국법에도 틀닐ᄲᅮᆫ더러 경졔학에 올치 안흔 거시오(한자는 필자)[65]

'경졔학'이 아닌 '경졔'가 처음 사용된 것은 1897년 9월 23일자에 나오는 "부녀를 교휵ᄒᆞᄂᆞᆫ것이 의리샹과 경졔샹에 뭇당홈으로"인데, 여기에서 경제는 유교도덕인 의리와 구분되어 나오므로 근대적인 의미로 보아야 한다. 경제가 다른 보통명사와 결합되는 것은 '경졔학' 8건 외에 '경졔샹' 8건뿐이어서 다른 보통명사와 결합하는 등 생활용어로서 원활히 응용되는 단계에는 이르지 못하였다. 사용된 경제용어는 모두 개화와 부강을 도모하기 위한 계몽적인 의도와 관련을 맺고 있으며, 그런 차원을 벗어나 객관적인 경제의 실태를 설명하거나 분석하는 기사는 드물다. 1898년 1월 22일자 기사에는 "지금 물화를 통상한 후에ᄂᆞᆫ 신용이 업고ᄂᆞᆫ 젼국 경졔가 옹쳬되ᄂᆞᆫ

64 「요긴훈일」, 『독립신문』 1899. 6. 27, pp.1~2.
65 「뎡부에셔 뎨일 급히 홀 일이 권공쟝이라 권공쟝이라 ᄒᆞᄂᆞᆫ거슨」, 『독립신문』 1896. 9. 15, p.1.

일이 만ᄒᆞ리로다"[66]하여 오늘날의 경제라는 개념이 잘 구사되고 있었다. 이 기사는 분석적이면서 신용을 도모하기 위한 계몽적인 내용이다. 다음 기사는 부강을 도모하기 위한 정부의 과제를 경제와 정치영역으로 나누어 설명하였는데, 원래 한자어 경제는 정치로 번역될 수 있는 성질인 것이다.

> 동셔양에 비록 부강ᄒᆞᆫ 나라이라도 다 국치가 업지 아니 ᄒᆞ니 국치를 만히 지드ᄅᆡ도 그 나라이 죠곰도 빈약지 안ᄂᆞᆫ ᄭᆞᄃᆞᆰ은 대개 그 나라 졍부에셔 경졔 ᄒᆞᄂᆞᆫ 일에 ᄇᆞᆰ으며 졍치 ᄒᆞᄂᆞᆫ 도략을 가지고 릉히 변통 ᄒᆞ야 나라에 ᄌᆡ물이 다 ᄒᆞ지 안케 만드ᄂᆞᆫ 고로 ᄒᆡ마다 셰입이 느러가ᄆᆡ 나죵에ᄂᆞᆫ 그 ᄌᆡ물을 다 쓰지 못 ᄒᆞ야[67]

배재학당 학생이 중심이 되어 결성된 협성회는 1898년 1월 1일부터 주간지 『협성회회보』를 발행하였고, 나아가 순 국문 일간지인 『매일신문』을 1898년 1월 26일에서 1899년 4월 3일까지 발행하였다. 이것은 우리나라 최초의 일간지이다. 여기에 '경제'와 '경졔'라는 번역어가 각각 2건과 8건 사용되었다. 이 중 의정부 참정 이호준의 사직 상소에 대해 고종이 "경의 경졔를 볼지라"[68]라고 한 것은 전통적인 의미이고, 나머지는 번역어의 의미였다. 모두가 계몽적인 목적으로 사용되었고 논설에 많이 나온다. 다음 기사는 정치와 경제에 관련된 것을 실학으로 보았으며, 18세기 실학자의 주장에 통

66 「유 지각 ᄒᆞᆫ 사ᄅᆞᆷ의 말」, 『독립신문』 1898. 1. 22, pp.1~2.
67 「국치」, 『독립신문』 1899. 3. 27, pp.1~2.
68 「의정부 참졍 리호쥰 ᄉᆞ직소」, 『每日新聞』 1898. 8. 22, p.1.

하는 내용이다. 여기에는 경제를 사용한 복합명사 '경제 사무'가 등장하였다.

> ᄉᆞ농공샹이라 ᄒᆞᄂᆞᆫᄃᆡ 션비가 ᄯᅡ로 잇ᄂᆞ니 션비라 ᄒᆞᄂᆞᆫ 것은 놀고 먹ᄂᆞᆫ 션비가 안이라 졍치 실학과 경졔 ᄉᆞ무를 공부ᄒᆞ야 나라 치란간에 나서셔 일 ᄒᆞᄂᆞᆫ 것이 진품 션비니 이젼에 놀고 먹든 션비들은 부ᄃᆡ 실학들을 좀 공부ᄒᆞ고 쓸ᄃᆡ 업ᄂᆞᆫ 복함이라 샹소라 ᄒᆞᄂᆞᆫ 것은 힝혀 다시 마도록들 좀 ᄒᆞ시오[69]

발행 기간을 고려하면 『독립신문』에서 번역어 경제의 사용이 『한성신문』보다 더욱 활발해졌다고 보기는 어렵다. 달리 말해 갑신정변부터 갑오개혁까지는 번역어 사용의 확산이 지체된 시기였다. 그래도 『독립신문』과 『매일신문』에서는 『한성순보』보다 번역어 경제가 일상어로서 더 원활히 사용되었고 문명개화를 추진하려는 목적의식과 더욱 뚜렷이 결부되었다.

『독립신문』에는 개인의 개념에 통할 수 있는 '자기'가 1천 번 이상 사용되었다. 개인의 생명과 재산의 보호는 강조되지만 분에 넘치는 인민의 자유와 민권은 경계되고 있어서 개인의 권리에 대한 논의가 구체화되고 있음을 알 수 있다. 그리고 '사회' 용어는 19번 나온 데에 불과하지만, 1899년 8월 12일자 기사에서 "민법은… 각국 백성들이 생업을 경영하며 서로 교통하여 사는 곳에 쓰는 법률이니 사회상에 차차 진보가 되는 대로 민법이 점점 더 밝게 되었고"[70]

69 「나라에 놀고 먹는 빅셩이 만이 잇스면」, 『每日新聞』 1898. 9. 16, p.1.
70 「민법론」, 『독립신문』 1899. 8. 12, pp.1~2.

라는 구절에서 드러나듯이, 근대적 의미의 사회와 법제도의 이해가 이루어졌다(박주원 2004).

이상으로 보건대 『독립신문』의 단계는 『한성순보』의 단계보다 근대문명에 대한 이해가 더욱 심화되었음을 알 수 있다. 갑신정변의 좌절 이후 개화정책은 활력을 상실하였지만 폐지된 것은 아니었으며, 외국과의 경제적 · 문화적 교류는 확산되었으므로 개화사상은 서서하나마 확산되었다. 그래서 임오군변과 갑신정변 당시에 서울 주민은 개화 세력에 강한 반감을 드러냈으나, 독립협회가 만민공동회를 열었을 때 서울의 상공업자 등 시민의 호응도는 높았다(이헌창 2004 : 90~91). 근대문명에 대한 이해의 심화와 확산은 번역어의 도입과 확산을 낳기 마련이었다.

조보朝報를 계승한 조선 정부의 『관보』는 1894년 6월 창간되었다. 1894년 7월 23일부터 1910년 8월 29일까지의 『관보』에는 일본에서 들어온 근대 번역어가 1천 334개 발견된다. 『일본에서 온 우리말 사전』에 수록된, 일본에서 들어온 근대 번역어는 모두 3천 650개였다(이한섭 2014). 1894년 2개, 1895년 564개, 1896년 124개가 처음 나왔으니 『독립신문』 이전에 『관보』가 근대 번역어의 소개에서 행한 역할은 가볍지 않다(李漢燮 2014). 『관보』는 경제학 개념의 확산에 어떠한 기여를 하였던가. 제139호1895. 8.의 「청국상업시찰원淸國商業視察員」이라는 외국 기사는 "該地의經濟事情을通曉홈最初"라는 번역어를 수록하였다. 제201호1895. 11.의 외국 기사 소개에는 "法國經濟雜誌에據혼즉"이 나온다. 1897년까지 그 밖에 번역어 경제의 사용이 잘 확인되지 않고, 이후 러일전쟁 이전까지에는 번역어가 아닌 한자어 경제의 사용이 번역어보다 더 많다. 경제라는 번역어의 보급에 대한 『관보』의 기여는 크지 않았다.

『황성신문』에서의 번역어 경제

남궁억南宮檍 · 나수연羅壽淵 등이 1898년 9월 5일 창간한 『황성신문皇城新聞』은 1910년 9월 14일의 제3470호까지 발간되었으니, 번역어 경제의 확산 추이를 엿보는 데에 유용하다. 『독립신문』이 근대문명의 전면적 수용을 주장한 가장 선진적인 지식인에 의해 작성되었다면, 『황성신문』은 유학을 버리지 않으면서 근대문명을 도입하려는 온건한 개화지식인에 의해 주도되었으므로, 경제라는 번역어의 사회적 확산을 파악하는 데에는 『황성신문』이 『독립신문』보다 유리할 수 있다. 한국언론진흥재단의 홈페이지에서 '경제'가 나오는 『황성신문』의 기사를 검색한 결과 총 1천 946건이었다. 경제라는 용어가 2번 이상 나오는 기사도 많았다. 그 첫 번째 기사로 1898년 9월 17일자 논설에 나오는 "四書三經만 爲重ᄒᆞ야 道德으로써 引導ᄒᆞᆫ다稱ᄒᆞ고 經濟와 技能으로써 其身을 養贍ᄒᆞᆫ 者ᄂᆞᆫ 一個도 採用치아니ᄒᆞ니"[71]에서는 한자어 경제가 사용되었다. 그 두 번째로 1898년 9월 26일에 나오는 "個人, 衛生, 經濟, 敎育, 風俗, 營業, 山林, 道路, 火災, 建築, 外人, 船舶 等諸般警察을 設ᄒᆞ야"[72]라는 경찰 업무에는 번역어 경제가 생활용어로 사용되어 있다. 1898년 석 달간은 번역어 경제가 13번, 한자어 경제가 2번 사용되었다. 그런데 사립 광흥학

71 「淸日兩國論」, 『皇城新聞』 1898. 9. 17, p.1.

72 「警察論」, 『皇城新聞』 1898. 9. 26, p.1.

교光興學校의 경제 과정 광고가 모두 11번이니, 번역어 경제가 활발히 사용되었다고 말하기 어렵다. 1899년에는 한자어 9번, 번역어 47번이 나왔다. 경제가 한성의숙漢城義塾과 그 명칭을 변경한 낙영학교樂英學校의 교과목으로 17번, 광흥학교의 교과목으로 5번 나온다. 1899년까지 『황성신문』에서 번역어 경제의 사용빈도는 『독립신문』보다 훨씬 많았다. 문명개화의 의식을 갖지 않는 유학적 소양의 인사라도 인민 후생과 국가재정의 경제에 관심을 가졌기 때문이다. 1899년 3월 30일자 논설 중에 "維時學士大夫들이 經濟의 策과 兵戎의 事를 燈下에 空言할 ᄯᆞ름이오"[73]라는 구절을 그런 예로 볼 수가 있다.

한자어인지 번역어인지 구별이 쉽지 않은 경우가 적지 않으며, 글을 쓴 사람이 양자를 통용하였을 가능성도 있다. 1899년 4월 25일자에 산업과 기술의 육성을 도모하자는 「제민지산制民之産」이라는 논설에 '산림경제'라는 용어가 나온다. 홍만선洪萬選이 1715년 편찬한 『산림경제』에서는 한자어 경제에 가깝지만, 이 『황성신문』에 나오는 용어는 농업을 육성하려는 취지에서 나온 것으로 보아 번역어에 가깝다. 니시 아마네西周가 '제민지산'이라는 『맹자』의 구절로부터 제산학이라는 political economy의 번역어를 고안했음은 Part 2에서 언급하였다. 1899년 4월 17일자의 논설에서 "我國의 經濟學大先生 丁茶山若鏞氏의 所述한 바를 摘要ᄒᆞ노라"[74]라 한 것은 한자어 경

73 「夫國運의 隆替ᄂᆞᆫ 人材에 繫ᄒᆞ고 人材의 盛衰ᄂᆞᆫ 敎化에 關ᄒᆞ니」, 『皇城新聞』 1899. 3. 30, p.1.

74 「我國의 經濟學大先生丁茶山若鏞氏의 所述한바를 摘要ᄒᆞ노라」, 『皇城新聞』 1899. 4. 17, p.1.

제의 의미였는데, 5월 10일자 기사에는 번역어 '경제학자'가 나온다. 5월 18일자 논설에서는 '정치가, 경제가, 법률가' 등 근대학문의 분류를 열거한 다음 "柳磻溪馨遠과 李惺湖瀷과 丁茶山若鏞 굿흔 一代經濟大方家가 出ᄒᆞ얏스되다"[75]라고 하였다. 오늘날 반계 · 성호 · 다산은 전통적 유학사상과 근대적 사상의 가교에 위치한 실학자로 평가되는데, 이들을 당대의 경제학 대가로 평가한 것은 한자어 경제를 정책 이상으로 삼은 전통적 유학사상의 비판적 계승 위에서 근대학문인 경제학과 그 개념을 수용하려는 태세를 보여 준다. 다시 8월 3일자 논설에는 '대한 경제 선생 다산 정약용 씨'라 하면서 『목민심서』를 설명하였는데, 이 저서는 한자어 의미로 경제의 저서라고 할 수 있으며 오늘날 대표적인 실학 저술로 평가된다. 여기에서 경제라는 개념을 한자어 원래의 함의를 계승하면서 번역어인 근대개념으로 사용하려는 지향이 드러난다. 1899년 7월 31일자 논설에는 "自古로 大有爲之臣은 經濟의 才를 負ᄒᆞ고 卓越의 見을 具ᄒᆞ야 古를 酌ᄒᆞ고 今을 準ᄒᆞ며 內를 治ᄒᆞ고 外를 交ᄒᆞ야 其隨時應變함이 반드시 安危의 分과 强弱의 勢를 先審ᄒᆞᄂᆞ니 今에 我韓政府ᄂᆞᆫ 古法은 已廢ᄒᆞ고 新法은 不知ᄒᆞ야 內治로 言ᄒᆞ면 田野가 雖沃ᄒᆞ나 國民이 業에 倦ᄒᆞ야 農家에 年을 計할 望이 無ᄒᆞ고 山河가 雖麗ᄒᆞ나 地母가 寶를 藏ᄒᆞ야 計吏가 財를 生할 望이 絕한지라"[76]라는 구절이 있다. '경제의 才'는 '나라를 다스리는 재능'이라는 한자어 원래 의미로 종래 사용된 표현이고 여기에서 그렇게 해석되어도 무방하겠지만, 이 글의 내용

75 「天包地環ᄒᆞᆫ 中間에 萬類가 有ᄒᆞ니」, 『皇城新聞』 1899. 5. 18, p.1.
76 「自古로 大有爲之臣은 經濟의 才를 負ᄒᆞ고 卓越의 見을 具ᄒᆞ야」, 『皇城新聞』 1899. 7. 31, p.1.

을 보면 경제 과제가 중시되어 번역어 경제에 더 가깝게 사용되었다고 하겠다. 한자어 의미와 번역어 의미가 통용되는 자체가 번역어의 보급을 드러낸다. 그리고 economy의 번역어 경제는 한자어 원래 의미의 프리즘을 통해 한자문화권에 수용되었음을 보여 준다.

1900년에는 한자어가 11번, 번역어가 57번 나온다. 번역어 경제가 2번 이상 나오는 기사가 늘었는데, 1월 24일자의 「과거불여교육科學不如教育」이라는 논설에서는 경제가 정치와 병렬하여 4번 나온다. 경제가 사립 광성학교光成學校 교과목으로 15번, 광흥학교의 교과목으로 8번 나온다. 1901년에는 한자어 4번, 번역어 25번이 나온다. 1901년 5월 9일자에는 사마천의 『사기』에 나오는 글을 읽은 소감을 적은 「대독화식전大讀貨殖傳」이라는 논설이 나오는데, '경제사업'이라는 단어가 4번 나오며 "勸我生財之說이 固非欺人騙財라 勤力理財ᄒᆞ야 以贍恒産이니"라 하여 '생재, 이재, 항산' 등의 경제용어로 설명하고 있다. 그리고 "家而無經濟事業이면 家不可以爲家오 國而無經濟事業이면 國不可以爲國이라 況士者ㅣ 固可無經濟事業ᄒᆞ야 竟至貧而喪志也리오"라고 하여 경제라는 번역어를 사용하여 전통적인 관념을 재확인하고 있다. 경제라는 번역어가 근대화정책이나 부국강병책과 같은 새로운 사조와 결부되지 않고도 생활용어로서 사용되고 있는 것이다.

1902년에는 한자어가 8번, 번역어가 34번 나온다. 1903년에는 한자어가 11번, 번역어가 74번 나온다. 『독립신문』과 『황성신문』을 보면, 갑오개혁 이후부터 1900년경까지 번역어 경제의 사용이 확산되다가 1901년과 1902년에 주춤하나 1903년부터 다시 확대되었다. 1903년 6월 4일과 5일 두 차례에 걸친 이상직李相稷의 기고문 「아국

경제상유감我國經濟上有感」은 '경제'를 20번 사용하여 한국 경제의 실태를 설명하였다. 이 글은 "光武七年五月日에 余閱經濟學하다가 至於資本篇, 貨幣篇하야 未嘗不疾呼長嘆焉이로다"로부터 시작하여 "夫經濟난 국가를 유지하난 자者ㅣ며 資本은 國民財産을 生産케 하난 자ㅣ며 貨幣난 國民의 生産훈 財産을 圓滑流通케 하난 자ㅣ라"라는 정의가 나오고 "暫就狹義而論之則 今我大韓의 經濟ㅣ 日益 退步하야 資本이 貧乏하며 貨幣ㅣ 不佳하야 國民生活上 恐惶이 大起하니"[77]라는 문제의식이 제시되었다. 번역어 경제가 '국가를 유지하는 자'이니 한자어 뜻과 통하게 사용되었다. 1903년 『황성신문』에는 번역어 경제가 들어가는 복합명사가 경제계, 국가경제, 경제적, 경제상, 경제과, 경제학자, 경제가, 경제사회, 경제회經濟會 등으로 다수였다. 1903년에는 '경제적'이라는 용어의 사용이 처음 확인되는데 4월 8일에는 '경제적 사회', 4월 15일에는 '경제적 시설', 6월 5일에는 '경제적 방법'이 나왔다. 1903년은 번역어의 사용빈도뿐만 아니라 그 다양한 어휘로의 활용으로 보더라도 번역어 보급이 진전된 중요한 해였다. 1903년 2월 28일자 논설 「의광 편 서적宜廣編書籍」에서는 태조 때에 편찬되고 한자어 경제가 제목으로 들어가는 『경제육전經濟六典』을 거론한 다음 영조 때 편찬된 『문헌비고文獻備考』에 "國朝掌故와 公私載乘과 其他 政治 經濟 等 列朝未遑於編撰之書ㅣ 不爲不多하니"라고 하여 개항 이전 저서에서도 번역어 경제의 내용이 있었음을 지적하였다. 한자어 경제의 한 영역이 번역어 경제로 이해되었다고 하겠다. 12월 18일자 농상공부 잠업과蠶業課에 관련된 기고문 가운데 "導之厚生之

77 李相稷, 「我國經濟上有感」, 『皇城新聞』 1903. 6. 4, p.2.

科ㅎ.진뒨 將何術以經濟乎아"라는 구절이 있는데, 여기에서 경제는 한자어나 번역어로도 모두 통한다.

1904년에는 한자어 경제는 6번 나오고, 번역어 경제는 빈도가 급증하였다. "我國政治經濟家로 有名한 丁茶山若鏞氏가 撰述한 原書를 張志淵氏가 更히 增補訂校"한 『대한강역고大韓疆域考』의 발매소 광고가 155번 나온다. 모두 13회 나누어 게재된 논설 「농업개량책」에는 경제가 24번 나온다. 경제라는 번역어가 2번씩 나오는 「국민신문설시國民新聞設始 특별광고」는 모두 10회 게재되었다. 경제 과목이 나오는 「관립 농상공학교 학원모집광고」는 모두 17회 게재되었다. 그것을 제외하면 번역어 경제는 33번 나오며, 그중에도 해외 기사 소개의 비중이 높다. 아직 경제라는 번역어의 사회적 보급이 성숙한 단계로는 접어들지 못한 것이다.

1905년에는 한자어가 5번, 번역어가 185번 나온다. 여전히 광고에 나오는 번역어 경제가 많지만, 1904년과는 달리 절반에 못 미친다. 화폐정리사업 등과 같이 일본이 개입한 정책이 추진되고 소개되면서 경제라는 번역어가 많이 등장하게 되었다. 생활용어로 사용된 번역어가 많고 더욱 능숙하게 사용되었다. 그 예로는 8월 3일자 논설 「종로 철시의 선후책을 논한다」에서 화폐정리사업 당시의 실정을 보여 주는 "自近年以來로 貨幣의 制度가 極히 紊亂ᄒᆞ고 財政의 管理가 亦且失當ᄒᆞ야 全國에 惡貨가 汜溢ᄒᆞ고 市場에 物價가 刁騰ᄒᆞ야 一般 經濟界의 萎靡慘狀은 實로 目不忍睹ᄒᆞ야",[78] 8월 8일자 논설 「상업회의소의 창립을 논한다」에서 "且近年以來로 貨幣의 制度가

78 「論鍾路撤市의 善後策」, 『皇城新聞』 1905. 8. 3, p.2.

尤極紊亂하야 惡貨가 漲溢하고 物價가 無常하야 其經濟上需用供給의 權衡을 保持치 못홀 뿐 아니라"[79] 등을 들 수 있다. 이러한 화폐정리사업 이후의 경제 상황은 10월 25일자 「경제계의 위험經濟界之危險」이라는 제목의 논설로 설명하였다.

이렇게 번역어 사용이 진전되는 가운데 번역어를 전통적인 개념에 통하게 사용하는 지향은 여전히 나타났다. 5월 18일에는 일진회의 송병준宋秉畯이 상폐규정문제商弊規正問題를 논의하면서 "以官民合心經濟國事之意로 勸告"[80]한다는 구절이 있는데, '국사를 경제 한다'는 뜻은 경국제민의 한자어이나 그 내용은 경제문제의 논의로서 번역어 경제를 담았다. 7월 8일자 논설에서는 "夫民猶魚也오 財猶水也라 水渴則 魚枯ᄒᆞ고 財盡則 民死ᄒᆞ리니 有志經濟之士ᄂᆞᆫ 宜其十分 思究ᄒᆞ야"[81]라는 구절이 있는데, '有志經濟之士'는 한자어에서 자주 사용되는 용어이지만, 전후 맥락을 보면 번역어이고 양자로 통용될 수 있다. 9월 16일자 논설에서는 "盖嘗先正先儒의 言論文字를 觀ᄒᆞ면 栗谷疏箚의 深陳經濟之策ᄒᆞ며 痛論更張之宜가 何等高明이며 重峯의 庶孼을 疏通ᄒᆞ며 奴婢賣買를 禁하며 寡女許嫁之論과 澤堂의 公卿子弟로 均隷兵籍之論과 潛谷의 大同法實行과 磻溪의 隨錄과 茶山의 經世遺表가 皆其通達時宜하고 深於經濟者어ᄂᆞᆯ 今之迂儒ᄂᆞᆫ 時義를 言ᄒᆞ면 曰 扶陽抑陰이라 하며 性理를 論하면 曰 湖論洛論이라 ᄒᆞᄂᆞᆫ 千言萬語가 有何少補於民生國計乎아"[82]라 하여 유학사상을 비

79 「論商業會議所의 創立(續)」, 『皇城新聞』 1905. 8. 8, p.2.
80 「商獎問題演說」, 『皇城新聞』 1905. 5. 18, p.1.
81 「財政整理初之關係」, 『皇城新聞』 1905. 7. 8, p.1.
82 「警告儒林」, 『皇城新聞』 1905. 9. 16, p.2.

판적으로 계승하여 근대적 경제사상에 접목하고자 하였다. 여기에서 소개한 경제를 잘 논술하고 정책으로 구현한 인물은 오늘날 학계에서 말하는 실학자이다.

1906년에는 한자어 3번, 번역어 220번이 사용되었다. 그전 해보다 빈도가 늘었을 뿐만 아니라 경제가 들어가는 복합명사의 용례가 한층 늘었다.

경제정책經濟政策(2월 28일)*
경제정황經濟情況(3월 9일)*#
경제실업經濟實業(3월 15일)
지방경제地方經濟(3월 24일)*
경제원론經濟原論(4월 3일)
경제정략經濟政略(4월 14일)*#
경제사상經濟思想(4월 17일)
경제본지經濟本旨(4월 21일)*
경제사經濟史(5월 7일)*#
경제기부經濟記簿(5월 22일)*#
가정경제家庭經濟(6월 15일)*#
가사경제家事經濟(7월 9일)*#
경제현상經濟現象(9월 20일)*#
경제교과서經濟敎科書(10월 29일)*
경제상황經濟狀況(11월 1일)*
경제사정經濟事情(12월 15일)
경제사황經濟事況(12월 27일)*#
경제원칙經濟原則(3월 8일)*#
농민경제農民經濟(3월 9일)*
경제수단經濟手段(3월 22일)*#
경제곤란經濟困難(4월 3일)*
한국경제韓國經濟(4월 10일)
경제구역經濟區域(4월 17일)*#
경제상태經濟狀態(4월 20일)*
경제방책經濟方策(5월 7일)*#
경제통신經濟通信(5월 22일)*
경제보고經濟報告(6월 13일)*#
경제정태經濟情態(7월 2일)*#
경제관계經濟關係(7월 27일)*
경제근황經濟近況(10월 27일)*
실제경제實際經濟(11월 1일)*#
도덕경제道德經濟(11월 24일)*#
경제협회經濟協會(12월 21일)*

위에서 * 표시한 28개 용어는 1906년에 처음 나왔다. 번역어 경제를 사용한 복합명사가 이렇게 많이 출현한 해는 이전에 없었다. 일본 개입의 산물인 재무관 보고 등에서 새로운 용어가 다수 나온 데에서 드러나듯이, 외적 계기가 번역어 사용의 확산을 낳은 한 요인이다. 『황성신문』에서 단 한 번 검색된 복합명사는 # 표시를 하였는데, 그것이 16개로 처음 나온 용어의 과반을 차지하였다.

『황성신문』에서 경제가 나오는 기사는 1907년에는 200건, 1908년에는 430건, 1909년에는 232건, 1910년에는 9월 14일까지 261건이었다. 경제라는 용어가 2번 이상 나오는 기사도 있는데, 1906년 이전에는 기사가 아니라 용어의 빈도를 헤아렸다. 1907년 번역어 경제의 사용빈도는 1906년에 비해 줄어들지 않았다. 1900년대 후반에도 그 사용빈도가 증가하는 추세였음을 알 수 있다. 그중 흥미로운 기사를 하나 소개하면, 1907년 5월 10일자 논설에서는 "我國이 尙未聞進化之原理어던 我其爲四千載新韓國之達爾文호리라 하며 我民이 尙未知經濟之競爭이어던 我其爲三千里新東土之亞丹斯密(著原富篇者)호리라"[83]라 하여, 조선 사람은 경제의 경쟁을 몰라 애덤 스미스와 같은 인물이 나올 수 없다고 했다. 애덤 스미스의 저서를 『원부』라 하였으니, 논설자는 중국인 옌푸의 번역서를 보았던 것이다.

이상에서 알 수 있는 것처럼 『황성신문』은 갑오개혁 이후부터 한일합방까지 경제라는 번역어가 확산되는 것을 잘 보여 준다. 그 빈도가 기복을 가지면서 추세적으로 늘어 가는 가운데 1903~1906년에는 보급이 크게 진전되었다. 사용빈도가 증가했을 뿐만 아니라

83 「保國論(續)」, 『皇城新聞』 1907. 5. 10, p.2.

갈수록 생활용어로 능숙하게 사용되고, 경제가 들어가는 복합명사가 다양해졌다. 그리고 한자어 경제 개념의 계승 위에서 그것을 번역어로 재정립하려는 지향이 뚜렷이 확인된다. 이것은 앞에서 살펴본 박영효와 유길준의 글에도 나타나고 있었다. 일본과 중국에서도 한자어 경제 의미와 번역어 경제 의미가 융합되는 양상은 나타났으나, 일본과 중국의 지식인은 한자어 경제가 영어의 뜻에 맞지 않은 사실에 고뇌하여 그 대안의 번역어를 고안하려 힘썼는데, 조선의 지식인은 그런 고민이 없이 양자를 융합하여 사용하였다. 경제학에 대한 지식이 부족한 점이 작용하였을 것이고, 서구의 근대와 유교문화를 융합하는 데에 능력을 발휘하였다고 볼 수도 있겠다.

조선사회 내부의 근대화 요구가 번역어의 보급을 낳은 기본 동인으로 보이나, 청일전쟁이 갑오개혁을 촉발하고 러일전쟁 이후 일본 침략의 강화가 애국계몽운동을 자극하여 근대 개념의 보급을 촉발한 점이 가볍게 평가되어서는 곤란하다. 일본의 간섭에 의한 정책 또한 번역어 '경제'가 들어간 기사가 많아지게 한 요인이다.

『대한매일신보』와 『조선왕조실록』에서의 번역어 경제

1904년 7월 한글판으로 창간된 『대한매일신보』는 1905년 8월 11일부터 국한문 혼용판과 영문판이 분리되어 1910년 8월 28일까지 모두 1461호를 발행하였으며, 이후 『매일신보』로 이름을 변경하면서 조선총독부 기관지로 바뀌었다. 한글판부터 경제라는 번역어가 능숙하게 사용되었으며, 『대한매일신보』 국한문 혼용판에서 경제가 나온 기사는 모두 1천 15건이었다. 한 건의 기사에 경제가 2번 이상 나온 경우도 있었다. 국한문 혼용판 첫 호에 「경제계 신공기經濟界新空氣」라는 기서寄書가 있는데, 화폐정리사업으로 어려운 경제 사정을 보여 주고 있다. 『대한매일신보』의 첫 기사부터 경제라는 용어를 능숙하게 구사한 제목의 기고문이 실렸다는 것은 1905년 당시 서울 지식인세계에서 경제라는 용어가 완전히 소화되어 정착되었음을 드러낸다. 1905년 10월 24일자 잡보에는 "忠南天安郡守金用來氏가 內部에 報告ᄒᆞ얏ᄂᆞᆫᄃᆡ 夫新聞은 世界現象과 大小事實를 記載ᄒᆞ야 政治得失과 經濟學術를 無不評論하고 人民의 智識을 發達ᄒᆞ고 孤陋ᄒᆞᆫ 耳目을 開明케ᄒᆞ니 此非但讀者之비益이라 足爲列邦之龜鑑이다온"[84] 이라고 하여, 신문이 '경제학술'의 보급에 기여하였음을 지적하였다. 경제라는 한자어는 오늘날 정치라는 의미에 가까웠는데, 이 기사에서는 경제가 정치와 대구對句를 이룬 것도 주목된다.

조선은 경제학의 도입에서 중국보다 늦었지만, 경제학이라는 번역어의 도입에서는 중국보다 빨랐다. 중국에 앞서 일본을 학습하고자 했고, 게다가 일본과 마찬가지로 한자문화의 발상지이자 중심지인 중국보다 한자의 원래 뜻으로부터 벗어나는 데에 자유로웠기 때문으로 보인다. 그런데 중국 정도는 아니지만 경세제민이라는 뜻의 경제라는 용어가 일상화되고 익숙하여, 경제학이라는 번역어의 도입은 다른 번역어에 비해 용이하지 않아 한자어의 뜻과 완전히 결별하는 데에는 오랜 시간이 필요하였다. 예컨대 조선의 마지막 왕인 순종의 조서詔書에서 여러 인물에게 시호나 벼슬을 내리면서 사용한 문투인 '경제지재經濟之才, 문장경제文章經濟'는 한자어 경제의 의

84 「言則是也」, 『大韓每日申報』 1905. 10. 24, p.2.

미였다.[85] 이러한 전통적인 격식의 문서나 유학자의 저술에서는 전통적인 경제라는 용어가 오랫동안 남아 있었으나, 신문으로 보건대 일상생활에서는 번역어 경제라는 용어가 점차 침투하고 있었다. 개항기에는 경제의 전통적 의미와 새로운 의미가 공존하였던 것이다.

경제라는 번역어가 알려진 1882년 이후의 『조선왕조실록』에서 경제라는 용어가 나오는 기사는 38건인데, 그중 번역어의 의미가 사용된 것은 5건이다. 1905년 4월 1일자에 제시된 일한통신기관협정서에서 "한국의 행정상, 경제상 이득이 되는 대책"[86]이라는 구절이 나오고, 4월 24일자에 실린 「문관전고소규칙文官銓考所規則」에서 관리 채용을 위해 시험하는 과목 중에 경제학이 나오고, 8월 12일자에 소개된 일영협약과 9월 5일자에 소개된 일로강화조약에서 "일본국이 한국에서 정치상, 군사상, 경제상에 탁월한 이권을"[87] 가진다는 구절이 나온다. 1909년 12월 4일자에 소개된 일진회장 이용구李容九의 상소문 중에 '정치와 경제에 대한 운용도 모두'[88] 일본인의 수중에 있다는 구절이 나온다. 번역어 경제의 사용례는 외국과의 협약과 신식 제도의 소개, 그리고 친일 인물의 상소에서만 나오고, 왕을 중심으로 하는 의례적인 논의나 글에는 조선왕조가 망할 때까지 전통적인 의미의 경제라는 용어가 애용되었다. 1894년 6월 28일자에 갑오개혁의 일환으로서 군국기무처가 관제를 보고하는 가운데

85 『순종실록』 순종 3년(1910) 7월 20일(양력) 2번째 기사 ; 『순종실록』 순종 3년(1910) 8월 19일(양력) 1번째 기사 ; 『순종실록』 순종 3년(1910) 8월 25일(양력) 1번째 기사.

86 『고종실록』 고종 42년(1905) 4월 1일(양력) 1번째 기사.

87 『고종실록』 고종 42년(1905) 9월 5일(양력) 3번째 기사.

88 『순종실록』 순종 2년(1909) 12월 4일(양력) 1번째 기사.

산림국이 산림경제를 관장한다는 구절이 있는데, Part 5에서 언급할 홍만선이 1715년 편찬한 『산림경제』에서 사용한 한자어가 번역어로 바뀌었다.

3. 경제교육·학문의 발달과 경제학 개념 이해의 심화

economy나 political economy라는 개념은 경제학이라는 학문과 더불어 성립하고 진화하였으므로, 경제학이라는 학문이 정착하여야 그 번역어가 사회에 확고히 뿌리를 내릴 수 있다. 갑오개혁 이후 경제학이라는 학문이 정착할 여건은 마련되었다. 첫째, 경제학 전공 유학생이 많아졌다. 일본 유학은 1881년부터 시작되었으나, 갑오개혁 이전에 경제학을 공부한 유학생은 유길준·권동진權東鎭·이종일李鍾一뿐이었다. 권동진과 이종일은 갑오개혁 이후 경제학 관련 글을 잡지에 발표하였다. 1894~1902년 정부는 일본에 유학생 251명을 보냈는데, 경제학 분야에 관련된 유학생은 1895년 12명, 1896~1903년 10명이었다(李基俊 1997 : 5~12). 둘째, 조선인이 1896년부터 잡지를 발행하기 시작하여 한일합방까지 발행한 잡지는 40여 종이었다(김근수 1992 : 17). 신문과 관보는 번역어 경제를 보급하는 강력한 수단이나 제한된 지면으로 경제학이라는 학문을 보급하는 데에는 한계를 가졌는데, 이 잡지들은 경제학에 관한 체계적인 논설을 담은 글을 게재하였다. 셋째, 경제학 교육이 이루어졌다. 법령에서 경제학 교과목이 최초로 나타난 것은 1900년 공포된 중학교 규칙이다. 그런데 중학교의 운영 실태는 알려져 있지 않다. 1899년 관제가 공포된 상공학교商工學校는 상업과와 공업과를 두었는데, 여기에서 초보적인 경제학이 강의되었을 가능성이 있다. 상공학교는 1904년 농상공학교農商工學校로 개편되었는데, 학칙에서 경제학 교육을 규정하였고 교관 중에 경제학 전공자가 있었다. 하지만 여기에서는 경제이론을 본격적으로 가르쳤다기보다는 시무時務에 필요한 경제 지식을 단편적으로 제공하는 정도였던 것으로 보인다. 1905년 4월 개교한 보성전문학교 이재학과에서 최초의 본격적인 경제학 교육이 전개되었다. 보성전문학교는 법학과와 경제학과를 두었고 당시로는 최고 학부였다.

경제학 이해가 심화되면서 관련 개념의 이해와 보급도 진전하였다. 1883년 창간된 『한성순보』와 이를 이어받은 『한성주보』는 경제학 관련 글을 30여 편 게재하였으나, 그것들은 경제학의 이론체계를 갖추지 못하였고 시사적 · 계몽적 성격이 강하였다. 『한성주보』 제21~22호1886. 6.에 실린 「영국인구 구궁설英國人口救窮說」은 애덤 스미스의 주저를 『부국론富國論』으로 소개하였을 뿐만 아니라 맬서스의 인구론을 자세히 설명하였다. 후자의 소개는 일본보다 불과 10년 늦은 점이 주목된다. 유길준이 갑신정변 이후 집필한 『서유견문』은 풍부한 경제 지식과 깊이 있는 경제사상을 담고 있지만, 체계적인 경제이론을 수록하지는 않았다.

1896년부터 한국 잡지의 역사가 시작되었는데, 체계적인 경제이론은 이 잡지들에 처음 수록되었다. 갑오개혁 때 관비 유학생이 일본으로 다수 파견되었고, 이들이 결성한 친목회는 1896년 2월 "문명개화의 정신과 골자骨子를 자임하는" 『친목회회보』를 창간하였다. 그 제5호1897에 수록된 어용선魚瑢善의 「경제학개론」, 오성모吳聖模의 「분업과 합력合力의 관계」, 그리고 조제항趙齊恒의 「교통개론」은 "경제학 논술로서 최초로 잡지에 활자화된 것으로" 평가된다. "그중 어용선의 「경제학개론」은 우리나라 서구경제학 도입의 개척적인 최초의 논문이라고 할 수 있다"(李基俊 1997 : 19, 105~109). 어용선은 「경제학개론」에서 "대저 경제학을 논할진대 먼저 부富와 생산과 분배와 교역과 소비의 5개 명칭이 근본이 되는" 것이라고 하였으며, 이는 고전학파 경제학의 정의에 해당하는 것이었다. 이어서 부, 생산의 3요소인 노력 · 천연天然 · 자본, 분배, 교역, 그리고 소비를 순차로 설명하였다. 부는 "인류의 전용필수專用必須 되는 것"으로서 "수량이 유한"하여 가치를 갖는 것이라고 설명하였다. 이러한 경제학 논설이 개념사에서 갖는 중요한 의의는 경제학이 부, 생산, 노동력, 자본, 분배, 교역의 시장, 소비, 그리고 희소성과 같은 개념들의 체계로서 인식될 수 있게 한 점이다. 신문이 번역어인 경제와 경제학을 일상용어로서 보급하는 데에 기여하였다면, 잡지의 논설은 그것을 사회과학의 개념으로서 인식시키는 역할을 하였다. 경제학 교과서가 나오면서 경제와 경제학이라는 개념의 이해는 한층 심화되었다.

1905년경부터 잡지를 통해 경제학 논문이 급증하였을 뿐만 아니라 경제학의 안목으로 한국 경제의 문제들을 논하는 논문들이 나온

점에서 질적인 발전도 있었다(趙璣濬 1986 : 331~334). 경제학 저술이 급증한 1906~1908년 한국의 경제학이 본격적으로 정착하였다고 볼 수 있다. 이처럼 경제학의 본격적인 정착을 낳은 일차적 매체는 잡지에 수록된 경제학 논설이며, 이차적 매체는 교과서 등 경제학 저서였다.

1906년부터 잡지의 시대가 본격적으로 열리면서 경제학에 관한 체계적인 논설이 활발히 실렸다. 1906년 11월부터 1907년 4월까지 6권이 발간된 『소년 한반도』는 다양한 근대학문을 소개하는 가운데 경제학도 포함하였다. 그 제1호1906. 11.에 나오는 「경제학 문답」에서는 경제학이 무엇인가를 소개하기 위해 "재財, 생산, 분배, 교역, 소비 등 다섯 명사를 설명"하였다. 이것은 『친목회회보』 제5호1897에 수록된 어용선의 설명과 같은 체계이다. 이어서 『소년 한반도』 제2~5호1906~1907에서는 조선 말 대표적인 경제학 이론가로 평가되는 유승겸俞承兼이 경제학에 관해 설명한 글이 수록되어 있다. 유승겸은 1895년부터 게이오의숙의 보통과와 고등과를 졸업하고 이어서 전수학교 이재과를 졸업한 다음 귀국하여 관직과 교직에 종사하였다(李基俊 1997 : 105~109, 227). 유승겸의 글은 "경제의 근원이라" 할 수 있는 욕망으로부터 시작하며, "경제라 함은 사회와 국가를 조성한 민중이 일정한 질서를 따르며 정당한 규칙에 의하여 그 욕망을 충족하고자 부지런히 활동하는 일체의 행위를 말한다"는 정의를 제시하였다. 이 정의는 역사학파 계열이다. 이 글에는 '독일 경제학자 롯셀'이 자주 인용되었는데, 역사학파 경제학자인 로셔Wihelm Roscher, 1817~1894일 것이다. 평안도와 황해도 출신이 서울에서 조직한 애국계몽단체의 『서북학회월보西北學會月報』 제4호1908의 논설에는 생산 과잉의 한

폐단으로서 "供給이 已逾於需要之數ᄒᆞ면 價格이 必大低落ᄒᆞ야 使其生產之業으로 不免損缺ᄒᆞ고 甚者는 工場이 閉鎖ᄒᆞ고 大工場이 破產ᄒᆞᄂᆞᆫᄃᆡ 至ᄒᆞ야 其影響於經濟界가 亦頗大ᄒᆞ고"[89]라는 점을 지적하였는데, 경제원리를 잘 이해하고 경제 관련 개념을 적절히 사용하였다.

1884~1900년에는 영국의 자유주의 경제학파의 이론과 사상이 초보적이고도 비체계적으로 도입되었다. 1900년대에 경제학이 체계적이고 본격적으로 도입되면서 독일의 신역사학파가 활발히 유입되었다(李基俊 1997 : 54~59). 『친목회회보』 제5호에 수록된 어용선의 「경제학개론」은 자유주의 경제학의 도입을, 『소년 한반도』 제2~5호에 수록된 유승겸의 「경제학」은 독일 역사학파 경제학의 도입을 보여 준다.

1907년부터 한일합방까지는 경제학 교과서가 13종, 화폐금융론 · 재정학 · 조세론의 저서가 4종 출간된 것이 확인된다. 1907~1908년 사이에는 경제학이나 그에 준하는 제목의 번역서와 저서가 8종이었다. 개항기는 경제학의 도입기였기 때문에 교과서는 말할 나위가 없고 논문의 다수가 번역을 표방하지 않더라도 독창적이라기보다는 선진 경제학설을 소개하는 데에 그친 것이 많았다. 당시 교과서의 체계는 다소 차이가 있지만 총론, 생산, 교환, 분배, 소비 및 재정으로 되어 있었다. 교과서의 내용은 일본 저서의 번역을 위주로 하면서 일부는 한국의 사실을 설명의 소재로 편입하기도 했다(李基俊 1997 : 43~44). 유치형俞致衡의 『경제학』1907년경은 애덤 스미스의 분업이론, 리카도D. Ricardo의 지대이론 및 자유주의 무역정책 등 고전학파의 이론을 충실히 설명하고 신역사학파의 이론을 부차적으

89 野隱生 譯(1908), 「以農立國에 其 基址가 尤固」, 『西北學會月報』 제4호.

로 다루었다. 대개의 교과서는 고전학파와 신역사학파의 이론을 절충하였다. 역사학파 경제학은 무역이론 등에 영향을 미쳤다. 대부분 사회주의 · 공황론 등을 설명하였으나, 마르크스경제학의 명시적인 영향을 찾기는 어렵다. 이 시기에 미숙하나마 당시 세계 경제학계의 이론 대부분이 도입되고 있었던 것이다(安秉直 1982 : 434~438).

이기준이 1883~1910년 사이에 발표된 경제학 관련 글 260편의 집필자를 조사한 바에 의하면, 유학생이 50~60퍼센트를 차지하였다. 유학생이 경제이론의 발표를 주도하였으나, 국내 인사는 1883년부터 한국경제론의 글을 발표하였다(李基俊 1987). 이러한 사실은 한국이 경제학을 수용할 학문적 역량을 어느 정도 갖추어 갔음을 보여준다. 예컨대 보성전문학교의 법률과 제1회 졸업생인 박승희朴承禧와 주정균朱定均은 스승 유승겸의 교열을 거쳐 1908년 『최신 경제학』을 간행하였던 것이다.

이 교과서들에 나오는 경제학 정의를 검토해 보자. 보성전문학교의 두 졸업생이 공저하고 유승겸이 교열한 『최신 경제학』은 유승겸의 경제학 이해뿐만 아니라 보성전문학교의 학풍을 보여 준다. 이 책의 제1편 제1장은 '경제학의 명칭 및 정의'에 관한 것이다. 여기에서 "경제학은 사회상에 존재한 경제적 현상을 강구講究하는 학문이라. 경제적 현상은 우리가 그 욕망을 만족케 하기 위하여 외계外界의 실물을 획득 · 이용하는 바를 경제적 동작이라고 하며 이 동작에 기인하는 현상을 경제적 현상이라 함이라"라는 정의가 제시되었다. 이 제1장에서 '영국 학자 말살'이 인용되었는데, 『최신 경제학』에서 제시된 경제학 정의는 part 1에서 언급한바, 경제학이 개인적 · 사회적 차원에서 물질적 복지의 달성에 관련된 인간의 일상생활을 연구한다는 마셜Alfred Marshall의 정의에 통한다. 『소년 한반도』에 실린 유승겸의 글에서는 자연적 욕망, 지위적 욕망 및 사치적 욕망이라는 분류, 그리고 육체적 욕망과 정신적 욕망이라는 분류가 나왔는데, 『최신 경제학』에서는 욕망을 효용으로 연결시키고 재화를 공급이 무한한 자유재free goods와 유한한 경제재economic goods로 구분하였다. 일본 유학을 마치고 온 후 유승겸의 경제학 이해는 심화되었던 것이다. 앨프리스 마셜은 1890년에 제1판이 나온 『경제학원리*Principles of Economics*』의 기본 개념을 설명하는 제2권에서 부가 욕망을 충족하는 재화로 구성된다고 하며 재화는 자유재와 경제재로 분류하기도 했다. 『최신 경제학』의 「서」에서는 부유해지기 위해 '경제적 원리 원칙'의 '이론을 명해明解'한다고 했는데, 책의 제목에 '최신'을 넣은 것은 마셜의 최신 이론을 도입하였음을 의식한 것으로 생각된다.

유승겸은 1910년 출간한 자신의 저서 『최신 경제학 교과서』에서 "경제는 즉 인류가 사회와 국가라 칭하는 공동단체 중에서 재화를 획득 · 이용하여 그 욕망을 충족하고자 하는 질서적 동작을 가리키고", "경제학은 사회와 국가를 조직한 인류의 경제에 관한 일체 현상을 관통하는 원리 · 원칙을 연구하는 학문이다"라고 정의하였다. 『최신 경제학』에서보다 정의가 더 세련되었다. 그리고 공동체를 명시한 정의에서 드러나듯이 이 저서는 역사학파 경제학의 영향력을 반영하고 있다. 그러면서 이 교과서는 총효용과 한계효용의 관계도 설명하는 등 신고전학파의 이론을 비교적 충실히 수록하였다.

4. 번역어 생계학과 이재학의 사용과 소멸

1900년대에 유학적 소양과 중국문명에 대한 애정을 버리지 않으면서 근대화 사조에 깊은 관심을 가지는 지식인들에게는 중국의 변법운동을 주도한 량치차오의 저술이 강력한 영향을 미쳤다. 1902년 초판 발행에 이어 1905년 증보판이 발행된 『음빙실문집飮氷室文集』은 특히 강한 영향력을 행사하였다. 일본 유학을 하지 않았으면서 경제학에 관심을 가진 인사들이 량치차오의 생계학이라는 번역어를 도입하였다. 『황성신문』에는 생계학이 17번 검색된다. 1906년 11월 9일자에 실린 황성기독교청년회 학관의 발전을 도모하려는 논설에서 "俾此學館內에 産出許多生計學家ᄒᆞ고 鑄出許多商工業博學士ᄒᆞ야 以一區之學館으로 爲大韓千萬歲之富强基礎ᄒᆞ"[90]기를 기원하였다. 이풍호李豊鎬는 량치차오의 저술을 본문 72페이지로 번역한 『신역新譯

생계학설』을 1908년 서울 우문관右文館에서 발간하였다. 1908년 6월 9~25일 『황성신문』에 『신역 생계학설』의 광고가 15번 게재되었는데, "本書는 生財殖利의 方法을 編述ᄒᆞ야 生計界의 要訣을 作홈"이라고 소개하고 있다. 1908년 10월 17일의 같은 신문에 소개된 평안남도 강서군의 '명신학교命新學校 취지서'에서는 서양의 학문적 성취 중에 '사밀돈斯密敦의 개혁 구 생계학舊生計學', 곧 애덤 스미스가 경제학을 혁신한 것을 들고 있다. 『대한매일신보』 국한문판 1907년 6월 18일자에도 번역어 생계학이 나온다. 조선 말 잡지에서 생계학을 사용한 논설은 4건 발견된다. 장지연張志淵은 『대한자강회월보大韓自强會月報』 제6호1906. 12.에 수록된 「국가빈약의 원인國家貧弱之故」에서 수백년간 정치적 압제로 인해 '생계상 사상'이 위축되었다고 하며, '서양인 생계학자'가 '생리지인生利之人'을 분류한 방식을 소개하고 애덤 스미스를 언급하였다. 김문연金文演은 『기호흥학회월보畿湖興學會月報』 제2호1908. 9.에 실린 「소설종춘掃雪種春」에서 스미스가 "改革舊生計學而新生計學이 乃興ᄒᆞ고"라는 구절이 있다. 『서북학회월보』 제6호1908에 실린 「강서 명신학교의 취지는 다음과 같다江西命新學校趣旨如左」는 '20세기 진화시대'에 "서세동점이 크게 일어나는大有西化東漸之勢" 가운데 서양 "철학가가 創立新法하며 開發新智"한 사례의 하나로서 스미스의 '개혁 구생계학'을 거론하였다. 김성희金成喜는 『대한협회회보大韓協會會報』 제10호1909. 1.에 실린 「1월 1일 경고동포一月一日敬告同胞」에서 "以殖産界觀之則近日 所謂 經濟硏究會 實業硏究會 等 名目이 何由而生고 旣日硏究則倘非理想的空言耶아. 生利者ㅣ少而分利者ㅣ多則雖

90 「靑年會學館」, 『皇城新聞』 1906. 11. 9, p.2.

全國人人이 皆爲斯蜜亞丹ᄒᆞ야 日纂生計學之註釋이라도 必無其效니"라 하여 경제 연구의 풍조가 '이상적 공언'에 흐를 것을 우려하는 논조에서 애덤 스미스의 생계학을 언급하였다. 신구학을 겸비한 석학 변영만卞榮晩은 『광학서포廣學書鋪』1908. 3.에서 미국인 사밀가덕문斯密哥德文을 의역한 「세계 삼괴물三怪物」에서 "혹은 위謂하되 생계학이 일로 발달하매 부족富族의 모리함이 또한 교묘하나니 부족정체는 실로 생계학의 소식所植한 자연 효과라 하나 자연 효과는 반드시 행복될 바 아니라"라고 기술하였다(實是學舍 고전문학연구회 2006 : 34).[91] 변영만은 1906년 2월에 보성전문학교 법률야학과에 입학하여 1908년 1월 졸업하였음에도 불구하고 그 학교의 학과명이던 이재학이나 경제학을 사용하지 않고 량치차오의 생계학이라는 번역어를 사용하였으며, 경제학을 우호적으로만 보지는 않았다. 유학과 중국문명의 가치를 평가하면서 근대문명을 도입하려는 지식인들이 량치차오의 생계학이라는 번역어를 사용한 것으로 보이는데, 그 빈도가 적으나마 1906～1908년에 집중적으로 사용되었다. Part 3에서 언급하였듯이 량치차오는 1902년에 발행된 『신민총보』에 「생계학설 연혁소사」를 게재하였고 그것은 『음빙실문집』에 수록되었는데, 생계학이라는 번역어를 도입한 조선인은 그 사용 연도를 보건대 1905년 증보판이 발행된 『음빙실문집』의 영향을 받았다고 판단된다.[92]

생계라는 한자어는 근대학문이 도입되기 이전과 이후에 의미가

91 옌푸와 량치자오는 애덤 스미스를 사밀아단(斯密亞丹)으로 표기하였는데, 사밀가덕문(斯密哥德文)은 영국인 소설가 스미스 골드윈이다.

92 錢東炫(2004 : 147～151)은 대한제국기에 언급된 량치차오의 정치 논설 관련 자료의 목록을 제시하였다.

그다지 달라지지 않았다. 일제시대에 들어가 생계학이라는 용어는 사용되지 않게 되었다. 달리 말해 economy 번역어의 후보로서 생계는 탈락되었다. 그 대신 생계라는 개념은 경제라는 번역어와 관련을 맺으면서 한층 구체적이고 엄밀하게 사용되었다. 『삼천리』 제6권 8호1934에 실린 「위난중국危難中國을 어느 정치가에 맛길가?」에서 '송자문宋子文 일행의 서북 경제 발전의 탐사대,' '국민 생계', 그리고 '국가재정'이라는 용어가 관련을 맺으면서 나온다. 『동광』 제22호1931에 실린 「해외논단 공황의 전도」에 나오는 '생계비의 저락低落 이상의 강도의 임금 감하減下'에서는 생계라는 용어가 경제학의 맥락에서 잘 설명되고 있다.

조선 말기에 이재학이라는 번역어도 도입되었다. 한국언론진흥재단의 홈페이지에서 고신문에 나오는 이재학을 검색하면, 『독립신문』 1898년 9월 19일자에 나오는 「유 지각 훈 친구의 글」이라는 기사에서는 문명의 나라에서 공부하는 과목 중에 '리지학理財學'을 포함하였다. 『황성신문』에서 '이재'는 168번 나오고 '이재학'은 15번 나온다. 한자어 경제와는 달리 한자어 이재는 원래 economy와 뜻이 통하여 번역어로 사용하였는지를 분간하기 어렵다. 이재학은 1899년 1번, 1900년 1번, 1902년 1번, 1905년 보성전문학교 '이재학전문과'를 소개하는 기사로 7번, 1906년 1번, 1908년 법관양성소 학칙의 교수 과목을 설명하면서 3번, 1909년 1번 등장하였다. 이 중 과목 등으로 소개하지 않고 논설에서 학문명으로 활용된 것은 1900년 10월 12일의 기사와 1909년 2월 26일의 기사 2건뿐이다. 1906년 6월 15일자의 「대동서관 출수서목 속전광고大同書觀出售書目續前廣告」에 나오는 경제학부의 서적 18권 중 이재가 들어가는 책은 1권뿐인 반면, 경제가 들어가는 것은 6권이었다. 『황성신문』에서 경제학은 523건 검색되는 데에서 드러나듯이 economy의 번역어로서 이재보다 경제가 훨씬 선호되었다.

국사편찬위원회 한국사데이터베이스를 검색하면, 정부 공문을 수록한 『각사등록各司謄錄』에 이재학이 3건 나온다. 1904년 9월 5일 학부대신 이재극李載克이 외부대신 이영하李夏榮에게 보낸 조회照會 제15호, 그리고 7일 의정부참정 신기선申箕善에게 보낸 조회 제1호는 "각 학교 졸업생과 외국 유학에 졸업증을 가진 사람을 그 자격에 따라 각 관청에 상당한 직職으로 차제 임용하라신 제10호 칙령을 봉승奉承하여" 조회한 것인데, '외국 유학 졸업생' 명단 중에 유승겸 등 3명의 전공이 이재학으로 나오며, 이 조회에 의거한 1905년 5월 3일의 통첩通牒에도 동일한 사실이 적혀 있다. 그런데 1905년 4월 24일에 공포 · 시행된 문관전고소文官銓考所 규칙에 의하면 시험 과목명이 경제학이었다. 당시 정부가 기본으로 사용한 용어는 경제학이고 이재학을 혼용하기도 했던 것이다.

경제학 관련 논저 중에 이재라는 번역어를 사용한 것은 『대한자강회월보』 제10~12호1907에 관료 출신인 김성희가 량치차오의 「이재설」을 번역한 글 등 소수에 불과하였다(李基俊 1997 : 43~50, 117~121, 288). 량치차오의 「이재설」은 『시무보』 제35호1897에 게재되었다가 『음빙실문집』에 수록되었다(錢東炫 2004 : 148). Part 3에서 언급하였듯이 량치차오는 1902년 『신민총보』의 창간1902. 1. 1.에서 political economy의 번역어로 '정술이재학政術理財學'이라는 어휘를 제시하였다가 곧 포기하였는데, 김성희는 량치차오의 번역어 모색에 관한 정보를 갖지 못한 채 1905년 증보판이 발행된 『음빙실문집』의 영향을 받아 이 글을 게재하였을 것이다. 아무튼 이재라는 번역어는 일본 유학생뿐만 아니라 량치차오의 신봉자로부터도 다소나마 지원을 받았다. 이재학이라는 번역어는 생계학만큼 널리 사용되지는 않았으나, 문세영의 『수정증보 조선어사전』1942에서 경제학이 '이재학 에코노믹스'라고 풀이된 데에서 드러나는 것과 같이 생계학과 달리 일제시대에 흔적을 남겼다. 『대동학회월보』 제20호1909의 「이재요론」에서는 국가의 "폐흥성쇠의 까닭이 늘 재정의 이부理否에서 비롯되고… 이재가 그 방도를 얻지 못하면" 재정이 궁핍해져 인민에 대한 수탈이 가중되어 국가가 문란해진다고 보았다. 여기에서 이재는 재정의 효율적 관리라는 전통적 용례였다. 『대한자강회월보』 제11호1907의 「공업이재요술工業理財要術」은 '제조장의 법률'이라는 제목에서 드러나듯이 공업의 합리적 관리를 위한 법률이라는 의미로 이재가 사용되었다. 이것은 이재가 economy의 번역어가 되고 다시 개념이 진화한 산물로 보인다. '심의성沈宜性 역'으로 되어 있는데, 어떤 글을 번역하였는지는 확인하지 못하였다.

『관보』는 번역어 경제뿐만 아니라 번역어로서 생계와 이재의 확산에도 기여한 바는 없다. 『관보』에 개항 전부터 사용된 용례로서 생계라는 표현은 나오나 그런 차원을 넘어서 번역어로서 생계학 등의 용어는 발견되지 않는다. 『관보』 제102호1895. 7.에는 "私立小學校經費ᄂᆞᆫ地方理財或國庫에셔幾許ᄅᆞᆯ補助"라는 구절을 포함한 칙령 제145호의 「소학교령」을 수록하였다. 여기에서 이재란 재정과 같은 의미로서 일본에서 들어온 새로운 개념이나 economy와는 다르다.

5. 번역어 경제학으로의 통일

보성전문학교가 개교한 1905년에는 이재학과라는 학과명을 사용하였는데, 그것은 당시 교수와 강사진이 다닌 게이오의숙慶應義塾과 전수專修학교의 학과명을 따랐기 때문이다. 보성전문학교는 1907년에 수업 연한을 2년에서 3년으로 연장하면서 이재학전문과를 경제학전문과로 개칭하였다. 이것을 어떻게 이해하여야 할까. 보성전문학교의 개교 직후 전수학교의 이재과가 경제과로 개칭한 것에 영향을 받았을 수도 있다. Part 2에서 언급하였듯이 당시 일본에서는 '경제'라는 번역어가 '이재'에 대한 최종적 승리를 굳히는 단계에 있었다. 그런데 전수학교보다 학문적 위상이 높은 게이오의숙이 이재과라는 명칭을 유지한 상태에서 보성전문학교가 전수학교를 무조건 뒤따라 갔다고 볼 수는 없다.

경제학이라는 번역어를 옹호한 가나이 노부루金井延 등을 통해 독일 역사학파 경제학이 도입된 점도 고려할 필요가 있다(李基俊 1997 : 44~45, 57, 290~291). 유승겸이 『소년 한반도』1906~1907에 발표한 경제학 관련 논설, 그리고 설태희薛泰熙가 『대한자강회월보』 제8~12호1907에 발표한 「경제학 총론적요」 모두가 독일 역사학파 경제학자인 '롯셀'과 가나이의 학설을 인용하면서 경제학을 소개하였고, '경제학'이라는 번역어를 사용하였다. 유승겸과 설태희 모두 자연적 욕망, 지위적 욕망 및 사치적 욕망이라는 분류를 소개하였다. 설태희는 일본 경제 현황에 대한 가나이 노부루의 언급을 수록하였다. 유승겸은 1900년대 조선에서는 최고 수준의 경제학 전문가로서, 일본에 유학한 후 귀국하여 관직에 종사하였을 뿐만 아니라 1905~1908년 보성전문학교 강사를 역임하였는데, 보성전문학교가 이재학전문과를 경제학전문과로 명칭을 바꾸는 데에 그가 역할을 하였을 가능성이 높다. 일본 학계의 영향이 경제학이라는 번역어로 통일되는 데에 한몫하였던 것이다.

보성전문학교의 두 졸업생이 저술하고 강사 유승겸이 교열하여 1908년 출간한 『최신 경제학』에서는 신고전학파인 마셜의 경제학이 전면에 나서고 있음을 앞에서 언급하였다. 이 저서의 제1편 제1장의 첫머리에서 경제학이라는 번역어를 사용한 이유를 다음과 같이 요령 있게 제시하였다. economy의 번역어로서 경제는 "그 뜻이 넓고 모호하여 법률, 정치는 물론 윤리, 교육에 이르기까지 포함하니 그래서 소위 경제학과 그 뜻이 같지 않다. 또 한 무리의 논자는 경제의 뜻을 이재의 뜻으로 입론立論하나, 이렇게 경제학을 이재학이라 할 때에는 범위가 협소하고 또한 재정학과 혼동하기 쉽다. 생각건대 경제학 및 이재학의 명칭은 모두 정확하지도 적당하지도 않으며 그사이에 우열이 없으나, 경제의 문자는 오래 관용慣用되어 세인의 이목에 익숙하므로 새로운 명사를 별도로 세우지 아니하고 구관舊慣을 답습하여 경제학으로 칭한다." 이런 이유는 일본과 중국에도 해당한다.

『조선왕조실록』을 예로 들면 경제라는 용어가 나오는 기사는 398건, 정경세鄭經世라는 성명을 빼면 경세라는 용어가 나오는 기사는 112건, 경국제세經國濟世는 2건인 반면, 이재(부)理財(賦)가 나오는 기사는 122건이었다. 한국고전번역원의 한국고전종합DB를 검색해 보면, 한국문집총간의 총서에서는 경제가 나오는 기사는 2천 768건, 정경세라는 이름을 빼면 경세는 1천 852건그중 경세제민은 1건, 경국제민經國濟民 3건, 경국제세는 2회인 반면, 이재는 401건이었다. 경제와 경세가 이재보다 훨씬 널리 사용되었던 것이다.[93] 게다가 경제는 유학의 정치적 이상인 반면, 이재 행위는 유교 관념에서 경계의 대상이 되기도 하였다. 이처럼 번역어로서 경제가 이재를 압도한 데에는 더욱 널리 사용되어 왔고 호감을 준다는 고려가 작용하였다.

1900~1909년의 법령에 나타난 교과목을 보면, 1908년의 법관양성소 학칙에서만 이재학이 사용되었다가 그해의 개정 학칙에서는 경제학으로 복귀하였다(安秉直 1982 : 413~414). 1908년 3월 25일자 『황

93 고려대 이한섭 교수는 신문 7종, 잡지 26종, 개화기 신소설 27종, 근대소설 1백여 종, 사전 10종, 종교서 18종, 기타 14종의 근대 문헌의 자료 파일을 구축하였는데, 여기에서 갑오개혁부터 1940년대까지의 용례를 검색하면, '生計' 151회, '생계' 222회, '理財' 22회, '이재' 187회, '經濟' 5천 131회, '경제' 5천 182회였다. 일상용어로서 경제가 생계나 이재보다 월등히 널리 사용되었음을 알 수 있다.

성신문』에 나온 법부고시法部告示 제1호에 의하면 법관양성소 학칙의 교수 과목 중에 이재학이 포함되었는데, 4월 12일자에 나온 법부고시 제2호에 의하면 "이재학을 경제학으로… 개정하"였다. 일본에서와 마찬가지로 정부도 용어를 경제학으로 통일하고자 했던 것이다.

이런 법부고시에 앞서 보성전문학교의 학과명이 변경된 근본적인 원인은 보성전문학교의 운영 주체들이 이재보다 경제라는 번역어에 더 큰 매력을 느꼈기 때문으로 생각된다. 이것은 이용익李容翊의 학교 설립 이념과 결부하여 설명해 볼 수 있다. 이용익은 근대국가의 운영에 필요한 각 분야의 전문가와 관료를 기르기 위한 목적으로 보성전문학교라는 고등교육기관을 설립하였다. 이에 고종은 교명을 지어 주고 자금을 제공하는 등 적극적인 관심과 지원을 쏟았다. 고종과 이용익이 보성전문학교를 국립으로 하지 못한 것은 보호국으로 전락되던 시대 상황 때문으로 생각된다. 보성전문학교의 학교 설립 이념은 시대적 요청이었다. 1880년대 초부터 개화사상의 보급과 심화에 수반하여 관민은 부국강병 내지 근대화를 위한 노력의 일환으로서 근대교육을 추구하였으며, 1904년의 러일전쟁 이후 국권 상실의 위기 속에서 전개된 애국계몽운동은 교육과 산업의 발전을 민족의 실력 양성을 위한 기본 수단으로 삼았다. 대한제국기의 역사적 환경 가운데 근대학문인 경제학의 교육 · 학습 동기는 경제의 효율화를 도모한다는 차원에만 머물 수 없고 나아가 근대화와 국권 회복에 이바지하려는 것으로 확대되었다. 보성전문학교가 신속히 경제학과로 명칭을 변경한 데에는 식민지화 이전 애국계몽운동에 헌신하던 보성전문학교 운영자들이 경제학과에서 민간 상공인보다는 국가의 자립과 발전을 도모할 정치가와 관료,

곧 경국제민의 인재를 양성하는 것을 우선 과제로 삼았던 점도 작용하였다. 국가 발전 내지 국권 회복의 도모라는 학교 설립 이념 내지 시대적 문제의식이 결국 경제라는 번역어를 요청하였다고 보고 싶다.

『서북학회월보』의 전신이라 할 수 있는 『서우西友』 제6호1907의 논설 「국채보상문제」에서는 국채보상운동을 위해 유학생총회에서 제출한 글을 소개하였는데, "무릇 경제는 국가에 最히 要大緊急훈 문제라"라는 구절로 시작하고, 이어서 법이 발달한 로마도 "경제가 결핍하므로 마침내 망하였으니" 우리나라가 "경제상 이익을 도모하지 않고서 국권 회복을 희망"할 수 없다고 했다. 당시 경제가 국가 발전과 국권 회복에 필요하다는 인식이 대두하였음을 알 수 있다. 일본과 중국에서 경제와 경제학이라는 번역어가 최종 승리를 거둔 데에는 신학문에 대한 사회적 요구가 중요한 역할을 하였는데, 조선에서도 사정은 다르지 않았던 것이다.

조선에서 신학문에 대한 사회적 요구가 경제학이라는 번역어가 최종 승리를 거둔 데에 중요한 역할을 한 것은 그 개념이 이해 · 정의되는 방식에서 드러난다. 보성전문학교의 이재학과에서 강의한 유치형이 강술講述하고 교장 신해영申海永이 교열하여 1907년경 발간한 『경제학』에서는 경제학을 "경국제민의 원리를 물건상物件上으로부터 설명하는 학문"으로 집약하였다. 보성전문학교의 졸업생과 강사의 합작품인 『최신 경제학』의 「범례」에서는 경제학이 "가까이는 제가齊家, 멀리는 경국經國에 대해 그 수단 · 방법을 입론한다"고 했다. 보성전문학교 교우회가 1907년 발행한 『법정학계法政學界』 제1호에 실린 취지문에 의하면, "소위 경제란 나라를 다스리는 방법이요 세상을 구제하는 활동이니, 이 원리 · 원칙을 연찬研鑽하여 그 과거를 거울 삼아 현재를 보충하고 미래를 살펴 국가의 성쇠를 판결하는 학문"이었다. 경제학은 물질적 측면에서 경국제민의 원리를 설명하고 국가 발전에 공헌하는 학문으로 인식되었다. 1907년경에는 미숙하나마 세계 경제학계의 이론이 대부분 소개되기 시작하였음에도 불구하고(安秉直 1982 : 434~438), 여전히 한자어의 의미에 입각하여 경제학이 정의되고 있었다.

한자문화권의 지식인은 번역어 사용의 초기 단계에서는 한자어 경제라는 프리즘을 통해 신학문을 이해하는 경향이 있었고, 경제라는 한자어가 신학문에 대한 시대적 요구를 잘 반영한다고 보았던 것이다.

일본 도쿄의 한국 유학생 모임인 태극학회의 월간지 『태극학보』 제21호1908에서는 경제학의 의의와 내용 등에 관한 수준 높은 논의를 풍부하게 담은 가운데, "경제의 원리를 연구하는" 순정純正경제학과 "이것을 사물에 상조相照하야 논리 하는" 경제정치학으로 나누고, 전자에 이어서 후자를 연구해야 한다고 하였다. 이것은 경제이론과 경제정책의 분류에 대응한다. 경제정치학은 한자어 경제에 통하는 개념이다. 이 시대 지식인이 경제학을 수용한 중요한 동기가 경세제민이었음을 보여 주는 한 증거라 하겠다.

저자는 고등학교 수업에서 오늘날 사용하는 경제라는 용어가 경세제민에서 나오고 그 준말이라는 말을 들은 기억이 있다. 번역어가 되면서 개념의 근본적 전환이 있었다는 설명은 듣지 못하였다. 서양에서 들어온 economics가 경세제민을 위한 것이고 그래서 경제학이라는 번역이 이루어졌을 것이라는 막연한 관념은 오늘날까지 우리 사회에도 널리 퍼져 있다.[94] 이런 관념은 국어사전의 영향도 있을 것이다. 심의린의 『보통학교 조선어사전』1925에서는 경제를 "나라를 다스리고 인민을 구제하는 것"으로 풀이하였고, 문세영의 『수정증보 조선어사전』1942에도 그런 뜻풀이가 포함되어 있다. 이희승李熙昇 편저의 『국어대사전』수정증보판, 1982에서 경제의 풀이를 보아도 economy의 내용뿐만 아니라 경세제민이라는 뜻도 추가하고 있다. economics가 의미로는 한자어 경제학과 다르지만, 인민을 구제하고 국가를 다스리는 데에 유용하다는 취지에서는 한자어 경제에 통하는 것이다.

개항기 지식인은 권리, 권력 분립, 입헌군주와 공화제의 민주주의, 헌법 등 근대국가를 구성하는 기본 개념들을 알고 있었다(김효전 2009). 이것이 경제학이라는 신학문의 도입을 지원하였다. 그런데도 이들은 사회계약적 국가론에 비판적이고 유기체적 국가론을 수용하였다(박상섭 2008 : 135~142, 152~166). 『독립신문』의 단계에서도 인민주권 등 민주적 권리의식이 부족한 데에서 드러나듯이(김동택 2004), 사회계약적 국가론을 수용할 사상적 기반이 사회 전반으로 성숙하지는 못하였다. 그리고 일본 및 중국에서와 마찬가지로 국가유기체이론이 환영을 받은 것은 유교의 가부장적 국가관에 더욱 쉽게 연결될 수 있고, 열강으로부터 자주독립을 도모하는 지상 과제에 봉사하는

94 저자가 이 책의 초고로 2013년도 1학기의 한국경제사상사 강좌에서 강의하면서 한국에서 중 · 고등학교를 다닌 20대 후반 전후의 대학원생 7명에게 물었더니 모두 같은 경험을 공유하고 있었다. 오늘날에도 많은 한국인은 경제학이 세상을 다스리고 인민을 구제하는 데에 이바지하는 학문이라고 보아 한자어 원래 의미와 통하게 이해하고 있다.

국가의식의 함양에 기여하였기 때문이다.[95] 일본 및 중국에서와 마찬가지로 국가유기체이론의 수용은 경제학이라는 번역어의 수용을 지원하였을 것이다.

경제라는 한자어는 위정자의 관점을 보여 주지만, 이재는 국가의 관점뿐만 아니라 개인의 관점으로 사용될 수 있다. 채만식의 1938년 소설인 「치숙痴叔」에 "혹시 이재학이라면 돈 모으는 학문이라고 해도 근리할지 모르지만 경제학은 그런 게 아니란다"라는 말이 나온다. 이재학은 개인의 관점으로 사용될 수 있으나 '돈 모으는 학문'이라는 함의를 주므로 국가의 발전, 이어서 국권의 회복, 그리고 인민생활의 안정과 향상이라는 도덕적 목표를 가진 조선 말과 식민지기의 지식인에게 매력을 주지 못하였던 것이다.

한국에서 구미인이 경제학 개념의 번역에 별로 기여한 바는 없다. 그 번역어가 일본과 중국으로부터 신속히 유입되었기 때문으로 보인다. 구미인은 영한사전과 한영사전의 편찬에 선구적 역할을 하였는데, 그것은 경제학 개념이 한국사회에 정착되는 과정을 파악하는 데에 유용하다. 언더우드Horace Grant Underwood가 1890년에 편찬한 『한영자전韓英字典 · *A Concise Dictionary of the Korean Language*』[96]은 economy는 '절용節用하는 것, 아끼는 것, 규모'라는 의미로 풀이하는 데에 그쳤

95 갑오개혁 이후 가족국가론 내지 군주주권론 아래 국가를 지켜야 할 의무를 가진 국민 개념이 자주 사용되었으며, 국민이 국가의 흥망성쇠를 좌우하는 핵심이라는 인식이 나타났다(박명규 2009 : 82~97).

96 Underwood, Horace Grant(1890), *A Concise Dictionary of the Korean Language : In Two Parts, Korean-English & English-Korean*, Yokohama : Kelly & Walsh ; London : Trübner ; New York : A.D.F. Randolph

다. economy의 한 뜻으로서 절약이라는 의미를 한국어에서 발견하기란 어렵지 않았을 것이다. 당시 소수의 개화 인사는 경제학과 정치학이라는 신학문을 알았던 것으로 보이나, 이 학술용어가 일반인의 생활용어로서 정착하지는 않았음을 알 수 있다. 게일James Scarth Gale이 1911년 2판으로 간행한 『한영자전韓英字典 · *A Korean-English Dictionary*』[97]에 경제는 finance와 economy로, 경제학은 economic science와 political economy로, 이재학은 political economy로 나와 있었다.[98] 그때까지도 이재학은 political economy의 번역어로서 경제학과 경합하고 있었다. economics는 아직 나오고 있지 않지만 그 대신 economic science가 나왔다.

개항기 조선의 대응을 요약해 보자. 양일모는 조선인이 서양 서적을 직접 번역하지 않고 번역어를 고안하지 않았던 점에서 '번역 없는 번역된 근대'라고 부르기도 했다(양일모 2011 : 24~28). 경제학의 영역에서 조선인이 직접 구미 서적을 번역한 것은 없다. 다만 일본 서적을 번역하여 저본으로 삼은 경제학 교과서는 1907년부터 활발히 출간되었다. 조선의 개념에 대한 모색은 일본과 중국에서처럼 치열하지는 않았다. 조선에서 나온 경제학의 독자적인 번역어는 국재론國財論 이외에 아직 발견된 것이 없다. 경제학, 이재학, 생계학 등 번역어의 선택을 둘러싼 모색은 있었지만, 중국에서처럼 잡지 등을 통한 토론의 기록이 남아 있지 않다. 이것은 부분적으로 조선의 학문

97 Gale, James Scarth(1911), 『韓英字典(*A Korean-English Dictionary*)』, 京城 : 耶蘇敎書會.

98 1897년 일본 요코하마의 캘리앤드월시에서 출판된 초판에는 경제, 경제학, 이재, 이재학이라는 단어가 나오지 않는다.

역량이 중국보다 뒤떨어진 것을 반영한다. 그리고 중국인 및 일본인과는 달리 조선은 문호개방 이전에 유럽인과 직접 접촉할 기회가 드물었고 제도화되어 있지 않았던 사정도 작용하였다. 그래서 문호개방 이전에는 중국에서 번역된 서학서를 그대로 이용하였고, 천주교 교리를 한글로 번역할 때에도 중국어로 번역된 것을 대본으로 하였다. 일본을 통해 편하게 경제학 지식을 획득할 수 있었던 것은 구미 서적을 힘들게 번역하면서 한자어 개념을 모색할 필요성을 줄였다고 볼 수도 있다. 개항기 조선인은 경제학 개념의 번역이나 구미 서적의 번역에 기여한 바는 없으나, 일본에서 번역된 개념을 신속하게 받아들였다. 『한성순보』에 이미 많은 번역어가 사용되었고, 『독립신문』에는 훨씬 많은 번역어가 등장하였다.

6. 일상생활에서 번역어 경제의 사용

갑오개혁 이후 신문에서는 번역어 경제가 점차 활발하고 능숙하게 사용되었다. 그로 인해 번역어 경제가 일상용어로 보급되었음이 분명하다. 그 보급도를 관찰할 수 있는 중요한 자료는 일기이다. 국사편찬위원회와 고전번역원이 구축한 자료 중 다수의 일기가 있어 홈페이지에서 이용할 수 있다.

윤치호尹致昊, 1865~1945는 1881년 조사시찰단을 따라 일본에 건너가 신학문과 영어를 배웠다. 1883년 초대 주한미국공사 푸트L. H. Foote의 통역으로 귀국해 통리교섭통상사무아문의 주사가 되었다. 갑신정변의 주역인 김옥균, 박영효 등과 친밀했기 때문에 신변의 위협을 느껴 1885년 1월 상해로 망명하였다. 중서서원中西書院에 입학하여 3년 6개월 동안 체계적인 근대교육을 받았으며, 기독교도가 되어 미국 밴더빌트대학 신학과 영어 코스에 3년을 다녔다. 그가 남긴 일기보다 번역어 경제를 먼저 구사한 조선인의 일기는 없을 것이다. 이 일기는 국사편찬위원회의 한국사데이터베이스에서 검색할 수 있다. 윤치호는 1883년 1월 1일부터 1887년 11월 24일까지는 한문으로만 썼는데, 세 번 나온 '경제' 중에 두 번은 명백히 번역어이다. 1884년 2월 22일자에 의하면, 윤치호는 은전銀錢을 지속적으로 주조하려면 기계를 구입하여 국내에서 하는 것이 유리하지만, 100만~200만 원元 정도 주조한다면 외국에 맡기는 것이 유리하다고 건의하였다. 이런 주장을 뒷받침하기 위해 '일본의 경제학자經濟之士'가 직수출보다 외국 상인을 통해 수출하는 것이 유리하다는 주장함을 언급하였다. 윤치호는 일본에 있는 동안 번역어 경제를 알게 되었음이 분명하다. 1885년 12월 17일에는 '경제론' 등의 시험을 마친 일이 기록되어 있다. 윤치호는 1887년 11월 25일부터 1889년 12월 6일까지는 한글로만, 1889년 12월 8일부터 1943년 12월 7일까지는 영어로만 썼다. 영문 일기에는 economy는 32번, economics는 8번 검색된다. 1891년 1월 31일에는 'the Economics class'가, 5월 30일에는 'Ex. in Economics'가 기록되어 있다. 1920년 8월 29일 일기에는 "A Korean proverb says 'He who keeps his sense will not die even in the mouth of a tiger.' In this age of universal revolutions in politics, in education, in economics and in religion, it is most important that we keep our senses. Don't let our passions run away without reason"이라 하여 이 시대에 경제학 등에 혁명적 변화가 있다는 내용도 있다. 1892년 2월 27일에는 'The Financial Problem'에 관한 논의에서 "by good work and economy show them that their money has been put to good use"라는 데에 동의가 이루어졌음을 기록하였다. 3월 12일자에는 "Union means economy and efficiency, progress and power"라는 기록도 나온다.

김윤식이 1882년 이미 '서양인의 이재西人理財', 곧 서양의 경제학을 알고 있었음을 앞에서 언급하였다. 『속 음청사續陰晴史』에 이재는 4번 나온다. 1894년 6월 7일자 일본 공사 오토리 게이스케大鳥圭介가 고종에게 올린 글에 "정치 · 교민敎民 · 입법 · 이재 · 권농 · 장상奬商은 부강富强의 방도가 아님이 없다"라는 내용이 있다. 여기에서 이재는 경제 전반을 말하기보다는 재정관리를 의미한다. 오토리 공사의 이 글은 다른 일기들에도 인용되어 있다. 1896년 1월 31일 탁지고문관度支顧問官 니오 고레시게仁尾惟茂에게 지어 준 시에 "보이재정輔理財政"이라는 구절이 있으며, 1902년 3월 26일에는 중국의 '연병이재鍊兵理財'가 언급되었고, 1905년 2월 8일에는 '정리재정整理財政'이라는 표현이 나온다. 이재는 '정리재정'과 마찬가지로 재정의 효율적 관리라는 전통적인 의미로 이해해도 무방하며, 번역어의 의미로 사용되지는 않았다.

『속 음청사』에는 경제라는 용어가 6번 나온다. 1888년 9월 1일, 1889년 12월 8일, 1891년 2월 17일에 나오는 용어는 한자어 의미이다. 근대문물에 대한 정보를 잘 알던 사람 중 하나인 김윤식이 경제라는 번역어를 모를 리가 없으나, 한문과 유학에 깊은 조예를 가진 터이라 중국인처럼 한자어를 즐겨 사용하고 의도적으로 번역어 사용을 기피하였다고 보아야 한다. 1904년 6월 18일 전국상업회의소연합회의 건의문 중에 나오는 번역어를 인용하고 1905년 9월 27일에는 영 · 일협약서 중의 번역어를 인용하고, 1908년 1월 29일에는 보성학교 졸업증서 수여식에 참석하였는데 "모두 법률 · 경제 4학년 학도다"라고 했다. 김윤식도 1900년대에 들어와 번역어 경제를 사용하지 않을 수 없게 된 것이다.

황현黃玹이 1864~1910년의 역사를 편년체로 서술한 『매천야록梅泉野錄』에는 청일전쟁 당시 오토리 공사가 이재 등을 언급한 글이 『속음청사』에서보다 자세히 언급되었다. 1905년에는 동학당 손병희가 정부에 투서한 다섯 조목인 "설국회設國會, 주종교主宗敎, 이재정理財政, 개정치改政治, 면유학勉遊學"이 언급되었다. 여기에서 '이재정'은 오늘날 의미의 재정관리라기보다 재화를 전반적으로 관리하는 정사를 의미하였을 수도 있다. 그리고 일본이 제출한 「내정 개혁안」에 "한국이 정리재정을 원하므로" 메가타 다네타로目賀田種太郎를 고빙하라는 구절이 있다. 3건 모두 인용이다.

『매천야록』에 경제는 2번 나온다. 1903년 8월 곽종석郭鍾錫에 대해 "이때에 경제로 명망을 얻어 추대되었다時望推以經濟"라는 설명이 나오는데, 완전한 한자어 의미이다. 1904년 8월 러일전쟁 후 일본의 요구로 공포한 조약설을 보니, "정사상 · 군사상 · 경제상 탁절이익卓絕利益" 등의 구절이 있었다. 번역어 경제를 인용한 것이다.

『매천야록』에는 생계도 2번 나온다. 1909년에 참서參書를 역임한 김택영金澤榮의 "생계가 쓸쓸하다蕭然"라는 구절이 나오며, 서울의 인구가 줄었다는 조사를 수록하고 "생계가 날로 결핍되어 다른 곳으로 이주하였기 때문이라고 한다"고 적었다. 생계는 번역어로서 거론된 적이 있으나, 개항 전이나 후나 의미가 변하지 않은 용어이다.

『하재일기荷齋日記』는 궁궐과 관청에 각종 그릇을 납품하는 공인貢人 지규식池圭植이 1891~1911년에 걸쳐 쓴 일기이다. 이 일기에는 공인 관련 활동과 관련하여 경제에 관한 내용이 풍부하게 나온다. 그런데 한국고전번역원의 한국고전종합DB의 검색에 의하면, 경제라는 용어는 1891년 4월 6일자 일기에 기록된 "누가 영구히 녹을 받을 줄 알까. 여생의 경제는 한가로이 지내는 데 있도다"[99]라는 시 구절에 1번 나오는 데에 그쳤다. 여기에서 경제는 번역어 경제에 통한다. 번역어 경제가 매우 제한적 범위에서 사용되던 1891년에 지규식이 그것을 알았다면 놀라운 일이다. 그런데 그후 번역어가 사용되지 않은 것으로 보아 그것은 번역어라기보다 개항 전에 나타난 가정관리라는 의미로 볼 수도 있겠다. 이재는 나오지 않고 생계는 4번 나온다. 1892년 4월 21일에는 "생계가 넉넉하다", 1897년 1월 26일과 1898년 10월 5일에는 "생계가 매우 어렵다", 그리고 1900년 윤8월 10일에는 "생계가 조금 되었다"라는 표현이 나온다. 지규식은 서울에서 상업을 하는, 낮은 수준의 지식인이라는 점에서 『하재일기』는 경제라는 번역어가 1900년대의 서울에서도 일상생활용어로서 널리 보급되지는 않았음을 보여 준다.

1850년에 태어나 울산 지역에 살다가 1933년 사망한 심원권沈遠權의 일기는 1870년에 시작하여 1933년에 끝난다. 심원권은 과거 공부하는 유생이라는 점에서는 양반이라고 할 수 있으나, 사실상은 거의 평민과 다를 바 없는 사람이었다. 과거 공부는 잠깐이었고 주된 생업이 농사여서 『심원권일기』는 농촌생활일기라 할 수 있다. 그는 큰 도시로는 대구에 가본 것이 전부이고, 주로 울산의 자신 집 주변 반경 4킬로미터 이내 마을을 다니면서 사람들과 교류하고 경제활동

99 "誰識萬年曾賦祿. 餘生經濟在優遊."

을 하였다. 이 일기에는 경제와 이재는 나오지 않고 생계는 1876년에 3건, 1886년까지 모두 6건이 나온다. 1876년 윤5월 29일자에 보면, 가뭄이 극심하여 곡물 값이 비쌈을 적고 "이번 가을부터 내년 봄까지 생계의 방도가 없다生計無路"고 했다. 8월 6일자에는 저녁에 들판에 가서 "금년 생계는 모두 근력勤力에 달렸다"고 썼다. 황현과 심원권의 일기를 보면, 일상생활에서 번역어 경제로 쓸 수 있는 곳에는 생계로 쓰면 되었다. 이것은 번역어 경제의 보급이 진전하는 데에 제약 요인으로 작용하였을 것이다.

경남 밀양의 유학자 퇴수재 이병곤退修齋 李炳鯤, 1882~1948은 1906~1948년 사이의 일기를 남겼다. 그런데 일제 관헌의 압수와 본가의 소각으로 인하여 중간에 많은 부분이 유실되고 약 22년 치 일기만 남아 있다. 경제는 해방 후에 2번 나온다. 1946년 12월 12일에 입법의원 개원식이 있을 예정이라는 소식을 적고 "오늘날 급무는 경제 안정에 있다"고 했다. 1947년 9월 2일에는 "오래된 병이 낫지 않는데 전후의 약값이 과다하다. 이 경제가 궁핍한 때를 만나 근심이 적지 않다"고 했다. 이병곤은 공자 탄생으로부터 몇 년이라고 기록할 정도로 철저한 유학자인데, 1946년과 1947년에는 경제라는 번역어를 능수능란하게 사용하였다. 그가 일제시대에 이 용어를 일기에 남겼는지는 알 수 없으나, 그렇다 해도 즐겨 사용하지 않았음은 분명하다. 유학자로서 일본인이 번역한 용어의 사용을 주저하였을 수도 있다. 식민지 지식인으로서 1946년의 일기에서처럼 국가경제를 논할 마음이 없던 점이 작용하였을 수가 있다. 1947년의 기록에서는 생계의 궁핍이라는 표현이 더욱 적절할 수가 있고 황현이나 심원권의 글이라면 반드시 생계로 표현되었을 터인데, 철저한 유학자도 생계 대신 경제라고 표현하게 된 것이 주목된다. 1946년 11월 28일 일기에는 공출 양이 많아 앞으로의 생계가 어렵다는 구절이 나온다. 아마 처음에는 생계라는 용어를 쓰다가 1946년경에는 양자를 혼용하게 된 것이 아닌가 생각된다.

Part 5

한자문화권에서 political economy와 economics의 번역어로 등장한 용어들의 원래 의미와 그 진화

1. 한자어 경제와 경제학의 개념과 그 변화

한자어 경제와 그 개념의 비교사적 특질

우리는 political economy의 번역어가 경제학으로 결정된 것을 알고 있다. 이 경위를 이해하기 위해서는 political economy뿐만 아니라 한자어 경제의 개념과 그 진화를 이해할 필요가 있다.

『장자』에 '경세經世'가 나오고 『서경』에 '이제조민以濟兆民'이라는 구절이 있다. 동진東晋의 갈홍葛洪, 283~343이 '경세제속經世濟俗'이라는 용어를 사용하였다. 경세제민의 준말인 '경제'는 서진시대265~317에 처음 발견되고 당 대 이래 널리 사용되었다(葉坦 1997 : 136 ; 馮天瑜 2005a : 160).

economics의 어원으로서 크세노폰의 『오이코노미코스*Oikonomikos*』, 그리고 아리스토텔레스 제자의 저술로 알려진 『오이코노미카*Oikonomika*』는 가정관리라는 뜻으로, 그것에 해당하는 한자어는 제가齊家 ·

가정家政 · 가계家計이다. Part 3에서 언급하였듯이 17세기 중국에서 활동한 선교사 부글리오Ludovico Buglio는 라틴어 œconómĭca를 제가로 번역한 바 있다. Part 2에서 언급한 것처럼 니시 아마네西周는 「백학연환百學連環」1870에서 economy를 가정家政으로 번역하였다. 오늘날 일본에서 『오이코노미코스』의 표준적인 번역은 『가정론』이다(重田園江 2003 : 85~86). 아리스토텔레스가 가정oikos의 관리론인 oikonomia와 폴리스polis의 관리론인 politics는 모두 도덕적으로 선한 삶의 달성에 기여해야 한다고 보았음은 Part 1에서 언급하였는데, 유가도 제가를 도덕적 자기 수양 위에서의 삶으로 파악하였다.

political economy의 원래 의미인 국가관리에 상통하는 한자어는 치국治國 내지 경제經濟이다. 주지하듯이 politics의 번역어로 치국에 가까운 정치가, political economy의 번역어로 경제가 선택되었다. 경제는 경세제민, 경국제민, 경국제세 또는 경세제속의 준말로서, 세상을 다스리고 인민을 구제하기 위한 올바른 정치, 도덕적 교화, 민생 안정 등을 포괄하는 개념이다. 그런 점에서 한자어 경제는 economy보다 범위가 넓었다. 다른 한편 economics는 경제정책뿐만 아니라 민간경제의 법칙을 다루는 점에서는 정책 이념을 의미하는 한자어 경제학보다 포괄 범위가 넓었다. 한자어 경제는 치국과 같은 의미이지만, 인민을 구제한다는 '제민'이라는 용어를 통해 민생 안정을 위한 물질적 욕구의 충족에 중요한 의의를 부여한 점에서 오늘날 경제의 개념으로 접근할 소질을 내장하고 있었다. 경제는 유학의 정치 이상을 담은 용어로, economy의 번역어로 오른 한자어 중에 그보다 널리 사용된 것은 없었다. 이 점은 경제가 번역어로 선택되는 데에 유리하게 작용하였다.

크세노폰의 『오이코노미코스』는 가정관리를 다루면서 국가관리를 그것과 동일한 원리에 입각한 것으로 보아 국가관리의 설명을 첨가하였다. Part 1에서 언급한 바와 같이 아리스토텔레스는 가정관리론을 총기획적 학문인 정치학의 하위 학문으로 규정했고, 『정치학Politics』에서 정치공동체인 폴리스를 연구하기에 앞서 그 구성요소로서 가정경제를 다루었다. 한자문화권에서도 제가가 치국 내지 경제의 전제였다. 그런 점에서 한자어 경제와 political economy는 상통하였다.

기사키 기요지木崎喜代治는 18세기 프랑스에서 l'économie politique가 '정치체의 질서'라는 의미로 널리 사용되었는데, 경제의 '경經'이 질서를 의미하는 점에서 서로 통한다고 보았다(木崎喜代治 1978 : 4, 17). '경'은 원래 피륙 따위의 세로로 놓인 실 또는 변치 않는 도리를 의미한다. 『논어』「안연 편顔淵篇」에서는 "군주는 군주다워야 하고, 신하는 신하다워야 하고, 아버지는 아버지 노릇을 제대로 해야 하고, 자식은 자식 노릇을 제대로 해야 한다君君臣臣父父子子"라는 공자의 말이 나오는데, 여기에 대해 주자는 "이것은 인도人道의 대경大經이요 정사政事의 근본이다"라고 인식하였다. 주자가 말하는 경은 도리를 구현한 사회질서를 의미한다. 그래서 '경국'이나 '경세'는 도리에 맞는 질서를 구현하는 방식으로 국가나 세상을 다스린다는 의미를 함축하고 있다.[100] 경제와 통하면서 제도적 질서를 명시하는 용어는, 앞으로 언급하겠지만 '경제經制'였다. Part 1에서 oikonomikos라는

100 『논어』「위정 편」에 정(政)보다는 덕(德)으로 다스리는 것이 도덕 교화에 유리하다는 구절이 있는데, 주자는 '정'을 법제와 금령으로 풀이하였으니 '정'은 제도적 질서를 담은 용어였다. 단 유교적 이념에서는 '정'에 의한 법치는 바람직하지 않았다.

용어는 법 또는 규범이라는 뜻을 가진 nomos도 합성하여 가정규범 내지 가정질서를 관리하는 의미로 이해될 수 있다고 언급하였는데, 그런 점에서 oikonomikos는 경제라는 한자어와 심층적으로 통하는 개념이다.

Part 2에서 언급하였듯이 후쿠자와 유키치는 『서양사정 외편』에서 "economy란 고대 그리스어로 가법家法이라는 뜻이다. 가법이란 가를 보존하는 규칙으로… 그 위의 political이라는 글자는 국國을 의미하여… 이 둘을 합쳐 political economy라고 할 때에는 국민, 가를 보전하는 법이다"라고 개념을 풀이하였다. 그러면서 경제를 번역어로 선택하였는데, '경'이라는 한자어가 법의 의미에 통한다고 보았는지는 모르겠다. 이토 히로부미는 새로운 국가제도를 설계하면서 '경제'라는 번역어를 사용한 바 있다. Part 2~4에서 언급하였듯이 19세기 후반과 20세기 초에 조선 · 중국 · 일본 세 국가의 엘리트는 부국강병을 도모하는 새로운 국가질서를 염원하면서 경제라는 번역어를 선택하여 사용하였다.

그런데 두 개념의 차이점은 가볍지 않았다. 아리스토텔레스는 『니코마코스 윤리학*Ethica Nicomachea*』에서 가정관리론인 oikonomikē가 부를 목적으로 삼는다고 하였는데(아리스토텔레스 2006 : 13),[101] 제가나 가정이라는 개념은 부를 기본 목적으로 삼는다고 보기 어렵다.

유학사상은 본말론本末論에 의거하여 체계화될 수 있다. 유학사상을 체계적으로 논술한 경전인 『대학』에 의하면, 도덕적 수양의 수신修身을 먼저 이룬 다음 치국의 경제를 행하여야 한다. 그리고 '경

101 슘페터(2007 : 27)는 이 점을 평가하였다.

제'론에서는 도덕이 근본 과제라면 재물이 부차적인 과제인 말末에 해당하며, 국가는 이익이 아니라 정의를 이롭게 생각해야 한다고 했다.[102] 이처럼 한자어 경제는 도덕을 기본적이고도 중심적인 원칙으로 삼고 위정자의 이익 추구에 대한 경계 관념을 내포하였다. 유교문화권처럼 그리스에서도 치부행위가 찬양받지는 않았지만, 근면과 절약으로 가산家産의 가치를 증식함은 미덕으로 인식되었으니(Amemiya 2007 : 186) 경제와 oikonomikos의 개념이 서로 통하는 바는 있었다. 경제 가운데 제민은 곡물 · 소금 등을 지원하여 기근을 구제하는 내용을 중심으로 하여, 한자어 경제는 안민安民 곧 인민의 기초적 소비생활의 안정을 중요한 목표로 포함하였다. 그런데 『오이코노미코스』는 윤리적 성격을 가지면서도 농업경영을 자세히 다루어 한자어 제가나 경제의 개념보다 물질적 욕구의 충족 과정에 더 큰 비중을 두었다. 아리스토텔레스는 『니코마코스 윤리학』에서 합리적 선택을 윤리의 한 덕목으로 거론하고 "자유인다움은 재산에 따라 말해진다"라고 하였는데(아리스토텔레스 2006 : 124), 한자문화권에서는 이러한 발상이 담론으로 성립하지는 못했다. 그런 점에서 oikonomikos가 한자어 경제보다 오늘날의 경제 개념에 더욱 가까웠다.

중국에서 '경제학'이라는 한자어의 출현과 그 개념 변화

중국에서 경제학이라는 한자어가 나타났고 그 학문이 성장하였

102 "是故君子先愼乎德. 有德此有人 有人此有土 有土此有財 有財此有用. 德者 本也, 財者 末也, 外本內末 爭民施奪. 是故財聚則民散. 財散則民聚. …此謂國不以利爲利 以義爲利也"(치국평천하를 해석한 『대학』의 「전문 제10장」).

다. 그 용어는 8세기의 당 대에 이미 나타나 있었다(葉坦 1997 : 137). 사고전서四庫全書와 중국기본고적고中國基本古籍庫를 검색해 보면, '경제학'이나 '경제지학'이라는 용어를 사용한 송 대의 문헌이 다수다. 그중 정주학파程朱學派도 있어서 북송 대 진양陳襄, 1017~1080의 『고령집古靈集』에는 "향공진사鄕貢進士인 정이程頤가 고견高堅하게 행동하면서 경제지학을 품고 있다"고 했다. 『주자어류朱子語類』는 육선공陸宣公(본명은 육지(陸贄)), 754~805의 「주의奏議」에서 조세를 자세히 논한 것이 바로 경제지학이라고 했다. 주자가 오늘날 경제학에서 다루는 한 영역을 경제지학에 속한다고 말한 사실은 주목된다. 주자가 중시한 『대학』은 유학을 수기치인修己治人의 학문으로 규정하였는데, 경제학은 바로 치인의 학문인 것이다.

유가는 학파의 성립기부터 '실實'을 중시하여 표방하여 왔다. 여기에서 실은 수기치인 내지 경세제민을 의미하였다. 실학이라면 수기와 치인의 과제를 모두 포괄하지만, 경제학이라면 그 의미상으로 보아 수기치인 중 치인에 해당한다. 그래도 유학의 실질적인 공효功效는 치인에 잘 반영되므로 유학이 말하는 실학은 경제학에 통한다. 경제학이라는 용어의 사용이 확인되는 당 대에 흥미롭게도 실학이라는 용어가 나타나 있다. 수기치인의 학문이기에 실학이고 그런 점에서 부허浮虛한 문사文辭 등을 경계하려는 것이다.

경세학의 성장에도 불구하고 이상적인 도덕국가와 도덕사회는 건설되지 않고 도교와 불교라는 이단이 횡행하여 유학의 개신을 시도한 학풍이 대두하였으니, 그것이 송 대 이학理學이고 주자는 그 정점에 선 인물이다. 주자는 자신의 학문이 실학이라고 자부하였고, 실학이라고 자부한 정주학파가 경제학이라는 용어를 자주 사용하였다.

송 대 3백여 년간 사상은 이학파와 공리학파功利學派로 양분되었는데, 정치사상에서는 오히려 후자가 중심을 차지하였고 제도개혁론의 주된 이념적 기반을 제공하였다(蕭公權 1998 : 759~760). 그런데도 공리를 중시한 학파가 아니라 그것을 경계한 정주학파가 실학과 경제학을 표방한 것은 흥미롭다. 정주학파는 도덕사회의 건설을 중대한 실천 과제로 삼았기 때문이다. 정주학파에 의해 의리학義理學이 확립되었을 뿐만 아니라 그에 입각한 치인의 학문인 경제학과 실학이 대두하고 공리학파가 유력한 조류를 이루었던 점에서, 송 대는 학술사적으로 중요한 시기였다. 이러한 학술 발전을 실현한 주체는 경세의 책임의식과 자부심을 가지고 과거에 의해 관료로 선발된 지식인인 사대부층이었다. 이러한 사대부층의 출현을 낳은 시대 배경으로서 당송변혁기에 과거제가 확립되고 더불어 관료제적 중앙집권 체제가 귀족적 지배를 대체한 사실을 들 수 있다(戶川芳郎 · 蜂屋邦夫 · 溝口雄三 1987 : 241, 250~251). 당송변혁기의 시장 발전 등의 점에서 송 대에 근대 초기라는 의미의 근세가 시작되었다는 학설이 유력하다. 송 대의 공리학파는 이러한 시장 발전에 힘입었다고 보아야 한다.

북송 대 공리학파를 대표하는 인물이 왕안석王安石 등이라면, 남송 대 공리학파를 대표하는 인물은 진량陳亮, 1143~1194과 섭적葉適, 1150~1223이었다. 왕안석의 부국강병책에 대해 구법당舊法黨이 비판하여 양 진영 간에 대립이 있었고 진량과 주자의 논쟁이 있었다. 주자가 공리학파를 비판하는 핵심은 "마음을 다스리고 몸을 닦지는 않고 사공을 좋아한다舍治心修身而慕事功"라는 구절에 잘 드러나 있다.[103] 사

103 『朱子年譜』 卷三之上, 淳熙 11年, 「辨浙學」.

공은 일의 성과라는 의미이고 공리는 행위의 효과로서 초래된 이익이라는 의미인데(奥野滿里子 2003 : 106), 서로 통하는 용어이다. 주자 등 이학파는 조세정책 등의 사공을 배제하려는 것이 아니라 그것에 대한 도덕적 우위를 철저히 관철하고자 하였던 반면, 공리학파는 수기의 도덕이 근본이고 치인의 사공이 부차적이라는 본말관에 따르지 않았다. 주자는 수기도덕의 근본적 의의를 중시하여 의리에 입각한 왕도정치를 주장한 반면, 진량은 주자의 의리학이 현실문제의 해결에 미흡함을 지적하여 의리쌍행義利雙行의 왕패병용王覇竝用을 주장하였다(李承煥 1993). 그래서 이학파는 '성명性命경제학', '도덕道德경제학'이라는 표현을 사용하였다. 원대의 호지휼胡祇遹, 1227~1293이 나눈 유학의 분야 가운데 경제지학은 공리가 아니라 의와 도를 추구하는 것이었다.[104] 윤리도덕의 사공에 대한 절대적 우위를 관철하려는 이학파의 경제학은 경제합리주의를 추구하는 오늘날의 경제학으로 나아가기 어렵다.

송 대 이후 경제라는 개념에서 물질생활에 관한 내용의 비중은 점차 늘었는데(馮天瑜 2005a : 165), 그러한 가운데 경제학의 개념도 변하였다. 명 대 이후 경제학은 점차 의리보다는 공리와 결부되기에 이르렀다. 그 변화를 보여 주는 용례를 들면, 왕위王褘, 1322~1373는 『왕충문공문집王忠文公文集』에서 "영가永嘉에는 경제지학이, 영강永康에는 사공지학이 있다"고 했다. 공리학파를 대표하는 인물로서 진량은

104 "在物爲理處物爲義, 此義理之學也. 天賦爲命人受爲性, 此性命之學也. 下學人事上達天理, 此天人之學也. 正其義不謀其利, 明其道不計其功, 此經濟之學也. 觀乎天文以察時變, 觀乎人文以化成天下, 此禮樂文章之學也"(『紫山大全集』).

영강 출신이고 섭적은 영가 출신이었다. 왕위가 왜 섭적의 학문을 경제지학으로, 진량의 학문을 사공지학으로 표현하였는지는 잘 모르겠으나, 두 용어가 상통하는 의미를 갖게 되었다고 보아야 한다. 17세기 중국의 장리상張履祥, 1611~1674은 문인들에게 "경제학에 힘써야 한다當務經濟之學"고 가르쳤고, "학자는 치생을 최우선 과제로 삼아야 한다學者治生最爲先務"는 허형許衡, 1209~1281의 주장에 동의하며 치생은 농사일을 최우선으로 삼는다고 했다. 그는 정주이학程朱理學을 존신하였는데도 치생을 목적으로 하는 경제학을 지향하였던 것이다(袁爾鋸 1999 : 1072, 1082). 안원顔元, 1635~1704은 경제를 배워서 행하는 실학의 관점에서 출발하여 주자학과 양명학이 공리공담空理空談의 '허학虛學'이라고 비판하였다(姜廣輝 1999 : 1413~1419).

명 말 · 청 초에 주자학과 양명학이 공리공담이라는 비판이 고조되면서 경세치용학파가 성립하여 송 대의 공리학파를 재평가하였다. 명 말의 이단적 사상가 이지李贄, 1527~1602는 공리사상을 체계적으로 저술한 섭적을 경세대신經世大臣으로 평가하였다. 안원은 섭적을 왕안석에 견주어 경제經制의 학자로 높이 평가하였다. 경제는 나라를 다스리는 제도 곧 국가제도라는 의미로서, 일찍이 한 대 가의賈誼, B.C. 200~B.C. 168가 「치안책治安策」에서 이 용어를 사용한 바 있다. 황종희黃宗羲, 1610~1695가 편찬한 『송원학안宋元學案』을 그의 문인인 전조망全祖望, 1704~1755이 보완하면서 섭적이 뚜렷한 학풍을 이루었음을 평가하고 "영가는 경제經制로써 사공을 말한다"고 했다(趙東元 1979 : 58~59). 조선의 군주인 정조는 경제經制 서적으로 법전을 들었다.[105]

105 『弘齋全書』 卷164, 『日得錄』 4, 文學 4.

청 대의 장학성章學誠, 1738~1801은 주자의 학문이 성명性命〔의리(義理)〕, 사공경세, 고증考證 및 문장이라는 본말을 구비하였다고 평가하고, 진정한 학문은 이 네 분야가 상호 보완적으로 통합되어야 한다고 주장했다(曺秉漢 1992 : 63~64). 장학성에게서 '경제학'은 사공을 다루는 학문으로 변해 있었다. 명 말 · 청 초에 송 · 명시대의 형이상학에 대한 비판, 그리고 경세치용학의 성립은, 경제학이 도덕을 다루는 학문에서 사공을 다루는 학문으로의 전환을 완료한 계기로 보인다. 그것은 경제학이 political economy의 번역어로서 수용되는 데에 유리한 환경을 조성하였을 것이다.

한국에서 경제와 경제학 한자어의 도입과 그 개념 변화

고려 성종은 992년 인재 추천에 관한 교서에서 국가를 잘 다스린다는 경제방가經濟邦家의 효과를 거론하였다.[106] 여기에서 '경제'는 동사로 쓰인 것으로 보인다. 성종은 유교 정치 이념의 정착에 기여한 군주로 평가된다. 유교 정치 이념과 더불어 경제라는 한자어가 도입되었던 것이다.

주자는 실학을 표방하고 경제학을 거론하였는데, 주자학이 도입된 여말 · 선 초의 14세기 후반에 실학뿐만 아니라 경제학이라는 용어도 사용되었다. 원간섭기에 중국과의 활발한 교류가 한국 유학의 수준을 높이는 데에 기여하였다. 공민왕 8년1359에 이인복李仁復은 "평생 배운 바가 경제지술經濟之術인데 어찌 하나도 왕에게 진술

106 『高麗史』 卷75, 志29, 選擧3, 銓注.

하지 않는가"라는 비방을 들었다.[107] 그리고 권근權近은 이색李穡의 경제지학이 고려왕조의 멸망으로 시행되지 못하였음을 애석하게 생각하였으며, 여흥부원군呂興府院君 민제閔霽의 경제지학을 거론하고 경제지학을 강명講明하라는 책문策問을 제시하였다.[108] 책문이란 문과 시험에서 시무책時務策을 묻는 것이다.

조선왕조의 국가제도를 설계한 인물로 평가되는 정도전은 태조 3년1394에 『조선경국전朝鮮經國典』, 4년에 『경제문감經濟文鑑』, 그리고 6년에는 『경제문감별집經濟文鑑別集』을 제출하였을 때, 경제학을 집대성한다고 생각하였을 것이다. 『조선경국전』은 『주례周禮』의 육전체제를 모델로 하여 새로운 왕조의 국가제도를 치전治典, 부전賦典, 예전禮典, 정전政典, 헌전憲典 및 공전工典으로 나누어 제시한 것이다. 『조선경국전』의 치전을 보완하는 『경제문감』은 신하의 직책, 그에 따른 권력구조를 설명한 저술이다. 『경제문감별집』은 중국 역대 제왕과 고려 역대 왕의 치적을 기술하였다. 정도전이 사용한 경제는 오늘날의 정치라는 용어에 가깝다. 여말 · 선 초의 국가제도 개혁이라는 시대적 요구는 유학의 치인학으로서 경제학에 대한 관심을 높이고 정도전의 중요한 저술을 낳았다.

여말 · 선 초에 경제학이라는 한자어의 의미는 무엇일까. 경제지학을 강명하라는 권근의 책문을 보면 문물文物 · 예악禮樂 등 제도를 정비함으로써 의리를 밝히고 민생의 안정을 도모하는 학문을 의미

107 『高麗史』 卷112 列傳25, 李仁復 ; 『高麗史節要』 卷27, 恭愍王[二].

108 『牧隱集』 行狀 ; 『陽村先生文集』 卷23, 祭文類, 代趙雨亭祭漁隱先生文 ; 『陽村先生文集』 卷33, 雜著類, 策題類, 壬午年會試策問題.

하였는데, 그 중심은 도덕 교화를 통한 미풍양속을 이루는 것이었다. 그런 점에서 권근의 경제학은 정주학파의 개념에 가까웠다. 그런데 권근은 정도전의 '학문 · 사업 · 문장文章'에 대해 "무릇 '성리지학性理之學'과 '경제지공經濟之功'과 같은 것은… 후학이 존숭하는 바이다"라고 평가하였다.[109] 이처럼 '성리학'과 '경제의 사공'을 구분하는 것은 명 대 이후 나타난 변화에 상통하여 흥미롭다. 여말 · 선 초의 사대부는 원나라에서 활약한 주자학자인 허형의 영향을 크게 받았는데, 허형은 현학적인 성리설보다 일상적인 도덕 실천, 그리고 농업과 학교의 장려를 통한 왕도정치의 실현을 더욱 중시하였다(金泰永 2006 : 14~26). 여말 · 선 초에 도입된 원대의 주자학은 송 대의 정주학파만큼 사공에 대한 유교도덕의 철저한 우위를 관철하고자 하지는 않았던 것이다. 『고려사』 권118 『열전』 제31에 의하면, 조준趙浚이 경제를 자기 임무己任로 삼았다고 하면서 그의 전제田制 개혁을 위한 노력을 들고 있다. 경제의 의미가 의리를 밝히는 문물 · 예악제도의 정비를 기본으로 삼으면서 물질생활을 위한 제도 정비에도 상당한 비중을 두고 있었음을 알 수 있다. 정주학과 더불어 그 경제학이 도입되었는데, 여말 · 선 초 국가제도를 개혁할 필요성은 정주학보다 사공을 더욱 중시하는 경제학을 성립시켰다.

이후 조선시대에 실학을 구성하는 중요한 요소는 경제학의 전개와 발전이었다고 볼 수도 있다(이헌창 2009). 15세기에 경세론을 활발히 제시한 양성지梁誠之에 대해서는 "공의 저술은 전적으로 경제 실

109 "若夫性理之學 經濟之功 闢異端以明吾道之正. 仗大義以佐興運之隆 文垂不朽 化洽無窮 眞社稷之重臣, 而後學之所宗也"(『陽村先生文集』 卷23, 讚類 三峯先生眞讚).

용을 위하였다"라는 평가가 이루어졌다.[110] 양성지는 정도전과 이이 사이의 시대에서 사공의 경세론을 활발히 제기한 인물이다. 16세기 후반에 이황李滉은 주자성리학을 집대성하였고, 이이李珥는 공리에 대한 유교윤리의 우위를 관철시킨 정주학의 경제학을 체계화하였다. 정도전보다 높은 학문적 수준으로 경제학을 집대성한 이이에 대해 유계兪棨, 1607~1664와 박세채朴世采, 1631~1695는 조선에서 경제학을 가장 높은 수준으로 확립하였다고 평가하였다.[111]

여말 · 선 초에 주자학과 그에 입각한 실학 · 경제학이 성립하였다면, 16세기 후반에는 그것들이 모두 높은 수준에서 집대성되었다. 이러한 과정을 거치면서 한국의 유학은 중국을 따라잡는 데 성공하였다. 조선시대 유학 발전의 제1단계인 여말 · 선 초에 주자학이 도입되었다면, 제2단계인 16세기에는 조선 내부에서 주자성리학이 심화되었다. 제3단계인 17~18세기에는 경세치용학이 심화되어 주자성리학에서 벗어나려는 학풍인 실학이 대두하였다(尹絲淳 1995).

제1단계와 제2단계의 경제학은 정주학의 윤리적 성격이 강하였다. 그런데 제3단계의 새로운 실학에서 경제의 의미는 economy의 개념에 접근하고 경제학은 공리를 중시하여 근대학문인 경제학의 방향으로 나아갔다. 여기에서 먼저 주목할 인물은 서애 유성룡西厓柳成龍, 1542~1607이다. 그는 주자학에 결코 구애되지 않고 양명학과 제자백가사상까지 흡수한 정책론을 수립하여 구현한 인물이었다. 그

110 『訥齋集』 凡例.

111 『市南先生文集』 卷之十七, 雜著, 江居問答 ; 『南溪先生朴文純公文正集』 卷第六十六, 序, 忠定公章疏序 辛酉六月八日.

는 상업도 중시하는 부국론에 입각하여 재정을 개혁하고 산업과 기술을 육성하고자 했다(이헌창 2008). 정경세鄭經世는 스승 유성룡의 업적을 "늘 경제지업經濟之業에 유의하여 예악 · 교화敎化 외에 치병治兵 · 이재 등과 같은 일을 면밀하게 강구하지 않음이 없었으며, 재주가 사무에 능숙하고 학문이 실용을 이루었다"고 집약하였다.[112] 중의경리重義輕利사상인 유학의 '경제론'에서는 원래 도덕이 근본적인 의의를 가졌으나, 유성룡의 경제지업은 공리의 영역에 중심이 옮겨져 있었다. 16세기 후반 이황 등에 의해 의리를 밝히는 주자성리학이 높은 경지에 오르자마자, 곧 이어서 이이에 의해 궁경치용窮經致用의 학문이 집대성되는 가운데 윤리와 공리를 포괄하는 경제학이 체계화되었고, 연이어 유성룡에 의해 조선 후기의 실학을 여는 변화가 나타났던 것이다.

유형원柳馨遠은 17세기 중엽에 저술한 『반계수록磻溪隨錄』으로 해방 후에 경세치용학의 비조라는 평가를 받았다. 조선시대에는 이 저서가 '경제대문자經濟大文字'와 '경세유용지학經世有用之學'으로 평가되었다(尹絲淳 1995 : 319). 『반계수록』은 경제經制라는 국가제도론을 집대성하였다고 하겠다. 유형원은 "이익을 따르고 손해를 피함이 만고천하에 같은 인정이다"고 인식하여, 도덕론에 경도된 일반 주자성리학자와 달리 물질적 인센티브를 중시하는 경세론을 제시하였다. 그는 "토지가 천하의 대본大本이니 대본이 이미 바로 서면 모든 제도가 따라서 마땅함을 얻지 못함이 없다"고 보고, 전제의 개혁을 최우선의 과제로 설정하였다. 그래서 『반계수록』은 오늘날 의미의 경제를

112 『愚伏先生文集』 卷之二十, 西厓柳先生行狀.

기본 내용으로 삼았다(이헌창 1999a).

『효종실록』 9년1658 9월 기해의 기사는 김육金堉의 사망을 전하고 "평생 경제를 자신의 임무로 삼았다"[113]고 평가하였다. 유형원과 동시대의 정치 관료인 김육의 주요한 업적은 대동법大同法의 시행이라는 조세제도의 개혁이다. 또한 그는 대동법만큼 동전銅錢의 통용책에 힘썼다. 그런 점에서 김육이 임무로 삼은 경제의 중심을 이루는 것은 오늘날의 경제정책이었다. 유형원의 저술과 김육의 정책이 '경제'의 대표적 업적이라고 평가된 것은 경제라는 한자어가 economy의 개념에 점차 접근해 왔음을 보여 준다.

우정규禹禎圭가 1788년 정조에게 올린 소장疏章으로 만든 『경제야언經濟野言』에서는 46항목의 건의안 중 17건이 오늘날 의미의 경제에 관한 것이다. 당시 경세제민의 담론 중에서 이 책은 경제 항목의 비중이 높은 편이었다. 그것은 거의가 국가재정에 관련된 정책 건의였다. 나머지는 도덕, 언론, 교육, 풍속, 정치, 행정, 국방 등 다양한 분야에 걸쳐 있었다. 당시 경제론은 중농주의 · 고전학파 경제학이 성립하기 이전의 political economy와 마찬가지로 기본적으로 정책론이었던 것이다.

홍대용洪大容, 1731~1783은 학문을 의리지학, 경제지학 및 사장지학詞章之學으로 분류하고 의리학을 근본으로 삼으면서도 경제학과 사장학에 독자적인 의의를 부여하였다.[114] 이것은 바로 중국의 장학

113 『효종실록』 효종 9년(1658) 9월 5일(기해) 1번째 기사.

114 "舍義理, 則經濟淪於功利, 而詞章淫於浮藻, 何足以言學. 且無經濟, 則義理無所措. 無詞章, 則義理無所見. 要之, 三者舍一不足以言學, 而義理非其本乎"(『湛軒書外集』 卷七, 燕記, 「吳彭問答」).

성이 제시한 본말 겸비의 학문관을 수용한 것이다. 서형수徐瀅修는 1799년 위의 세 분야에 명물지학名物之學을 추가하였다.[115] 오늘날 인문 · 사회과학에 해당하는 분야가 전근대 한자어로는 의리학, 경제학 및 사장학으로 분류될 수 있다. 사장학은 오늘날의 문학에 해당하며, 의리학은 이기理氣의 존재론과 윤리학을 합친 철학에 해당한다. 공리에 관련되는 경제학은 정치학을 중심영역으로 하나 오늘날의 경제학도 포괄한다. 의리학과 경제학을 합하면 영국의 도덕철학에 상응하는 내용이다. 명물학이란 경전과 역사서에 보이는 명칭과 그것을 지칭하는 대상을 설명하며 고증학에 통한다(엘먼 2008 : 66). 당시 조선 학자들은 송 대의 주자학이 성명의리를, 청 대의 고증학이 명물도수名物度數를 다룬다고 보았는데, 명물도수학은 수학 · 천문학 · 제도 등 백과전서적 지식을 다룬다(유봉학 1995 : 117~123). 이렇게 담론의 영역이 전문화되어 가는 과정은 인문 · 사회과학이 분화하려는 조짐을 보여 준다.

이덕무李德懋, 1741~1793는 조선의 좋은 책으로 도학의 『성학집요聖學輯要』, 경제의 『반계수록』, 의술의 『동의보감』을 들었다. 보통 성리학자뿐만 아니라 실학의 성향을 가진 박세채도 경제학의 집대성으로 간주한 이이의 『성학집요』를 도학 곧 의리학으로 분류하고 경제의 대표적 저서로 『반계수록』을 든 것은 경제가 오늘날의 개념으로 접근하고 있음을 보여 준다.[116] 주자성리학자에게서 경제학의 기본 목

115 『明皐全集』 卷14, 「劉松嵐傳」.

116 『청장관전서』 권20, 『간본아정유고』 권6, 「與李洛瑞書九書」(『국역청장관전서 IV』, p.192). 이덕무의 이러한 글로부터 박성순(2006 : 127~128)은 '경제지학'이 오늘날 의미로 접근하고 있는 점을 지적하였다.

표는 의리를 밝히는 것이었지만, 홍대용 · 이덕무에게 있어서 경제학은 사공의 영역을 다루며 의리학은 별도로 있었다.

홍대용은 실학자였지만, "의리를 버리면 경제는 공리로 빠진다"라고 경계하였다. 주자와 진량의 논쟁은 조선 왕조에도 널리 알려졌는데, 공리의 추구에 우호적인 편인 성호 이익星湖 李瀷, 1681~1763도 "주자가 '이렇게 하지 않으면 도가 밝아질 수가 없다'며 영강의 사공을 힘껏 배척하였다"는 사실을 거론하면서 "만일 사공만 주로 위주한다면 비록 사공이 있더라도 바로 어지럽게 될 것이다"라며 주자의 편을 들었다.[117] 조선 후기 경제사상에 진전이 있었으나, 유교윤리의 제약에서 벗어난 경제관을 가진 양반층은 박제가朴齊家, 1750~1805 등 극소수에 불과하였던 것이다.

도쿠가와시대 일본에서 한자 경제의 도입과 그 개념 변화

일본에서는 도쿠가와시대에 들어와 '경제'라는 용어가 널리 사용되기에 이르렀다. 오랜 전란의 시기가 종식되고 평화의 시대가 도래하여 경세제민의 요구가 커졌기 때문일 터이다. 1660년대에 어느 정도 체계를 갖춘 경제론이 성립하였다(杉原四郎 · 逆井孝仁 · 藤原昭夫 · 藤井隆至 1990 : 33). 나아가 경제가 제목에 들어가는 저서들이 편찬되었다(下谷政弘, 2014 : 55~56).

다자이 슌다이太宰春臺, 1680~1747는 경제가 제목에 들어가는 일본 최초의 저서인 『경제록經濟錄』1729의 본문 첫 문장을 "무릇 천하, 국가를

117 『星湖僿說』 卷13, 人事門, 「永康事功」.

다스림을 경제라고 한다"라는 정의로부터 출발한다. 그러면서 그 어휘를 설명하고 연원을 살폈다. 이 책은 경제의 내용, 의의, 접근 방법 등을 다루었다. 다자이는 공자의 도이자 선왕先王의 도를 추구하였는데, 송 대의 '심학心學'이 불교의 학문이지 선왕의 도가 아니라고 했다. 그러면서 "성인의 도는 천하, 국가를 다스리는 외에 별도로 소용이 없다"고 하여 '경제론'에 절대적 의의를 부여하였다. 그는 '경제의 술術'을 의사의 처방에 비유하였는데, 도덕적 이념보다 다스리는 기술을 중시하는 입장을 드러낸다. 그는 경제의 대표적인 저술로 사마천의 『사기』와 반고의 『한서』를 들었고, 관중의 '패업霸業'이 부국강병을 실현한 점을 높이 평가하며 이것이 선왕의 도라고 했다. 그리고 전국시대의 법가는 "성인의 도가 아니어도 이 또한 경제의 일단이다"라고 평가하였다. 다자이는 '공자의 도'나 '선왕의 도'를 추구한다고 천명하지만, 사실상 유학을 상대화하고 있다. 『경제록』은 경제를 논하는 자는 시時, 이理, 세勢, 인정人情 네 가지를 알아야 한다고 주장한다. '시'를 고려한 취지는 중국에서는 봉건에서 군현郡縣으로, 일본에서는 군현에서 봉건으로 바뀐 시대에 맞게 치도治道를 논해야지 일률적으로 고도古道를 적용해서는 안 된다는 것이다. 중국과는 다른 일본의 정치체제에 대한 자각이 유학에 구속되지 않은 치도의 모색을 낳은 것으로 보인다. 여기에서 "이理는 도리道理의 이가 아니라 물리物理의 이다"라고 천명한 점이 흥미롭다. 이 '물리'를 사물의 이치라는 일종의 법칙 개념으로 보는 견해가 있지만(마루야마 마사오 · 가토 슈이치 2000 : 93~101), '나뭇결'과 같은 사물의 일반적 성질로 보는 것이 온당할 것이다. 아무튼 경세제민은 유교의 정치적 이상이어서 원래 도리의 영역에 있었는데, 그것과 구분되는 물리의 관점에서 경제를 논해야 한다는 주장은 흥미롭다. 인정은 호오好惡 · 고락苦樂 · 우희憂喜와 같은 실정實情을 말하며 유교의 인륜과 다르다. 다자이 슌다이가 말하는 인정은 경제학의 효용에 통하는 개념이고 물리는 도리와 달리 경제법칙으로 이어질 잠재성을 가진 개념이며 시와 세는 합리적 선택에서 고려할 중요 사안이므로, 다자이의 경세제민론은 추상적인 도리에 입각한 담론과 달리 근대 경제학에 접근할 잠재성을 가진다. 조선에도 다자이 수준의 경제사상은 있었으나, 다자이만큼 유학에 구애되지 않고 근대의 경제 개념에 접근하는 내용으로 한자어 경제 개념을 체계적으로 논의한 글을 보지는 못했다. 『경제록』의 「식화食貨」 항목은 농업을 기본으로 삼고 상업을 천시하는 전통적 관념을 보여 주고 있지만 경제사상을 풍부히 담고 있다.

다자이 슌다이는 1740년대의 『경제록습유經濟錄拾遺』에서 "경제술은 의사가 병을 치료하는 것과 같고… 국가는 제도를 세움이 기본이다"고 하고, 「식화」와 「제도」의 항목으로 나누어 요령 있게 경제론을 설명하였다. 이런 내용은 『경제록』에서도 제시되어 있기는 하다. 『경제록』에서는 자연경제로의 복귀를 지향하고 있으나, 『경제록습유』에서는 빈곤한 영주가 재정적으로 풍족해지는 것을 기본 과제로 삼고 유통 과정을 장악하는 것을 차선책으로 지향하였다(杉原四郎 · 逆井孝仁 · 藤原昭夫 · 藤井隆至 1990 : 94). 그래서 중국의 관중, 상홍양桑弘羊 등의 방도를 배워 영주가 영국領國의 토산土産을 매매하는 등 '시고市賈'의 방도를 추구하여 금을 축적함으로써 '국용國用'을 풍족하게 하는 것을 권장하였다. 『경제록습유』에서 제시하고 있는 적극적인 경제정책론의 이념과 방법론은 『경제록』에 이미 제시되어

있다.[118] 다자이 슌다이는 상업진흥론을 내세웠으나, 상인층의 이익 추구를 용인하지는 않았고 번영전매藩營專賣로 상인의 이익 독점을 제한하고자 했다. 다자이의 스승인 오규 소라이荻生徂來, 1666~1728는 상인을 기생적인 존재로 보았는데, 다자이 또한 그런 관념에서 탈피하지 못하였다(テッサ・モーリス-鈴木 1991 : 44).

도쿠가와 이에야스가 일본 전역을 장악한 세키가하라전쟁 이후부터 1680년대 전반까지는 유학의 이식기, 그후부터 1740년경까지는 정착기라고 불린다. 뒤이어 유자의 수가 증가하고 유학의 보급이 진척되었는데, 개성 넘치는 저명한 유학자가 배출된 시기는 오히려 도쿠가와시대 전반기였다(와타나베 히로시 2007 : 221~222). 도쿠가와시대 초기에는 주자학이 권위를 가졌는데, 야마가 소코山鹿素行, 1622~1685와 이토 진사이伊藤仁齋, 1627~1705에 의해 송학宋學에서 고학古學으로의 전환이 시도되었다. 진사이는 천도天道와 인도人道를 명확하게 구분하고 궁구할 이理를 물리에 한정하였다. 이토의 사상을 발전시킨 오규 소라이는 군주가 백성을 편안하게 할 수 있다면 도리에 벗어나는 생각도 기꺼이 가져야 한다고 주장하여 정치를 윤리적 속박으로부터 해방시켰다(마루야마 마사오 1995 : 110, 146, 160~161, 197~198).[119] 도리가 아니라 물리에 입각한 다자이의 경제론은 이토 진사이와 오규 소라이의 영향을 보여 준다. 다자이 슌다이는 오규 소라이의 문인

118 다자이 슌다이(太宰春臺)의 저술은 賴惟勤(1972 : 8~56)을 참조하였다.

119 "야마가 소코는 주자학을 공공연히 비판하고, 경전의 본래 뜻으로 돌아가서 자신의 사상을 제시했던 근세일본의 최초의 인물이다. 그렇지만 그의 이른바 성학(聖學)은 방법성 · 체계성에서 진사이의 고의학(古義學), 소라이의 고문사학(古文辭學)에 훨씬 미치지 못한다"(와타나베 히로시 2007 : 232).

가운데 "그의 경학經學이나 정치사상 방면에서의 후계자라 하면 먼저 거론되는" 인물이다(尾藤正英 1972 : 487).

'일본형 중상주의사상의 싹'을 보인 것으로 평가되는 가이호 세이료海保靑陵, 1755~1817는(杉原四郎 · 逆井孝仁 · 藤原昭夫 · 藤井隆至 1990 : 130) 『계고담稽考談』에서 "치세에 이利를 버리면 천리天理가 아니다"고 주장하여 이익 추구를 적극 긍정하였다. 그는 『경제화經濟話』에서 "경제의 일은 크고 많고 또한 넓다"는 것을 전제로 하면서, "무릇 경제의 첫째는 출금과 입금을 함께 보아 아는 것이다"라고 하였다(塚谷晃弘 · 藏竝省自 1970 : 218, 374, 382). 그는 수입과 지출의 균형을 유지함을 중시하였고, 그러기 위해서 지출에서의 검약과 수입에서의 흥리興利가 필요하다고 보았다(藏竝省自 1990 : 97). 이 의미는 '이재'라는 한자어로 집약할 수 있다. 그의 경제 개념은 본질적으로 오늘날 economy에 접근해 있다. 여기에서 훗날 일본인이 political economy나 economics의 번역어로 경제나 이재라는 한자어를 생각해 내는 한 단서를 엿볼 수 있다.

사토 노부히로佐藤信淵, 1769~1850는 상업 진흥을 더욱 적극적으로 주장하고 "번藩 경제의 영역을 넘어 일본 전체의 부를 과제로 삼은 점에서 일본형 중상주의사상"을 성립시켰다고 평가된다. 그는 국부의 원천을 외국무역에서 구하면서 식민지 확보를 주장하였다(杉原四郎 · 逆井孝仁 · 藤原昭夫 · 藤井隆至 1990 : 94, 137~147). 사토는 『경제요략經濟要略』1822의 첫 문장에서 "경제란 국토를 경영하고 물산을 개발하고 관내를 풍요하게 하여 만민을 구제함을 말한다"고 하여 오늘날 경제 개념에 접근하는 정의를 제시하였다. 이어서 그 내용을 구체화하여 "상천上天의 밝은 위엄을 두려워하여 공恭 · 검儉의 두 덕을 닦으며,

따라서 그 국토를 경영하여 힘써 개물開物의 업무를 넓히며, 물화를 풍요하게 하고 제조를 정밀하게 하여 널리 다른 나라에 수출하며, 만물의 경중을 비교하여 토산물을 서로 교환하여 호시互市 · 교역의 이윤을 거두며, 임기응변하여 시무時務를 잘 다스리며, 항상 재화를 경내에 폭주하게 하고 융통하여 국용國用을 넉넉하게 하며, 정령을 엄숙하게 하여 인재를 교육하여 창생蒼生을 잘 기른다"고 설명하였다. 개물이란 "수륙의 여러 물산을 개발하여 경내를 풍요하게 함"을 말한다(尾藤正英 · 島崎隆夫 1977 : 522~524, 535 ; 馬場宏二 2004 : 5).

이처럼 도쿠가와시대 일본에서는 "경제라는 용어가 개념적 · 이념적 정책의 뜻으로부터 실질적인 경제정책이라는 뜻으로 이행하기 시작하는 단서"가 나타났다(竹浪聰 1983 : 3).[120] 조선과 중국에서도 사토처럼 적극적인 경제관이 있었으나, 중국과 조선의 학자에게는 경제의 의미가 자명하여 그것을 새롭게 정의하고 논의할 필요가 없었다. 흥미롭게도 다자이 슌다이와 사토 노부히로는 중국과 국가체제를 달리하는 일본의 현실에 맞는 경세제민론을 모색하는 과정에서 '경제'라는 용어를 체계적으로 논의하면서 새롭게 정의하였고, 그것은 오늘날 경제 개념에 접근하였다. 그렇다고 해도 개국 전 일본에서 '경제'라는 용어가 들어간 저서는 "모두 기본적으로 '경세제민'의 사상을 표현한 것이고" 경제법칙을 다루는 학문으로 나아가지는 않았다(下谷政弘 2014 : 56, 61~63).

120 馮天瑜(2005b : 7~8)도 그러한 점을 지적한다.

한 · 중 · 일 세 국가에서 경제 개념의 진화를 낳은 요인

한 · 중 · 일 세 국가 모두에서 한자어 경제의 개념은 의리에 대해 공리의 비중을 점차 높여서 오늘날 경제의 개념에 서서하나마 접근하여 왔다. political economy뿐만 아니라 한자어 경제의 개념도 진화하여 온 것이다. 이러한 개념의 변화는 시장 발전을 반영하였다고 볼 수도 있다. 중국은 당송변혁기에, 일본은 도쿠가와 시대에 시장이 발전한 사실은 잘 알려져 있다. 조선 중기에도 중국과 일본에는 미치지 못하지만 시장이 성장하였다.

경제라는 한자어가 economy의 번역어로서 경제의 내용에 접근하기 위해서는 '경제'의 담론에서 경제 논의의 비중이 높아지는 데에 그쳐서는 안 되고, 나아가 경제를 부차적 과제인 말末로 간주하는 관념의 변화가 동반해야 한다. 국가를 다스리는 데 경제의 근본적인 가치를 부여한 실학자들이 조선 후기에 나타났으나, 이들은 소수에 불과하였다. 조선 후기에도 지배적인 사상은 여전히 유교도덕에 근본 가치를, 경제에 부차적인 의의를 부여하였다. 중국 명말 · 청 초의 경세치용학은 수준 높은 공리의 경제사상을 포함하였지만, 문호개방 이전에 계승 · 발전되지 못하였다. 그런데 유교사회가 아닌 도쿠가와시대 일본에서는 유교도덕의 공리에 대한 우위가 관철되기는 어려웠다. 그래서 일본에서 '경제'담론은 중국 및 조선보다 훨씬 늦게 출발하였으나, 다자이 슌다이와 사토 노부히로 등의 공리주의적 경제담론은 조선 및 중국과 대등한 수준에 도달하였다. 일본의 경제담론은 유교도덕의 속박으로부터 가장 자유롭고 그 개념을 오늘날에 가깝게 재정의하여 주목된다.

늦게 출발한 일본의 경제사상이 가장 빠르게 발전한 요인을 유교

도덕의 속박으로부터 가장 자유로울 수 있었다는 점에서만 찾아서는 안 된다. 도쿠가와시대 일본이 유학을 잘 흡수한 것은 학문 발달의 토양을 이루었다. 나아가 유학만 편식하지 않고 관자 등 제자백가사상도 충실히 흡수하고 일본의 현실에 맞는 독자적인 경세론을 확립하고자 노력하였으므로, 유학, 특히 주자학을 편식한 조선보다 경제사상의 빠른 발전을 실현할 수 있었다.

문호개방 이후의 19세기 후반 일본이 중국과 조선보다 유럽의 경제학을 더욱 활발하게 도입한 데에는 이처럼 사상적 기반이 다른 점이 작용하였으며, 그 배경에는 정치 · 경제구조의 차이가 있었다. 도쿠가와시대 일본은 무인이 권력을 장악한 중앙집권적 봉건제라는 막번幕藩체제여서 문관 우위의 중앙집권적 군주제인 중국 및 조선과 달리 유교 이념으로 사회를 통합할 수 없었다. 그리고 번 간藩間, 그리고 막부 · 번 간 경제 통합에는 국가적 재분배가 별 역할을 하지 못하고 시장이 중요한 기능을 수행하였다. 그래서 도쿠가와시대에 경제사회가 성립하였다는 주장이 나올 수 있었다(速水融 1973). 일본에서는 중국과 조선보다 경제관뿐만 아니라 경제정책도 적극적이었다. 문호개방 이전 조선시대와 명 · 청시대의 경제정책은 민생안정책을 크게 벗어나지는 못하였으나, 다누마 오키쓰구田沼意次는 1767~1786년 도쿠가와막부의 노중老中으로 있는 동안 중상주의적 정책을 밀고 나갔으며, 18세기에 여러 번은 특산물을 전매하고 상품 생산을 장려하였다.

문호개방 이전 동아시아 경제학의 수준

이처럼 문호개방 이전의 중국, 조선 및 일본에서 경제학이 성립하였지만, 그 '학學'은 법칙을 다루는 이론체계를 갖춘 근대학문의 수준에는 도달하지 못하여서 science로 번역될 수 없다. 그것은 담론discourse 수준이어서 엄밀하게는 경제론으로 표현되어야 할 것이다. 한자문화권에서는 크세노폰의 『오이코노미코스』에 상응하는 가정 · 국가관리의 담론은 있었으되, 아리스토텔레스의 『정치학』과 『니코마코스 윤리학』에 상응하는 수준의 사회학과 인문학이 성립하지는 못하였다. 문호개방 이전의 동아시아에서는 테크네technē 수준의 학술은 존재하였지만, 아리스토텔레스가 말하는 이론적 체계를 가진 지식영역인 에피스테메epistēmē라는 개념, 그리고 그에 상응하는 학문은 성립하지 못하였던 것이다. 고대 그리스어인 테크네에 해당하는 한자어는 기예技藝이다. 이 용어는 이미 중국 전국시대의 『순자』, 『관자』 등의 저술에 나타나며, 기술과 같은 의미였다. 조선시대에도 기예라는 용어는 널리 사용되었다. 정약용의 「기예론」을 보면, 기예란 기본적으로 산업 기술을 의미하였지만 학술과 예술에도 적용되는 용어였다. 테크네에 해당하는 한자어가 있었다는 것은 그에 상응하는 지식체계가 있었음을 보여 준다. 경제지술의 '술'이나 경제지학의 '학'은 모두 테크네art에 상응하는 한자어로 보아야 한다. '술'이라는 표현은 테크네와 마찬가지로 담론의 전문성을 지향하였음을 보여 준다. 일본의 다자이 슌다이가 '경제술'을 의사의 전문성에 비유한 것은 고대 그리스에서 히포크라테스의 영향 아래 의술이 테크네의 전범典範이 되어 헤로도토스의 역사학 등에 영향을 미친 사실(Thomas 2000a : 22, 41, 234, 251~253)에 통하여 흥미롭다.

그리스문명과 근대 유럽문명을 도입하기 이전의 동아시아는 아리스토텔레스가 제시한 정도로 수준 높은 학문 분류체계를 수립하지 못하였다. 아리스토텔레스는 『형이상학』에서 학문의 분과를 인식을 목적으로 하는 이론 활동theoria, 행위를 대상으로 하는 실천적 활동praxis, 그리고 제작制作의 원리를 다루는 제작 활동poiesis으로 분류하였다. 그는 이론학을 "질료質料와 운동으로부터 분리할 수 없는 실체"를 다루는 자연학, "질료와는 분리할 수 없으나 운동과는 분리할 수 있는 것"을 다루는 수학, 그리고 "질료와 운동 양자와 분리할 수 있는 것"을 다루는 제1철학으로 나누었다. 실천학은 그 탐구 대상이 국가인 정치학, 가족인 가정학, 그리고 개인인 윤리학으로 나누고, 제작학은 수사학과 시학으로 나누었다(아리스토텔레스 1983 : 16). 이것은 수준 높은 학문 분류체계로서, 유럽에서도 그로부터 약 2천 년이 지나 애덤 스미스 등에 의해 경제학이 확립되는 18세기에야 그보다 차원 높은 학문 분류체계가 성립하였다.

2. 가정관리론으로서 경제

경세제민론은 본디 국가관리론이었다. 근대경제학이 성립하기 위해서는 국가 차원의 정책론뿐만 아니라 민간 차원의 경제론이 성립해야 한다. 정책론에서는 가치판단이 중시되는 반면, 민간 차원의 경제론은 경제법칙을 다루는 근대학문으로 나아가는 데에 중요한 역할을 할 수 있다. 그런 점에서 economy의 어원인 크세노폰의 『오이코노미코스』가 의미하는 가정관리론에 상응하는 한자어인 가정家政 등의 용어가 일찍부터 사용된 것은 주목된다. 『대학』에서는 이미 가정을 다스리는 제가의 원리가 국가를 다스리는 치국, 곧 경제의 원리와 통한다는 것이 지적되었다. 국國은 가家로 구성되고, 여기에서 국가라는 용어가 나온 것이다.

Part 1에서 언급하였듯이 기원전 4세기 전반에 그리스의 크세노폰은 가정관리론인 『오이코노미코스』를 저술하였고 그후 헬레니즘 시대인 기원전 2세기 말에 politike oikonomia라는 용어가 나타났다. 그 반면 중국에서는 춘추전국시대에 이미 국가관리에 관한 논의와 저술이 활발하였으나, 가정관리론의 출현은 훨씬 늦었다. 경제라는 한자어는 원래 국가관리를 의미하지만, 후에 가정관리에도 적용되었다. 이것을 앞으로 설명해 본다.

고대 그리스에서는 농서農書가 없이 가정경제론이 성립하였으나, 한자문화권에서 가정경제론은 가훈과 농서라는 두 계열의 저술이 발전한 위에서 성립하였다. 중국 가훈 중 다수는 절검節儉을 치가治家의 핵심원칙으로 잡고 있다. 안지추顔之推가 589년경 저술한 중국의 대표적인 가훈은 20편에 달해 크세노폰의 『오이코노미코스』보다 분량이 많으나, 가정경제를 소략하게 서술하는 데에 그쳤다. 가훈은 후손 특정인에 국한되지 않고 후손 일반에 해당하는 규범으로 진전되었으나, 『오이코노미코스』처럼 일반인을 대상으로 하는 담론은 아니었다.

중국에서는 고대 로마의 농학자와 유사한 농가農家가 비슷한 시기에 출현하였다(胡寄窓 1983a : 482). 농서는 대개 농업기술을 위주로 하지만, 가정경제와 국가의 농업관리도 담고 있다. 농서에서 가정경제론은 특정 가문에 국한되지 않는 점에서 일반성을 가졌으나 대개 내용이 소략하였다. 중국의 대표적인 농서를 살펴보자. 532~544년에 편찬된 『제민요술齊民要術』은 「잡설雜說」에서 벼슬을 하지 않으면 농사를 지어야 궁핍하지 않다는 점을 지적하였으나, 가정경제론적 관점의 설명이 소략하다. 1313년 완성된 『왕정농서王禎農書』도 농업기술을 위주로 하였다. 1633년 사망한 서광계徐光啓의 유작인 『농정전서農政全書』에서는 경제적 설명이 상당한 비중을 차지하며, 그것은 국가의 농업관리라는 관점에 입각하였다.

가정경제를 중시하여 다룬 농서류도 있었으니 한나라 말기 편찬된 『사민월령四民月令』은 그 초기 예였다. 명나라 때 책 이름에 '경제'라는 용어가 들어가는 농서로서 『전원경제田園經濟』장사설(張師說) 편집와 『산림경제적山林經濟籍』고응상(顧應祥) 편찬의 출현이 주목된다. 후자를 검토하면 가정경제의 내용은 소략하다. 가훈과 농서의 내용을 결합하여 가정의 물질생활을 풍부하게 다룬 저서도 나왔는데, 그 대표적 저술로 1758년 호위胡煒가 편찬한 『호 씨 치가략胡氏治家略』을 들 수 있다.

조선에서는 이유태李惟泰가 1677년에 작성한 『정훈庭訓』은 안지추의 가훈보다 분량이 훨씬 적지만 더욱 체계적인 가정경제론을 담았다. 이병휴李秉休, 1710~1776는 『정산잡저貞山雜著』「경발삼두회시서후敬跋三豆會詩序後」에서 계부季父 이익의 가정관리원칙이 검약이라는 '치가이검治家以儉'이라는 표현을 남겼다.

나아가 경제를 책 이름에 넣으면서 가정관리를 다룬 저서들이 편찬되었으니 홍만선洪萬選이 1715년에 편찬한 『산림경제』, 유중림柳重臨이 1766년에 편찬한 『증보 산림경제』, 서유구徐有榘가 1830년에 편찬한 『임원경제지林園經濟志』 등을 들 수 있다. 이 저술들은 농업관리를 중심으로 하면서도 가정생활 전반을 다루고 있다. 그런 저술을 '경제'라고 지칭한 점이 주목된다. 여기에서 '경제'는 국가관리론이 아닌 가정관리론인 셈이고, 더 한정하면 산림 또는 임원에 있는 농가의 관리론이 된다. 『산림경제』에서는 농업기술론이 중심을 이루고 경제론이 미약하다. 『산림경제』는 전 4권인데, 『증보 산림경제』는 그보다 내용을 대폭 보강하여 전 14권으로 만들었다. 그중에 가정家政이라는 제명으로 두 권이 새로 추가된 것이 주목된다. 그 첫머리에 "한 집이 잘되고 못 되고는 전적으로 가장에 달려 있으니 그 책임이 무겁지 아니한가"라며 가장이 힘쓸 조강條鋼을 기록한다고 하였다. 이 가정 두 권에는 66개 조강이 있다. 도덕적 수양 · 독서 · 교양 등 가장의 역량을 높이는 조강도 있지만, 가정관리가 대부분을 차지하였다. 역농상力農桑 · 치재용治財用 · 안빈부安貧富 · 거가제용居家制用 등 가정경제에 관련된 조강이 상당한 비중을 차지하며, 가족의 인간관계 · 제사 · 화재와 도적 방지 등의 항목이 있다. 가정 두 권은 크세노폰의 『오이코노미코스』와 비슷한 내용을 담고 있다.

서유구가 『임원경제지』의 강綱을 16지志로 분류한 일차적 기준은 후생이라고 판단된다. 후생을 구성하는 항목은 경제생활, 문화생활, 의료생활, 정신건강 및 사회생활로 구성된다. 『임원경제지』의 내용은 대부분 경제생활에 관련된다. 경제생활을 분류하는 주된 관점은 생산이고, 부차적인 관점은 소비였다. 전체를 경제학으로 규정할 수 있는 유일한 강은 마지막의 『아규지倪圭志』였다. '제용制用'이라는 대목大目의 그 권1에서는 지출의 원칙과 방도를, '화식貨殖'이라는 대목의 권2에서는 수입의 방도를 제시하였다. 권3과 권4도 '화식'으로 명명되어 있는데, 권3과 권4는 수입을 얻는 데에 필요한 정보인 전국의 물산, 장시場市의 개시일과 상품 정보를 수록하였다. 한자문화권에서는 『임원경제지』가 농업기술론과 가정경제론을 종합한 저술로서 가장 체계적이고 풍부한 내용을 담은 것으로 보인다(이헌창 2009 : 59~66). 경제에 관한 내용이 『산림경제』에는 미약한 반면, 『증보산림경제』에는 상당히 나오고 『임원경제지』에는 풍부하고도 체계적으로 제시되어 있다. 한자어 경제가 번역어 경제에 접근한 것이다.

조선에서 가정관리론의 원류라 할 만한 것은 허균이 1610~1618년에 편찬한 『한정록閑情錄』이다. 허균은 『한정록』의 서문과 범례에서 경세제민의 뜻을 펼 수가 없어 산림에 은둔하여 한거閑居할 목적으로 집필하였음을 밝혔다. 16문 중 경제생활에 직결되는 내용은 한거자의 기본 생업인 농업을 다룬 제16문, 그리고 절약의 원칙을 다룬 제7문이다. 1676년 박세당朴世堂은 자신의 농서인 『색경穡經』의 서문에서 "무릇 사士는 벼슬에 나아가면 조정에서 그 도를 행하는데 이들을 군자라 하며, 벼슬에서 물러나 들에서 농사를 지어서 살아가는데 이들을 야인이라 한다"면서, 자신은 벼슬살이로 도를 행하기에 부족하여 『색경』을 저술한다고 하였다.

허균과 박세당이 이처럼 소극적인 자세로 농촌생활을 논술한 것과는 대조적으로 『산림경제』를 집필한 홍만선의 종인宗人인 홍만종洪萬宗은 1718년에 쓴 「산림경제서山林經濟序」에서 "조정에는 조정의 사업이 있으니 이것이 곧 조정의 경제이고, 산림에는 산림의 사업이 있으니 이것이 곧 산림의 경제이다. 처지는 비록 다르지만 경제인 점에서는 같다"고 하여 가정경제론을 적극적으로 평가하였다. 『임원경제지』는 『산림경제』를 그 내용 면뿐만 아니라 가정관리론의 긍정적인 의의를 적극 평가하는 이념 면도 계승하였다. 서유구는 「행포지서杏蒲志序」에서 "일찍이 유학 경전을 연구하는 학문經藝之學에 종사한 적이 있었는데, 말할 만한 것은 옛사람이 벌써 다 말해 버렸으며", 또한 "일찍이 세상을 다스리는 학문經世之學에 종사한 적이 있었는데 처사處士가" 되어 그것이 필요 없게 되었으므로 실용에 이바지할 수 있는 길은 농업기술의 발전을 도모하는 농서의 저술이라고 생각하게 되었음을 술회하였다. 『임원경제지』의 「예언例言」에서도 관리의 '제세지술濟世之術'은 잘 갖추어져 있으나, 비관직자의 경세론非仕官濟世之術에 관한 저술은 『산림경제』뿐인데 그것이 미흡하여 저술한다고 밝혔다. 유럽과 달리 한자문화권에서는 국가관리론이 가정관리론에 앞서 정비되었음을 말해 주고 있다. 이처럼 가정관리에 대해 유학의 정책 이상인 '경제'라는 적극적 의미를 부여한 위에서, 가정관리론을 학적 체계로 정립하여 집대성하려는 노력이 격려를 받을 수 있었을 것이다.

경제학이 political economy의 번역어로 채택되도록 지원한, 한자어 경제의 의미 변화에 관한 이상의 논의를 정리해 보자. 첫째, 한자어 경제가 물질생활에 관한 내용의 비중을 점차 늘려 economy의 개념에 접근하여 갔다. 둘째, '경제학'이라는 용어가 나왔고, 그 분야도 고전학파의 political economy의 내용에 접근하여 갔다. 셋째, 한자어 경제는 원래 국가관리를 의미하였지만 가정관리라는 의미로도 사용되기에 이르렀다. 국가관리에서는 정치문제가, 가정관리에서는 경제문제가 중요하기 마련이다. 그래서 국가뿐만 아니라 가정의 관리도 '경제'의 일환으로 보는 것은 한자어 경제가 economy의 개념에 접근하는 것이었다. 『임원경제지』라는 저서명은 한자어 경제의 이러한 진화의 최종 국면을 보여 준다. 물론 당시 경제의 담론이 경제법칙을 논하는 데에 이르지는 못하였다.

3. economy 개념과 유사한 여타 한자어

평준, 화식, 식화 및 재용

Part 2와 Part 3에서 언급하였듯이 일본에서 political economy의 번역어로서 처음 경제학이 채택되었지만, 한자어 경제학이 이 학문의 성격과 잘 맞지 않아 일본과 중국에서 번역어의 많은 대안이 나왔다. 경제라는 한자의 의미가 economy 개념에 접근해 왔지만, 근대경제학이 처음 유입되는 19세기 후반에도 양자 간 개념 차는 가볍지 않았던 것이다. 사마천이 기원전 91년에 완성한 『사기史記』는 기전체紀傳體의 원형을 제시하여 "서양에서는 비교적 근래에 이르기까지 견줄 수 없을 정도로 높은 수준"의 역사서였는데(페어뱅크 · 라이샤워 · 크레이그 1991 : 87), 그 권30은 경제정책을 다룬 「평준서平準書」이고, 그 권129는 민간경제를 설명하고 이재 능력을 발휘한 인물을 수록한 「화식열전貨殖列傳」이다. 「평준서」에 의하면, 기원전 110년 상홍양桑弘羊은 평준관을 두어 물가가 비쌀 때에 조세나 구매 물자를 각지에 공급하여 물가를 고르게 하고, 또한 값쌀 때 사들여 비쌀 때에 팔기를 제안하여 무제의 허락을 얻었다. 상홍양은 이처럼 공간적 · 시간적 재분배와 시장 개입의 정책을 통해 물가 상승을 억제하는 것抑天下物을 평준으로 정의하였다. 사마천이 다양한 경제정책을 다룬 서명書名을 물가안정책인 평준에서 따온 것은 근대적 경제사상의 싹으로 평가하고 싶다.[121] 기원전 55년 전후에 경수창耿壽昌의 제안으로 쌀을 쌀 때에 사서 비쌀 때에 파는 상평창常平倉이 설치되었음은 기원후 90년경에 반고班固가 편찬한 『한서漢書』의 「식화지食貨志」에 나온다. 상평은 평준의 물가안정책을 지속적으로 추진한다는 의미로 풀이하면 될 것이다. 1678년 조선 정부는 동전 주화를 상평통보로 명명하였는데, 주화의 발행으로 물가를 안정시켜 서민의 경제생활을 보호하겠다는 정책 이념을 그 명칭에 담았다.

『한서』에서 기전체가 정착하고 그 「식화지」는 경제제도와 경제정책을 종합적으로 서술하였는데, 이후 중국의 역사서도 식화지라는 대분류 항목 아래 해당 왕조의 경제를 다루었다. 이로써 보건대 중국인은 고대부터 오늘날 경제에 해당하는 범주를 가지고 있었다. 이 범주를 표현하는 대표적인 한자어는 식화였고, 조선인도 그런 개념을 받아들였다. 『한서』의 「식화지」는 두 권으로 되어 있으나

121 박기수 · 이경룡 · 하원수 · 김경호는 『사기』의 「평준서(平準書)」와 「화식열전(貨殖列傳)」, 그리고 『한서』의 「식화지(食貨志)」를 역주하여 『중국 고대 사회경제사』(청어람미디어, 2005)로 출간하였다.

세목의 분류가 없다. 『한서』의 전통을 계승한 후대의 역사서에 나오는 「식화지」는 내용이 풍부해지고 세목으로 분류되었다(박기수 · 이경룡 · 하원수 · 김경호 2005 : 34~36). 1679~1739년에 걸쳐 편찬된 『명사明史』의 「식화지」는 모두 6권인데 그 세목은 호구戶口, 전제田制, 부역賦役, 역법役法, 조운漕運, 창고倉庫, 염법鹽法, 다법茶法, 전초錢鈔, 갱치坑治, 상세商稅, 시박市舶, 마시馬市, 상공채조上供採造, 채조採造, 시탄柴炭, 주지珠池, 직조織造, 소조燒造, 봉향俸餉, 회계會計로 되어 있다.[122] 이러한 중국 역사서의 전통을 도입하여 조선 정부가 1451년에 완성한 『고려사』는 고려왕조의 경제제도와 경제정책에 관한 포괄적인 내용을 '식화지'라는 제목 아래 정리하였다. 『한서』의 「식화지」에서 '식'은 곡식 등 먹는 것, 그리고 '화'는 입을 수 있는 것과 화폐라고 정의되어 있다. 결국 '식화'란 화폐를 포함하는 재화를 말한다. 그런데도 중국사에서 식화가 "기본 경제활동에 관련된 재정 · 정책을 가리키고 민간경제를 식화로 표현한 예는 거의 없다"는 것은(斯波義信 2012 : 138) 『한서』 「식화지」의 전통을 따른 것으로 보인다. 「식화지」에서는 재화가 "국가를 다스리고 인민을 편안히 하는 근본治國安民之本"이라고 했다. 식화는 '화식'과는 달리 민간의 관점을 결여한 한계점을 가진다.

Part 3에서 언급하였듯이 평준, 화식 및 식화를 량치차오가 『신민총보新民叢報』 제3호1902에서 political economy의 번역어 후보로서 다음과 같이 검토한 적이 있다. 『한서』에 보이는 식화는 이 학문의 대상인 재화를 포괄하고는 있으나 그 학문의 주체를 가지고 있지 않다.

122 박원호 · 양종국 · 노기식 · 김성한 · 이석현 · 권인용은 『명사(明史)』의 「식화지」를 역주하여 『명사식화지 역주』(소명출판, 2008)로 출간하였다.

『관자』에 나오는 '경중輕重'이 가장 적합하기는 하나 지금 전혀 통용되고 있지 않다. 『논어』와 『사기』에 나오는 '화식貨殖'은 '사부私富'에 치우치고 정치적 함의를 가지지 않는데, political economy는 공공의 재부財富를 중시하는 개념이다. 량치차오는 『사기』에 나오는 평준이 사회 전체에 이익을 가져다주는 제도가 아닌 점에서 한계를 가지나 인민의 이익을 균등하게 하려는 뜻을 가지고 있고 잘 알려진 장점을 가진다고 보아 채택하였는데, 얼마 후 이 번역어도 포기하였다. 당시 량치차오는 국가를 주체로 하여 경제를 이해하려고 하는 유학사상의 한계를 극복하지는 못한 것으로 보인다. 이처럼 식화는 번역어로서 거론되기는 하였으나 사용된 적이 없었는데, 탕칭쩡唐慶增은 『서경』의 「홍범洪範」에 나오는 '식화'이정二政이 오늘날 경제 지식을 의미한다고 했다(唐慶增 1975 : 19). '식화'이정은 재화의 생산 · 분배 · 소비, 그리고 그 유통에 대한 국가관리를 의미한다. 제임스 스튜어트James Stuart는 political economy가 국가의 다양한 욕구를 충족하는 기술이라고 정의하였는데, 이 개념에 가까운 한자어는 '식화'이정으로 보인다. 식화는 경제학의 범위를 한정하는 데에는 강점을 가진 용어이지만, 한자어 경제는 경제학의 이상을 그것보다 더 잘 설명하는데, 앞으로 다룰 이재는 경제학의 원리를 잘 설명한다.

후대에는 국가의 경제제도와 경제정책을 식화가 아닌 다른 용어로 표현하기도 했다. 1770년 조선 국가는 중국의 『통전通典』과 『문헌통고文獻通考』를 주로 참조하여, 역대 한국의 문헌을 모아 정리하고 분류하여 『동국문헌비고東國文獻備考』를 편찬하였다. 모두 1백 권인데, 경제 항목은 권63~73에 모여 있다. 권63~66의 전부고田賦考는 토지 · 조세제도를, 권67~70의 재용고財用考는 국가의 재정 운용과 화폐제도를, 권71의 호구고戶口考는 호구와 노비를, 권72~73의 시적고市糴考는 경제생활의 안정에 긴요한 시장과 기근 대책을 다루었다. 1808년 조선 국가는 국가 정무에 참조할 내용을 체계화한 『만기요람萬機要覽』을 편찬하면서 「군정 편」과 「재용 편」으로 나누었는데, 국가재정을 중심으로 하는 경제정책에 관련되는 항목을 '재용'이라는 용어로 포괄하였음을 알 수 있다. 조선시대에 통치자들은 국가재정과 국가정책 차원이기는 하지만 경제를 독자적으로 보는 관념을 가졌던 것이다.

부국안민과 생계

1862~1865년 네덜란드로 유학하여 일본인으로는 처음으로 경제학 등 근대학문을 배운 니시 아마네는 경제학을 '부국안민富國安民의 학술'로 인식하였다(大久保利謙 1981 : 137). Part 3에서 언급하였듯이 중국에서는 부국학과 부국양민책富國養民策이라는 번역어가 나왔다. 스미스는 『국부론』에서 "경제학이… 인민과 국가 모두를 부유하게 하려는 것이다"[123]라고 하였다. 한자의 '국國'은 원래 좁은 의미로는 조정, 넓게 보면 왕실과 관부官府를 포괄하는 개념이고, 부국은 국가재정의 충실화를 의미한다. 그런 점에서 안민부국 또는 부국안민은 부국보다는 고전학파 경제학의 내용에 더욱 접근하는 한자였다. 유학의 경제 목표는 민생을 안정시키고 그런 다음 국가재정을 충실하게 하는 안민부국으로 집약된다. 안민과 부국의 목표는 이미 『논어』

123 "Political economy… proposes to enrich both the people and the sovereign."

에 제시되어 있어서 유가에게 애용된 용어였다. 스미스의 political economy는 국민nations의 부를 탐구하는 것이고, 국민의 부는 노동생산성에 뒷받침된 인민의 소비 수준을 의미하였다. 그런 점에서 안민부국은 스미스의 wealth of nations의 개념을 충분히 담지는 못한다. 그런데 한자어에서 원래 국과 민民은 양립하는 개념이나, 국이라 할 때 민을 포괄하는 개념으로도 사용되고, 부국이라 할 때 인민의 부를 포괄하는 경우가 나타났다(이헌창 2007a : 159~163).[124] 중국에서 부국학이라는 번역어가 상당한 지지를 받은 것은 이러한 개념 진화에 힘입었기 때문이다. 그래도 부국이 국민의 부라는 개념으로 전환하기에는 이르지 못하여, 부국학이 번역어로서 널리 확산되는 데에 제약을 받았을 것이다. 부국양민은 두 용어를 병렬한 점에서 번역어로서 채택되기에 단점을 가졌다.

Part 3에서 언급하였듯이 중국에서는 량치차오 등이 생계生計를 번역어로 삼자고 주장하였다. 마셜은 경제학이 개인적 · 사회적 차원에서 물질적 복지의 달성에 관련된 일상적인 인간사를 연구한다고 정의하였는데, 여기에 접근하는 한자는 생계로 보인다. 생계라는 용어는 근대학문이 도입되기 이전과 이후에 별로 달라지지 않았다. 그것이 번역어로서 확산되지 못한 것은 학문적 함의를 가지기에는 지나치게 평이한 의미를 담기 때문이 아닌가 생각된다. 그것은 물질적 복지에 통하는 개념이나 물질적 복지의 증진을 탐구한다

124 박상섭(2008 : 112~116)에 의하면, 조선왕조시대에는 국가를 왕실이나 개인 군주로 일체시하는 표현은 거의 나오지 않았고 왕가와 국가를 구별해야 한다는 논의가 활발하였으며, 유형원의 『반계수록』과 정약용의 『경세유표』에서는 공동체 전체로서의 국가라는 용어가 사용되었다.

는 마셜 정의의 적극적인 의미를 담고 있지는 않다.

생계가 경제생활 전반을 말한다면, 가계家計는 가정경제, 국계國計는 국가경제에 가까운 용어였다. 앞으로 언급하겠지만 량치차오와 같은 시기 중국에서 활동한 옌푸嚴復는 이러한 생계, 가계, 국계 등을 포괄적으로 다루는 학문이라는 의미의 계학計學이라는 용어를 창안하여 economics의 번역어로 삼고자 했다.

이재

Part 1에서 언급하였듯이 라이어넬 로빈스Lionel Robbins의 『경제과학의 성격과 의의에 관한 소론』1932에 의해 economics가 희소한 자원의 효율적 관리를 다룬다는 현대적 정의가 확립되었는데, 이 신고전학파의 정의에 통하는 이재理財가 일본과 중국 모두에서 번역어의 유력한 후보로 부상한 적이 있었다. 이재는 "재정 운용을 말하고 특히 수지를 개선하는 것을 말한다"(斯波義信 2012 : 1). 그것은 민간이 재화를 효율적으로 관리한다는 의미로 확장되기도 했다. 그 예로 앞으로 언급할 '치산이재治産理財'를 들 수 있다. '이재'는 『역경易經』「계사하전繫辭下傳」에 이미 나온다. 여기에서는 이재를 사람을 모으는 방도로 보면서 '의義'에 연결되는 행위로 파악하였다. 『역경』에서는 이익의 추구가 점占을 판단하는 최종 목적의 하나였고(溝口雄三 · 池田知久 · 葉坦 2001 : 114), 그 「건괘문언전乾卦文言傳」에서는 "이익은 의의 조화로운 상태이다利者義之和也"라고 하였다. 그 반면 『대학』「전문傳文 제10장」에서는 재용에 힘쓰는 위정자는 의를 해치는 소인이라고 규정하였다. 송나라 때에 왕안석은 부국강병을 위해 이재를 적극 추구하였던 반면, 사마광司馬光 등의 구법당舊法黨은 이재 추구를 경계하였다. 중국과 조선의 관념적인 논의에서는 후자의 관점이 우세하였던 반면, 실제의 재정 운용에서는 이재가 중시되었다. 조선시대에 왕안석을 간신의 표본으로 보는 관점이 지배적이고 중국보다도 이재를 부정적으로 보는 관점이 우세하였다. 『명사明史』「식화지」의 첫머리에 "대저 농업 생산을 강화하고 지출을 절약하는 것은 이재의 핵심이다. 명나라 이재의 방도가 처음에는 성공하였으나 마침내 실패한 까닭의 그 본말을 조목조목 따져 각 편에 기록하였다"[125]고 했다. 국가의 경제제도와 경제정책을 포괄하는 개념은 식화이지만, 그 관리원칙은 이재라는 개념에 집약되는 것이다.

Part 1에서 언급하였듯이 아리스토텔레스는 인간생활에 필요한 물품을 획득하여 가정 운영에 필요한 기술인 chrematistike를 긍정적으로 보았던 반면, 이윤을 추구하는 상행위 등의 kapelike를 부정적으로 보았다. 유학자도 전자에 통하는 개념인 민생 안정의 경제를 긍정적으로 본 반면, 후자에 상응하는 개념인 이재를 부정적으로 보아 흥미롭다. 전근대에 발달한 문명권의 경제사상은 공통적으로 윤리적 성격이 강한 것이다. 경제사상의 근대적 전환이란, 이기심에 입각한 경제합리주의를 윤리적 제약으로부터 해방시키는 것이라고 볼 수도 있다. 오늘날 경제학의 정의는 한자어 경제나 oikonomikē보다는 이재나 chrematistike에 더 가깝지만,[126] 긍정적 가치를 가지는 경제나 oikonomikē가 학문 명칭으로 채택된 것 또한 흥미롭다.

125 "夫彊本節用 爲理財之要. 明一代理財之道 始所以得 終所以失, 條其本末 著於篇."
126 方維規(2008 : 199)는 19세기 유럽에서 political economy라는 명칭의 대안으로 제시된 chrematistics를 이재학으로 번역하는 것이 적합하다고 보았다.

생재, 치생, 치산 및 치부

생재生財도 경제행위를 포괄적으로 표현하는 용어로 널리 사용되었다. 『대학』「전문 제10장」에 의하면, "부를 창출하는 데에 큰 방도가 있으니, 생산자가 많고 먹고 노는 사람이 적으며 생산을 빨리 하고 소비를 천천히 하면 재화는 항상 풍족할 것이다"[127]라고 했다. 『조선왕조실록』에 '생재'가 196번 검색될 정도로 그 논의가 활발하였는데, 이익은 『곽우록藿憂錄』「생재」에서 그 내용을 구체화하였다. 즉 생산자를 늘리는 방안生衆은 사대부가 벼슬에 드는 길을 적당히 줄이고 노비를 줄이는 방법을 확정하고 중, 도사, 광대 따위를 생산에 종사하도록 유도하는 것이다. 놀고먹는 인구를 줄이는 방안食寡으로 필요 없는 관직의 축소를 제안하였다. 생산을 빨리 하는 방안爲疾은 농사철에 노동력을 징발하지 않으며 개간하고 전지를 다듬고 둔전을 하는 것이다. 소비를 천천히 하는 방안用徐은 검소함을 숭상하고 사치를 막는 것이다. 이규경李圭景, 1788~1860은 『오주연문장전산고五洲衍文長箋散稿』 권32 「여번박개시변증설與番舶開市辨證說」에서 유구琉球 · 남양南洋과 해상 교역을 통해 민부民富를 증진하자는 이지함李之菡, 1517~1578의 주장이 최고의 '경제생재지책經濟生財之策'이라고 평가하였다(이헌창 2003 : 233). '경제생재지책'은 경세제민을 도모하는 생재의 방책이라는 의미이니, 현대어로 '경제책'으로 번역될 수 있다. 일본에 유학한 중국인이 1903년에 편찬한 근대 개념어 사전인 『신이아新爾雅』에서는 생재의 개념을 좁혀서 생산에 해당하는 용어로 풀

127 "生財有大道, 生之者衆. 食之者寡, 爲之者疾, 用之者舒, 則財恒足矣."

이하기도 하고, 재화의 교환 · 생산 · 저장을 포괄하는 용어로 보기도 했다(汪榮寶 · 葉瀾 1903).

생재는 국가의 경제관리 차원에서 거론되었지만, 가정경제의 관리에 해당하는 용어로서 치생治生 또는 치산治産이 있다.[128] 이것들은 번역어로 거론된 적이 없다. 『사기』의 「화식열전」에 의하면, 기원전 5세기에 범려范蠡는 자신을 중용한 월왕越王 구천句踐이 와신상담의 공업을 이룬 후에 정계를 떠나 가산家産을 경영하고 물자를 쌓아 두었다治産積居 하며, 기원전 4세기 인물인 백규白圭가 이재에 능하여 천하 사람이 '치생의 원조治生祖'라고 하였다. 치산이나 치생은 같은 의미로서 가산을 잘 관리함을 말하여 이재에 통하는 개념이다. 그래서 치산이재라는 용어가 사용되었는데, 순암 안정복順菴 安鼎福은 1759년 동생과 아들에게 남긴 글에서 "치산이재를 가정이 면할 수 없다治産理財, 是有家之所不免"고 했다.[129] 이재는 주로 국가의 관점에 입각해 있지만, 사적 가정에도 적용된 것이다. 앞에서 언급한 것과 같이 17세기 중국의 장리상張履祥은 농사일을 최우선으로 삼아 치생을 목적으로 하는 경제학을 지향하였다.

한자문화권에서 최초의 경제학 소개서인 『치부신서致富新書』에 사용된 '치부'는 전통적으로 널리 사용된 용어였다. 치부는 국가 차원보다는 개인 차원에 적용되는 용어였다. 『단종실록端宗實錄』 즉위년 1452 12월 7일을미에 나오는 유수留守 민심언閔審言의 졸기卒記에 의하면,

128 趙靖 · 石世奇(1993 : 4)는 중국 전근대의 경제관리문제에 관한 사회적 차원의 논의를 '부국지학(富國之學)', 민간 가정 차원의 논의를 '치생지학(治生之學)'으로 불렀다.

129 『順菴先生文集』 卷14, 雜著, 「示弟鼎祿, 子景曾遺書 己卯」.

"성질이 인색하고 화식만을 오로지 일삼아서 치부하였다審言性吝嗇, 專事貨殖, 致富"고 했다. 치부는 화식과 통하는 말이며, 조선시대에 부정적인 의미로 사용되는 일이 많았다.

도쿠가와시대의 『경제요략』에서 경제의 개념에 중요한 기여를 한 사토 노부히로는 1844년 『치부소기致富小記』라는 책을 집필하였다. 그 「자서自序」에 의하면, 사토는 "25정보의 황무지를 개발하고 초목을 심어 치부의 업業을 창설함을 강명講明하였다." 그 본문 첫머리는 "무릇 경작의 업을 창설하고 초목을 심어 치부의 가산을 일으키려는 자"에 대한 충고로부터 시작한다. 사토가 사용한 '경제'는 오늘날 경제정책에 가까운 개념이라면, 치부는 민간의 경제행위에 통하는 개념이다. 여기에서는 치부가 긍정적인 의미로 사용되었다. 이 『치부소기』는 1881년 다시 간행되었다.

이용후생

경제학의 현대적 정의가 재화와 서비스의 생산·소비를 위한 자원의 효율적 관리를 통해 후생복지의 증진을 도모하는 학문이라면, 그 대상인 경제를 가장 잘 표현하는 한자어는 이용후생利用厚生이다. 이용후생은 『서경書經』 「우서 대우모虞書 大禹謨」의 "禹曰 於帝念哉 德惟善政 政在養民 水火金木土穀 惟修 正德利用厚生 惟和"에서 나온다.[130] 채침蔡沈은 1209년 완성한 『서경집전書經集傳』에서 이용이란 공

130 '정덕이용후생(正德利用厚生)'이 나오는 「대우모(大禹謨)」는 『위고문상서(僞古文尚書)』에 있는 것으로 동진시대의 위작이라 할 수 있다. 그렇지만 '정덕이용후생'과 그 전후 구절은 『춘추좌

업기술과 상업을 발전시켜 인민의 경제활동을 효율적으로 도모함을 말하고, 후생이란 의식주를 풍족히 하여 생활수준을 향상함을 의미한다고 풀이하였다.[131] 후생은 물질생활을 넉넉히 하는 것을 중심으로 하지만, 의술을 통한 건강의 증진, 그리고 문화적으로 풍요로운 삶을 포함하는 개념이다. 결국 이용후생은 오늘날 용어로 기술, 경제 및 문화를 포괄한다. 문화적 재화와 서비스의 생산과 소비, 그리고 효율적인 기술의 선택도 경제행위에 해당하므로, 이용후생은 번역어 경제에 매우 가까운 용어이다. '이용'이 되면 '후생'은 도모된다. 정덕正德과 이용후생이 도모되면 경세제민이 실현되니, 한자어 '경제'는 도덕의 '정덕'과 경제의 '이용후생'을 포괄한다. 18세기 후반 조선에서는 기술과 시장의 발전을 통해 생활수준을 향상하고 부국을 도모하자는 실학자들이 이용후생의 구호를 내세웠다. 이용후생학파 중 박제가의 개념 사용에 관해서는 다음에 설명한다.

Part 1에 언급하였듯이 앨프리드 마셜은 경제학이 "후생에 필요한 물질의 획득과 사용에[132] 밀접히 연계된 개인적 · 사회적 행위"를 조사한다고 정의하였는데, wellbeing은 후생으로 번역될 수 있고 'the attainment and the use of the material'은 이용과 같은 의미이니, 이용후생은 마셜의 경제학 정의에 부합한다. 이용후생은 국가정책의 관점으로 사용될 수 있을 뿐만 아니라 민간의 경제행위에 바

전』 노나라 문공 7년(B.C. 620)의 기록에서 진의 대부 극결(大夫 隙缺)이 '하서왈(夏書曰)'이라고 하여 『상서』를 인용하면서 조선자(趙宣子)에게 한 말 가운데 있는데, 지금의 「대우모」는 위서를 지은 자가 『좌전』을 인용한 것이다.

131 "利用者 工作什器 商通貨財之類 所以利民之用也. 厚生者 衣帛食肉 不飢不寒之類 所以厚民之生也. …通功易事 以利其用 制節謹道 以厚其生."

132 "With the attainment and with the use of the material requisites of wellbeing."

로 적용될 수 있는 점에서도 economy에 잘 통할 수 있는 개념이다. 1870년 제정된 일본의 대학규칙에는 이용후생학이라는 수업 과목이 있었으나, 이용후생은 유력한 번역어로서 거론되지 않았다. 번역어는 두 글자를 이상적으로 하는데, 이용후생은 네 글자라는 약점을 가졌기 때문일 것이다. 게다가 마셜의 정의가 나온 『경제학원리 *Principles of Economics*』의 제1판은 1890년에 출간되었던 데다가 이 개념의 중요성이 인식되는 데에 상당한 시간이 필요하였을 것이다.[133]

이상으로 보면 애덤 스미스의 political economy 정의에 가까운 한자어는 안민부국, 마셜의 economics 정의에 가까운 한자어는 이용후생, 그리고 희소한 자원의 합리적 관리라는 로빈스의 정의에 가까운 한자어는 이재였다. 경제학은 전문 과학으로서 발전하여 가면서 그 정의가 변하였는데, 중상주의 · 중농주의학파 정도의 체계를 갖춘 경제학이 성립하지 못한 동아시아에서 이러한 한자어들이 출현한 사실은 흥미롭다. 물론 개념의 형태적 유사성은 있지만, 그 분석적 내용에서는 큰 격차가 있었다. 그 점은 박제가의 부국론과 애덤 스미스의 국부론을 비교하면서 설명할 것이다.

경제라는 한자는 고전학파의 political economy와는 다소 통하는 바가 있지만, 자원의 효율적 배분이라는 신고전학파의 economics

133 김우균(金雨均)은 와다가키 겐조(和田垣謙三)의 저서를 번역하여 1908년 출간한 『경제원론』의 「예언(例言)」에는 "학도로 하여금 그 이용후생의 사상을 조금 함양하여"라는 번역의 취지가 나오고, 유승겸(兪承兼)이 저술하여 1910년 출간한 『최신 경제교과서』의 「예언」에는 "인민 이용후생에 관한 도리와 국가재정경리에 관한 방법을 나타내어"라는 취지가 나온다(李基俊 1997 : 78, 93). 19세기 후반과 20세기 초에 구미의 경제학을 접한 한자문화권의 지식인들은 그것이 이용후생사상에 관련된다고 보았던 것이다.

와는 거의 관계가 없다. 이보다 political economy나 economics와 더욱 가까운 의미를 가진 이재와 이용후생이 번역어로서 고려되었음에도 불구하고, 경제가 번역어로서 결국 선택된 것은 흥미롭다. Part 2~4에서 언급한 것처럼 한 · 중 · 일의 엘리트는 신학문을 통해 국가의 부강을 도모하고자 하였는데, 그러한 이상을 경제가 더 잘 표현하였기 때문일 것이다. 경제라는 한자어는 유교의 정책 이념을 폭넓게 담았는데, 그 경제적 목표는 안민부국이나 이용후생으로 집약된다.

4. 박제가의 경제학 개념들과 경제사상[134]

박제가가 사용한 경제학 개념들

박제가朴齊家, 1750~1805는 문호개방 이전의 동아시아에서 누구보다 경제원리를 예리하게 파악하여 조선의 부국을 도모하는 탁월한 방도를 제시한 『북학의北學議』를 저술하였다. 박제가는 자신의 경제사상을 한자어 개념에 의거하여 전개하였는데, 그중 political economy의 번역어에 해당하는 용어를 어떻게 사용하였는지 살펴본다. economy의 번역어로 등장한 것 중에 한자문화권에서 가장 널리 사용된 한자어는 단연 '경제'였는데, 박제가가 남긴 저술에서는 경제가 11회, 같은 의미의 한자어인 경세가 5회 나옴이 확인된다. 박제가는 27세

134 이헌창(2013b)에 수록된 내용을 요약하였다.

때인 1776년에 쓴 자기소개서인 「소전小傳」에서는 "어려서는 문학을 배우더니, 장성해서는 경제학술을 좋아하게 되었다"[135]고 했다. 박제가의 주저主著인 『북학의』는 시장과 기술의 발전을 통해 인민 생활수준의 향상을 도모하려는 정책론이었던 데에서 알 수 있듯이, 박제가가 20대부터 논하기를 좋아한 경제학술은 오늘날 의미의 경제정책론을 중심적인 내용으로 삼았다. 이러한 점에서 박제가는 경제 개념이 economy에 접근하도록 진화하는 데에 한몫을 하였다. economy에 꼭 맞는 한자어를 갖지 못한 한자문화권의 지식인들은 박제가처럼 경제라는 한자어를 이해하고 체득한 다음 나아가 오늘날 의미의 경제에 뜻을 두게 되었던 것이다.

박제가의 저술에서 이용후생은 4회 나오는데, 한 번은 『북학의』에 대한 박지원朴趾源, 1737~1805의 서문에서이다. 박제가의 저작을 검토하면, 자신의 학문적 지향으로서 '경제'라는 용어를 즐겨 사용하다가 1778년 완성한 『북학의』의 서문에 "이용과 후생 중 하나라도 소홀하면 위로는 정덕을 해친다"[136]라고 하여 이용후생이라는 용어를 처음 저작집에 남겼다. 박지원도 1780년 중국을 다녀온 여행기인 『열하일기』의 「도강록渡江錄」에서 "이용한 후에야 후생이 이루어질 것이고, 후생이 이루어진 후에야 덕을 바르게 할 수 있다"[137]고 했다. 그는 또한 1781년 『북학의』 서문에 "이용후생의 도구가 갈수록 곤궁해지고 있다"[138]고 했다. 박제가와 박지원은 다 같이 첫 중국

135 "幼而學文章之言, 長而好經濟之術."
136 "夫利用厚生一有不脩, 則上侵於正德."
137 "利用然後可以厚生, 厚生然後正其德矣."
138 "至於利用厚生之具, 日趨於困窮."

여행 직후에 그들의 학문적 지향을 이용후생으로 집약하였던 것이다. 달리 말해 그들은 경제의 포부를 이용후생으로 구체화한 것이다. 그래서 이들의 공부 그룹은 이용후생학파라고도 불린다.

앞에서 언급하였듯이 『서경』에는 '정덕이용후생'으로 나와 있어서 '정덕'을 우선 과제로 삼았음을 알 수 있다. 통치자는 도덕을 바르게 잡은 다음에 이용을 도모하여 후생을 실현해야 한다는 것이다. 이러한 순서는 유학의 표준적인 관점이다. 유학의 체계를 잘 보여 주는 『대학』에 의하면, 도덕이 근본인 '본本'이고 재화는 지엽말단인 '말末'이라고 했다. 당연히 본을 먼저 힘쓴 다음 말을 추구해야 하는 것이다. 유학은 수기치인修己治人의 학문이라고 하는데, 수기가 본이고 치인이 말이어서 자신을 도덕적으로 수양한 다음 남을 다스려야 한다고 보았다. 치인에서는 도덕적 교화가 근본 과제이고, 재화를 다루는 경제적 과제는 부차적인 과제였다. 그런데 이용후생학파는 이용후생의 경제적 과제가 정덕이라는 도덕 과제보다 우선한다고 보았다. 박제가는 이러한 주장을 뒷받침하기 위해 『북학의』 서문에서 "인민이 많아졌으니 부유하게 해주고, 부유해졌으니 가르쳐야 한다"는 공자의 말, 그리고 "옷과 식량이 넉넉해야 예절을 안다"는 관중의 말을 덧붙였다. 이용후생학파는 외국 선진문물을 학습하는 북학을 통해 이용후생을 도모하고, 이용후생사상에 의거하여 북학을 하였던 점에서 북학파라고도 불린다.

이용후생은 오늘날 용어로 기술, 경제 및 문화를 포괄한다. 박제가가 사용한 용어로 기술은 '기예', 문화는 '문명'에 접근하는데, 경제에 꼭 맞는 한자어는 없었다. 일반적으로 후생의 중심 내용을 경제생활로 보는데, 박제가는 경제적 후생을 한층 중시하였다. 그는

「농잠총론農蠶總論」에서 빠르게 생산하는 것 곧 생산성의 향상이 이용이고, 의복과 식량이 넉넉한 것 곧 생활수준의 향상이 후생이라고 보았다.[139] 박제가는 이용후생이 자원을 효율적으로 사용하고 생활수준을 향상하는 것이라고 정의함으로써 오늘날의 경제 개념에 더욱 접근시켰다. 박제가는 '경제'라는 용어를 즐겨 사용하다가 『북학의』의 지향을 그보다 구체적인 내용의 '이용후생'으로 잡게 되었는데, 이것은 경제문제를 더욱 중시하게 되었음을 드러낸다. 박제가는 중국 여행을 통해 조선의 빈곤을 절감한 후 가난이 문화를 위축시키고 범죄를 증가시킨다고 인식하게 되었기 때문이다. 그는 『북학의』「병오소회丙午所懷」에서 기하학에 밝고 이용후생의 방도에 정통한 서양인을 초빙하여 과학 · 기술을 배우면 경세의 인재가 풍부해질 것이라고 하여, 경제와 이용후생이라는 두 용어를 연계시켰다.

political economy의 번역어로서 경제학과 가장 치열하게 경합한 한자어는 이재학인데, 박제가의 저술에서 이재는 1번 나온다. 박제가는 『북학의』의 「재부론財富論」에서 "이재를 잘하는 사람은 위로는 천시天時를, 아래로는 지리적 이점을 잃지 않고 가운데로는 사람을 잘 활용한다"고 하면서 그 내용을 구체화하였다. "밭 갈고 씨 뿌리는 방법이 잘못되어 비용이 많이 들었는데도 수확이 적다면 이것은 지리적 이점을 놓치는 것이다"라고 한 데에서 드러나듯이 비용과 편익을 분석하였다. "기구의 이용은 이익을 위주로 하는데, 남들이

139 "我國, 都城數里之外, 風俗已有村意. 蓋其衣食不足, 貨財不通, 學問喪於科擧, 風氣限於門閥. 見聞無由而博, 才識無由而開也. 若是而已, 則人文晦而制度壞, 民日衆而國日空. 故書曰 '正德利用, 厚生惟修.' 大學傳曰 '生財有大道. 爲之者疾.' 疾之云者, 用之利也. 生之厚者, 衣食足也"(『北學議』「農蠶總論」).

하루에 할 일을 나는 한두 달 걸려 한다면 이것은 천시를 잃는 것이다"고 한 데에서 드러나듯이, 효율을 추구하여 편익을 높이자고 하였다. "상인이 교역을 하지 않고 놀고먹는 자들이 날로 많아진다면 이것은 사람을 활용하지 못하는 것이다商賈不通, 遊食日衆, 是失人也"라고 한 데에서 알 수 있듯이 기회비용을 고려하였다.[140] 박제가가 이재를 한 번만 사용하고 그것도 '이재를 잘하는 방도善理財者'라고 기술한 것은 이재에 대해 당시의 부정적인 관념을 의식하였기 때문일 것이다. 종래 이재는 국가재정을 확충한다는 의미로 주로 사용되었고, 그래서 인민에 대한 수탈을 초래할 수 있는 점에서 우려되었다. 박제가는 이재의 개념을 국가재정의 관점에서 벗어나 민간경제의 효율화를 설명하는 데에 사용한 점에서 중요한 기여를 하였다. 이재에 대한 이러한 설명에서 드러나듯이 박제가가 제시한 경제개혁론의 원칙은 비용·편익 분석을 통해 효율을 추구하는 경제합리주의였다. 한자문화권에서 박제가식으로 이재 개념이 진전되었더라면, political economy의 번역어로서 이재학과 경제학의 경합 양상이 달라졌을지도 모른다.

『대학』「전문 제10장」에 나오는 '생재'는 유학 경제사상의 핵심 용어 중 하나이다. 박제가는 『북학의』의 「농잠총론」에서 『대학』에 나오는 생재의 방도가 이용후생을 실현한다고 인식하였다. 빠르게 생산하는 것, 곧 생산성의 향상이 이용이고, 의복과 식량이 넉넉한

140 "善理財者, 上不失天, 下不失地, 中不失人. 器用之主利, 人可以一日, 而我或至於一月二月, 是失天也. 耕種之無法, 費多而攻少, 是失地也. 商賈不通, 遊食日衆, 是失人也. 三者俱失, 不學中國之過也"(『北學議』「財富論」).

것 곧 생활수준의 향상이 후생이라고 보았는데, 생산성 향상의 이용이 바로 생재의 큰 방도라는 것이다.

평준이 물가안정책이라는 정의는 『사기』의 「평준서」에 나오고 량치차오가 political economy의 번역어로서 그것을 거론한 바 있음은 앞에서 언급하였다. 『북학의』 내편 「거車」와 「진북학의 편進北學議篇」의 「거구칙車九則」에서는 "만약 유안劉晏, 718~780이 잘 달리는 사람을 대기해 놓았던 것처럼 한다면, 사방의 물가는 수일 내로 고르게 조정될 것이다"[141]고 했다. 유안은 조운漕運, 염법鹽法, 세제 및 상평常平의 네 방면에서 뛰어난 경제 업적을 세운 당나라의 고위 관료였다. 그는 상평과 조운을 통한 물가 안정을 중요한 정책 목표로 삼았다(胡寄窓 1978 : 389~400). 박제가는 유안의 업적 등을 참조하여 평준의 개념을 교통의 발전을 통해 시장 통합을 도모하는 정책론으로 발전시켰다. 중국의 수레 기술을 배우자고 주장하는 「거」와 「거구칙」에서 박제가는 산골 사람이 아그배를 담가서 식초를 얻고 그것을 소금이나 메주의 대용으로 사용할 정도로 가난하였는데, 그것은 수레가 없어서 재화가 잘 유통되지 못해 물가의 지역 간 편차가 심하기 때문이라고 단언하였다. 박제가는 교통의 낙후가 물자의 지역적 편재偏在와 가격 차를 낳고, 그럼으로써 소비생활이 악화되고 산업이 위축된다고 인식한 것이다. 교통의 발달로 거래 비용이 절감되면, 유통이 활발해지고 물가가 평준화되어 소비자가 이익을 보고 생산이 촉진되어 생산자도 이익을 보게 되는 것이다. 그래서 그는 수레 사용 등 교통 개선책을 적극 주장하였다. 이것은 '교통 발달→시장

141 "若如劉晏之置善走者, 則四方物貨之貴賤, 可以平準於數日之內矣."

통합→자원의 효율적 배분→후생의 증대'라는 경제원리를 훌륭하게 파악한 내용이다. 중국의 역사서에 나오는 평준은 정부의 물가정책인 반면, 박제가는 교통과 시장의 발전을 통해 물가를 고르게 하자고 주장함으로써 평준을 시장 통합이라는 의미로 이해하였다. 문호개방 이전에 중국 고대의 평준사상을 박제가보다 더 발전시킨 인물을 찾기는 어려울 것이다.

박지원은 조선의 산업이 위축된 것은 사士가 실학을 하지 않은 탓이라고 보았다. 사의 학문은 농상공의 이치를 겸하고, 그 세 산업은 사의 학문을 기다린 다음에 이룩되니, 사가 명농明農 · 통상 · 혜공惠工의 이치에 관한 실학에 종사하여 농공상업을 진흥해야 한다고 주장하였다.[142] 흥미롭게도 박제가의 저술에 명농, 통상 및 혜공이라는 용어가 모두 나온다. 그런 점에서 사가 명농 · 통상 · 혜공의 이치에 관한 실학에 종사하여야 한다는 생각은 이용후생학파가 공유하였던 것으로 보인다. 중국과의 해로무역을 역설한 『북학의』 「통강남 · 절강상박의通江南浙江商舶議」의 첫머리에는 "우리나라는 영토가 작고 인민이 가난하므로, 지금 힘껏 농사짓고 어진 인재를 기용하고 상업을 원활하게 하며 공업에 혜택을 줌으로써通商 · 惠工 국가의 이익을 모두 개발하여도 부족할까 걱정되니, 반드시 원격지 상업에 종사하여야 재화가 증식되고貨財殖 온갖 쓸 만한 물건이 만들어진다"[143] 라는 구절이 나오는데, 통상과 혜공이 나라의 이익을 잘 개발하는

142 『課農小抄』 「諸家總論」.

143 "我國, 國小而民貧. 今耕田疾作, 用其賢才, 通商惠工, 盡國中之利, 猶患不足. 又必通遠方之物而後, 貨財殖焉, 百用生焉."

방도라고 인식되고 있다. 국내뿐만 아니라 멀리 외국과 교역하는 것이 재화를 증식하는 일이라고 하였는데, 화식貨殖은 평준과 더불어 『사기』의 편명으로 나온다.

박제가의 경제사상과 경제정책론

박제가는 1786년 정조에게 제출한 정책건의안인 「병오소회丙午所懷」에서 "우리나라의 큰 병폐는 가난입니다. 가난을 무엇으로 구제할 것인가 하면 중국과 바다로 통상하는 길뿐입니다"[144]라고 하였다. 박제가가 제시한, 조선의 가난을 극복하는 기본 방도는 해로무역의 육성과 더불어 중국 등의 선진기술의 도입이었다. 이것은 당시 조선의 경제 발전을 도모하는 탁견으로 판단된다. 이 글에서 군자로 간주되는 사족에게 상업을 장려하여 "날로 이익을 추구하게 하여使之日趨於利" 놀고먹는 폐단을 없애자고 제안하였는데, 박제가는 이익 추구의 경제적 동기를 유교도덕으로부터 해방하고자 하였다. 그는 『북학의』 「시정市井」 및 「말리末利」에서 우물의 비유를 통해 소비시장의 확대를 통한 생산의 자극, 나아가 국부의 증진을 주장하였는데, 여기에서 우물, 곧 소비시장이 마르지 않도록 역할을 하는 주된 원천은 국제무역이었다. 그는 조선에서 검소함의 지나친 숭상이 시장을 위축시키고 기술 발전을 저해한다고 보아, 사치를 무조건 배격하고 검소함만을 고집하는 당시 보편화된 가치관을 비판하였으며, 소비시장의 확대를 통해 생산의 자극과 기술의 발전을 도

144 "當今國之大弊曰貧. 何以救貧, 曰通中國而已矣."

모하자고 주장하였다. 여기에서 소비가 시장과 기술의 발전을 촉진한다는 뛰어난 인식이 제시된 것이다. 박제가는 외국무역의 활성화를 기본 동력으로 하여 기술의 발전과 생산의 확대를 도모하고자 하였다. 『관자』와 『사기』의 시장에 관한 이해 수준이 높았음을 Part 7에서 언급하겠는데, 문호개방 이전의 동아시아에서 박제가보다 그것을 더 진전시킨 사람을 찾기는 어렵다. technology의 번역어로서 기술에 해당하는 한자어인 '기예'는 박제가의 저술에 자주 나온다. 검소함을 숭상하기보다 윤택한 삶인 후생을 추구하는 박제가는 가난과 검소를 개념적으로 구분하였으며, 사치와 검소로 양분하는 당시 보편화된 소비관을 극복하자고 했다.

박제가는 기술 발전과 시장 확대로 경제성장을 이루고, 그것을 통해 생활수준의 향상과 재정의 충실화를 도모하는 부국론을 제시하였다. 지금의 경제학 용어로 표현하면, 박제가의 부국론은 애덤 스미스처럼 경제성장을 통한 1인당 소득의 향상을 주된 목표로 삼았던 것이다. 박제가의 이러한 경제사상을 잘 표현하는 용어가 이용후생이다.

박제가가 이렇게 진전된 부국론을 내세울 수 있었던 것은 도덕의 왕도王道와 공리의 패도覇道를 변증법적으로 종합하였기 때문이다. 유교의 정책론은 위민과 민본을 중시하였지만, 이재의 경제합리주의를 경시하였기 때문에 경제안정책을 넘어서는 유효한 경제발전책을 제시할 수 없었다. 그 반면 관자의 패도는 공리의 경제합리주의에 입각하여 경제 발전에 유효한 정책론을 풍부하게 산출할 잠재력을 가졌으나, 군주와 국가가 인민에 우선하는 점에서 유교에 비해 약점을 가졌다. 박제가는 「전사견민田舍遣悶」에서 "앉아서 왕도와 패도를 담론하기는 쉽지만 당장에 쌀과 소금을 마련하기 어렵네"라고 하였는데, 왕도와 패도의 오랜 논쟁이 생산적이지 못하고 경제대책이 근본적으로 중요함을 지적한 것이다. 앞에서 언급하였듯이 박제가는 『북학의』 서문에서 패도를 추구한 대표적인 인물인 관중의 "의식이 풍족해야 예절을 안다"는 말을 인용하였다. 박제가는 이용후생을 도모하여 인민의 가난을 구제한다는 투철한 위민의식에 입각하면서도 『관자』 이상으로 공리의 경제 합리주의사상을 발전시켜 국리민복의 부국에 유효한 대책을 제시할 수 있었다. 문호개방 이전 동아시아가 성취한 최고의 경제정책론이라고 평가하고 싶다. 그는 국리민복의 부국책을 토대로 하는 강병책을 제시한 점에서 왕도와 패도를 차원 높게 종합하였다.

박제가가 애덤 스미스의 『국부론』에 제시된 내용에 접근할 정도로 진전된 국리민복의 부국론을 제시하였다고 해서, 저자가 박제가와 애덤 스미스의 학문 수준을 대등하게 보는 것은 아니다. 『국부론』에서는 한 나라 국민이 연간 소비하는 생활필수품과 편의품이 후생의 수준인데 그것은 1인당 연간 생산물에 의해 결정되며서문, 노동생산성을 증진하는 최대 요인은 분업이며제1장 분업은 시장의 크기에 의해 제한된다고제3장 하여, 국부의 개념과 결정 요인을 이론적으로 제시하였으며 그 밖에 중요한 경제이론이 다수 등장한다. 그 반면 『북학의』에서는 국부에 대한 개념 규정이 명확하지 않고 분석적인 이론이 없다.

박제가는 이용후생, 이재, 평준 등의 한자어에 분석적 의미를 부여함으로써 경제학 개념사에 기여하였다. 나아가 이러한 개념들을 활용하여 경제사상을 풍성하게 하였다. 이러한 사례는 박제가가 소속된 한자문명권이 유럽에서 먼저 창출한 political economy 등의 근대 개념들을 잘 이해하여 번역어를 만들어 내고 근대학문을 발전시킬 역량을 갖추었음을 보여 주는 한 증거였다.

Part 6

이슬람세계와 인도에서의 경제학 개념의 번역

1. 이슬람세계에서의 번역어

경제의 번역어 iqtiṣād와 tadbir al-manzil의 유래

오늘날 이슬람세계에서는 아랍어, 이란어, 터키어, 그리고 말레이인도네시아어가 사용된다. 아랍어를 사용하는 국가는 22개이다. 이슬람교도라면 누구나 번역서 없이 원전으로 보는 『쿠란』은 표준 아랍어이다. 아랍세계에서는 영어의 원뜻에 맞는 아랍어를 번역어로 사용해 왔다. 유럽에서는 가정관리, 나아가 국가관리에 해당하는 말로부터 political economy라는 용어가 성립하였고, 중농주의학파 · 고전학파의 political economy의 개념을 가지지 못한 아시아의 한자문화권과 인도는 그 번역어로 이 학파들이 성립하기 이전의 political economy 개념에 해당하는 용어를 찾았다. 그와 달리 아랍어에서는 통치술을 의미하는 siyāsiah라는 용어를 '정치'로 번역하고 그 대신 '절약하기'라는 뜻을 가진 이크티솨드iqtiṣād를 economy의 번역어로 사용한다. economics는 ilm al-iqtiṣād, 경제학과는 qism al-iqtiṣād로 번역된다. ilmi는 '학문', qism은 '학과'라는 의미이다. 이크티솨드는 이란어에서도 같은 형태의 단어이고, 터키어에서는 iktisat라는 형태를 유지한다. 같은 이슬람세계의 말레이인도네시아어에서는 ėknonomi라 하여 영어 원어의 형태를 갖는다.

오늘날 economy의 번역어로는 이크티솨드 외에 타드비르tadbir도 있다. 두 단어는 뉘앙스의 차이가 있다. 이크티솨드는 가능한 한 최소의 비용을 가장 중요한 것에만 지출하는 것임에 반해, 타드비르는 돈을 관리하며 적재적소에 필요한 돈을 지출하는 행위를 말한다. 타드비르는 주로 일상의 대화에서 쓰인다. 이크티솨드는 그보다 격식을 갖춘 용어이며, 타드비르가 쓰이지 않는 기관이나 관공서 등에도 쓰여 더욱 넓게 사용된다. 두 용어를 차례로 설명하겠다.

이크티솨드의 원형이 되는 동사 카사다qaṣada는 '가다, 지향하다, 목적하다, 절약하다' 등의 뜻이 있는데, 전치사에 따라 각각 뜻이 달라진다. 카사다의 능동분사형인 카시드qāṣid는 '평이한, 쉬운, 경제적인' 등의 뜻이다. 그 파생동사인 이크타사다iqtaṣada는 '중용을 취하다, 주저하다, 절약하다' 등의 뜻이다. 이크타사다의 동명사형이 이크티솨드인 것이다. 그 능동분사형은 무크타시드muqtaṣid이다.

7세기 중엽 편찬된 『쿠란』에는 이크티솨드의 어원에 해당하는 무크타시드라는 단어가 두 번 나오는데, 이는 이슬람 신자도 비신자도 아닌 신앙적으로 어중간한 상태의 사람을 말한다. 중세 이슬람세계의 유명한 사상가인 알가잘리Abū Ḥāmed Al-Ghazālī, 1058~1111의 주저 중에는 『믿음의 중용*Al-Iqtiṣād fil-I'qtiād* · *The Golden Mean in Faith*』라는 신학서가 있다. 여기에서는 초기 이슬람 선구자들의 견해를 제시하면서 어느 한쪽에 치우치지 않는 중도적 입장이 올바른 믿음이라고 했는데, 무크타시드와는 달리 이크티솨드는 긍정적인 가치를 부여받게 되었다. 나아가 알가잘리는 소비 등 경제행위에서도 중용의 원칙에 높은 가치를 부여하였는데(Ghazanfar 2000), 중용적인 소비를 이크티솨드로 표현한 것 같지는 않다. 그에게 영향을 준 아리스토텔레스는 『니코마코스 윤리학』에서 중용의 원칙을 중시하였는데, 그것을 소비 및 분배적 정의와 같은 경제적 영역에도 적용하였다(Spiegel 1991 : 30). 1167년에 사망한 알콰리즈미Muhammad ibn Abi Qasim al-Baqali Al-Khawarizmi의 *Kafi tarajim al-a'ajim tafsir mufradat al-Quran*, 1267년에 사망한 알아즈ibn Abd al-Salam Al-Azz의 *Qawaid al-Ahkam*, 1327년에 사망한 알파이유미Ahmad ibn Muhammad ibn ali Al-Faiyumi의 *Al-Misbah al-Munir* 등에 의해 이크티솨드iqtiṣād는 오늘날의 의미를 부여받게 되었다. 유명한 이슬람 종교학자인 이븐 카임 알자우지야Ibn Qayim Al-Jauziya, 1292~1349는 그의 저서 『정신*al-Ruh*』에서 이크티솨드를 과도한 낭비와 극도의 절약 사이에서 중용을 취하는 적절한 소비행위로 정의하였다. 그것은 공정함과 지혜로움에서 비롯된 축복받은 성품인 반면, 인색함은 생각이 없고 올바르지 못한 정신에서 비롯된 수치스럽고 비난받을 성품이라고 평가되었다(Hammad 2008).[145] 중세 기독교에서 economy는 '완전한 질서'나 '신의 섭리'를 의미하였는데(重田園江 2003 : 85), 이슬람교에서도 이크티솨드가 축복받은 자질로 평가되어 흥미롭다. 이븐 만수르Ibn Manzur가 이전의 5종 사전을 종합하고 이를 보충하여 1290년에

145 Hammad(2008)는 중세 이슬람 법학서에서 추출한 금융 · 경제용어사전이다.

완성한 고전 아랍어 사전인 *Lisān al-'Arab*는 아랍어에 관한 가장 유명하면서 가장 포괄적인 사전이다.[146] 이 사전명은 아랍인의 혀, 즉 언어라는 뜻이다. 이 사전에서는 이크타사다가 '올바른 일을 하다'라는 뜻으로 풀이되어 있으나, 이크티솨드라는 동명사 자체는 나오지 않는다.[147] 오늘날 의미의 이크티솨드는 장기간에 걸친 점진적인 진화를 거쳐 알자우지야의 『정신』에서 완전한 형태를 갖춘 것으로 보인다.

타드비르는 이크티솨드와 더불어 economy의 번역어로 사용되는데, tadbir al-manzil은 고대 그리스어 oikonomia의 번역어였다. 7세기 이슬람교가 흥기한 이래부터 14세기경까지 이슬람권은 경제 · 과학 · 기술 · 문화에서 뛰어난 성취를 이루었다. 아바스왕조Abbasids, 750~1258는 성립 초기부터 1000년경까지 많은 그리스 책을 아라비아어로 번역하였다. 그것은 이슬람권의 학문과 과학의 발달에 이바지하였다. 알파라비Abū Naṣr Muḥammad ibn Muḥammad al-Fārābī, 872~951는 『정치학』, 『니코마코스 윤리학』 등 아리스토텔레스의 여러 저술의 주석서를 편찬하여 이슬람세계에서 아리스토텔레스를 계승한 인물이자 무슬림 최초의 위대한 철학자로 평가되는 인물이다. 그가 처음 가정관리라는 의미의 oikonomia를 tadbir al-manzil로 번역한 것으로 보인다. 그는 가정관리를 국가관리와 같은 정치적 기능을 가지고 그 목적은 구성원의 복지 향상이라고 보았다(Essid 1987 : 84~85 ; Fakhry 2002 : 9 ; 코르방 1997 : 214~215). 이슬람학자들은 가정관리의 학문을 발전시

146 http://en.wikipedia.org/wiki/Ibn_Manzur.

147 Manzur, Ibn(1955~1956/1993~1994), *Lisān al-'Arab* 2, Dar Sadir, Beirut, 12권, p.113.

켰는데, 11세기에 뒤마쉬키는 가정관리의 학문을 상업세계에 적용하여 세계적 수준의 상업 저서인 『상업의 공덕功德』을 저술하였다(加藤博 2005 : 137~138).

10세기 페르시아의 철학자이자 역사학자인 이븐 미스카와이Abu 'Ali Ahmad ibn Muhammad ibn Ya'qub Ibn Miskawayh, 932~1030는 『니코마코스 윤리학』을 '윤리학 강의'로 번역될 수 있는 *Tandhib al-akhlāq* Cultivation of Ethics라는 이름으로 번역하였다. akhlaq는 '습관', 그 복수형인 khulq는 '도덕'을 의미하며, tahzib는 '세련되게 하다'는 뜻이다. 이 책은 이슬람세계에서 윤리학에 관한 최초의 주요한 업적으로 평가된다. 『니코마코스 윤리학』은 페르시아의 코라산왕국에서 성장한 과학자이자 철학자인 투시Nasir al-Din Tusi, 1201~1274에 의해 새롭게 번역되고 각색되었다. 이 책의 제2장의 명칭이 가정관리라는 의미의 타드비르인데, 그것은 oikonomia의 번역어이다.[148] 이크티솨드와 마찬가지로 타드비르도 『쿠란』에 나오지 않지만, 이 동명사의 동사원형인 dabbara가 나온다. 그것은 '숙고하다, 수행하다'라는 의미이다.

오스만제국의 사상가 키날리자데Kinalizade, 1510~1572는 철학을 이론적 철학과 실용적 철학으로 분류하였다. 전자에는 신학, 수학 및 자연과학이 있다. 후자는 개인의 관리인 윤리학, 가정의 관리인 경제학, 그리고 국가의 관리인 정치학으로 분류된다. 이러한 분류법은 물론 고대 그리스에서 유래하였다. 그는 가정경제로 번역될 수 있는 ilm tadbir al-manzil이라는 학문의 목적이 상하층계급 생계의 지침을 제시하는 것으로 보았는데, 이것은 오스만터키 경제사상의 핵

148 박명규 교수를 통해 마나 키아(Mana Kia) 교수의 가르침을 받은 내용이다.

심적 개념 중 하나였다. 이 저술의 대부분은 투시 등으로부터 나왔다(Ermiş 2013 : 13, 26～27, 81～83).

근대에서의 번역

무슬림은 고대 그리스 학문을 능동적으로 흡수하였으나, 그들을 통해 12세기부터 그리스 학문을 받아들여 학문과 문명을 더욱 높은 수준으로 발전시킨 유럽에 대한 반응에서는 그러하지 못하였다. 오스만터키의 지배층은 1683년 비엔나 공격에 실패하여 1699년 카를로비츠조약을 체결한 이후 유럽을 탐색 · 모방할 가치가 있다고 보게 되었으나, 능동적으로 유럽문명을 흡수하는 데에 성과를 거두지 못하였다. 1870년대부터 지중해 동쪽의 이슬람세계는 자본주의세계 시장에 깊게 편입되었다. 1881년 프랑스는 튀니지를 장악하였고, 1882년 영국은 이집트를 점령하였다. 이러한 사건들은 이슬람세계의 개혁을 긴급한 과제로 부상시켰고, 영국의 이집트 점령 이후에는 아랍 민족주의가 대두하였다. 많은 지식인에게 유럽의 개념과 제도를 조사하여 보급하는 일은 개혁의 기본 과제였다. 유럽문명의 강력한 충격 가운데 이슬람세계는 al-nahda로 표현되는 문화부흥기를 맞았다. 무슬림은 아랍어와 그 역사를 열심히 탐구하였고, 중세 이슬람 개념이 근대 유럽 개념과 양립할 수 있음을 의식적으로 보여 주고자 하였다. 번역은 무함마드 알리Muhammad Ali, 1805～1848의 통치 아래 시작되어 유럽 작품들이 아랍어로 번역되었다. 신문, 소설 등에서는 새로운 글쓰기 양식이 채택되었다. 1860～1870년대에 신문이나 정기간행물이 큰 역할을 하기 시작하였고, 유럽의 문화 · 과학 · 기술에 관한 책들이 출간되었다. 그러한 가운데 개념 변형이 이루어지기도 하였다. 부스타니Butrus al Bustani가 최초의 근대 아랍어 사전인 *Muhit al-Muhit*1867~1870를 편찬하였다. 이 사전에는 아직 political economy의 번역어가 없으나, 19세기의 문화부흥기에 유럽의 근대경제학이 도입되면서 al-iqtiṣād al-siyasi는 political economy의 번역어가 되었다. siyasi는 politics로 번역되며 tadbir al-manzil과 비슷한 의미이다. al-iqtiṣād al-siyasi에서 al-siyasi를 뺀 al-iqtiṣād는 economy의 번역어가 되었다. 1876년 베이루트에서 발간된 정기간행물인 *Al-Muqtataf*는 유럽의 근대적 개념과 사상을 전파하는 선구적 역할을 하였다. 카이로로 발행지를 옮긴 이 정기간행물을 통해 1880년대 중엽부터 이집트에서 근대경제학의 논문들이 출간되기 시작하였고, 그러한 가운데 economy라는 개념은 부富와 그 생성을 의미하게 되었다. 이후 근대경제학에 대한 이해가 심화되었다(Khuri-Makdisi 2014 ; Bashkin 2015 ; 후라니 2010 : 536~537).

이슬람세계가 고대 그리스어를 번역한 경험은 근대 유럽어의 번역에 자산으로 작용하였음이 분명하다. 게다가 중동에는 프랑스어, 영어 등 유럽어를 잘 아는 지식인들이 있었다. 유럽문명의 충격을 받은 19세기 후반에 akhlaq에 관한 문헌이 활발히 출간되었다. 오늘날 아랍어로 윤리학은 Ilm al-Ikhalaqiya이다. 아클라크akhlaq와 이클라키야ikhalaqiya는 모두 『쿠란』에 나오는 '창조하다'라는 의미의 원형 칼라카khalaqa에서 파생한 동사를 명사화한 것이다. 윤리라는 고대 그리스어를 번역한 아클라크가 현대 아랍어가 되었다. 고대 그리스어 oikonomia의 번역어인 타드비르는 오늘날 economy의 번역어가 되었으나, 그보다는 이크티솨드가 더 널리 사용된 것은 흥미롭다.

절약하면서 향유하는 중용적인 소비라는 의미의 이크티솨드는 이슬람종교의 덕목도 나타내어 더욱 애용된 것으로 보인다.

12세기 이후 이슬람세계를 통해 고대 그리스의 학문에 접한 서유럽은 그리스의 개념을 발전시켜 고전학파의 political economy, 그리고 신고전학파의 economics라는 근대학문을 확립하고, 그 학문에 합당한 개념을 만들었다. 그러한 과정에서 Part 1에서 살펴보았듯이 economy는 가정관리→국가관리→오늘날 경제라는 의미로 진화하였다. 이슬람세계는 oikonomia를 tadbir 또는 tadbir al-manzil로 번역하였는데, 국가관리에 해당하는 용어는 tadbir al-mundun이다.

고대 그리스어 문헌을 번역한 일이 없는 동아시아와 인도에서는 political economy의 번역어로 국가관리에 해당하는 용어를 찾았던 반면, oikonomia의 번역어를 가진 이슬람세계는 가정관리에 해당하는 용어를 정하였다. 이슬람세계에서도 국가의 경제적 기능에 관한 수준 높은 담론이 있었으나, 유목사회인 아랍세계에서는 부족이 사회생활에 강한 힘을 발휘하지 못하였기 때문에, 국가관리라는 용어가 한자문화권이나 인도에서만큼 영향력을 가지지 못하였는지도 모르겠다.

2. 인도에서의 번역어

인도의 초대 총독인 워런 헤이스팅스Warren Hastings는 인도문화에 깊은 관심을 보여 1782년 벵골아시아학회Asiatic Society of Bengal를 창설하게 했으며, 이 학술기관은 산스크리트학문의 중심지가 되었다. 산스크리트는 남아시아와 동남아시아의 전통시대에 권위 있는 언어였다. 1823년에는 영국인 주재관으로 구성된 국민교육위원회가 설립되어, 그 건의에 따라 산스크리트대학이 설립되고 인도 고전과 아랍어 및 페르시아어 작품들이 출판되었다. 당시 영국 정부의 목적은 영어 교육과 서양 학문의 전파도 포함하였으니, 번역어가 상당수 나타났을 것이다. 윌리엄 벤팅크William Bentinck 총독의 인도 개혁 중 가장 중대한 과업은 영어 교육의 도입이었다(조길태 2000 : 362~373). 인도총독부는 일반적으로 토착어에 관심이 약하였을 뿐만 아니라 인도인 근대 선각자는 영어 교육을 희망하였고, 네루 등 국민의회의 지도자들도 영어를 중시하였다. 인도는 독립한 후에 산스크리트어를 육성하였다. 그래서 토착 언어학의 발전이 지연되고 영어의 번역 사업이 활성화되지 못하였다.

인도의 민족주의는 영국의 식민지 지배에 대한 저항감뿐만 아니라 이슬람교로부터 정체성을 지키려는 힌두교의 노력 가운데에서 성립하였다. 영국의 식민지가 되기 전 인도에는 다양한 토착어가 있었는데, 식민지화된 후 북부 인도에서는 힌두 엘리트와 이슬람 엘리트가 동일한 언어를 다른 두 문자로 표기하였다. 힌두교도가 사용한 언어는 오늘날 인도의 공식 언어인 힌디Hindi가, 이슬람교도가 사용한 언어는 파키스탄의 공식 언어인 우르두Urdu가 되었다. 두 나라로 나뉘기 전 인도에서 이슬람교도는 아랍어와 페르시아어를 많이 차용하였는데, 1900년까지 우르두어의 공식적인 문자는 페르시아어였다. 그러한 가운데 1860년대부터 힌두교도들은 토착어를 사용하려는 논의를 시작하였다. 처음부터 힌디어 사용 운동은 힌두교도의 정체성에 연계되어 있었고, 아랍어와 페르시아어를 추방하여 가능한 산스크리트어 원어를 많이 사용하는 것이었다. 그에 대한 이슬람교도의 전략은 가능한 아랍어와 페르시아어를 많이 사용하는 것이었다. 이러한 과정에서 힌디어와 산스크리트어의 분화가 확고해졌다.[149]

149 박명규 교수가 참여한, 2009년 베를린에서 열린 국제개념사 세미나에서 발표된 Mohinder Singh, "The 'Social' in the Late Nineteenth Century Hindi Vernacular Discourse : A Conceptual Historical Analysis"라는 논문을 참조하였다.

힌디어의 사용과 그 번역 사업을 촉진하려는 인도인의 노력이 기울여지는 가운데, 그 중요한 성과는 아프테Vāman Shivrām Āpṭe가 1884년 출간한 『영어 · 산스크리트어 사전』이었다. 이 사전은 산스크리트어를 사용하기 위한 많은 제안을 담았을 뿐만 아니라 그것에 해당하는 영어도 수록하였다. 1893년에는 힌디어의 보급을 촉진하는 기구인 Nagari Pracharini Sabha Society for Promotion of Nagari가 발족하여, 1929년에는 권위 있는 힌디어 문학사뿐만 아니라 대형 힌디어 사전인 *Hindi Shabd Saagar* Ocean of Hindi Words를 간행하였다. 아프테의 1884년 사전은 political economy에 해당하는 번역어로서 arthashastra 등을 제시하였다. 아프테의 사전은 economy에 해당하는 산스크리트어를 제시하지 못하였으나, agriculture와 livelihood로 번역되는 vartta를 수록하였다(Kartunen 2014 : 88). vartta는 량치차오가 economy의 번역어로 사용한 생계로 번역될 수가 있다. vartta는 『아르타샤스트라*Arthashastra*』라는 저서에 나오는데, 후에 economy의 번역어로 사용되기도 했다. 1880년대와 1890년대에는 인도의 민족주의가 대두하면서 힌디어로 공적 담론을 하는 사람이 늘었고 경제문제가 중심적인 논의를 이루었으나, 힌디어의 공적 담론에서 경제 개념이 성립되지는 못하였다.[150]

『아르타샤스트라』는 마우리아제국B.C. 321~B.C. 185의 초대 수상인 카우틸랴Kautilya의 저술로 알려져 있으나, 기원전 4세기~기원후 3세기에 걸쳐 현존하는 텍스트로 만들어졌다고 보는 것이 통설이다.

150 박명규 교수가 참여한, 2010년 다마스커스에서 개최된 국제개념사 세미나에서 발표된 Mohinder Singh, "The Social and the Economic in Hindi Vernacular discourse (1870-1920)"라는 논문을 참조하였다.

그것은 12세기까지 영향력을 발휘하다가 그후 사라졌는데, 샤마사스트리R. Shamasastry가 1904년에 그것을 발견하여 1909년 출간하고 1915년 영역본을 냈다. 이 저서는 현명한 군주를 위한 통치술로서 정치, 산림관리 · 관세 · 복지 등의 경제정책, 군사전략 등을 다루었다. artha는 정치와 경제를 포괄하는 다양한 의미를 가지고 있어서, arthashastra는 '정치학the science of politics', '부와 복지의 학문the science of wealth and welfare' 등으로 다양하게 번역되는데, 저자가 선호하는 번역은 라마스와미T. N. Ramaswamy의 '국가관리술the science and art of statecraft'이다(Kautilya 1992 : 15, 21, 100 ; Thapar 2002 : 52, 184~185 ; Ramaswamy 1962 : 1). 라마스와니는 『아르타샤스트라』가 science이면서 art라고 하였으나, 그것은 동시기 중국의 경제에 관한 저술과 마찬가지로 사회과학의 수준에 도달하지 못한 담론의 체계로서 art라고 보아야 한다. 아르타샤스트라라는 용어는 정치, 외교, 경제, 행정 등을 포괄하는 국가관리에 관한 담론이라는 점에서 한자문화권의 '경제'담론과 기본적으로 같은 성격이다. 한자어 '경제학'의 원래 의미를 영어로 풀이하면, discourse on statecraft이며 더 현대적인 용어로는 political economy도 포함하는 politics라고 할 수 있다. 저명한 경제학자인 아마르티아 센Amartya Sen은 『아르타샤스트라』가 "경제학이라는 제목과 비슷한 무엇인가를 갖고 저술된 첫 번째 책이라고 거의 확신"하였다(센 1999 : 21). 『아르타샤스트라』가 성립할 당시까지 이 정도로 경제정책론을 종합적이고 체계적으로 제시한 저술은 중국의 『관자』뿐이지 않은가 생각된다. 그런데 유럽 근대문명의 영향을 받기 이전 인도에서 국가관리론을 체계적으로 제시한 유일한 저술이 『아르타샤스트라』라고 평가되는 데에서 알 수 있듯이(Ramaswamy 1962 : 1), 그후 인도의 경제담론은 중국과 달리 활성화되지는 못한 것으로 보인다.

센이 『아르타샤스트라』에 대해 "국가 경영에 대한 계산논리적 접근이 두드러지게 나타나 있다"고 보았던 데에서 드러나듯이(센 1999 : 21) arthashastra는 부를 중심으로 하는 물질생활을 중시한 공리주의적 개념이다. 그런 점에서 이 용어는 한자어 '경제학'보다도 political economy 개념에 더욱 잘 통한다. 앞에서 언급하였듯이 중세 유럽에서 economy의 어원은 항상 긍정적 가치를 가졌고 기독교에서 economy는 '완전한 질서'나 '신의 섭리'를 의미하였다. 이슬람 경제관의 특징은 종교적 윤리관에 기반을 두고 중용을 추구하는 것인데(정수일 2006 : 207~208), 이크티솨드는 '중용적인 소비'라는 의미이며 종교적 덕목인 개념이다. 경제라는 한자어는 유교의 정책 이상을 나타낸다. 그에 반해 『아르타샤스트라』는 마키아벨리적 정치공학의 요소를 가지고 있어서 인도에서 도덕적 비난을 받기도 했다.[151]

political economy 내지 economics의 산스크리트 번역어가 인도 고대의 국가관리론을 집대성한 『아르타샤스트라』로 정해진 데에는 힌두교도의 정체성을 찾으려는 의도가 작용한 것으로 보인다. 식민지 인도의 저명한 시인이자 이슬람 철학자인 이크발Muhammad Iqbal, 1877~1938은 첫 번째 저서로서 경제학 연구라고 번역될 수 있는 *Ilm Al-Iqtiṣād*를 1903년에 출간하였다. 그가 자라고 활동한 펀자브 지방에서는 페르시아어의 영향을 받은 우르두어를 사용하는 가운데 아랍어인 이크티솨드를 차용하였던 것이다. 이크발이 economy의

151 Boesche(2005)는 비슷한 시기에 만들어진 『한비자(韓非子)』와 『아르타샤스트라』 모두 정치적 현실주의(political realism)를 잘 정리한 이론이라며 높이 평가하였다.

아랍어 번역어를 사용한 저서를 출간한 것은 힌두교도가 economy의 힌디어 번역어를 찾도록 자극하였을 것이다. 그러한 가운데 『아르타샤스트라』라는 저서가 1904년에 발견되었다고 생각된다.

1908년에는 힌디어로 경제학을 체계적으로 다룬 두 권의 저서가 발간되었다. 드비베디Mahavir Prasad Dvivedi는 부의 학문이라는 의미의 『삼파티샤스트라*Sampattishastra*』라는 저서에서 이 저서명이 political economy의 타당한 번역어라고 주장하면서 당시 아르타샤스트라가 번역어로서 널리 수용되는 데에 반대하였다. artha가 여러 가지 의미를 가진 반면, sampatti는 부wealth라는 의미를 가져 학문의 의미를 잘 전달한다고 보았기 때문이다. 드비베디는 경제학 전문가가 아니지만 경제학의 원칙을 소개하고 인도의 경제 현실을 다룬 저서가 절실하다고 인식하여 『삼파티샤스트라』를 저술하였던 것이다. 고쿨지Radhamohan Gokulji는 『국부론*Desh ka Dhan*』을 저술하면서 드비베디와는 달리 용어문제를 거론하지 않고 economics의 번역어로 아르타샤스트라를 사용하였다.[152] 『아르타샤스트라』라는 저서가 발견된 이후 그 서명은 political economy 내지 economics로서 지지자를 점차 넓혀 갔음을 알 수 있다.

한자문화권과 인도 모두에서 political economy 내지 economics의 번역어가 복수 출현하여 경합하였는데, 국가관리라는 뜻을 가진 아르타샤스트라와 경제학이 모두 너무 포괄적인 의미라는 불만을 받았음에도 불구하고 최종적으로 번역어로서 선택된 것은 흥미롭

152 2010년 다마스커스에서 개최된 국제개념사 세미나에서 발표된 Mohinder Singh, "The Social and the Economic in Hindi Vernacular discourse (1870-1920)"라는 논문을 참조하였다

다. 오늘날에도 아르타샤스트라의 본래 의미가 political economy도 포함하는 더욱 넓은 의미의 정치학으로 보아야 한다며 불만을 표시하는 학자들이 있다(Kartunen 2014). 그래서 인도에서도 한자문화권처럼 생계에 해당하는 vartta나 부의 학문이라는 의미의 sampattishastra라는 용어가 도전장을 던졌으나 성공하지 못하였다. 한자문화권의 이재처럼 협소한 의미를 가진 점 때문인지도 모르겠다.

오늘날 한국, 일본 및 중국에서는 경제학과라는 한자어 번역어로 학과명을 사용한다. 그런데 인도에서 학과명은 Economics Ka in Bhibag Department라고 하여 학과는 힌디어를 사용하면서 과목명은 영어를 사용하는 것이 일반적이다. 경제학의 힌두 번역어인 아르타샤스트라는 전통적인 의례행사에서나 힌두의 전통을 중시하는 나이 많은 사람에 의해 사용된다. 인도에서는 political economy 내지 economics의 번역어가 오늘날에도 널리 뿌리를 내리지는 못하고 있다.

중동과 인도는 동아시아보다 유럽과 일찍 폭넓게 접촉하였음에도 불구하고 경제학의 도입이나 번역어의 성립에서 일본보다 늦었다. 그리고 이 지역들에서는 일본과 중국에서처럼 번역어의 치열한 모색도 없었다. 인도의 경우 식민지화 이전 경제담론이 일본 및 중국보다 활발하지 못하였던 데다가 식민지 지배를 통하여 경제학이 도입되었기 때문에, 인도인이 주체적으로 경제학을 흡수하는 데에 지장을 받은 것으로 생각된다.

Part 7

경제학 발달과 학습의 지역 차와 그 결정 요인

1. 경제 환경과 경제학

왜 유럽만이 경제학을 확립하고 아시아는 유럽으로부터 경제학을 도입할 수밖에 없었던가? 스피겔의 지적처럼 이 질문에 쉽게 대답할 수 없지만, 연구할 가치는 충분하다(Spiegel 1991 : xxii). 오늘날 통용되는 경제와 경제학의 개념이 서유럽에서 나온 것은 그 지역에서 근대경제학이 성립하였기 때문이다. 근대경제학의 성립은 시장 등 경제의 발전을 반영한다. 그리고 개념은 경제학 수준에 대응하고, 경제의 성격과 수준에 영향을 받는다.

근대경제학이 성립하기 이전 political economy의 의미가 한자문화권과 인도에 근대경제학이 도입된 후 선택된 political economy의 번역어의 어원과 상통하는 것은 흥미롭다. 이것은 기본적으로 동질적인 전근대의 경제 환경 아래 기본적으로 동질적인 경제사상이 형성하였음을 반영한다. Part 1에서 언급하였듯이 칼 폴라니 Karl Polayni는 인간 경제의 주요한 통합 형태로서 호혜互惠, 재분배再分配 및 시장 교환을 들었고, 노스는 그것을 배분체제라는 경제학적 용어로 이해하고 승인하였다(North 1977). 여기에서 통합 형태란 "경제 과정의 제 요소, 즉 물적 자원과 노동에서 재화의 수송, 저장 및 분배에 이르기까지를 결합하는 제도화된 이동"을 나타낸다. 폴라니에 의하면, 대칭적인 하위 집단의 성원 간 상호 의존관계인 호혜는 부족공동체에서 지배적인 역할을 담당하고 고대사회는 관습·법·중앙 기구에 의해 결정되는 재분배를 통하여 주로 통합되었으며, 근대로 들어오면서 시장교환이 지배적인 통합원리가 되었다. 폴라니는 19세기에 경제체제가 사회로부터 '분리'되기 이전에는 "재화의 생산과 분배는 비경제적인 사회관계 속에 포섭되어 있었고" "제도적으로 분리된 경제체제—경제제도의 독자적인 영역—가 존재한다고 말할 수 없었다"고 하였다(폴라니 1983 : 제3~4장). 이러한 주장은 18세기 이전에도 가격형성시장이 제한적인 영역에서 존재하고 갈수록 그 영역을 확장하였던 점에서 비판을 받고 있다. 그렇지만 가격형성시장이 지배적인 배분 기구가 되지 못한 단계에서는 경제활동이 비경제적인 사회관계에 강한 영향을 받는 사실은 부정될 수 없다.

고대 그리스·로마 경제의 성격을 둘러싸고 근대론modernism과 원시론primitivism, 그리고 형식론formalism과 실체론substantivism이 대립해 왔다. 근대론은 고대경제가 오늘날과 질적으로 다르지 않은 시장경제라고 주장하는 반면, 원시론은 그것에 반대한다. 핀리Moses I. Finley는 "고대에는 경제체제, 즉 상호 의존적인 시장들의 거대한 집적물이 존재하지 않았던 까닭에" "사실상 경제라는 개념이 없었으며 하물며 그 개념을 구성하는 요소들은 더더욱 존재하지 않았다"고 단언하였다. 그래서 경제학이 독자적인 학문으로서 발전하지 못하였다는 것이다(핀리 1993 : 18, 22~23). 테민Peter Temin은 핀리의 견해를 부정하여 초기 로마제국에서 개인의 시장 거래가 활발하고 시장이 가격에 의해 균형을 이룬다는 점에서 시장경제가 존재하였다고 주장한다(Temin 2001, 2013). 고대 그리스 · 로마시대에 시장이 상당한 수준으로 발전한 사실은 부정되기 어렵다. 시장은 수렵 · 채집시대부터 존재하여 자원 배분의 한몫을 맡았다. 그래서 앞으로 언급되겠는데, 시장이 자원배분문제를 부분적이나마 해결해 준다는 인식은 고대 그리스와 중국에서도 나타났음이 확인되며, 조선왕조시대에도 존재하였다. 그런데 경제적인 자동조절기능을 갖춘 시장사회가 성립하지는 않았다. 힉스는 마르크스의 자본주의 성장에 선행하는 변혁은 시장 내지 교환경제의 성장이며, 경제학적으로 보면 후자가 더욱 근본적인 변혁이라고 하였는데(Hicks 1969 : 7), 시장 발전의 연속적인 면과 아울러 힉스가 말하는 근대적 변혁도 동시에 인정할 필요가 있다. 원시론과 근대론의 절충론이 필요한 것이다.

형식론은 고대경제를 신고전학파의 합리적 선택이론으로 설명할 수 있다고 보는 반면, 실체론은 고대경제가 사회적 관계에 포섭되어 있으므로 별도의 설명논리가 필요하다고 본다. 원시론을 주장하는 사람 거의가 실체론을 신봉하고, 근대론을 주장하는 사람 거의가 형식론을 신봉한다. 아메미야 다케시雨宮健는 형식론이 효용utility과 이윤profit의 극대화라는 근대경제학의 행위 가정에 입각한 반면, 실체론이 신분 지위status 극대화라는 다른 행위 가정에 입각해 있다고 본다. 그는 그리스인이 이윤을 추구하기도 했으며, 사회와 정치로부터 완전히 독립된 경제는 역사상 없다고 본다(Amemiya 2007 : 57~61).

저자는 아메미야보다 더욱 분석적인 관점을 취하여 넓은 의미로 해석된 합리적 선택이라는 일원론으로 전근대 인간의 행위를 이해하고자 한다. 인간은 재화나 서비스의 소비로부터만 효용을 얻는 것이 아니라 명예가 높아지는 데에서도 효용을 얻을 수 있다. 신분 지위가 높아지면 경제적 기회와 이점이 많아진다. 달리 말해 신분 지위 극대화는 효용과 이윤의 극대화에 통한다. 그리고 재화나 서비스를 얻기 위한 시간 투입을 늘리면 가족과 친구를 위한 시간 투입이나 사회적 지위를 위한 시간 투입을 줄여야 하는 점에서 양자는 선택의 관계trade-off에 있다. 실제 인간은 경제적 이익에만 한정된 선택을 하지 않으며 가족 유대, 사회적 지위 등을 종합하여 자신에게 유리한 선택을 한다.[153] 베버Max Weber는 종래의 경제행위를 고수하는 전통주의를 합리적인 자본 계산의 근대 자본주의 정신과 구분하고 있으나, 낮은 경제적 수준의 전통 농업에서도 자원 배분은 비교적 효율적으로 이루어졌다는 유력한 연구가 있다(Schultz 1964 : Chap. 3). Part 1에서 언급하였듯이 행동경제학은 인간이 '정황 또는 맥락'의 사소한 변화만으로도 영향을 받을 수 있다는 사실을 밝힘으로써 합리적 선택을 하는 호모에코노미쿠스관에 의문을 제기한다. 그런 점에서 실체론과 형식론을 통합하는 관점이 필요하다.

실체론과 형식론을 통합하는 관점이 필요하다고 해서 시장의 발

153 이헌창(2007b)은 이러한 관점에서 조선시대 한 지식인인 이재 황윤석(頤齋 黃胤錫, 1729~1791)의 경제생활을 고찰한 바 있다.

전도가 제한적 합리성을 가진 인간의 행동원리에 근본적 영향을 미친 사실을 부정하는 것은 아니다. 가격형성시장이 제한적인 영역에서 존재한 전근대에는 시장만으로 경제 안정을 실현하기는 곤란하여, 시장이 경제문제 전반을 자동으로 해결할 수 있다는 관념이 성립하지 못하였고, 경제문제를 궁극적으로 해결할 주체는 가족이나 국가와 같은 공동체로 인식되었다(하일브로너 · 밀버그 2010 : 40~43, 55~64, 93). 그러한 단계에서는 사적 이익의 자유로운 추구가 호혜와 재분배를 중심으로 하는 배분 기구의 작동에 역작용과 혼란을 야기할 수 있었으므로, 사회는 사리 추구를 규제하기 위한 윤리를 중시하였고 경제사상은 지배적인 배분 기구를 옹호하는 이데올로기로서 성립하였다. 그런 상황에서 개인은 사적 이익을 추구하려는 성향을 가졌더라도 사익보다 공동체를 우선하는 윤리를 따르도록 세뇌되지 않을 수 없다. 경제활동이 가족관계와 공동체질서에 강하게 포섭되어 있고 그것이 부과한 윤리적 제약에 매인 단계에서는 독자적인 경제이론의 체계가 성립하기 어려웠다. 그래서 "오늘날 경제학자들은 인간이 어떻게 행동하는가how people behave에 주로 관심을 가진 반면, 플라톤 · 아리스토텔레스, 그리고 크세노폰은 인간이 어떻게 행동해야 하는가how people should behave에 더 큰 관심을 기울였다" (Amemiya 2007 : Abstract).

사리私利의 추구를 전제하는 가격형성시장이 주요한 배분 기구로 부상하면, 경제가 사회적 관계로부터 벗어나 자율적인 조절기능을 가지게 된다. 이러한 변화된 환경 아래 사리의 추구가 사회적 이익의 증진과 양립할 수 있다는 견해가 사회적으로 수용되기에 이르고, 나아가 윤리적 제약으로부터 독립된 경제이론의 체계가 성립하게 되었다(이헌창 2000). 호혜와 재분배가 배분체제로서 중요한 역할을 수행하고 그것을 지지하는 이데올로기가 강한 영향력을 행사하는 단계에서는 윤리적 성격이 강한 경제관리사상 곧 도덕경제론이 강한 힘을 발휘하여 경제 분석이 발전하기 어려웠던 반면, 경제적인 자동조절기능을 갖춘 시장경제체제의 성립은 윤리적 제약으로부터 벗어난 경제 분석의 발전, 나아가 근대경제학의 성립을 낳았던 것이다. 시장이 경제생활을 지배하는 경제체제, 그리고 신분제가 재산권 등 경제생활에 제도적 영향을 미치지 못하는 민주주의체제 아래에서는 인간 행동의 원리가 효용과 이윤의 극대화라는 신고전학파 경제학으로 잘 설명될 수 있으나, 시장이 지배적인 경제 통합원리이지 못하고 신분제가 경제생활에 중대한 영향을 미치는 전근대에서는 더욱 넓은 의미의 합리적 선택으로 인간 행동을 이해할 필요가 있다.

2. 고대 그리스 · 서아시아 · 인도 · 중국의 경제사상의 대등한 발전

슘페터와 스피겔은 모두 경제학이 유럽문명의 소산이며, 그 외에는 중국만이 경제학을 성립할 잠재력을 가졌던 것으로 보았다(Schumpeter 1954 : 52~53 ; Spiegel 1991 : xxii). 그런데 슘페터와 스피겔은 유럽 이외의 고대 문헌에 대한 지식이 충분하지 못하였다. 중국과 인도의 고대 문헌에 관한 최근의 연구를 보면, 기원전의 고대세계에서 그리스, 인도 및 중국의 경제사상은 수준 차가 크지 않았음을 알 수 있다.

옌푸嚴復는 애덤 스미스의 저서를 번역한 『원부原富』의 「역사예언譯事例言」에서 중국에서 "『대학』, 『주관周官』, 『관자管子』, 『맹자』, 『사기』의 「평준서平準書」와 「화식열전貨殖列傳」, 『한서』의 「식화지食貨志」, 환관桓寬의 『염철론鹽鐵論』, 시대를 내려와 당나라 두우杜佑, 송나라 왕안석王安石과 같은 저서와 인물은 체계를 수립하지는 못하였으나 지엽적인 서술을 충분히 하였으므로, 이재理財의 뜻을 천명하지 않았다고 할 수는 없다"고 했다. 량치차오는 춘추전국시대 '생계economy 문제의 구명究明'이 고대 그리스를 능가하고 한나라 때의 경제 논의가 고대 그리스 · 로마보다 풍부하였다고 자부하였다(梁啓超 1905, 1909). 중국에서는 『염철론』 이전의 기원 전후까지 세계 어느 지역보다 풍부한 경제 관련 저술이 있었다. 아메미야 다케시의 최근 연구는 량치차오의 자부가 허풍이 아니었음을 보여 주었다. 그는 고대 아테네와 고대 중국의 경제학이 놀랄 만큼 비슷하였다는 결론을 내리고 있다(雨宮健 2012 : 45).

아메미야가 특히 높게 평가한 『관자』 등 중국의 경제사상과 경제 분석을 간단히 살펴보자. 전국시대부터 한대漢代까지 여러 사람의 손을 거쳐 집필된 『관자』는 문호개방 이전의 중국에서 가장 수준 높은 경제사상을 보여 준다. 19세기 초 다산 정약용은 "예로부터 재화를 생산하고 모으는 데에는 관중만 한 이가 없어서 공자는 항상 그의 공적을 칭찬했다"[154]며 관중의 경제정책을 높게 평가했다(『경세유표』 권7, 地官修制, 「井田議 1」). 쑨원은 경제학이 중국에서 시작되었고, 관자를 '경제가'라고 했다(周世輔 1971 : 6). 오늘날 중국에서도 『관자』는 전근대에서 경제사상의 풍부함이나 수준으로 보아 가장 높은 평가를 받고 있다(胡寄窓 1983a : 288, 366~367). 『관자』의 「제5편 승마乘馬」에서는 정치의 대원칙을 제시한 내용 중에 "시자화지준야市者貨之準也"라는 구절이 나오는데, 여기에서 시장은 재화의 가격을 결정

154 "自古生財聚貨, 莫如管仲, 而孔子常稱其功."

하여 자원을 배분하는 기구라는 현대 관념에 통하는 것으로 보여 흥미롭다.[155] 게다가 시장이 잘 돌아가면 물자를 절도 있게 사용하게 되므로, "시장으로 그 나라의 정치가 잘되는지 못 되는지를 알 수 있고 재화가 많은지 적은지를 알 수 있다"고 했다. 그래서 시장의 일에 힘쓰는 '무시사務市事'를 한 항목으로 잡았으며, "시장이 없으면 인민의 일용품이 부족해진다無市則民乏"며 사방 30리마다 있는 취聚에 시장을 두도록 하였다. 그런데 시장이 재화를 많거나 적게 할 수 없다. 그래서 생산을 증대하는 방도를 설명하면서 사치하면 재물을 낭비하는 반면 검소하면 생산활동이 부진하므로, 검소와 사치를 조화롭게 추구하면 경제가 잘 돌아갈 것이라고 했다. 『관자』는 "백성이 이익을 좇음은 물이 낮은 곳으로 흐르는 것과 같다"[156]라 하여 이익 추구 본성을 갈파하였고, "이익이 있은 다음에야 재화가 유통할 수 있고, 그런 다음에야 나라가 이루어진다"[157]고 하여 경제합리적 정책 발상을 제안하였다(김필수 · 고대혁 · 장승구 · 신창호 2006 : 31, 73~78, 482, 740).

『관자』의 영향을 받은 『사기』의 「화식열전」에서는 이익 추구가 인간사회를 움직이는 기본 동기이고 "부富라는 것은 배우지 않고도 누구나 바라는 사람의 자연스러운 감정이다"[158]라고 했다. 이러한 사리 추구 동기에 의해 경제활동이 자동으로 조절되고 물가가 적정

155 胡寄窓(1983a : 351)은 이 구절을 "시장이 상품의 가치를 결정하는 장소"로, 자이위중(2010 : 90)은 "시장이 재화 수급 상황의 지표"로, 雨宮健(2012 : 42)는 "시장은 물가의 표준을 정하는 곳"으로 해석하였다.

156 "民之從利也, 如水之走下."

157 "利然後能通, 通然後成國."

158 "富者人之情性, 所不學而俱欲者也."

수준으로 수렴된다고 했다. 즉 "물건 값이 싸질 조짐이 있으면 오르게 되고 비싸질 조짐이 있으면 내려가게 되는데, 각각 그 생업을 권장하고 그 일을 즐김은 마치 물이 밤낮으로 쉴 새 없이 아래로 흐르는 것과 같다"[159]라고 했다(박기수 · 이경룡 · 하원수 · 김경호 2005 : 179~180, 246~247). 물건 값이 싸질 조짐이 있으면 공급이 줄기 때문에 그 값이 오른다고 본 것이다.

이익 추구의 인간성을 전제하여 민간경제를 고찰하는 『사기』「화식열전」의 관점이 『한서』와 그후 관찬 역사서의 「식화지」에 잘 계승되지 못하였다. 「식화지」는 경제제도와 경제정책을 종합적으로 서술하였으나, 민간경제의 관점이 미약하였다. 이것은 한자문화권에서 경제사상의 발전과 경제 분석의 출현을 저해하였다고 하겠다.

아리스토텔레스는 『니코마코스 윤리학』에서 구두와 가옥의 교환비를 이 상품들에 내재한 공통의 기준에 입각하여 논하였는데, 근대경제이론의 '수리적 모형의 구축자'로 평가되었다(Spiegel 1991 : 31~33).[160] 아메미야 다케시는 그보다 평가절하하여 수요와 공급에 의한 가격 결정을 논하지 않은 한계를 지적하면서도 필요성chreia이라는 공통 요소로 이질적인 두 상품의 교환비를 논한 점을 평가하였다. 그는 크세노폰이 『오이코노미코스*Oikonomikos*』에서 재화의 사용가치가 교환가치와 다른 점을 지적한 것을 독창적 이론으로 평가하였다. 그는 또한 크세노폰이 『세입론*Poroi · Ways and Means* · 稅入論』이

159 "物賤之徵貴, 貴之徵賤, 各勸其業, 樂其事, 若水之趨下, 日夜無休時."

160 스피겔 이전에 슘페터(2007 : 26~29)는 아리스토텔레스가 과학적 사유에 입각하여 "가치 및 가격의 이론의 기초를 마련하였다"고 평가하였다.

라는 저술에서 수요와 공급의 작용에 따라 가격이 변하고 자원이 배분됨을 지적한 것을 높게 평가하였다. 아메미야는 『관자』가 수요와 공급에 의해 물가가 정해진다는 것을 지적한 점에서 아리스토텔레스와 크세노폰의 경제 분석에 '충분히 필적한다'고 평가하였다. 아메미야는 민간에서 유통되는 화폐량에 따라 물가가 결정된다는 『관자』의 구절을 보고 화폐수량설의 '선구'로 평가하였다(Amemiya 2007 : 118 ; 雨宮健 2012 : 42~43).

앞에서 언급한 것과 같이 인도에서 기원 전후에 국가관리론을 집대성한 『아르타샤스트라*Arthashastra*』는 국가의 경제관리 기술이 높은 수준에 도달하였음을 보여 주었다. 그 성립방식과 집필 시기는 『관자』와 비슷하다. 『관자』의 사상적 원류를 이루는 관중管仲은 『아르타샤스트라』의 사상적 원류를 제공한 카우틸랴Kautilya보다 3세기 전의 인물이다. 『아르타샤스트라』는 양국 간 가격을 비교하여 이윤이 발생하도록 무역을 장려하며, 재정 상태는 경제력에 의존하는데 생산과 소비에 나쁜 영향을 주지 않도록 조세를 징수하며, 노동량 · 숙련 · 생산량을 고려하여 공정한 임금을 지불하라는 수준 높은 경제논리를 담았다(Waldauer, Zahka, and Pal 1996). 『아르타샤스트라』는 현존하는 텍스트로 만들어진 2세기까지만 해도 세계에서 가장 세밀한 경제관리론을 보여 주고 있으나, 국가가 경제를 철저히 통제할 것을 주장하였으며 『관자』 수준의 시장론을 보여 주지는 않는다.[161]

161 Boesche(2005)는 『아르타샤스트라(*Arthashastra*)』가 왕국의 생산과 부를 증대하기 위한 방안을 제시한 점에서 『한비자』보다 높게 평가하였는데, 고대 인도의 경제사상을 중국과 비교하려면 『관자』와 비교해야 한다.

『오이코노미코스』에서는 "우리가 페르시아의 왕을 흉내 내기를 부끄러워해야 하는 걸까요? 왜냐하면 그가 농사술과 전쟁술을 가장 훌륭하고 필요한 일에 속하는 것으로 간주함으로써, 이 두 기술을 아주 잘 돌본다고 알려져 있기 때문입니다"라는 소크라테스의 말이 나온다. 물론 크세노폰이 소크라테스를 등장시켜 자신의 말을 한 것이다(크세노폰 2005 : 106). 이 소크라테스 말 뒤에는 '낙원'이라 불리는 페르시아 정원에 대한 감탄이 나온다. 크세노폰의 『오이코노미코스』는 페르시아의 국가관리술의 영향을 받은 것이다. 서아시아에서는 수메르인이 인류 최초로 고대국가를 수립하고 법률체계를 발전시켜 우르남무왕Ur-Nammu, 재위 B.C. 2112~B.C. 2095 치하의 수메르왕조는 인류 최초의 법전을 제정하였다. 바빌로니아의 함무라비왕Hammurabi, 재위 B.C. 1792~B.C. 1750의 법전은 그것을 계승한 것이다. 페르시아의 국가관리술은 이런 메소포타미아문명의 전통을 계승한 것으로 판단된다(번즈 · 러너 · 미첨 2007 : 53~83). 그런데 이 서아시아 지역은 이슬람 흥기 이전에 『관자』나 『아르타샤스트라』에 필적할 경제 저술을 남기지는 못하였다. 통치술의 교본을 펴내던 페르시아의 전통은 8~9세기를 거치면서 아랍어로 번역되어 아바스왕조의 칼리프에게 도움을 주었으며, 10~11세기 이슬람세계의 정치적 · 사회적 격변기에 각광을 받은 치국론의 저술에 영향을 주었다(라피두스 2008 : 276).

개념의 기축시대와 경제학

카를 야스퍼스Karl Jaspers가 명명한 기축시대Axial Age인 기원전 1천

년 동안 사고와 제도의 영역에서 혁명이 일어나 기원후 인류사에 불가역적인 영향을 미쳤다. 이 시기에 그리스의 철학자, 중국의 사士, 인도의 브라만과 불교승 등 새로운 유형의 지식인이 나타나 새로운 선험적인 개념을 발전시키고 그 개념들은 궁극적으로 제도화되었다(Eisenstadt 1982 : 298). 이 기축시대의 후반부에 지중해세계에서는 『오이코노미코스』라는 저서와 politike oikonomia라는 용어가, 인도에서는 『아르타샤스트라』라는 저서가 만들어졌다. 중국에서도 기원전에 political economy의 번역어 후보인 이재, 식화, 이용후생 및 안민 · 부국이 모두 출현하였다. '경제'라는 표현은 기원후에 나타났지만, 기원전에 경세 · 제민 및 경제經制라는 용어는 있었다. 기축시대에 세 주요 문명권 모두에서 경제학이 초보적 수준으로 성립하였고, 그리스에서 그 학문명의 어원이 성립하였으며, 중국과 인도에서 그 번역어가 출현한 것이다.

이슬람문화권에서 economy의 번역어인 이크티솨드iqtiṣād는 뒤늦게 성립하였지만, 이 지역에는 고대 그리스문명의 성립을 자극한 메소포타미아문명과 이집트문명이 있어서 국가체제를 가장 먼저 발달시켰다. 크세노폰의 『오이코노미코스』는 메소포타미아문명을 계승한 페르시아의 국가관리술의 영향을 받았다. 페르시아에 국가관리술을 종합적으로 표현하는 개념이 있었는지는 알 수 없으나, 그런 내용은 있었고 그 중심은 농사술과 전쟁술이었다.

이러한 개념 변혁은 사회적 · 경제적 배경을 가졌다. 신석기시대인 기원전 9천~기원전 8천 년경부터 개시된 농경 · 목축이 각지로 전파되었으며, 기축시대에는 청동기, 이어서 철기의 사용으로 농경사회가 확립되고 문명이 성립하고 고대국가가 출현하였는데, 이러한 기술적 · 제도적 발전이 개념의 시대를 열었던 것이다. 이 기축 시대에 고대국가체제의 발전은 경제학 개념의 어원인 국가관리라는 용어가 출현하는 배경을 이루었다. 특히 중국의 춘추전국시대에 국가관리의 담론이 활발하고 국가체제의 발전이 괄목할 만하여 political economy의 적지 않은 번역어 후보가 출현했다. 국가관리의 효율화는 이재에 표현되어 있다. 국가관리의 철학으로서 유학이 출현하였고, 경제는 유학의 이상이 되었다. 안민과 부국과 이용후생은 유가가 생각하는 국가경제정책의 기본 목표들이다. 식화라는 용어는 이 시기에 경제를 독자적으로 파악하는 관념이 성립하였음을 보여 준다. 오늘날 경제와 경제학 개념은 시장경제체제의 성립이라는 근대적 변혁을 배경으로 성립하였다면, 그 어원은 고대국가의 발전을 배경으로 하였던 것이다. 국가체제의 발달이 늦은 반면, 가족이 특히 중요한 의의를 가진 아랍 유목사회에서는 개념의 진화가 달라 가정관리원칙이라고 할 절약을 의미하는 이크티솨드가 economy의 번역어가 되었다.

아메미야에 의하면, 슘페터와 스피겔의 주장과 달리 고대 중국에도 고대 그리스에 필적할 경제 분석이 있었다. 오히려 고대 중국의 경제 담론은 고대 그리스보다 더욱 풍부하였다. 인도 학자들은 『아르타샤스트라』에는 근대경제학에 접근하는 경제 분석이 있다고 주장한다. 이러한 경제학 발전의 배경에는 단지 농경사회의 성숙과 국가체제의 발전만이 있었던 것은 아니다. 아메미야 다케시는 춘추전국시대 · 전한前漢 대 중국과 고전시대 그리스의 경제학 발전의 배경으로 "경제의 번영과 그것에 수반한 도시의 발달"을 거론하였는데, "이 양자 모두에서 기원전 5~기원전 4세기경 상공업 · 시장 · 금융을 중심으로 경제가 급속히 발전하였다"(雨宮健 2012 : 45~46).

이 기축시대에는 경제사상과 경제 개념뿐만 아니라 학문 전반의 발전이 있었다. 그중 그리스의 학문 발전이 가장 인상적이었다. 인문학, 사회과학 그리고 자연과학에서 놀라운 성취가 있었고 과학적 사유가 성립하였다. 그리스 다음으로 인상적인 곳은 제자백가가 쟁명爭鳴한 춘추전국시대의 중국이었다. 백가 중에 유儒 · 묵墨 · 도道 · 법法의 사가四家가 큰 흐름을 이루었는데(蕭公權 1998 : 31), 묵가는 높은 수준의 공리주의사상을 제시하였고, 법가인 한비자의 저술은 마키아벨리의 『군주론』에 비견된다. 그런데 중국에서는 그리스에서와 달리 과학적 사유가 미약하였다.

3. 고대 그리스 학문의 탁월성과 그 원인 : 근대 경제 분석의 기원

그리스 학문의 탁월성

슘페터는 과학적 노력의 산물인 경제 분석이 오직 그리스에서만 시작되었다고 보았다. 아리스토텔레스는 "자신의 개념들을 개념 장치, 즉 분석 도구들의 체계로 조립할 수 있었지만coordinated his concepts into a conceptual apparatus, that is into a system of tools of analysis", 중국에서는 경제 현상의 관찰과 토론이 있었으나 과학적인 분석이 나타나지 않았다는 것이다(Schumpeter 1954 : 52~58). 고전고대의 그리스, 전국시대의 중국, 그리고 기원 전후 인도의 경제학이 대등한 수준이었다는 최근의 견해를 수용한다고 해도, 근대적 수준의 경제 분석의 뿌리를 고대 그리스에서 찾으려는 슘페터의 오래된 주장에 경청할 요소는 있다.

방금 언급하였듯이 고대 그리스와 중국 모두에도 시장의 수요와 공급의 작용에 따라 가격이 결정된다는 인식이 나타났으나, 상품 간 교환비율을 수학적으로 해명하는 아리스토텔레스의 방법론과 같은 것은 한자문화권에서 보이지 않는다. 『맹자』「등문공 상滕文公上」에서는 종류와 크기가 동일한 모든 물건의 시장 가격을 같게 하여 사기를 막아야 한다는 허자許子의 주장에 대해, 맹자는 "물건이 균질하지 않아 값이 달라지는 것은 자연스러운 성질이다夫物之不齊 物之情也" 라고 말하는 데 그쳤다. 이후 상품 간 교환비율에 관한 논의를 진전시킨 동아시아의 학자는 떠오르지 않는다. 중국과 조선에서는 숫자를 이용하여 도덕적 질서를 논하는 상수학象數學의 전통이 있었는데, 그러한 신비적 성격을 벗어나 수학으로 사회현상을 분석하려는 방법론은 출현하지 않은 것으로 보인다.

과학혁명기 이후 지식의 비약적 발전이 있었는데, 전근대에는 고대 그리스에서만 그에 필적할 만한 현상이 나타났다(도렌 2010 : 93~94). 근대 철학적 · 과학적 사유방식은 고대 그리스에서 비롯하였다. 여기에서 정치는 종교로부터, 과학은 신학으로부터 떨어져 나오면서 학문으로서 성립하였다(세이번 · 솔슨 2006 : 31, 41). 그리스의 학문적 기여를 간단히 살펴보자.

이오니아 지방의 밀레투스학파의 시조인 탈레스Thalēs, B.C. 624~B.C. 545는 만물의 근원이 되는 근본적인 실체 내지 본질을 추구하여, 그것을 물이라 하였다. 물은 경험적으로 파악된 물질이며 스스로 변화하여 다양한 만물을 형성한다. 이 학설은 그리스의 신화적인 믿음을 타파하고 지적 탐구를 통해 세계를 하나의 실체로 통일적으로 이해하고자 한 점에서 합리적 해석이었다. 그런 점에서 그는 유럽 철학의 시조가 되었다. 탈레스의 문제는 이후 모든 그리스 사상가를 매료시켰다. 그러한 가운데 만물이 원자atoma로 이루어진다는 학설이 대두하였다. 레우키포스Leukippos가 고대 원자론의 창시자라면, 데모크리토스Dēmokritos, B.C. 460?~B.C. 370?는 이를 체계적으로 완성한 인물이다. 그는 레우키포스처럼 우주의 시작을 허공과 이를 채우고 있는 원자라고 생각했다. 그는 원자운동을 인과성에 따른 기계적이고 필연적인 것으로 보아 자연의 합법칙성을 인정하였다. 이 원자론은 근대물리학에서 수용되었다. 피타고라스Pythagoras, B.C. 580~B.C. 500와 그의 추종자는 사물의 본질이 물질이 아닌 수數라고 주장하였다. 피타고라스의 정리는 최초의 수학법칙으로 평가된다. 이들의 수학은 유클리드를 거쳐 근대에까지 영향을 미쳤다.

"17세기 이전의 과학의 역사에서 가장 찬란하였던 시대가 헬레니즘문명의 시대였다. 사실 근대에 이룩된 많은 과학적 업적은 알렉산드리아, 시라쿠사, 페르가몬을 비롯한 위대한 헬레니즘 도시들에서 활동한 과학자들의 발견이 없었다면 거의 불가능하였을 것이다"(번즈 · 러너 · 미첨 2007 : 191). 헬레니즘시대에 꽃피운 과학의 사유는 실은 이전의 그리스시대에 싹튼 것이다. 또한 그리스인에 앞서 이집트인은 이미 우주의 본질과 사회적 · 윤리적 문제들에 관한 많은 이론을 설파한 적이 있었다. 따라서 그리스인의 업적은 종전보다 한층 포괄적인 방식으로 철학을 발전시킨 데에 있다(번즈 · 러너 · 미첨 2007 : 148).

플라톤과 아리스토텔레스는 인문 · 사회철학에 탁월한 기여를 하였으며, 자연철학에서도 가볍지 않은 기여를 하였다. 아리스토텔레스는 사실에 관한 지식의 진전에 중대한 공헌을 하였고, 플라톤은 문제의 본질 파악에 기여하였다. 피타고라스학파와 플라톤은 자연현상을 이해하기 위해 수학을 적용하였고, 아리스토텔레스 등은 경험적 탐구의 방법론상 원칙을 제시하였다(로이드 1996 : 196~199). 플라톤과 아리스토텔레스는 자연철학의 방법론을 사회철학에도 적용하였다. 사회과학영역에서 그리스인의 최대 기여는 정치학이며, 경제학은 정치학에 포함되어 있었다. 플라톤이 자연 지식의 본질을 탐구하는 사유방법은 이상국가의 본질을 추구하는 것과 통한다. 아리스토텔레스는 수많은 국가의 다양한 정치체제의 경험적 탐구로부터 최선의 정치체제를 설계하고자 했다.

플라톤의 『국가론*Politeia*』은 올바름, 곧 정의가 무엇인가라는 물음에서 출발하여 정의로운 정체政體의 설계로 나아간다. 플라톤은 소크라테스를 대화자로 등장시켜 정의가 인간의 덕이라고 하였다. 정의를 주관적으로 보아 '강자의 이익'이라는 주장에 대한 논변이 나오고 효과가 좋은 것이 정의라는 주장도 나오며, 정의로운 행동의 손익 계산을 해보라는 인물도 등장한다. 플라톤은 도시국가에서 조화와 절제를 얻어 내는 수단이 정의라고 보았다. 정의는 문명이 발달한 지역에서 늘 등장하는 주제이나, 그리스 학문을 도입하지 않은 곳에서 이처럼 풍부하고 심도 깊은 정의의 논의가 나온 적은 없다.

플라톤이 죽음에 임박하여 완성에 전념한 『법률*Nomoi*』의 첫머리는 법률을 정하는 공적을 인정받는 쪽이 신인가, 아니면 인간인가라는 아테네인의 물음으로 시작하는데, 클레이니아스는 신이라고 대답한다. 여기에서 최고의 지성들이 중지를 모아 폴리스의 공동선을 실현하는 법률을 만들어 사람이 아닌 법이 다스리도록 제도화하고 있다. 그리고 시민의 동의를 얻기 위한 설득의 필요성이 강조되었다. 아시아에서는 그리스 이전 메소포타미아문명에서 법률이 발달하였고 중국에서도 전국시대 이래 법률이 발달하였지만, 『법률』에서처럼 근본적인 물음이 제기되고 시민을 설득하는 일의 필요성이 강조된 곳은 없던 것으로 보인다. 메소포타미아와 중국의 법은 전제군주가 인민을 지배하기 위한 수단이었다.

아리스토텔레스는 『정치학*Politics*』 제1권에서 폴리스의 구성 요소인 가정oikos을 다룬 다음 제2권에서 이상 국가에 대한 견해를 제시하였다. 아리스토텔레스는 정의, 가정 및 전제의 위에서 논리적으로 추론하고 경험적인 증거를 제시하였다. 그런 점에서 『정치학』은 오늘날 사회과학의 저서와 다를 바가 없는 수준이다. 이 책에서 도시국가를 떠받치는 원리이자 시민의 자격을 정하는 헌법을 논의하고 있는데, 아리스토텔레스의 법치적 민주주의론은 로마, 나아가 17세기 영국과 18세기 미국에 영향을 미쳤다(포사이스 · 킨소소퍼 1993 : 80~81, 93).

그리스의 탁월한 지적 사유

인구가 많지 않은 그리스, 그중 아테네의 학술이 가장 높은 수준에 도달한 것은 놀라운 일이다.[162] 고대세계에 그리스가 가장 탁월한 학문을 성취할 수 있던 요인은 무엇인가? 그리스인은 학술적으로 의미 있는 근본적인 질문을 던졌고, 그 문제를 사유할 수 있는 탁월한 방법론을 개발하고 활용하여 그 질문에 유효한 답을 구해

162 기원전 5~기원전 4세기경 아테네의 인구 구성을 보면, 성인 남자 시민이 3만 명 내외, 그들의 가족을 포함하면 12만 명 내외, 외국인 거주와 그 가족이 5만 명 내외, 노예가 10만 명 내외였다(Amemiya 2007 : 36).

내었다. 중국, 인도, 서아시아, 그리고 그리스 등 고대의 모든 발달한 문명에서는 지식의 학습과 전수를 중시하였다. 그렇지 않고서는 높은 수준의 문명을 이루지 못하였을 것이다. 그런데 그리스에서만 귀납과 연역을 통해 증명할 수 있는 원칙에 근거한 체계적인 지식, 곧 에피스테메epistēmē가 나타나 오늘날 말하는 학문이 성립하였다(도렌 2010 : 153). 그 성립 과정을 살펴보자.

그리스는 지식의 수준을 높이기 위해 각별히 노력하는 가운데 지식 양식을 보여 주는 개념을 발전시켰다. 고대 그리스인은 사유의 탁월성을 학술적으로 추구하여 테크네technē와 에피스테메라는 개념을 만들어 그것을 갈고닦았다. 테크네는 art로 번역된다. 그것은 오늘날 art와 technology 모두의 어원으로서, 예술과 기술을 합친 개념이어서 기예技藝라고 번역되고 있다. 애초에 에피스테메는 지식이라는 개념이었다. 그런데 고대 그리스인이 지식수준을 높이려고 노력하는 이러한 과정에서 이 에피스테메는 마침내 아리스토텔레스에 이르러 오늘날 과학에 접근하는 개념으로 발전하였다.

고대 그리스의 초기 저술가는 자신이 테크네라는 지식의 생산에 종사한다고 생각하였다. 소피스트의 저술인 *On the Art*에서는 바르고 틀리다는 개념이 없다면 테크네가 없다고 했다. 호메로스가 사용한 테크네는 '정확하고 정당하게 추론된 지식'을 의미하였다. 히포크라테스는 논의 방법에서 자연철학에 접근하는 의술을 추구하였다. 그것이 테크네의 전범典範이 되어 헤로도토스Hērodotos의 역사학에 영향을 미쳤다(Schaerer 1930 : 1 ; Thomas 2000a : 22, 41, 167, 234, 251~253).

크세노폰은 『오이코노미코스』의 첫머리에서 "의술 · 금속세공술 · 목공술과 마찬가지로 oikonomia 가정관리를 위한 규범의 체계도 에피스테메의 한 분야를 가리키는 이름"이고 "테크네 각각의 기능이 무엇인지 우리가 말할 수 있듯이, oikonomia의 기능이 무엇인지도 밝힐 수 있다"고 했다. 여기에서 '테크네의 전문가'가 중시되고 있는데, 크세노폰은 '에피스테메의 한 분야'인 가정관리의 논의를 전문성을 가진 테크네의 수준으로 끌어올리려는 포부를 가졌던 것이다(크세노폰 2005 : 85, 98, 105).

플라톤은 도덕, 통치, 우주 등을 설명하는 수단으로서 테크네라는 관념에 매료되었다. 그는 『국가론』에서 철학자의 테크네가 도시국가의 통치에 필수적이라고 하였다. 그는 이 개념으로 도덕적 통치를 설명하는 수단으로 삼고자 했던 것이다(Parry 2007 : 1, 5). "플라톤은 시가 곧 학문이던 시대로부터 마침 양자가 분리되던 시대의 이행기에 활약하여 이 이행을 추진하였다"고 평가되는데, 그는 『이온*Ion*』에서 호메로스 시작詩作의 테크네를 평가하고 논함으로써 그 이행을 시작의 테크네라는 개념을 중심으로 추구하였다(小田部胤久 2009 : 1~6). 플라톤은 테크네가 경험과 달리 믿음이 아니라 합리적 이유를 설명할 수 있는 지식에피스테메에 의해 이루어진다고 보았다(김율 2010 : 143~150). 그런 점에서 플라톤은 테크네라는 지식 유형의 내실을 높였다. 플라톤은 형식논리로서 지식 자체를 중시하여 이론적 지식이라는 에피스테메 개념의 싹을 제시하게 되었다(Parry 2007).

테크네와 에피스테메라는 두 개념은 아리스토텔레스에 이르러 명확히 구분되기에 이르렀다(Parry 2007 : 1, 5, 10). 아리스토텔레스는 『니코마코스 윤리학』에서 지성과 사유에 의한 행위의 원리가 합리적 선택이라고 했다. 그리고 진리를 인식하는 사유로서 테크네기예, 에피스테메이론적 인식, 프로네시스phronesis(실천적 지혜), 소피아sophia(철학적 지혜), 그리고 노우스nous(직관적 이성)를 들었다. 테크네란 "참된 이성을 동반해서 무엇인가를 제작할 수 있는 일종의 품성 상태"이며, 에피스테메는 귀납과 연역을 통해 "증명할 수 있는 품성 상태"이다(아리스토텔레스 2006 : 203~220). 원리와 인과관계를 탐구하고 귀납과 연역을 통해 증명할 수 있는 이론적 지식인 에피스테메는 과학적 지식에 접근하는 개념이다. 테크네는 설득을 위한 수사술이나 이론적 체계를 갖지 못한 기예적 지식을 의미하니, art에 접근하는 개념이다. 『분석론 후서*Analytica Posteriora*』에 의하면, 에피스테메라는 지식의 제1원리는 여러 학문에 공통적인 공리와 개별 학문의 고유한 원리인 테제theseis로 나뉘고, 후자는 근본 전제hypothesis와 정의로 분류된다(노희천 2008). 아리스토텔레스는 『분석론 후서』에서 공리, 정의, 가설 등 이론적 학문을 구성하는 개념들뿐만 아니라 연역적 논증의 방법으로서 삼단논법을 제시하였다. 아리스토텔레스에 이르러 에피스테메는 원리와 인과관계를 탐구하고 귀납과 연역을 통해 증명할 수 있는 이론적 지식으로 개념화되었던 것이다.

아리스토텔레스가 이렇게 테크네보다 높은 수준의 지식으로서 에피스테메의 개념을 정립하였기에, 『형이상학』의 첫머리에서 "앎은 감각에서 시작하여 기억과 경험과 기술테크네을 거쳐 학문적 인식에피스테메에 이른다"라고 하여 지식의 발전 단계를 제시할 수 있었다. 기술은 경험에 대한 일반적인 관념이 성립하였을 때 생겨난다(아리스토텔레스 2012 : 25~32). 이 지식의 발전 단계는 『분석론 후서』에서 제시되어 있었다.

르네는 에피스테메를 '과학, 지식, 참된 지식'으로 번역하였다. 투키디데스가 사용한 에피스테메의 모든 용례에서 '원리'의 요소가 발견되는 데에서 알 수 있듯이, 에피스테메는 과학적 지식으로 나아갈 잠재성을 가졌다(Schaerer 1930 : viii, 17, 43). 그런데 아리스토텔레스 이전 인물의 문헌에서 보이는 에피스테메의 용례는 과학적 지식으로 이해하기에는 함량이 크게 미흡한 개념이었다. 크세노폰이나 플라톤이 지향한 지식 유형이 테크네인데, 그것도 과학에는 미달하는 개념인 것이다. 그런데 아리스토텔레스의 에피스테메도 실험을 통한 증명을 고려하지 못한 점에서 과학적 지식이 되기에는 미흡한 점을 가졌다(Parry 2007 : 11). 귀납적 증명의 방법인 실험을 통한 검증이 추가되어 과학의 개념으로서 완성되는 것은 유럽 근세에서였다.

아리스토텔레스는 에피스테메라는 차원 높은 사유를 『정치학』, 『니코마코스 윤리학』 등에서 구현하였다. 크세노폰의 『오이코노미코스』는 일상적 교훈을 대화체로 쓴 담론으로서 이론적 체계화에 이르지 못한 테크네인 반면, 아리스토텔레스의 『정치학』은 이론적 인식을 체계화한 학문으로서 아리스토텔레스가 개념화한 에피스테메였다.

고대 그리스인은 이렇게 테크네와 에피스테메라는 수준 높은 지식의 체계를 추구하는 과정에서 논리학을 발전시킨 것으로 보인다. 그 결과 아리스토텔레스는 엄밀한 논증의 이론을 확립하였다(Lloyd 2004 : 57). 그의 『분석론 전서*Analytica Priora*』는 형식논리학의 문제인 타당한 추론의 여러 조건, 특히 삼단논법의 여러 가지 타당한 형식에 대해 논의한다. 『분석론 후서*Analytica Posteriora*』는 삼단논법의 한 특수 형식인 논증적 삼단논법을 다룬다. 이러한 논리학체계 위에서 이론적 지식으로서 에피스테메가 확립될 수 있었다. 아리스토텔레스가 사용한 에피스테메는 공리 · 정의 · 정리 등으로 이루어진 과학적 지식이며, 삼단논법은 정당화의 수단이라고 간주되어 왔다. 이 학설에 대항하여 에피스테메가 근대적 지식의 관념이라기보다는 개념을 파악하는 근대적 이해의 관념이라는 견해도 제시되어 있다(Harari 2004 : 118~120). 어떤 입장을 따르든 아리스토텔레스의 에피스테메가 근대학문의 수립에 초석이 될 개념이라는 사실은 명백하다. 아리스토텔레스의 방법론이 근대과학에 미흡한 점들이 지적되고 있지만, 그가 근대과학에 접근하는 높은 지식 양식과 학문방법론을 제시한 점에서는 이론의 여지가 없다. 고대 그리스만이 삼단논법을 출현시켰다는 주장이 있으나, 논리와 합리적 사유는 수준 높은 전근대문명에서 보편적으로 나타났고 인도와 중국 등 아시아에서도 삼단논법과 비슷한 것이 출현하였다(Goody 1996 : 11~36). 하지만 아리스토텔레스가 제시한 수준 높은 논리학과 엄격한 형식의 삼단논법을 자생적으로 성립시킨 문명권은 달리 없다. 논리학을 중시하는 그리스의 전통은 중세 유럽에 계승되어 유럽이 근대학문을 먼저 창출하는 데에 이바지하였다.

물론 다른 문명권에도 지식의 양식과 수준에 대한 논의가 있었으나 사실인가 아닌가, 아니면 도덕적으로 옳은가 그른가라는 시비를 가리는 차원에서 크게 벗어나지 않았다. 중국에서는 '어왈語曰'·'전왈傳曰'이라며 성현 등의 도덕적이고 지혜로운 말을 전하였으며, 이러한 내용을 담은 저술 중에 기본이 되는 것을 경전經傳이라고 했다. 한자문화권에서는 도리道理라는 도덕적 판단의 원리를 탐구하는 공부가 특히 높게 평가되었다.

그런데 유독 그리스만은 도덕적이거나 참된 지식을 찾는 데에 머물지 않고 지식 자체의 탐구에 의의를 두었기 때문에 지식의 높

은 수준에 도달하려고 각별히 노력하였고, 그러기 위한 방법론과 개념을 개발하였다. 테크네는 도덕적 차원이 아닌 전문적인 지식을 의미하였는데, 아시아의 선진문명권에서는 그런 지식이 성립하였고, 중국에서는 그것에 상응하는 기예라는 용어가 춘추전국시대에 사용되었다. "유교적 교학敎學의 세계에서 윤리적 색채가 강한 지知가 주자의 용법 이래 윤리적인 지의 방향과 대상지對象知의 방향으로 분화하고 있는 것은 확실하며, 특히 명 대에서는 황제가 선교사에 과학 · 기술의 전수를 기대하기도 하였다." 이러한 진전은 있으나, "성인에의 도달을 학문과 수양의 목표로 내건 송 · 명 대의 유교에서 지는 대부분 성인에 도달하는 과정에 위치지어지고 사람의 인지 기구를 해명하는 등의 목적에서 객관적으로 다루어지지는 않았다"(內山俊彦 · 馬淵昌也 · 坂元ひろ子 2001 : 319, 325).

이런 문화와 관련이 있겠는데 중국에서는 지적 사유가 고대 그리스와 근세 유럽에 비해 뒤떨어졌고, 과학적 지식으로서 에피스테메의 개념에 해당하는 한자어는 과학의 번역어가 출현하기 전에는 없었다. 『중용』에서는 "널리 배우고 자세히 묻고 신중히 생각하고 밝게 분변하고 독실하게 행한다"[163]는 학문의 방법론이 있는데, 주자가 "선을 택하는 방법"으로 해석한 데에서 드러나듯이 도덕적 실천을 위한 목적이어서 원리와 이론을 탐구하는 에피스테메와는 거리가 있었다. 지식의 양식과 수준을 개념화하여 학문의 방법론을 발전시키려는 고대 그리스인의 자세는 문호개방 이전의 동아시아에서는 없었던 것으로 보인다.

163 "博學之 審問之 愼思之 明辨之 篤行之."

고대 그리스의 저술을 보면, 개념의 정의를 하고 삼단논법 등의 논리적 추론을 하는 과정이 중요한 구성 요소를 차지하나, 전근대 동아시아에서는 그런 것이 잘 보이지 않으며 보인다고 해도 제한적으로 구사될 따름이었다. 그래서 전근대 아시아에서는 아리스토텔레스의 『정치학』 수준의 저술을 찾기 어렵다. 그리스 학문의 영향을 받지 않은 곳에서는 피타고라스의 정리와 같은 수학 발전이 없었고, 아리스토텔레스 수준의 논리학 발전도 없었다. 그래서 아리스토텔레스가 "자신의 개념들을 개념 장치, 즉 분석 도구들의 체계로 조립할" 수 있었던 반면, 중국에서는 그 정도 수준의 경제 분석이 없었다는 슘페터의 주장에는 경청할 면이 있는 것이다.

그리스 학문이 탁월한 원인

그리스 학문의 탁월성은 그 지적 사유의 탁월성에 연유하며, 그리스인이 지식의 높은 수준을 달성한 것은 근본적인 철학문제를 던져 탐구하는 능력에 통하였다. 전근대 아시아의 학자들과 달리 아리스토텔레스는 '가치란 무엇인가?', '교환의 기초는 무엇인가?', '이자란 무엇인가?'라는 경제적으로도 근본적인 질문을 던지고 탐구하였다(하일브로너 · 밀버그 2010 : 70). 고대 중국인들도 고대 그리스에 못지않게 경제문제에 깊은 관심을 가졌지만, 실용적인 문제 해결의 차원에서이지 학문적 차원으로 깊게 파고들지 못했다. 그리스인은 일찍부터 만물의 근원이 되는 근본적인 실체가 무엇인가를 물었다. 다른 문명권에도 비슷한 질문이 있었으나, 그리스만큼 근본적인 물음은 아니었다. 중국의 학자들은 음양오행설을 통해 사물이 변형되는 과정과 국면에 관심의 초점을 두었다(Lloyd 2004 : 78~79). 아리스토텔레스의 『정치학』 제2권은 "여기에서 우리의 목적은 가장 이상적인 생활방식을 추구할 수 있는 최선의 정치공동체가 어떠한 형태인가를 고찰하는 것이다"라는 문장으로 시작한다. 아리스토텔레스는 그리스와 그 주변의 158개 도시국가를 통해 민주제 · 과두제 · 귀족제 · 군주전제 등 다양한 정치체제를 알 수 있었고(Laertius 1925 : V, 27), 자유시민으로서 최선의 정치질서를 선택하는 과제를 궁리할 기회를 가졌다. 과문한 탓인지 모르겠으나 저자는, 유럽 정치론을 도입하기 이전에 아리스토텔레스처럼 근본적인 정치문제를 던지고 탐구한 아시아의 학자를 알지 못한다. 이런 근본적인 물음에 대한 탐구 가운데 수학을 활용하고 논리학을 발전시킬 수 있었다. 아리스토텔레스는 다양한 정치체제의 풍부한 사례를 가지고 자유로운 정신으로 원리와 인과관계를 탐구하고 귀납과 연역을 통해 증명할 수 있는 이론적 지식인 에피스테메를 구축하려고 하였기 때문에, 수준 높은 정치학을 확립할 수 있었다.

그리스인이 근본적인 철학문제를 던질 수 있던 것은 다른 문명권과 달리 지식의 추구 자체를 목적으로 삼은 학술문화와 관련이 있다(Lloyd 2004 : 18). "플라톤과 아리스토텔레스는 지식의 추구 자체가 목적이라고 생각했다. 그것이 선한 삶의 일부가 되는 데에는 두 가지 이유가 있다. 첫째, 인간이 다른 동물과 구분되는 특징은 이성을 갖고 있는 것이며, 따라서 그 기능을 기르는 것이 진정한 행복을 위해서든 탁월성을 위해서든 필수가 된다. 둘째, 자연에 대한 연구가 밝혀 주는 것은 우주만물의 아름다움과 질서이며 이것을 관조하는 것은 질서정연하고 고귀한 성격을 자신의 내부에서 발달시키는 데에 도움이 된다." 이러한 학술문화를 그리스 학자 모두가 공유한 것은 아니지만, 학문을 주도한 인물들이 지녔다는 것은 중요한 의미를 가진다. 그래서 그리스인은 단지 지식의 획득으로 만족한 것이 아니라 높은 수준의 지식을 추구하였다. "그리스인은 종종 그들의 이론적 지식이 실용적 가치를 가질 수 있는지에 대해 거의 또는 전혀 생각할 수 없었다고 해도 그다지 놀랄 일이 아니다. 지식을 얻는 목적이 그것의 실제적인 유익함이라는 베이컨Francis Bacon, 1561~1626에게서 볼 수 있는 견해가 고대에서는 전혀 이질적인 생각이었다"(로이드 1996 : 183, 188). 전근대 아시아의 지식인들에게 지식의 추구는 도덕, 종교, 국가 통치 등 실생활에 유익한 목적에 봉사하기 위함이었다. 고대 그리스의 특이한 학술문화가 인류사에 기여한 것은 흥미로운 일이다.

"그리스문화는 지성의 우월에 기반을 둔, 다시 말해 자유로운 탐구 정신을 최고 우위에 놓았던 역사상 최초의 문화였다"고 하는데(번즈 · 러너 · 미첨 2007 : 175), 이런 문화 가운데 그리스인은 지식의 추구 자체를 목적으로 삼고 인간계 · 자연계에 대한 근본적인 질문을 던지며 지식의 수준을 높이고자 노력하였다. 그러면 그리스가 어떻게 지성의 자유로운 탐구 정신을 최고 우위에 두는 문화를 확립하게 되었을까? "그리스인은 우주만물 중에서 가장 중요한 존재로서 인간을 찬양하였으며, 사제나 전제군주의 명령에 복종하기를 거부하였고, 심지어 자신들이 믿는 신 앞에 굴복하는 것마저 거부했다"는 데에서 그 해답의 실마리를 찾을 수 있다. 그리스문명은 인류사 최초로 자유로운 탐구의 정신을 찬양하고 지식을 신앙보다 우월하게 여겼다(번즈 · 러너 · 미첨 2007 : 129). 그리스인은 이성적 사유를 신의 의지에 종속시키거나 왕 내지 국가의 의지에 굴복시키지 않고 자유롭게 발휘하였다.

그리스에서도 다른 지역처럼 국가가 있고 신이 있는데, 어떻게 인간 이성을 신과 국가의 의지로부터 해방시킬 수 있었던가? 그리스는 내부적으로 도시국가로 분열되었을 뿐만 아니라 외부적으로 지중해세계의 다양한 지역과 교류하여 개방성을 갖추었다. 그런 가운데 그리스인은 다양한 문명과 다양한 신을 접할 수 있었다. 지식인들이 도시국가들을 활발히 이동하였으므로 지배층이 그리스인의 이성적 사유를 국가나 국가를 수호하는 신의 의지에 종속시키기 곤란하였다(Lloyd 1990 : 109). 민주제가 되면 이성적 사유가 발휘될 여지가 커진다. 아테네 민주정의 엘리트들은 소크라테스가 신에 불경하고 정치를 불안하게 한다는 명목으로 그에게 독배를 강요하였지만, 플라톤과 아리스토텔레스의 위대한 저술을 봉쇄하지는 않았다. 이러한 것은 이성적 사유에 의한 지식이 풍부하게 공급될 수 있는 환경을 만들었다.

그러면 지식의 발달을 낳은 수요의 조건은 무엇인가? 기원전 8백 년 경부터 도시국가가 성립한 사실을 들어야 한다. 국가를 결성하지 못한 부족의 단계에서는 높은 수준의 지식 수요도 그것을 만들 기술적 기반도 없었다. 국가를 이루었더라도 메소포타미아 지역이나 중국에서처럼 전제국가체제였다면, 지식인은 신정적 · 정치적 · 군사적 엘리트에 봉사하는 존재일 수밖에 없다. 그런데 그리스의 분열된 도시국가체제, 외부적으로 개방된 지중해세계는 지식인에게 독자적인 의의를 부여하였을 뿐만 아니라 지식에 대한 수요를 넓혔다. 개방된 지중해세계의 다양한 문명과 선진문물을 접하면서 지적인 자극을 받았을 뿐만 아니라 선진문물을 활용할 수 있는 지적 역량의 이점은 컸다. 그리스 도시국가는 처음에 왕정으로 출발하였지만, 이어서 과두정, 그리고 참주정으로 변하고 민주정을 이룬 곳도 있다. 아테네에서는 페리클레스B.C. 461~B.C. 429시대에 민주제가 완성되었다. 과두정이나 민주정으로 되면서 정치적 주도권을 잡기 위한 설득의 힘, 그것을 뒷받침하는 지식의 위력은 커졌다. 인구가 많지 않은 아테네에서 지식의 폭발이 일어난 것은 외부 지식인의 유입과 토론을 중시하는 개방적 민주정에 힘입었음이 분명하다.

이러한 여건 아래 그리스에서 지식과 지식인을 존중하는 사회가 성립하였다. 그래서 만물의 기본 요소를 찾는 탈레스의 문제는 이후 그리스 지식인을 매료시켰다. 중국에도 비슷한 성격의 음양오행설이 있었으나, 그 지적 파급력은 제한적이었다. 피타고라스와 같은 탁월한 사상가를 철학자라 부르면서 존경하는 문화가 성립하였다. 철학자란 지혜를 사랑하는 사람인데, 이런 호칭은 높은 수준의 지식 자체를 존중하는 문화를 보여 준다. 중국의 사士는 정치와 행정을 다루는 지식인이니, 지식의 유형이 그리스와 달랐다. 기원전 5~기원전 4세기에 '지혜로운 자'를 뜻하는 소피스트가 지식 혹은 변론술을 전수하는 것을 직업으로 삼으면서 활약하여 지식의 대중화현상을 일으켰다. 소피스트는 한편으로는 네슬레Wilhelm Nestle의 표현처럼 "신화에서 이성Logos으로" 시대 전환을 이루는 데에 이바지한 점에서, 다른 한편으로는 그들의 상대주의와 회의주의에 대한 극복의 과제를 던진 점에서 그리스 지성사에 공헌하였다. 소크라테스, 플라톤, 그리고 아리스토텔레스는 소피스트의 대중적 차원의 지식을 학술적으로 높은 수준에 올려놓았다. 플라톤과 아리스토텔레스의 저술은 그리스 전역뿐만 아니라 그리스를 넘어 널리 읽혔다.

이처럼 그리스 학문의 도약을 낳은 요인은 다양하고 서로 연관되어 있지만, 그중 핵심적 요인을 들면 대내적으로는 분열된 정치체제, 그런 가운데 시민이 정치 주체가 되는 공동체인 민주정의 출현, 대외적으로 지중해세계의 활발한 교류라고 판단된다. 추상적인 일반론 차원에서 말하면, 지식 탐구의 정신이 국가권력과 종교의 속박을 벗어나 자유롭게 추구될 수 있으며, 대외 교류가 활성화되고 외부의 자극에 개방적인 환경과 문화가 학문 발전의 핵심 요인이다. 그리스 내 폴리스 간 교류뿐만 아니라 그리스 전체와 외부의 교류는 중요한 것이다.

민주제는 그리스 학술 발전을 위한 근본 조건이었다. 그리스에서는 대중적 강의나 토론을 통해 질문을 던지고 대답하는 방식으로 사상이 제시되었는데, 전제군주체제에서는 이런 환경이 마련되기 어려웠다. 그리스의 논쟁에서는 법정이나 정치적 민회에서 일반 시민을 설득해야 했는데, 중국에서는 군주나 지배자를 설득하는 것이 과제였다. 그리스인은 논쟁에서의 승리를 목표로 삼았으나, 중국에서는 그러한 문화가 없었다. 중국의 학교에서는 경전에 대한 강의 위주의 교육이 이루어지고 정통 해석에 대한 도전이 허용되지 않았으나, 그리스의 학교에서는 정통 해석을 강요하지 않았고 논쟁과 토론이 활발하였다(Lloyd 2004 : 34, 45, 48, 58, 144~145). 군주제를 전제로 하여 군주의 자애로운 정치나 부국강병을 실현하려는 방안을 추구한 중국의 지식인과 달리, 플라톤과 아리스토텔레스가 어떠한 전제에도 구애받지 않고 자유로운 정신으로 이상적인 정치체제를 탐색할 수 있던 것은 민주주의의 힘이라 하겠다. 그런데 민주주의가 성립하기 이전에 탈레스 · 피타고라스 등의 출현으로 지적 혁명이 시작하였으니, 민주주의가 학술 발전을 설명하는 필요충분조건일 수는 없다.

근세 유럽이 이런 조건을 갖추게 되어 고대 그리스를 능가하는 학문의 발전을 이루었다. 자치도시가 성장하고 교권과 세속권력이 분립하여 중세부터 사상의 획일화가 어려웠다. 근세에 여러 국가가 경쟁관계를 이루었고 민주주의가 출현하여 학문의 개방성과 다양성이 보장되었다. 중세부터 국제무역이 활성화되고 지식인들의 국가 간 이동이 활발해졌다. 전근대 아시아에서는 이런 조건이 구비된 곳이 없었다. 유럽은 특히 개방적이어서 적극적으로 고대 그리스문명, 그리고 아시아문명을 학습하였다. 중국 전근대에는 분열된 정치체제 간의 경쟁성이 강하던 춘추전국시대에 지적 창의성이 가장 발휘되었다. 당시 중국은 고대 그리스처럼 국가 간 경쟁에서 존립하고 우위에 서기 위해 국가권력의 지식인에 대한 수요가 컸고 지식인은 국가 간을 자유롭게 이동하였다. 도쿠가와시대 일본에서도 중앙집권적인 봉건제 아래 경쟁적 정치체제가 성립하여 학문의 발전이 괄목하였다.

물론 이러한 요인들로 그리스 등의 학문 발달을 완벽하게 설명할 수는 없다. 로마는 지중해세계에 속해 있었고 공화정을 경험하였으나, 로마인은 그리스인과는 달리 지식 자체의 높은 수준을 추구하기보다는 실용적 지식을 선호하였다. 예술과 지식의 면에서는 그리스가 로마를 정복하였다는 주장이 있을 정도로 그리스의 문화와 학문이 로마에 큰 영향을 미쳤지만, 로마 귀족층은 "뚜렷하게 실용적인 학문을 제외하고는 모든 학문을 여흥거리로 만들었다"

(린드버그 2009 : 227~233). 그래서 로마인은 민법의 발달에는 거대한 기여를 하였으나, 과학에서는 별 기여가 없었다. 국가성립기 로마의 가혹한 군사적 환경, 그리스 몰락의 목격 등이 로마의 학술문화에 영향을 미쳤을 수 있다.

그리스 학문의 탁월성을 낳은 환경이 형성되는 과정을 살펴보자. 기원전 1700년경부터 인도 · 유럽어를 사용하는 사람들이 인도, 이어서 중동, 나아가 그리스 일대의 지중해세계를 휩쓸면서 이집트와 메소포타미아 및 그 사이 지역이 통합된 보편적 문명이 출현하였다(세이번 · 솔슨 2006 : 37~38). 이러한 국제 환경은 그리스문명의 성립을 위한 외적 조건을 이루었다. 기원전 800년경부터 도시국가가 성립하였는데, 다양한 도시국가의 경쟁체제가 문명의 발달에 중요하게 작용하였다. 그리스에서는 농토가 부족하고 국내 분쟁이 빈발하여 그리스인은 지중해를 통해 해외로 활발히 진출하였다. 국내의 다양한 도시국가들과 활발한 해외 진출은 그리스문명의 개방성을 낳았을 것이다. 분열된 도시국가 간, 그리고 지중해를 통해 해외로 사람과 지식이 자유로이 이동한 것은 그리스문명의 발달에 기여하였다. 그런 가운데 이집트, 페르시아 등 주위 선진문명의 자극을 적극 수용하였다. 호메로스의 서사시에서 호기심을 가지고 해양 모험을 추구하는 오디세우스Odysseus는 "꾀가 많은" 존재로 묘사되는데, 개방적인 지중해세계에서 선진문명의 자극을 받은 후진적이나 발전도상의 그리스라는 조건에서 비롯된 그리스인의 일반적 성향을 반영하는지도 모른다. 헤로도토스의 『역사』는 그리스인이 외부세계의 법, 제도 등에 대해 커다란 호기심을 가졌음을 보여 준다(세이번 · 솔슨 2006 : 76~77). 페니키아인이 개발한 알파벳은 자음만 있었는데, 그리스인은 모음을 창안하여 기원전 8세기 중엽에 알파벳을 완전하게 했다. 이것은 그리스인이 선진 외래문명을 흡수 · 발전시킬 수 있는 역량을 갖추었음을 보여 준다. 이제 그리스인은 논리적이고 과학적인 글쓰기가 가능한 문자를 가지게 되었다. 6세기 이오니아에서는 인간문제를 비인격적이고 누구에게나 평등한 법으로 규제하는 데에 성공하였고, 5세기 아테네에서는 다수 시민으로 구성된 법원이 500인평의회와 더불어 핵심적인 통치기구를 이루어 민주주의의 초석이 되었다(세이번 · 솔슨 2006 : 44~45, 55~58). 이런 선진적인 정치, 법제도는 정치학과 법학의 발전을 위한 환경을 이루었다. 그리스는 페르시아와의 기원전 490년 마라톤전투, 기원전 480년 살라미스해전에서 승리를 거두었다. 이후 그리스인은 페르시아군대처럼 강요에 의해 싸운 것이 아니라 자유민의 선택과 자율에 의해 싸워 이겼노라고 1세기가 넘도록 자랑하였다(도렌 2010 : 136). 승리 후 아테네의 명예가 높아지고 부가 축적되어 인재가 모여들었다. 그중에는 마케도니아 태생의 아리스토텔레스도 있었다. 사람이 자유롭게 이동하고 지식인이라면 출신지에 관계없이 존중받는 개방성이 아테네의 학문 발전을 낳은 중요한 요인 중 하나였다.[164]

그리스 경제 분석이 개화하지 못한 이유

고대세계에서 그리스인은 과학적 사유를 달성하였으나, 그 강력

164 고대 그리스 학문의 탁월성을 이룬 배경에 관한 설명은 그리스 · 로마사 전공자인 김경현 교수와 유럽 철학사 전공자인 임홍빈 교수가 함께 나눈 대화를 통해 도움을 얻었다.

한 무기를 경제 분석에 충분히 적용하지 못하였다. 이것을 어떻게 설명해야 할까?

첫째, 아리스토텔레스의 학문이 개화한 때는 그리스문명이 몰락하는 시점이라는 점을 들 수 있다. 헤겔의 『법철학』에 나오는 말처럼 "미네르바의 부엉이는 황혼이 깃들 무렵에야 비로소 날기 시작하였던 것이다." 고대 그리스문명이 계속 발전하였더라면, 아리스토텔레스의 계승자들이 다른 지역을 압도하는 수준의 경제학을 성립시켰을지도 모른다.

둘째, 아리스토텔레스가 경제 분석을 정치 분석만큼 발전시키지 못한 점을 주목할 필요가 있다. Part 1에서 언급하였듯이, 아리스토텔레스의 학문에서 경제가 정치에 종속되었다. 아리스토텔레스는 경제의 개념을 규범적으로 제한하여 사용하였고 폴리스로부터 독립한 경제행위에 관한 연구를 고려하지 않았다. 『니코마코스 윤리학』에 나오는 유명한 교환비율의 분석도 공동체 정의를 고찰하는 일환으로 이루어졌던 것이다. 이러한 패러다임을 벗어나 경제를 자율적인 행동영역으로 인식하게 된 것은 18세기에 들어와서였다 (Burkhardt, Oexle, and Spahn 1978 : 522~524). 아리스토텔레스가 경제 분석을 정치학 · 윤리학에 종속시킨 것은, Part 1에서 언급하였듯이 이윤 추구의 재산 획득 기술인 chremastike 내지 kapelike에 윤리적 정당성을 부여하지 못하였기 때문이다. 그에 의하면, 인간은 본성적으로 폴리스라는 국가공동체의 선을 추구하는 정치적 동물zoon politiken이고 국가는 훌륭한 삶을 위해 존속하는 것이다. 이런 관념은 고대 그리스가 시장경제체제나 계약국가론을 확립하지 못한 사실과 관련이 있다. 고대 그리스에서 시장이 발전하고 민주정치가 출현하였으나, 근대경제학을 확립할 수 있는 물적 토대를 갖추지는 못하였던 것이다.

Part 1에서 간단히 언급하였는데, 11세기 이후 유럽에서는 시장이 착실히 성장하여 근세에 시장경제체제가 성립하였다. 그런 경제 환경 가운데 종교개혁을 위한 토양이 조성되고 시장경제체제의 성립과 종교개혁 이후 이윤 추구가 윤리적 정당성을 부여받게 되었다. Part 1에서 언급하였듯이 아리스토텔레스의 에피스테메 개념은 고대 로마에서도 잘 계승되지 못하고, 과학혁명을 수행한 근세 유럽에서 science라는 개념으로 발전적으로 부활하였다. 유럽이 근대경제학을 확립할 수 있었던 것은 그리스의 과학적 사유를 계승하여 잘 발전시켰을 뿐만 아니라 시장경제체제가 성립하여 이윤 추구에 대한 윤리적 정당성을 부여하였기 때문이다. 여기에 대해서는 앞으로 자세히 설명할 것이다.

4. 고대 그리스와 중국의 비교

지식의 존재 양식의 차이

기원전에 그리스문명에 필적할 정도로 세속적이고 합리적인 문명은 중국에서 찾을 수 있다. 중국 춘추전국시대의 지식인은 그리스의 철학자처럼 광범위한 지적 탐구를 하고 지적 성취를 이루었다. 두 지역 모두에서 초기 형태의 과학이 발달하였다. 분열된 정치체제가 철학자의 활동에 유리하게 작용하였다(Lloyd 1990 : 113, 115~116, 129).

소크라테스는 소피스트와 달리 "덕이 지식이며 따라서 덕을 배울 수 있고 가르칠 수 있다는 신념"을 가졌는데(세이번 · 솔슨 2006 : 93), 이 점은 공자에게도 마찬가지였다. 중국에도 지성의 자유로운 탐구정신이 있었으나, 지식의 탐구 자체가 존중된다기보다는 지식이 부국강병, 도덕사회의 건설 등에 봉사해야 하는 경향이 있었다. 공자가 "아침에 도를 들으면 저녁에 죽어도 좋다"고 했는데,[165] 지식의 탐구 정신은 도라는 도덕의 근원을 밝히는 목적에 봉사하는 것이었다. 중국에는 이론 자체를 위한 추상적 이론화를 거부하는 문화가 있고 이론적 성찰은 실용적인 목적에 결부되는 성향이 있었던 반면, 그리스에서는 근본적인 문제에 대한 이론적인 성찰 자체를 목적으로 삼았다(Lloyd 1990 : 116, 118, 124).

지식 추구를 수단적 가치가 아니라 그 자체를 목적으로 삼는 그리스문화는 탈레스의 문제가 그리스의 모든 지식인을 매료시키고 그에 대한 대답으로서 피타고라스의 정리가 나오고 데모크리토스의 원자론이 나오는 데에서 잘 드러난다. 중국 고대에도 우주의 기원과 구조를 설명하는 사상이 있었다. 『서경書經』「홍범洪範」에는 오행五行이 만물을 생성하는 것으로 나오며, 『역경易經』은 태극이 음양을, 음양이 만물을 낳는다고 보고 우주의 신비를 수에서 찾을 수 있다고 보았다. 송 대에 주돈이周敦頤는 『역경』에 바탕 하여 우주론적 철학을 제시하였고, 소옹邵雍은 음양이 신神이고 신이 수數를, 수는 상象을, 상은 개개의 사물인 기器를 낳는다고 하였다. 주자 등 송 대 이학자理學者는 이기理氣로 우주와 인간을 설명하였다(풍우란 1996 : 제12장, 제23~24장). 그런데 양 지역 간 중요한 차이가 있었다. 고대 그리스인은 사물의 구성 요소가 무엇인가라는 분석적인 질문을 하였는데, 중국인은 우주가 어떻게 만들어지는가라는 종합적인 질문을 하였다. 피타고라스학파와 상수학은 모두 수에 상징적 의미를 부여하여 숫자를 신비화하는 수비주의數秘主義의 요소를 가졌지만, 후자에는

165 "朝聞道, 夕死可矣"(『論語』「里仁篇」).

수학으로 증명하는 발상은 없었다. 그리스철학은 자연현상을 관찰하려는 성향을 가진 반면, 중국의 『역경』, 상수학 및 이기론은 인간 사회와 도덕을 설명하기 위한 것이었다. 그리스의 자연철학은 분석적 성격을 가진 반면, 중국의 철학은 사변적인 성향을 가졌다. 그래서 전자는 근대과학으로 연결되었지만, 후자는 그러하지 못하였다. 그리스에서는 수학과 자연철학이 인문 · 사회철학에 깊은 영향을 미친 반면, 중국에서는 그러하지 못하였다.

정치담론의 차이

고대세계에서 그리스와 더불어 정치담론이 가장 활발하고 높은 수준에 도달한 지역은 중국이었다. 중국에서도 그리스에 못지않게 정치도덕과 이상적인 정치에 관한 논의가 활발하였다. 중국의 유가가 인의仁義, 정덕이용후생正德利用厚生, 안민부국安民富國 내지 경세제민經世濟民의 정치를 실현하는 방안을 탐구한 것은 플라톤이 정의로운 정치공동체를 설계하고 아리스토텔레스가 공동선을 실현하는 정치체제를 탐구하는 것에 통한다.

플라톤의 『국가론』은 정의에 대한 논의로부터 시작하는데, 『맹자』의 첫머리에도 인의仁義가 이利보다 우월한 가치라는 주장이 나온다. 플라톤은 정의에 대해 깊이 있는 논의를 하였음에 비해, 『맹자』는 옳고 그름을 따지는 마음이 의의 단서라는 정도의 설명에 그치고 있다. 전국시대에 유가와 경쟁한 묵가墨家는 의가 이利라고 하고 타인의 재산과 생명을 빼앗는 것이 불의라고 보았다. 공자와 맹자는 인정仁政 내지 덕치德治의 실현을 위해 지배층의 현명한 처신을 요구하고 정전제井田制의 시행까지 주장하였으나 기존의 정치체제를 전제로 하였고, 플라톤처럼 정의로운 정치체제를 설계하려고 발상하지는 못하였다. 근세 유럽은 플라톤의 정의론을 더욱 발전시켰으나, 중국과 조선의 학자는 맹자의 논의 수준을 크게 벗어나지 못하였다. 저자는 문호개방 이전 동아시아 학자가 플라톤의 『국가론』이나 아리스토텔레스의 『정치학』 수준의 정치 · 경제 분야의 저술을 남긴 것을 알지 못한다.

고대 그리스와 중국의 학술문화의 차이는 정치체제의 차이를 상당한 정도로 반영한다. 중국에서는 전국시대부터 전제군주의 영토국가체제가 성립하여 그 신민臣民으로서 국가를 효율적으로 관리하는 문제가 중심적 논의 대상이었다. 국가 간 경쟁이 치열한 가운데 능력만으로 출세의 길이 열린 전국시대에 재능이 있는 사람은 『맹자』에서 말하는 '노심자勞心者'인 치자治者가 되려고 했으며, 그 결과 치자에게 필요한 국가관리의 담론이 발달하였다. 『서경』에서 보건대 중국에서는 춘추시대 이전부터 치자의 국가관리담론의 전통이 있었는데, 이것이 춘추전국시대에 더욱 발달하였던 것이다. 그러나 춘추시대의 공자는 이미 사라진 봉건제의 복원을 꿈꾸는 데에 그쳤고, 전국시대의 지식인들은 새롭게 성립한 영토국가의 전제군주제를 전제로 하면서 정치적 · 군사적 성공을 거두는 방안을 거론하는 데에 그쳤다. 통일제국의 성립 이후 정치체제가 새로운 차원으로 발전하지 못하여서인지 정치담론도 새로운 차원으로 발전하지는 못하였다. 명나라의 멸망을 맞이하여 전제군주체제에 대해 심각한 회의가 일어났는데, 명 말 · 청 초의 지식인들은 그 대안으로서 고대 주나라의 봉건제를 거론하는 정도였다.

문호개방 이전 중국과 조선의 지식인들이 전제군주제를 전제한 위에서 정치 논의를 할 수밖에 없었고 그 한계를 느끼면 봉건제의 대안을 생각해 보는 데에 그친 것과는 달리, 민주정 아래의 플라톤과 아리스토텔레스는 그리스 도시국가와 그 주변에 존재한 다양한 정치체제를 알고 특정 정치체제를 전제할 필요가 없이 정의 등 공동선을 실현하여 시민에게 행복을 제공하는 최선의 정치체제를 선택하거나 설계할 수 있었다. 그리스인은 국가 의지에 종속되지 않고 한층 근본적인 정치문제를 제기하여 자유로운 발상을 하면서 정치담론을 수행할 수 있었다. 중국의 지식인은 군주나 지배층을 설득하면 되었지만, 그리스의 철학자는 불특정 다수의 대중을 설득해야 하므로 토의와 설득의 기술을 더욱 향상시켜야 했다(Lloyd 1990 : 125~126). 그러한 가운데 정치론이 더욱 높은 수준에 도달하고 지식 전반의 수준이 높아질 수 있었다.

그런데 그리스 민주제가 성립하기 전에 탈레스의 문제와 피타고라스의 정리가 제시된 데에서 드러나듯이, 그리스 학문이 중국보다 높은 수준에 도달한 것을 정치체제의 차이로만 설명할 수 없다. 고대 그리스의 국제 환경은 중국의 그것보다 학문을 포함한 문명의 발달에 유리하였다. 그리스는 지중해의 해상 교류를 통해 메소포타미아 · 이집트 등 선진문명의 자극을 받았는데, 중국은 15세기 이전에 인도의 불교 외에는 외부 문명의 큰 자극을 받지 못하였다. 중국에서는 춘추전국시대 내부의 정치 단위 간 교류와 경쟁이 활발하였으나, 지중해세계와 달리 동질성이 커서 문명 발달에 불리하였다. 로마제국의 성립으로 지중해세계의 다원성이 약화되었으나, 근세에 유럽은 중국과 달리 다원적 국제 교류의 혜택을 누렸던 것이다.

경제담론의 차이

고대 그리스와 중국의 정치체제가 달랐던 것은 경제 통합 방식, 나아가 경제론의 차이를 낳았다. 중국 전제국가와는 대조적으로 그리스에서는 도시국가의 관료제가 발달하지 않았고 시민에 의해 통치되는 정치공동체가 출현하였다. 그래서 국가적 재분배의 힘이 약하고 가부장제 가정인 oikos의 시장을 매개로 하는 경제활동이 경제를 통합하는 중요한 힘이었다. 노예를 포함하는 가족공동체이며 노예노동을 활용하는 농장을 가진 자급자족적 경제 단위인 oikos 체제가 되면서 부족제가 해체되었다. 이어서 상업화가 진전되는 가운데 oikos체제의 자급성이 약화되고 농민, 수공업자, 노동자 등 인민demos이 성장하면서 민주정의 폴리스가 성립하였다(Wood and Wood 1978 : 17~20). 기원전 5~기원전 4세기 그리스에서는 법제도, 시장, 국제무역, 공업, 그리고 화폐 · 금융제도가 상당한 수준으로 발전하였다. 기원전 5세기에 이미 페리클레스가 농장의 생산물을 활발히 상품화하고 필요한 것을 모두 시장에서 구입한다고 할 정도로 농산물의 상품화는 진전되었다(Amemiya 2007 : 60, 64, 67~68, 80). 크세노폰의 『오이코노미코스』에 나오는 주인공은 자유시민으로서 노예와 경지를 포괄하는 농장의 소유주이며 시장 생산에 참여하였다.

중국에서는 기원전 4세기의 전국시대부터 강한 관료제 영토국가가 성립하고 장기간 존속하여 국가적 재분배가 경제 통합에 미치는 영향력이 강하였다. "전국시대에 철제 농기구와 우경牛耕에 의해 농업생산성이 높아지고 농민은 씨족공동체 관계를 벗어나 가족 단위의 토지 소유를 실현하였으며, 당시 5명 내외로 구성된 가家라고 불린 소농경영이 출현했다." 당시 표준적인 소농민은 5명의 가족이

100무畝, 곧 1만 3,700제곱미터 정도를 경작하였다. 이러한 변화를 배경으로 노역을 징발하여 공전公田을 집단경작하는 조법助法을 대체하여 소농 경영을 단위로 실물 조세를 수취하는 개혁이 이루어졌다(李成九 1992 : 117~120, 130 ; 雨宮健 2012 : 4). 『한서』「식화지 상」에 의하면, 동중서董仲舒, B.C. 179~B.C. 104는 황제에 올린 건의문에서 "상앙商鞅, ?~B.C. 338이 법으로 옛 제왕의 제도를 고쳐서 정전井田을 폐지하여 인민이 토지를 매매할 수 있게 되니, 부자는 경지가 넓게 이어지고 가난한 자는 송곳을 꽂을 만한 땅조차 없어졌습니다"라고 하였는데, 전국시대에 토지 소유의 성립을 배경으로 토지 매매가 이루어지고 농산물 상품화가 진전되었다. 이처럼 전국시대 중국에서도 토지를 사유하고 시장과 접촉하는 가족경영층이 형성되었지만, 전제군주제 아래 이 가장들은 정치의 주체일 수가 없었다. 그리고 전국시대 중국의 시장 발달 수준은 고전기 그리스에는 미치지 못한 것으로 보인다. 그리스는 중국과는 달리 해상무역이 활발하였고, 상업 발달의 역사가 중국보다 오래되었다.

그런데 고대 그리스의 시장경제도 아직 성숙하지 않은 점에서 시장 발달 수준이 경제 담론 수준의 결정적인 요인은 아니었다. 그보다는 시장의 성격이 중요한 요인으로 사료된다. 국가적 재분배가 발달한 전제군주제에서 경제활동을 좌우한 것은 시장이 아니라 국가였다. 엘리트층은 관료나 전사가 되고자 하고 농업에 관심을 가진 지식인층은 국가의 정책에 부응하여 생산의 증대를 통한 조세 수입의 증대에 관심을 쏟았기 때문에, 크세노폰처럼 개별 사경영의 발전을 위한 담론에 힘을 기울일 풍토가 조성되기 어려웠다. 페리클레스는 펠로폰네소스전쟁 때에 아버지에게 물려받은 재산을 잃는 것은 불명예라고 연설하였다. 고대 그리스에서도 중국에서처럼 공익을 사익에 우선하였다(Amemiya 2007 : 16~17). 그래도 "기원전 4세기경에도 가정oikos의 보존은 시민공동체의 존립에 본질적인 국가의 의무로 여겨졌다"(Cooper 1976 : 165). 그리고 개방적 민주정인 폴리스 속에서 학술 논의가 활발하고 학문이 발달하는 가운데 상층 시민인 지식인은 개인이 소유하는 사경제이자 국가 존립의 기본 요소인 가정oikos에 대한 관심이 컸기 때문에, 그 담론을 진전시켰으며 그러한 가운데 경제 분석의 싹이 틀 수 있었다고 사료된다. 크세노폰이 『오이코노미코스』에서 자신의 분신으로서 등장시켰다고 할 수 있는 이스코마코스는 부유해지려고 노력하는 이유를 "신들에게 성대히 경의를 표하고 곤궁에 빠진 친구들을 도우며, 내 재산이 감당할 수 있는 한도에서 국가를 아름답게 꾸미는 일이 즐겁기 때문"이라고 하였으며, "모든 사회적 활동, 즉 농사 · 정치 · 경영 · 전쟁술에 공통적인 것은 다스리는 능력이다"라고 했다(크세노폰 2005 : 150, 202). 요컨대 고대 그리스의 가정관리론은 oikos를 가진 자유시민이자 지식인의 성과물이었다.

중국에서도 가산을 유지해야 한다는 관념이 없을 수 없다. 그런데 고대 중국에서는 가산의 보호를 기본 가치로서 공공연하게 표방할 수 있는 문화가 성립하지 않은 것으로 보인다. 그래서 고대 중국에서는 국가관리 차원의 경제 담론이 활발한 반면, 크세노폰의 『오이코노미코스』 정도로 사경제를 풍부하게 다룬 저술이 없던 것은 놀라운 일이 아니다. 이러한 맥락에서 국가경제가 지배적인 힘을 발휘한 중국에서 경제의 어원은 국가관리인 반면, 민간경제가 중심적인 역할을 담당한 그리스에서 그 어원은 가정관리라는 사실을 음미할 필요가 있다.

영토국가 아래 국가관리에 주된 관심을 둔 중국의 지식인보다 시민공동체인 폴리스 아래 가정관리에 큰 관심을 둔 그리스의 지식인이 경제 분석에 더욱 유리한 위치에 있었다. 국가관리에서는 정치가 중심적인 문제로 대두되는 반면, 가정관리에서는 사경제가 중시되지 않을 수 없다.

『오이코노미코스』가 나올 무렵 그리스의 시장경제는 당시 세계 최고 수준으로 보이나, 후대에 비해서는 취약하였다. 거대한 이윤은 농업이 아니라 광산, 용병 사업, 전리품 등에서 나왔고 『오이코노미코스』에서 등장한 대규모 토지 거래와 농장 개선은 예외적인 일이었다. 토지사유권도 로마법에 비해 성숙하지 못하였고, 국가공동체가 토지의 원초적 소유자이며 궁극적인 통제자라는 관념이 있었다. 상업법은 단순하였는데, 정교한 상거래를 허용하였는지 여부에 대한 논쟁이 있다(Harrison 1968 : 200~203 ; Cooper 1976 : 165~168 ; Cohen 2006 : 293~294). 그런 점에서 가정경제론의 성립 배경으로 높은 학문 수준이라는 문화적 요인을 고려할 필요가 있다. 그래서 그리스보다 시장경제, 토지소유권 및 농장 경영이 발달한 로마에서 가정경제론이 발달하지 못한 것은 문화적 차이가 크게 작용한 것으로 보인다. 그리스 논리학의 발달은 정치적 · 경제적 물음을 학적 체계로 정립하는 데 기여하였다.

중국과 조선에서 가정경제론 성립의 배경

중국에서 가정관리론이 유럽보다 늦게 성립한 것은 『오이코노미코스』를 저술한 크세노폰처럼 농장을 소유하고 참정권을 가진 지식인층에 가까운 존재로서 사대부층의 출현이 늦었기 때문으로 사료된다. 당송변혁기의 "육조六朝 이후 문벌 중심의 일종의 귀족제가 종언하고" 황제를 정점으로 하는 관료제적 중앙집권체제가 확립되어 청나라까지 이어졌다. 북송기에 실력 본위로 관료를 등용하는 과거제가 확립되는 가운데 정치 엘리트로 선발되어 정치 능력을 발휘할 기회를 가진 지식인인 사대부층이 형성되었으며, 이들의 '경세의 책임의식과 자부심'이 앙양되었다. 이들이 송 대에 이학理學을 발전시켜 조선, 나아가 일본에 영향을 미쳤다. "경세학으로서 유학이 새롭게 대두하기 위해서는 북송에서의 사대부층의 출현을 기다려야 했"던 것이다(戸川芳郎 · 蜂屋邦夫 · 溝口雄三 1987 : 241~242, 250~251). 자유시민으로서 자부심과 정치적 책임의식을 가진 고대 그리스의 지식인층에 가장 접근한 집단을 중국사에서 찾는다면 송 대에 출현한 사대부층이었다. 중소 지주로서 치자를 지향하는 지식인인 사대부층이 성장함에 따라 가정관리론이 성립하게 되었다.

한국사에서도 고려 후기에 송 대의 사대부층에 해당하는 집단이 형성되어 조선의 건국을 낳았고 조선시대의 엘리트층이 되었다. 이들도 '경세제민의 책임의식과 자부심'이 강하였다. 조선 전기에 경지 소유는 높은 수준의 보장을 받게 되었고(이헌창 2015),[166] 조선 중기에 시장이 성장하였다. 조선 후기에 소지주인 양반층이 널리 분포하였으며, 이들이 국가경제의 입장뿐만 아니라 개별 농가의 입장에

166 1474년 편찬된 『경국대전』의 규정에 의해 경지 소유는 사적이고 개인적인 재산권으로서 성격을 갖추었으며, 남녀노소를 막론하고 노비도 소유의 주체가 될 수 있었다(朴秉濠 1974 : 167~169).

서도 농업경영론을 활발히 개진하였다(安秉直 1990). 중국과 조선에서는 토지사유제가 발전하고 시장이 성장하는 가운데 부유한 가정생활을 위한 영농을 목표로 삼는 소지주층이 널리 성립하고 일부 지식인은 그러한 목표로 가정경제론을 저술한 것이다.

5. 중세 유럽 · 중동 · 중국의 경제사상의 대등한 발전

기원 전후의 시점까지 그리스, 중국 및 인도의 경제사상은 큰 수준 차를 보이지는 않았다. 그리스의 학술은 로마제국에 영향을 미쳤는데, 로마는 그 학술 수준을 높였다고 보기 어렵고 로마의 몰락 이후 유럽의 학문은 후퇴하였다. 7세기 이슬람이 흥기한 이래 중동의 학문은 그리스 학문을 계승하면서 급속히 발전하여, 10~11세기에는 중국과 더불어 세계 최고의 수준이라고 평가할 수 있다. 중동의 경제사상도 발달하였다. 10세기까지 후진적인 유럽은 중세 후기에 이슬람세계 및 중국과 대등한 학술 수준에 도달하였고, 근세에 선두에 나서 근대경제학을 확립할 수 있었다. 유럽은 그리스 학문을 잘 흡수하는 데에 그치지 않고 그 문제점을 극복하여 과학적 사유를 한층 높은 수준으로 발전시켜 경제학 등에서 근대학문을 확립하였다. 16세기 후반 이후 르네상스 수준의 과학은 중국에 충격을 주었지만, 제한적 범위에 그쳤다. 근세에 학문의 대분기가 일어났고, 그런 조건은 중세 후기부터 마련되고 있었다. 이러한 변화를 탐구해 보자.

중동과 유럽

서아시아에서는 기원전 7천 년경 농경공동체가 형성되고 기원전 3천 년경 도시가 발생하고 기원전 2400년경에는 제국이 형성되어 인류문명이 처음 발생하였다. 그러다 서아시아는 고대 그리스·로마에게 문화적·군사적으로 압도당하였다가 이슬람교가 발흥한 이래 다시 세계문명의 중심지로 부상하였다. 이슬람사회의 특징적인 제도적 패턴은 기원전 3천 년기의 메소포타미아문명에서 유래하였다. "메소포타미아의 도시국가와 제국에서 형성된 종족宗族사회·부족사회·종교제도·정치구조는 전前 이슬람시대는 물론 이슬람시대에도 중동사회가 진화하는 데 기반이 되었고, 그후 재생산되거나 중동에서 다른 이슬람사회로 전파되었다. 따라서 중동의 이슬람사회는 고대의 제도와 이슬람의 문화양식 및 정체성이 혼합된 것이다"(라피두스 2008 : 17, 37, 46~47).

기원후 7세기 전반 아라비아에서 일신교 이슬람이 발흥하여 부족을 이루던 아랍인은 이슬람공동체를 만들어 주변을 정복해 나갔다. 이슬람공동체는 세력을 갈수록 확장하여 초기 칼리프시대?~945에는 서아시아와 지중해 연안에 이슬람의 제국과 문화가 성립하였다(라피두스 2008 : 46). 이슬람세계의 성립과 발전을 낳은 일차적인 요인은 무슬림의 정복 활동인데, 그 이차적 요인은 유럽과 아시아를 연결하는 무역로의 장악을 통한 경제적 토대를 마련한 일이었다. 예언자 무함마드의 사후 성립한 우마이야왕조661~750는 정복에 의해 홍해와 페르시아만을 통해서 유라시아대륙을 횡단할 수 있는 두 무역로를 통합하였다. 우마이야왕조와 뒤이은 아바스왕조는 농업을 정착시키고 도시를 발전시키고 원격지무역을 장려하여 8세기경에는 무슬림국가의 탄탄한 경제적 기반을 마련하였다. 7세기 이슬람교가 흥기한 이후부터 11세기 말까지 중동 지방은 역동적으로 발전하여 세계경제의 중심지이자 최고의 선진국이 되었다. 이슬람세계의 발전을 낳은 세 번째 요인은 문화 발전이었다. 10～11세기는 정치적으로 무질서하였지만, 철학 · 과학 등의 분야에서 세계 최고 수준의 문화를 성취하였다(로빈슨 외 2002 : 65, 172). 제국의 시대에 이슬람사회가 형성되었다. 그 결과 아바스왕조의 붕괴 이후 중동은 분열되고 국가와 종교 엘리트의 분리가 확고해졌으나, 중동 사람은 같은 문화와 종교의 사회에 속하였다. 보편적인 제국이 없는 보편적인 이슬람사회가 성립하였던 것이다(라피두스 2008 : 331～336, 345).

"이슬람세계가 지식의 풍요를 누릴 수 있었던 것은 셈족문화, 헬레니즘문화, 이란문화, 인도문화가 폭넓게 교류하고 하나의 새로운 복합체가 생성하였기" 때문이다. 국제무역에 활발히 종사한 이슬람세계는 개방적인 문화를 가졌던 것이다. 이슬람세계의 기본 지식은 예언자의 계시, 그리고 이슬람의 전통과 법이었다. 이슬람문명의 과학 · 기술 · 인문학 · 정치술의 원천은 고대 메소포타미아 · 페르시아 · 그리스의 위대한 유산이었다. 페르시아문명으로부터 통치 · 정치술, 궁정예법, 그리고 군사 · 농업기술을 흡수하였다. 무엇보다 큰 영향을 미친 지식체계는 이성과 논리, 그리고 자연법칙을 강조한 그리스철학이었다(로빈슨 외 2002 : 267~273).

아바스왕조는 종교적 논쟁에서 승리하여 이슬람교의 대의를 내세워 자신의 정통성을 강화하고자 했으므로, 고대 그리스의 논증과 반박의 기술을 배우고자 했다. 그래서 750~1000년간 많은 그리스 책이 아라비아어로 번역되어 11세기까지 80여 명의 그리스 작가의 저술이 번역되었다. 이러한 번역을 통해 지배 엘리트는 지식인이 되었으며, 분석의 학문이 널리 퍼져 과학과 철학이 발전하였다. 비잔틴제국에서는 그전인 7세기에 교파 간 갈등으로 인해 대화 형식의 논쟁이 문헌에서 널리 수용되었으나, 교파의 통일이 이루어진 후에는 그리스 학문을 멀리하였다. 그래서 아바스왕조의 지배층은 기독교도가 이성에 대한 공포 때문에 철학과 종교를 금지한 반면, 이슬람교도가 진리를 옹호하였고 자신들이 그리스 학문의 진정한 계승자라 자부하였다. 그리스과학과 철학은 무슬림에 의해 보존되고 개선되었지만 유럽에서는 잊혔다. 이슬람세계는 그리스, 이란, 인도의 업적을 기반으로 수학, 천문학, 의학 등의 과학에서 업적을 이루었다.

이슬람세계에서의 번역운동이 끝난 12세기, 서유럽에서는 아리스토텔레스 등의 고대 텍스트를 그리스어와 아라비아어에서 라틴어로 번역하는 광범위한 활동이 이루어졌다. 이슬람의 과학은 라틴어로 번역되어 유럽에 영향을 미쳤다(구타스 2013 ; 로빈슨 외 2002 : 273, 288~290). 이슬람권은 자체의 창조뿐만 아니라 동지중해와 아시아 고대문명의 차용과 정리를 통해 유럽문명의 발달에 크게 기여하였던 것이다(루이스 2009 : 284, 295).

중동의 이슬람세계는 1800년경 유럽에 경제적 · 정치적 · 문화적으로 압도당하였다. 1798년 나폴레옹의 이집트 점령 이후 유럽의 대외 팽창에 자극을 받아 이슬람세계는 개혁 움직임이 있었지만, 유럽의 도전을 극복할 수 없었다. 중동의 이슬람세계를 직간접적으로 지배하던 오스만제국은 19세기 중엽 '유럽의 환자'로 불릴 정도로 쇠퇴하였다. 무슬림은 서구의 철학과 과학의 성취에 큰 충격을 받았다(로빈슨 외 2002 : 102, 137~143). 16세기 이후 서유럽 국민국가의 발전은 이슬람을 정치적 · 군사적으로 압도할 수 있는 기반을 이루었는데, 경제적 · 문화적으로는 유럽이 15세기 이전에 이미 이슬람세계를 압도할 수 있는 발판을 마련해 가고 있었다. 12세기부터 지중해세계의 경제적 주도권이 이탈리아의 중상주의적 도시에게 이전되었고 16세기 이후에는 서유럽이 경제적 중심지가 되었다(Pamuk 2012 : s42).

이슬람세계는 유럽과 아시아를 연결하는 무역로를 장악하여 경제적으로 발전하면서 경제에 관한 저술도 활발히 편찬하였다. 그런데 구미의 학자들은 아리스토텔레스와 토마스 아퀴나스 사이의 시기를 경제사상의 암흑기라고 규정하여 왔다. 이에 대해 이슬람권 학자들은 그 기간에 이슬람의 경제사상이 발전하여 토마스 아퀴나스에 영향을 준 사실을 구미의 학자들이 무시한다고 반발하고 있다(Ghazanfar and Islahi 1997 ; Ghazanfar 2000).

Part 6에서 언급한 이븐 미스카와이는 철학자이자 역사학자로서 전통적 이슬람공동체에 대한 헌신을 대신하여 개인적 합리성을 강조하였다. 그는 모든 영역에서 중용을 추구하였는데, 대부분의 이슬람학자처럼 분석력을 보여 주지 못하였다. 알가잘리도 중용을 추구하였으며, 여러 개념을 구사하여 생산 · 시장 교환 · 국가 역할 · 사회복지 등을 논하였다. 그는 그리스 학문의 영향을 많이 받았는데, 특히 아리스토텔레스의 논리학을 흡수하여 이슬람신학을 재정립하고 경제사상을 진전시켰다. 그의 사상과 학문은 토마스 아퀴나스에 영향을 주었다(Ghazanfar and Islahi 1997 ; Ghazanfar 2000).

이슬람 경제사상가들은 그들의 분석력을 종교적 전통으로부터 해방시키지 못하였으나, 뛰어난 분석력을 보여 준 소수의 학자가 있었다. 11세기에 디마쉬키Dimasqi는 『상업의 공덕功德』이라는 수준 높은 상업서를 저술하면서 시장가격의 시간적 · 공간적 차이를 이용하여 차익을 추구하는 기준으로 상인을 유형화하였다. 이븐 할둔Ibn Khaldun, 1332~1404이 1370년대 후반에 집필한 『역사서설』은 당시까지는 세계 최고 수준의 역사서였는데, 할둔은 "사회의 형성과 해체를 낳은 메커니즘의 분석에서 정치적 · 사회적 · 경제적 과학의 한 선구자"로 평가된다. 『역사서설』 중 경제사를 다룬 제5장에는 생계, 소득, 노동, 기술, 자본, 시장, 가치와 가격, 물가, 이윤, 교환, 상품, 상업, 매점매석 등 다양한 경제학 개념을 구사하여 경제행위를 논리적으로 설명하였다. "생계는 양식을 획득하려는 노력과 욕구"로 정의된다. 할둔은 문명의 성쇠를 경제활동과 결부하여 설명하였는데, 부와 소득의 원천은 잉여노동이고 그 규모는 협업과 분업에 의해 결정되며, 협업의 수준은 기술 수준과 인구 규모에 의해 결정된다고 보았다. 할둔은 과학적 역사 연구의 선구자라고 할 수 있다.

유럽 근대학문을 본격적으로 도입하기 이전의 아시아에서 아리스토텔레스의 『정치학』이나 『니코마코스 윤리학』의 수준에 도달한 사회 · 인문과학 분야의 독창적인 저서로는 저자의 짧은 지식으로

『역사서설』 외에는 생각나지 않는다. 이슬람의 학문과 사상은 할둔에서 정점에 도달한 이후 더 높은 수준으로 발전하지 못했던 것으로 보인다. 할둔의 제자인 역사가 알마크리지Al-Muhammad al-Maqrizi, 1364~1442는 화폐경제에 관한 높은 수준의 분석을 하였다. 그는 화폐수량설, 그레샴의 법칙, 명목가격과 실질가격의 차이에 관한 초보적인 인식을 하였다. 그리고 동전의 유통이 계층별로 미친 경제적 영향을 분석하였다(Essid 1987 : 89~97 ; Baeck 1991 : 99 ; 加藤博 2004 : 195~196). 고대 그리스문명의 황혼에 플라톤과 아리스토텔레스라는 위대한 사상가가 나타난 것처럼 할둔이라는 탁월한 학자는 중세 이슬람문명의 쇠퇴기로 향할 무렵에 활동하였다.

이슬람권은 아부 유수프Abu Yusuf, 731~798부터 경제사상을 발전시켜 15세기 초의 알마크리지까지 경제사상에서는 세계 최고 수준이라고 할 수 있다. 이것은 그리스 학문을 잘 계승하고 시장경제가 발전한 덕분이었다. 그런데 이슬람세계의 경제사상은 고대 그리스의 경제사상을 풍성하게 하였을지언정 그보다 높은 차원으로 발달하였다고 보기는 어렵다.[167]

유럽 중세 초기500~1000는 암흑기로 불리며 학문이 양과 질에서 모두 쇠퇴하였는데, 교회를 중심으로 학문이 보존되고 있었음에 유

167 경제학사에서와 마찬가지로 과학사에서도 이슬람세계의 독창적 기여를 부정하는 주장이 있다. 이슬람세계의 과학은 거의 그리스 과학을 토대로 구축되었으며 그것을 체계화원리에 따라 추진하여 여러 전문 분야에서 다양한 공헌을 하였지만, 무슬림이 그리스 과학의 체계를 무너뜨리거나 밑바탕부터 재건하려고 한 적은 없었다. 이슬람세계에서 그리스 과학은 주변적인 존재로 보기도 어렵지만, 보수 종교세력의 견제를 받고 고등교육 수준에서 안정된 제도의 기반을 갖추지 못한 점에서 지배력을 행사하기도 어려웠다(린드버그 2009 : 283~298).

의할 필요가 있다. 11세기 이후 서유럽은 정치, 사회, 경제, 문화 등 모든 분야에서 부흥하였다. 수도원 학교뿐만 아니라 성장한 도시에 학교가 등장하여 교육 발전을 이루었다. 고전 교육이 중시되고 이성주의가 성장하였다. 그리스 원전의 라틴어 번역은 중단된 적이 없는 사업이었는데, 특히 12세기에는 그리스어 원전과 아랍어 원전이 활발히 번역되어 서유럽 지성계를 뿌리째 변모시켰다. 12세기 이후 대학 교육이 성장하여 논리학이 강조되었고 아리스토텔레스의 자연철학이 교육과정의 중심을 차지하였으나 수학 과목은 낮은 위상에 머물렀다. 12세기 이후 유럽 학문의 도약은 아리스토텔레스를 정점으로 하는 고대 그리스의 학문적 유산에 힘입은 바가 컸다(린드버그 2009 : 제9장). 토마스 아퀴나스는 중세 교부철학, 곧 스콜라철학을 발전시켜 "중세 경제사상의 완전하고도 권위 있는 저술"을 내었다(Spiegel 1991 : 57). 12세기에 프랑스 샤르트르의 신학자인 베르나르Bernard of Chartres는 당대 사람들이 아리스토텔레스를 필두로 하는 고전학문이라는 거인의 어깨 위에 앉은 하찮은 난쟁이와 같은 존재라고 비유하면서, 이러한 앞선 시대의 거인의 어깨에 올랐기 때문에 더 많이 그리고 더 멀리 볼 수 있다고 하였다. 이 말은 샤르트르의 주교를 역임하기도 했던 영국인 존의 저술에서 인용되었다(John of Salisbury and Bishop of Chartres 2009 : 167). 나아가 이 비유는 17세기에 뉴턴이 사용하여 유명해졌다.

중세 유럽인은 고전고대사상과 기독교사상의 종합을 이루어 14세기에는 높은 수준의 학문을 달성하였다. 그들은 아리스토텔레스의 자연철학 방법론을 구석구석 신중하고도 비판적인 자세로 연구하였다. 그 결과 아리스토텔레스의 방법론을 정교화하고 그 문제점을 극복해 나갔다. 17세기 유럽의 자연철학자들은 아리스토텔레스와 결별하면서 과학혁명을 성취하였다(린드버그 2009 : 제9장). 뉴턴 등 유럽인은 그리스에서 싹튼 과학적 방법론을 발전시키는 가운데 아리스토텔레스 등의 권위를 가진 학설도 검증하여 그 오류를 증명하고 새로운 이론을 만들었다(도렌 2010 : 제8장). 이슬람세계는 유럽에 앞서 고전학문이라는 거인의 어깨 위에 올랐으나, 유럽과는 달리 그리스 학문을 활용하는 수준에 그쳤고 새로운 단계로 도약하지 못하였다. 이슬람세계에서는 아리스토텔레스 등의 주석서가 활발히 편찬되었으나, 그 오류를 지적하여 극복하는 차원의 저술이 나오지 못하였던 것이다. 이러한 차이를 낳은 원인에 대해서는 앞으로 살펴볼 것이다.

동아시아와 인도

중국은 춘추전국시대에 정치적 · 경제적 · 문화적으로 찬란한 발전을 이루어 세계문명의 한 중심지로서 확고히 자리 잡았다. 통일제국시기에 중국문명은 완만히 발전하였다. 그러한 가운데 당송변혁기는 경제적 · 문화적으로 괄목할 발전을 이루었으며, 당송변혁기를 거친 송나라는 이슬람세계와 더불어 세계 최고의 선진문명을 이루었다. 7세기 이슬람교의 발흥 이후 5세기간에 걸친 이슬람세계의 빠른 발전, 그리고 11세기 이후 유럽의 역동적인 발전에 비교하면, 진나라의 통일제국이 성립한 기원전 2세기 이후 약 2천 년에 걸친 중국의 완만한 변화는 흥미롭다. 중국 통일제국의 완만한 변화에 대한 비판적 시선이 있는 한편, 거대하고 선진적인 통일제국을 이룩게 장기간 유지한 나라가 없는 점에서 높이 평가하는 견해도 있다.

당송변혁기와 명 · 청시대에 시장의 발전이 있었지만, 그에 상응하는 경제사상의 발전은 없었다. 『관자』가 나온 이후 아편전쟁 이전까지 약 2천 년에 경제사상이 새로운 차원으로 발전하였다고 보기 어렵다. 국가관리를 위한 경제담론은 풍부하였고 가정경제의 담론이 성립한 점은 지적될 필요가 있다.

16세기 말부터 서양 학문에 접하였으나, 문호개방 전까지 그 토대 위에서 학문을 발전시키려 했던 인물은 극소수였다. 중국과 조선의 근세에서도 유교사상의 유연화는 있었지만, 유럽의 종교개혁에 상응하는 변혁은 없었다. 중국에서 처음으로 『관자』를 능가하는 경제사상을 달성한 인물은 유럽경제학의 도움을 받은 위원魏源, 1794~1857이라고 판단된다. 그는 무역 차액을 분석하여 근대경제학의 초기 수준에 도달하였다. 그는 재화교역의 차액이 화폐로 보상되고 은이 광산뿐만 아니라 대외무역에서도 유래하는 것을 알고 은화 · 동전 간 교환비율을 과학적으로 분석하였던 것이다(胡寄窓 1983b : 662~683).

경제사상에서뿐만 아니라 공리주의사상에서도 『관자』나 『묵자』를 능가하는 저술이 문호개방 이전에는 나오지 않았다. 그리고 법과 정치의 사상에서 『한비자』를 능가하는 저술도 나오지 않았다. 그래서 소공권蕭公權은 중국 정치사상사의 시대 구분을 하면서 춘추전국시대를 '창조의 시기'로 불렀고, 진 · 한 대부터 '인습의 시기'가 이어지다가 명 · 청시대에 겨우 "전변轉變의 시작만을 볼 수 있음에 불과하"였으며 그 '전변'은 무술유신戊戌維新, 1898과 신해혁명1911에 이르러 완성된다고 보았다(蕭公權 1998 : 10~19).

중국의 사상이 춘추전국시대에 '창조의 시기'를 맞이하였다가 이후 통일제국의 시대에 크게 발전하지 못하였던 이유에 관한 소공권의 설명을 소개한다. 주나라의 봉건귀족제가 붕괴하면서 평민도 학문을 배우게 되고 천민이 묵가墨家를 창설하기도 했다. 국가 간 치열한 다툼 가운데 인재들은 각국을 돌아다니며 자신의 견해를 피력하였으며, 각국은 이들을 중용하였다. 제나라 직하稷下에는 수백 내지 수천의 사士가 정사를 활발히 논의하였다. 통일 전제정치체제와 달리 정치적 구속이 약한 가운데 학문과 사상이 다양하게 발전하였다. 문호개방 이전의 중국에서 고대 그리스적인 정치 · 사회 환경과 비슷한 시기가 춘추전국시대였던 것이다. 게다가 마침 이 시기가 인류가 사고와 제도의 영역에서 혁명을 경험하는 기축시대였다. 진시황이 "봉건 천하를 군현제도로 바꾸면서" 2천 년간 통일된 전제정치체제가 지속함에 따라 "선진시대처럼 백가가 경쟁하고 각자가 신학설을 만들어 내는 것이 유행하던 환경은" 사라졌다. 그후 "명 · 청에 이르러 해상교통이 열린 이후 서양 학문이 수입되기까지는 사상이 크게 변하지 않았다"(蕭公權 1998 : 3~4, 12).

『관자』가 나온 이후부터 문호개방 이전에 중국에서 경제사상의 질적 발전이 미미하였던 중요한 요인은 인의仁義의 유교도덕을 중시하고 사리私利 추구를 경계하는 유교 이념이 제자백가를 압도하면서 지배력을 발휘하게 된 사정에서도 찾을 수 있다. 유교는 국가 간 경쟁이 치열하지 않은 환경에서 집권관료국가의 전제군주제의 안정적 존속에 유용한 사상이었기 때문에 통일왕조시대의 지배적 이데올로기가 될 수 있었다. 중국에서 경제사상의 질적 발전이 미미하였다 하나, 국가관리 차원에서 경제담론이 지속적으로 활발히 전개된 사실은 평가할 만하다. 그 한 요인은 유교가 국가경제관리에 관한 담론을 격려한 데에서 찾을 수 있다. 유학은 수기치인修己治人의 담론이고, 치인의 경세제민이 경제담론에 통하기 때문이었다.

Part 5에서 살펴보았듯이, 한국과 일본의 경제사상은 17～18세기에 이르러 중국과 대등한 수준에 올랐다. 조선시대에 『한서』 등 중국 역사서의 전통을 흡수하여 1451년 출간한 『고려사』 「식화지」는 고려시대의 토지제도, 호구, 화폐와 시장, 국가재정 등의 항목을 각각 편년체로 수록하였다. 1770년에 편찬된 『동국문헌비고東國文獻備考』는 경제생활을 『고려사』보다 체계적으로 분류 · 정리하였는데, 이것은 두우杜佑의 『통전通典』을 참조한 저술이었다. 주자성리학이 발달하여 강한 영향력을 행사한 조선에서 경제합리주의사상의 기반은 중국 · 일본보다 협소하였으나 유형원, 이익, 유수원, 홍대용, 박지원, 박제가, 정약용 등은 중국과 일본의 일류 실학자와 대등한 수준이었다. Part 5에서 언급한 박제가의 『북학의』는 유럽경제학이 도입되기 이전에 동아시아의 누구보다 시장의 기능과 국제무역의 이점을 예리하게 인식하였다. 유교사회라 할 수 없는 도쿠가와시대의 일본에서는 유교도덕의 구속이 없는 점이 경제 분석력의 성장에 유리하게 작용하였다.

앞에서 언급하였듯이, 슘페터는 유럽 외에는 "자신의 개념들을 개념 장치, 즉 분석 도구들의 체계로 조립하는" 과학적인 분석이 나타나지 않았다고 하였는데, 동아시아에 과학적 경제 분석이 전혀 없지는 않았다. 스피겔은 16세기 후반 성립한 화폐수량설이 수요 · 공급 분석의 출현을 위한 기반을 조성한 점에서 경제학사에서 획기적인 의의를 가진다고 보았는데(Spiegel 1991 : 86), 일본의 미우라 바이엔三浦梅園, 1723～1789은 화폐수량설의 인식을 보여 주었다(杉原四郎 · 逆井孝

仁 · 藤原昭夫 · 藤井隆至 1990 : 124). 조선시대에도 물가 또는 화폐가치가 수요와 공급에 의해 결정된다는 인식은 존재하였다.[168] 17세기 중엽 유형원은 중국에서는 "동전銅錢이 지속적으로 주조되어 동전이 점차 많아졌으나, 곡물과 직물은 그만큼 늘어나지 않았다. 그 때문에 재화 가치는 높고 동전가치는 낮다"고 했다.[169] 1678년 영의정 허적許積은 동전 주화인 상평통보常平通寶의 발행을 위한 논거로서 "근래 은화銀貨를 통화로 삼아 땔감과 채소의 값으로도 사용한다. …은의 공급원은 협소한데 그 수요처는 넓어서, 위조 은화를 만드는 폐단이 오늘날에 이르러 극도에 달하였다. …물화가 통하지 않기 때문에 인정人情이 모두 동전 통용을 원한다"라는 사실을 제시하였다.[170] 그리고 동전이 부족하여 디플레이션이 발생하는 전황錢荒현상이 발생한 지 얼마 지나지 않은 1716년 조정에서는 "동전이 이미 오래 통용되어 점차 널리 유포되는데도 오랫동안 추가로 돈이 주조되지 않으므로" 동전의 가치가 올라 은화와 대등해졌다는 지적이 나왔다.[171] 이처럼 동아시아 지식인은 수요와 공급으로 경제현상을 이해할 수가 있었으나,[172] 수요 · 공급 등의 개념을 정립하고 그러한 "분석 도

168 1516년의 조강(朝講)에서 장령 유관(掌令 柳灌)은 "우리나라에는 은을 생산하는 곳이 많은데도 시장가격이 뛰어오르는 것은, 은을 모두 중국에다 팔기 때문입니다(我國產銀處多, 而市價踊貴者, 以其全販於中原耳)"라고 아뢰었다(『중종실록』 11년 8월 27일 丙子).

169 "蓋歷代以來鼓鑄不休, 錢漸積多, 而穀帛不敷, 故物重錢輕"(『磻溪隨錄』 卷4, 田制後錄下).

170 "自近年以來 以錢爲通貨, 至於柴菜之價亦皆用銀. …出銀之路狹 而用銀之路廣, 故詐僞造銀之弊 至於今日而極矣. …今則物貨不通 故人情皆願行錢"(『備邊司謄錄』 숙종 4년 1월 24일).

171 "(都提調)金曰 錢貨行用旣久 流布漸廣 而久不可鑄, 則有限之物 日致耗縮 勢所然也. 近來市肆之間 銀貨幾乎相等 殆無貴賤輕重之別"(『備邊司謄錄』 숙종 42년 12월 25일).

172 다음도 수요와 공급을 통한 경제현상의 이해가 이루어진 것을 보여 주는 좋은 예이다.
"빙계(氷契)는 도고(都賈)이다. 빙고(氷庫)가 많으면 얼음 가격이 싸고 빙고가 적으면 얼음 가격

구들의 체계로 조립한” 이론을 만들지는 못하였다.[173]

중국에서는 기원전에 나온 『관자』와 『사기』는 시장이 수급기능으로 자동조절한다는 관념을 보여 주었다. 일본 및 중국보다 시장의 발달 수준이 낮은 조선에서 17세기 후반에는 서울시장은 이미 수급기능이 활성화되어 “모든 물건이 모여드는 곳이어서 제값을 주면 물건이 다리 없이도 다 몰려온다”고 하는 정도로 자동조절적 시장관의 맹아가 나타났다(『현종실록』 5년 3월 병자). 문제점은 이러한 시장관이 분석적인 이론체계로 발전하지 못하였다는 것이다.

식민지화 이전 인도에서는 국가관리론을 체계적으로 제시한 유일한 저술이 『아르타샤스트라』라고 평가되는 데에서 알 수 있듯이, 이 저서가 나온 이후 경제사상의 발전이 없었을 뿐만 아니라 중국과 달리 경제담론이 활성화되지도 못하였다.

이 비싸진다. 종전에는 수상(水上)과 수하(水下)에 빙고가 30곳 있었음에도 오히려 부족하였다. 그런데 지금 빙계가 다른 모든 빙고 영업을 일체 금지시키고 빙계가 설치한 8고(庫)만 있으니 전에 비하여 5분의 1로 준 것이다. …그런즉 자연히 얼음 가격은 오르게 된다. 얼음 가격이 오르므로 선인(船人)은 얼음을 많이 싣지 못하여 어물이 썩고, 시전 상인도 얼린 고기를 조달하지 못하여 장차 낭패할 지경에 이르렀다. 그런즉 도하 인민은 장차 어육(魚肉)의 맛을 모르게 되고 한강변 주민은 생계를 이어 갈 직업을 잃어버렸다”(『正祖丙午所懷謄錄』 禁軍崔德禹所懷).

173 중국의 홍량길(洪亮吉, 1746~1809)은 맬서스(T. R. Malthus)의 인구론에 접근하는 견해를 제시하였다(胡寄窓 1983b : 567~577). 조선에서 유수원(柳壽垣)이 1730년대 전반 전후에 집필한 『우서(迂書)』 권1, 「총론사민(總論四民)」에 의하면, 당시 세상에서는 “오늘날 인민의 재산이 점차 고갈된 것은 실로 나라가 오랫동안 태평하여 인구가 크게 불어난 데에 말미암은 것이다. 땅은 좁고 인구는 많아서 그 재산이 날로 궁핍해졌다(今之民産漸罄者, 實由於昇平已久, 生齒繁滋. 地狹人衆, 財産日窘之致也)”라고 말하는 사람이 많았다. 18세기에 조선의 지식인 중 일부는 생활수준의 하락을 맬서스법칙과 같은 논리로 설명할 수 있었지만, 맬서스법칙을 제시할 수가 없었다.

6. 근세 유럽의 경제학술 발전과 그 요인

스피겔에 의하면, 체계적인 과학으로서 경제학은 중상주의 · 중농주의로부터 시작하여 애덤 스미스에 의해 확립되었다(Spiegel 1991 : xxiii-xxiv). 토머스 먼Thomas Mun, 1571~1641의 사후인 1664년 출간된 『대외무역에 의한 잉글랜드의 보물*England's Treasure by Foreign Trade*』은 국제무역에 관한 근대적 접근을 통해 중상주의의 사상적 토대를 놓은 것으로 평가되었는데(Spiegel 1991 : 106~107, 120), 그 정도의 체계와 분석을 갖춘 저술은 19세기 문호개방 이전 이슬람세계와 동아시아에서는 나오지 않았다. 유럽의 중상주의시대, 달리 말해 근세에 동서양간 경제사상의 수준 차가 벌어지게 되었던 것이다.

경제적 요인

유럽이 처음으로 근대 수준의 경제학을 확립한 요인으로 무엇보다 먼저 경제 발전을 들어야 할 것이다. 유럽은 10세기만 해도 이슬람세계와 중국보다 크게 낙후되어 있었다. 10세기 중반 이후 유럽 경제는 발전하였는데, 그때부터 18세기까지 유럽보다 역동적으로 성장한 지역은 없다. 중세 이슬람세계는 원격지의 대규모 무역에 유리한 지리적 · 정치적 환경을 갖고 있었고, 이슬람 종교는 교역 행위에 호의적이었다. 중세 전성기 중동 지역의 무역은 부, 규모, 조직 등의 면에서 유럽을 앞질렀다(루이스 2009 : 182, 187, 211). 12~13세기 중국 송나라는 당시 세계에서 가장 발전한 경제였다. 그런데 유럽에서는 11~13세기에 걸쳐 이탈리아의 도시, 북부의 한자동맹, 그 중간에 위치한 샹파뉴대시大市 · fair 등이 성장하여 '첫 번째 유럽적 세계경제'가 형성되었다(Braudel 1984 : 90). 그러한 바탕 위에서 유럽은 16세기 이후 세계시장의 창출을 주도할 수 있었고, 시장 발달이 가장 역동적이었다. 1500~1800년 대서양 무역의 성장이 직접적으로 대규모 무역 이익을 낳고 간접적으로 시장친화적 제도를 유도함으로써, 대서양 연안 서유럽 국가의 유례없는 성장을 낳아 먼저 자본주의가 성립하였다는 가설도 있다(Acemoglu, Johnson, and Robinson 2005). 앞에서 언급하였듯이, 11세기 말까지 세계에서 가장 활기찬 경제권 중 하나인 중동은 이 유럽적 세계경제가 형성되는 중에 활력이 약화되어 이탈리아의 상업도시에 뒤지게 되었다. 서유럽의 경제는 대서양 무역이 성장한 근세에 중국을 추월하게 되었다.

유럽이 근대경제학을 수립한 경제적 배경으로 경제 발전의 역동성뿐만 아니라 그 특수한 양상에도 주목할 필요가 있다. 11세기 이후 도시화가 꾸준히 진전되어 "서유럽문명의 발전에서 가장 역동적인 요소를 대표하게 되었다." 유럽 도시에는 개방적이고 자유로운 분위기가 있었고 개혁의 열망이 싹텄다. 자치도시가 발전하였는데, "주변의 봉건세계에 대한 자유민 연합체의 승리는 서유럽의 역사에서 진정한 전환점이었다. 그후 일어난 일들은 모두 이 중대한 변화의 논리적 귀결이었을 뿐이다"(치폴라 2013 : 26~27). 근대경제학 성립의 배경이 되는 르네상스, 종교개혁, 그리고 과학혁명은 모두 도시를 거점으로 일어났던 것이다. 아시아에서는 도쿠가와시대 일본에서 서유럽에 필적할 도시화가 진전된 적이 있었으나, 영국領國과 막부幕府의 정치적 중심지로서의 도시였지 자치도시는 아니었다.

유럽에서는 17세기부터 경제학 저술이 질과 양 모두 현저히 발전하였고, 영국이 단연 선두에 섰다. 그 배경에는 경제 발전이 있었다. 중상주의 · 중농주의 · 고전학파 경제학의 성립을 주도한 서유럽은 10세기에도 남부 유럽보다 낙후되었으나, 그후 가장 빠르게 성장하여 근세에 유럽의 중심지가 되었다. 영국은 근세에 유럽에서 가장 부유한 국가가 되었다. "중상주의는 영국이 세계적 강대국으로 부상하면서 대두하였다." 17세기 주도적 경제사상가는 사업가였고, 그 대표적 인물인 토머스 먼, 조사이어 차일드Josiah Child 등은 동인도회사에서 지도적 자리에 있었다. 이 경제사상가들은 환율 · 무역수지 등 무역현상을 다루었고, 토머스 먼의 저작은 "본질적으로 무역 수행의 숭배였다"(Spiegel 1991 : 94~111). 유럽, 특히 영국의 무역 발전이 중상주의학파의 성립을 낳은 경제적 배경이었다.

유럽의 무역 발전 가운데 주도적인 중상주의 국가로 부상하는 영국에서 금융혁명이 먼저 일어났다. 영국에서는 1640년 이후 은행권의 발행, 그것을 토대로 하는 금융 등 근대적인 은행업이 출현하여 "세계 최초의 산업혁명을 향한 길을 닦았다." 애덤 스미스의 『국부론』이 발간된 1776년에는 은행권의 발행액이 금속화폐총액을 초과하여 '세계 화폐사의 이정표'를 이루었다(Davies 2002 : 238~239). 무역과 금융의 발전 가운데 시장경제체제가 성립함에 따라 애덤 스미스와 케네가 경제질서의 법칙성을 명확히 파악할 수 있었다고 보아야 한다.

8~13세기 동아시아의 국제무역은 성장하였으나 13세기 유럽과 같은 세계경제가 성립하였다고 보기는 어렵다. 명 · 청은 중국의 종주권을 옹호하는 조공체제를 유지하기 위한 외교정책에 무역을 종속시키고자 하여(Fairbank 1968) 무역이 역동적으로 발전할 수 없었다. 이러한 정책은 동아시아의 평화에는 유리하게 작용하였을지언정 무역 발달을 저해하였다. 그리고 중국에서는 유럽의 근세의 금융혁명과 같은 것이 없었다.

이슬람세계는 유럽에 앞서 국제무역에 크게 의존하였고 국가도 무역을 중시하였다. 그런데 유럽의 중상주의와 같은 적극적인 무역육성책은 없었다(루이스 2009 : 188). 그래서 이슬람세계는 유럽의 중상주의학파 수준의 경제학을 수립하지 못하였는지 모른다. 게다가 중동의 농업은 기후 조건으로 인해 근본적인 약점을 가졌다. 2세기에 중동의 인구는 4,000만~4,500만 명 정도로 전 세계의 20퍼센트 정도를 차지하였는데, 1830년경에는 3,500만 명 정도여서 전 세계의 3~4퍼센트에 불과하였다(로빈슨 외 2002 : 211). 인구의 정체는 경제성장이 미약하였음을 드러내며, 그 비중의 감소는 중동의 경제적 지위의 하락을 보여 준다. 중동은 지리적 · 기후적 조건에 의해 중계무역에 크게 의존하여 유럽이 주도한 지리혁명에 의한 타격을 크게 받았으며, 유목업이 성행한 반면 농업의 기반이 약한 약점을 가졌기 때문일 것이다. 경제성장이 미약하면 경제사상 · 분석에 대한 자극이 약할 수밖에 없다.

그런데 영국의 고전학파 경제학과 프랑스의 중농주의학파 경제학이 성립한 18세기 후반에 거리별 가격 상관관계를 이용한 시장통합도는 중국과 서유럽대륙 사이에 별 차이가 없었으며 영국은 이 지역들보다 시장기능이 발달하였다는 연구가 있다(Shiue and Keller 2007). 18세기 후반에는 영국이 산업혁명에 갓 진입하였고 서유럽대륙은 산업혁명의 전야였다. 그리고 18세기 일본의 시장 발달은 중국의 선진 지대보다 낮은 수준이 아니었다.[174] 서유럽의 경제가 가장 역동적으로 발달하였다 해도 18세기 서유럽의 경제 발전도가 중국과 일본보다 크게 높지는 않았다.[175] 단 중국사회는 국제무역에 큰 관심이 없었고 일본은 거의 쇄국 상태였는데, 이것이 경제사상의 발전을 제약하였음이 분명하다.

18세기 조선은 시장 발전에서 일본과 중국보다 크게 뒤떨어졌지만, 재산권 등 제도의 발전 수준에서는 별 차이가 없었다. 인구 이동과 매매와 노동력 처분의 자유가 기본적으로 보장되었고 다양한 물종과 권리의 계약 문서가 작성되어 초보적인 계약사회가 성립하였다(이헌창 2014).

174 18세기 말 일본과 중국 푸젠성(福建省)의 1인당 화폐량이 각각 조선의 11배, 5.5배였다는 추계가 있다(岩橋勝 · 李紅梅 2010).

175 "16세기부터 18세기에 걸쳐 중국의 사회와 경제에는 중대한 변화가 일어나고 있었다. 이런 변화는 17세기, 18세기 초 영국에서 나타난 변화와 기본적으로 큰 차이가 없다"(이스트만 2003 : 207).

이상으로 보건대 아시아가 자력으로 경제학의 체계를 정립하지 못한 사실은 경제 환경의 차이만으로는 충분히 설명되기 어렵다. 그런 점에서 저자는 문화적 차이에도 주목하고자 한다.

학술문화적 요인

1613년 북경에 도착한 예수회 신부 알레니Julio Aleni는 1623년 유럽의 교육 · 학문체계를 소개한 『서학범西學凡』, 그리고 세계의 인문 · 지리와 같이 학문도 소개한 『직방외기職方外紀』를 편찬하였다. 『서학범』에 의하면 학술체계를 문과에서 다루는 수사학, 이과에서 다루는 철학, 의과에서 다루는 의학, 법과에서 다루는 법률학, 교과敎科에서 다루는 종교학, 그리고 도과道科에서 다루는 신학으로 분류하였다. 철학은 논리학, 자연학, 기하학, 그리고 윤리학을 포괄한다. 『직방외기』에 의하면, 유럽의 소학에서는 문학을 가르치는데 그것은 교훈 · 역사서 · 시문詩文 등을 포괄한다. 소학에서 우수한 성적을 거둔 학생은 중학에 진학하는데, 1학년 때에 논리학, 2학년 때에 자연학, 3학년 때에 형이상학을 배우며, 이것을 통틀어 철학이라고 한다. 대학에는 의과, 정치학을 다루는 치과治科, 교과, 그리고 도과가 있다. 수학은 철학에 속한다. 아리스토텔레스 덕분에 유럽은 중세에 이미 아시아보다 수준 높은 학술체계를 가졌다. 이처럼 논리학과 자연철학이 유럽 중세에서는 기본적이고 필수적인 교과목이었으나, 유교문화권에서는 논리학 교육은 없었고 자연현상은 연구 대상이 아니었다. 논리학과 자연철학에 소양을 가진 유럽 중세의 스콜라 학자들은 추상적인 개념을 가지고 이론논쟁을 활발히 전개하였으며, 그러한 풍토가 과학혁명의 탄생에 기여하였다. 그런데 유학자들은 자연현상을 당연한 것으로 간주하여 감각되는 대로 단순히 받아들이고 도덕적 실천에 이바지하지 못하는 추상적이고 이론적인 논쟁을 기피하였다(김영식 2013 : 88~90).

중세 유럽은 그리스의 논리학과 자연철학뿐만 아니라 수학도 수용하여 발전시켰다. 서유럽에서는 13~14세기부터 화폐경제의 발전에 기반을 두고 세계를 수량적이고 동학적인 시점에서 파악하는 세계관이 출현하였고, 과학혁명은 이로부터 기원하였다는 가설이 있다(Kaye 1998 ; Crosby 1997). 소옹邵雍과 주자는 수학이 유교도덕의 근원인 이理의 탐구에 봉사해야 한다고 주장하였는데, 마테오 리치Matteo Ricci와 협력하여 유클리드의 『기하학원론*Element of Geometry*』의 전반부를 번역한 서광계는 숫자에 신비한 이치神理가 담겨 있다는 관념이 중국의 수학 발달을 저해하였다고 보았다. 논리학을 기본으로 삼는 교육 환경에서 자란 유럽의 지식인이, 논리학에 무관심하고 수학 탐구를 도덕적 실천에 종속시키는 중국과 조선의 지식인에 비해 이론체계의 정립에 훨씬 유능하기 마련이었다.

16세기 후반부터 예수회 신부들은 중국에 도착하여, 중세 스콜라철학과 신학, 르네상스시대의 과학 · 기술 등 유럽문명의 전파에 성과를 거두었다. 1582년 중국에 도착한 마테오 리치는 중국문화에 적응하는 전략을 채택하여 유능한 중국인 추종자를 확보하면서 1610년 사망할 때까지 유럽의 과학 · 기술, 철학 등의 전파에 힘썼다. 그런데 중국과 조선은 문호개방 이전에 유럽에서 얻은 과학의 종자를 꽃피우지는 못하였다. 『서학범』과 『직방외기』는 동아시아 세 국가의 지식인에게 상당한 관심과 반발을 불러일으켰는데, 이 지역의 학술체계를 변모시키지는 못하였다.

조선의 신후담愼後聃, 1702~1761은 1724년 서학을 비판한 「서학변西學辨」을 집필하였다.[176] 여기에서 신후담은 『직방외기』에 수록된 유럽에 대해 교육 · 학술제도가 정비되어 있고 유교문화권과 통하는 면이 있다고 평가하면서도, 유럽의 소학이 유교문화권과는 달리 "덕성을 함양하여 근본 바탕을 북돋우는 일에는 미치지 못하고 있어서 근본적 소재에는 전혀 몽매하다"고 하며, "실행보다는 학문을 앞세워 근본과 말단의 순서가 뒤바뀌고 있다"고 비판하였다.[177] 도덕성의 함양을 근본적이고 중심적인 과제로 삼는다면 『소학』, 『대학』 등의 순으로 이루어지는 조선시대의 교육이 합리적 선택이었다. 1724년은 신후담에게 학문적으로 영향을 미친 성호 이익星湖 李瀷을 처음 찾은 해인데, 이익은 신후담과 달리 서학에 우호적이었다. 신후담의 서학관이 이익보다 당시의 일반적 관념이었다. 학문이 도덕사회의 건설에 봉사해야 한다는 유교 지식인은 지식 탐구 자체를 목적으로 하는 순수한 학문 활동을 곱게 볼 수 없었던 것이다. 이런 학술 풍토에서 논리학과 수학이 발전하기 어렵고 과학혁명이 성립하기 어렵다. 동아시아 세 국가 중 유교 이념으로부터 가장 자유로운 일본이 서양 학문의 흡수에 가장 유능하였고, 유교 이념에 가장 투철한 조선이 가장 뒤떨어졌다.

176 G. Aleni(2001)에는 『서학범(西學凡)』, 『직방외기(職方外紀)』 및 「서학변(西學辨)」의 원문도 수록되어 있다.

177 "今歐羅巴學校之制 則三學之分設 可謂備矣. 師儒之歷試 可謂詳矣. 而觀其入於小學也未嘗略及於涵養德性培壅根基底事. 此已全昧乎本領之所在矣. 若其所以敎之而古賢明訓者, 數若有理, 以文先行, 本末失序, 孰如吾德行有餘力 卽以學文者乎"(『河濱文集』, 「西學辨」; G. Aleni 2001 : 336~337에서 재인용).

앞에서 언급하였듯이, 이슬람세계는 유럽에 앞서 아리스토텔레스라는 거인의 어깨 위에 올랐으나, 유럽과 달리 새로운 단계로 도약하지 못하였다. 이슬람세계도 유럽과 동아시아처럼 지식의 추구와 전달을 중시하는 문화를 가졌다. 이 지식들은 종교적 내용이 핵심을 이루었으나, 이성을 바탕으로 하는 과학 · 의학 · 기술학 등도 포함하였다. 중동의 과학은 그리스와 달리 실용적이었고, 약학 · 화학 · 천문학 · 농경학 등의 고전적인 유산은 중세 중동의 관찰과 실험에 의해 분류되고 보충되었다. 논리학과 수학의 교육도 중시되었다. 그런데 이러한 지식은 이슬람교가 추구하는 이상에 늘 부합해야 했다. 그래서 "무슬림 과학자들은 이슬람이라는 종교에 부합되는 지식만을 가지고 세상을 바라보았다." 950년 사망한 알파라비는 코란의 전통보다 그리스사상에 기초하여 형이상학과 종교에 접근하였다. 그런데 무슬림은 대부분 이성이 진리를 향한 가장 확실한 길이라는 사상을 받아들일 수 없었다. 그 결과 "이슬람문명의 언저리에서 겨우 명맥을 유지해 가던 철학사상들은 무슬림세계보다 오히려 중세 유럽세계에 훨씬 더 큰 영향력을 행사하게 되었다." 그리스문화의 영향을 받은 알가잘리는 수학과 논리학에서 철학자의 위대한 업적이 무슬림에게 신의 존재를 깨우치지 못하며 이성은 계시에 종속되어 있다고 주장하였다. 그는 무함마드 이후 가장 큰 영향력을 행사한 학자였다(루이스 2009 : 286~288 ; 로빈슨 외 2002 : 266, 274~278, 288~290, 305 ; 라피두스 2008 : 154~164). 그리스 학문의 교육을 위한 안정된 제도적 기반은 마련되지 못하였는데, 이는 이슬람교의 외래 학문에 대한 견제와 관련이 있다. 그에 반해 유럽에서는 고대철학의 교육을 위한 제도적 기반이 확보되어 과학혁명을 위한 전제조건을 마련하였다(린드버그 2009 : 286~289, 586~587).

자치도시가 발달하고 교권과 세속권력의 분립이 이루어진 유럽은 종교개혁을 수행하고 르네상스를 경험하여, 이성적 사유와 경제 합리주의 동기가 종교의 속박으로부터 벗어나게 되었다. 그런 다음에 과학혁명이 가능해졌고 근대경제학이 성립할 수 있었다. 종교개혁을 경험하지 못한 이슬람세계는 종교의 구속을 받지 않은 채 자연과 사회의 법칙을 구명하는 데에는 제약이 따랐다. 이븐 할둔처럼 역사법칙의 구명에 이바지한 인물도 있었으나, 그것만으로 근대 학문의 시대를 열 수는 없었다.

인도가 전근대 수학사에 큰 기여를 한 사실은 널리 알려져 있다. 기원전에는 인도의 논리학이 그리스를 제외하고는 가장 높은 수준에 도달하였다(中村元 2000 : 第1章). 따라서 경제학의 발전은 논리학의 차이만으로 설명되기 어렵고, 시장 발전과 정치 · 문화 풍토의 차이도 아울러 고려되어야 한다. 인도의 논리학 역량은 종교 등 형이상학에 주로 투입되었던 것이다. 인도는 1세기경부터 몬순이라는 계절풍을 이용하여 홍해 지역과 해상 교류를 활발히 하였고, 1526년에 성립되어 인도 전역을 지배하다 1858년 멸망한 무굴제국은 이슬람 왕조였다. 그런 점에서 인도가 고대 그리스사상에 접하지 못하여 학문을 발전시킬 수 없었다는 설명은 성립하기 어렵다.

이슬람세계와 인도를 보건대, 유럽과 여타 지역의 경제 학술의 차이를 낳은 문화적 요인은 논리학과 수학을 중시하는가 아닌가라는 문제에 국한되지 않는다. 그것은 이슬람교, 힌두교 및 유교라는 종교적 신념에 관계된다. 전근대 아시아의 종교는 내세관에 영향을 미치는 데에 그치지 않고 현세를 살아가는 가치관과 경제적 · 정치적 · 학문적 활동을 근본적으로 규정한 것이다. 내세관을 갖지 못한 유교가 종교일 수 있는가라는 논란이 있을 수 있겠지만, 중국과 조선에서는 유교가 내세관을 가진 다른 종교를 억압하기도 하고 현세를 살아가는 가치관과 경제적 · 정치적 · 학문적 활동을 근본적으로 규정한 점에서 종교에 상응하는 역할을 수행하였다. 인도 · 이슬람문화권에서는 종교가, 그리고 중국문화권에서는 유교가 지배적인 영향력을 행사하여 경제합리주의가 유럽만큼 순조롭게 성장하기 힘들었던 것이다. 그런 점에서 아시아가 유럽의 종교개혁에 상응하는 변혁을 경험하지 못한 점은 근대경제학의 성립에 중요한 장애였다.

종교개혁과 정치적 · 사회적 다원성

『쿠란』은 유교 경전보다, 『논어』는 『성경』보다 상업행위와 부에 우호적이며 유연한 면모를 가졌다. 그리고 중세에 이슬람교가 기독교보다 포용적이었다. 그런데 이슬람세계는 유럽과 달리 종교개혁을 경험하지 못하였기에 경제적 합리주의와 분석 정신이 종교윤리의 속박으로부터 완전히 벗어나기 어려웠다. 그래서 "근대에 이르기까지 경제활동은 공동체와 정치구조에 덮여 있었"고, 문화와 제도의 차이가 이슬람사회와 다른 문명권을 구분하는 기본 지표였다(라피두수 2008 : 20~21). 동아시아에서는 시장의 성장이 유학의 유연화와 경제합리주의의 성장을 낳았고 그것은 실학 등으로 일컬어지기도 하지만, 종교개혁만 한 문화의 근본적 변화는 없었다.

Part 1에서 언급하였듯이, 종교개혁은 경제합리주의에 대한 이념적 제약을 근본적으로 해소하여, 경제 분석이 발전할 수 있는 문화적 환경을 마련하였다. 종교개혁을 경험한 유럽에서는 도덕주의의 세속적 영향력이 약해져, 사리 추구를 긍정하는 사상이 한층 용이하게 뿌리를 내리고 확산할 수 있었다. 그에 비해 문호개방 이전까지의 중국 · 조선사회는 유교도덕이, 19세기까지의 서아시아사회는 이슬람윤리가 인간세계의 기본원리라는 신념은 사회적 도전을 허용하지 않았다. 이러한 가운데 사리 추구를 운용원리로 삼는 사회관이 성립하여 사회적 승인을 받기가 어려웠다.

그러면 어떻게 유럽만이 종교개혁을 수행하였고, 아시아에서는 유럽에 문호를 개방하기 이전에 그에 상응하는 변혁은 없었던가? 베버는 캘비니즘 등 프로테스탄티즘의 윤리가 자본주의 정신을 낳았다고 주장하였으나, 토니Gechard Henry Tawney는 엘리자베스시대 런던 금융시장의 발달이 전통적 윤리를 용해하여 개인주의가 발달하는 등 새로운 경제 환경 속에서 새로운 사회철학이 쾌적한 토양을 발견하였다고 보았다(토니 1983). 중세 후기와 근세 서유럽에서 시장 발달과 부르주아층의 성장이 가장 괄목한 만큼 경제적 요인이 유럽 종교개혁을 설명하는 한 요인이 될 수 있다. 그런데 앞에서 언급하였듯이, 이슬람세계와 중국에서도 시장 발전이 상당하였던 만큼 경제적 요인만으로 종교개혁을 설명할 수는 없다.

유럽이 아시아와 달리 종교개혁을 수행할 수 있었던 중요한 요인은 정치적 · 사회적 다원성이었다. 이슬람국가는 신을 행정 · 입법 · 사법의 유일한 원천으로 보는 신정神政체제를 지향하였다(루이스 2009 : 239). 현실적으로 이슬람사회에서는 대부분 국가와 종교제도가 분리되었으나, 그 분리가 불완전하고 불명확하였다(라피두수 2008 : 1367~

1368). 이슬람국가의 형성은 무슬림의 종교적 리더십에 바탕을 두었거나 그것과 세속적 수장권의 결합에 기초하였다. 이슬람의 국가와 제국은 종교 · 교육 · 법을 수호하는 장치로 인식되었고, 통치자는 이슬람법을 실행하는 책무를 가졌다. 이슬람세계와 달리 유럽에서 교회와 국가는 별도의 법체계를 가져서 로마법과 게르만법이 세속의 사회적 · 경제적 생활을 규율하였다. 그래서 "중동에서는 이슬람의 상징들이 점점 널리 퍼진 반면에 유럽에서는 사회가 갈수록 세속화되었다"(라피두스 2008 : 377~378, 384). 유교문화가 지배한 중국과 조선의 국가는 신정체제는 아니었지만, 국가가 유교 이념을 수호하여 유교를 변혁하려는 사회적 운동이 전개되기 힘들었다.

유럽에서 교권과 세속권의 분립은 종교개혁을 위한 중요한 조건이었다. 게다가 영토국가들과 도시국가들이 경쟁하는 국제 환경이 성립하여, 종교적 · 세속적 권력의 속박으로부터 벗어나 다원적인 문화와 학술이 발전할 수 있었다. 교회의 성직자들이 먼저 아리스토텔레스 등 고대 그리스 학문을 수용하여 신학의 수준을 높이고, 나아가 세속의 학자들이 그들과 경쟁하면서 그보다 수준 높은 학술을 성취하는 가운데 르네상스와 과학혁명이 일어났다. 매클로스키는 "정치적 분열로 새로운 사고를 하는 사람이 중국이나 이슬람세계보다 훨씬 빈번히 이주할 수 있었던" 유럽의 국제 환경을 유럽이 기술 발전, 나아가 공업화에서 선두에 서게 한 중요한 요인이라고 주장하였다(McClosky 2000 : 269~270). 중동에서는 우마이야왕조 · 아바스왕조 · 오스만왕조 등 제국의 시대가 오래 존속하였고, 분열의 시대에도 정치적 다원성이 크지 않았다. 동아시아에서는 국가 간 이주가 활발하지 않았다.

유럽에서는 봉건제를 거치면서 자치도시가 발달하였고 도시는 상공업의 거점으로서 발전하는 가운데 직업 분화가 진전되고 부르주아층이 성장하여 길드 등 상공업 단체가 발달하였다. 이러한 도시의 발전은 상공업과 경제제도의 발전을 낳았을 뿐만 아니라 종교개혁에 기여하였다. 이슬람세계에서도 도시가 발달하였고, 중동의 역사는 곧 도시의 역사였다. "무슬림사회에서는 금요예배가 열리는 모스크와 시장이라는 두 개의 구심점이 있었다"고 일컬어진다. 무슬림국가는 권력의 기반을 기본적으로 도시에 두어서, 이슬람 도시는 유럽 중세 도시와 같은 역할을 하지 못하였다(로빈슨 외 2002 : 216~217). 도시에서 "제도적인 지원을 받지 못했을 뿐만 아니라 성직자의 지위조차 누리지 못하던 종교 연구가들이 코란과 예언자의 가르침을 수호하는 세력으로 발전했다"(라피두스 2008 : 166). 이들은 이슬람의 사회적 영향력을 강화하였으나 유럽의 종교개혁에 상응하는 역할을 수행하지는 못하였다. 동아시아에서도 자치도시의 시대는 없었다. 도쿠가와시대 일본에서는 도시가 근세 서유럽만큼 발달하였으나, 막부와 번 권력의 거점이었다. 근세에 동아시아 세 국가 모두에서 도시와 시장의 성장이 경제합리주의사상의 성장에 이바지하였으나, 도시의 성격이 유럽과 달라서 종교개혁처럼 사적 이익의 추구에 윤리적 정당성을 부여하는 사회적 운동이 일어나기 어려웠다.

유럽의 정치적 · 사회적 다원성은 개인이 종교의 속박뿐만 아니라 국가의 권리 침해로부터 벗어날 수 있는 환경을 제공하였다. 봉건사회에서 의회가 성립하여 왕권의 자의적 행사를 견제하는 기구로 성장해 갔다. 그래서 영국에서는 1215년에 「마그나카르타」가 제정되고 나아가 1689년에 「권리장전」이 선포될 수 있었다. 유럽에서는 중세 도시에서 이미 개인주의가 나타났으며, 그에 입각한 제도는 중세 후기 상업혁명에 이바지하였다(Greif 2006). 이처럼 고대 그리스 · 로마에서 출현한 개인주의와 자유주의는 유럽 중세에 부활하고 중세 후기와 근세에 성숙해져 근대경제학의 이념적 토대를 이루었다. 그 반면 아시아의 전제군주제 아래에서는 개인주의와 자유주의의 전통이 성립할 수 없었다. 아시아에서는 왕권의 자의적 남용을 제도적으로 제한한 「마그나카르타」에 상응하는 것도 발견되지 않는다.

7. 근대 유럽 학문의 충격에 대한 이슬람세계 · 인도 · 중국의 느린 반응

지금까지 유럽이 먼저 근대경제학을 확립하는 과정과 그 요인들을 살펴보았다. Part 2~6까지 살펴본 바에 의하면, 아시아 국가 중에서 일본이 유럽의 근대경제학을 가장 능동적이고 신속하게 수용하였으며, 고대와 중세에 경제사상을 발전시킨 중국 · 중동 · 인도는 유럽 근대학문의 충격에 느리게 반응하였으며, 조선의 대응 역량도 일본에 크게 뒤떨어졌다. 경제학을 포함한 근대학문의 학습은 넓은 시야로 보면 유럽문명을 학습하는 일환이었다. 유럽 근대문명을 배우려는 동기가 있은 다음에야 학문을 배울 동기가 생긴다. 그런 점에서 유럽 학문의 도입은 일방적 전파라기보다 새로운 학술문화의 수용이었다. 여기에는 수용국의 태세가 중요하다. 아시아의 선진적인 각국이 유럽 근대학문을 학습하는 역량의 차이가 나타난 배경 내지 원인을 앞으로 탐구한다. 그러한 대응력의 차이는 근세 유럽문명의 충격에 대한 반응에서 이미 나타나고 있었다.

유럽에서 성립한 political economy, economy 및 economics의 개념을 아시아가 도입하여 번역하는 양상을 보면, 동아시아의 한자문화권보다 다이내믹한 과정을 겪은 지역은 없다. 한자문화권은 아시아의 어느 지역보다 political economy, economy 및 economics의 번역어의 다양한 후보를 가졌고 그 번역을 둘러싼 활발한 모색을 보였다. 그 요인으로 다음을 들 수 있다. 첫째, 동아시아 세 국가는 19세기 중엽이 되어서야 유럽 근대세계에 문호를 활짝 개방하여, 성숙한 근대학문의 충격이 매우 강렬히 전달될 수 있었다. 둘째, 일본이 놀랄 정도로 빠르고 효과적으로 근대문명을 도입한 것은 조선과 중국에 자극을 주었다. 셋째, 아랍어나 산스크리트어에 비해 표의문자인 한자어는 유럽어와 크게 달라 번역어를 모색하는 과정이 더욱 역동적일 수 있었다.

넷째, 동아시아 세 국가의 문화 역량이 아시아에서는 높은 편이었다.[178] 문호개방 이전 한자문화권에서는 경세제민을 추구하는 정치문화 덕분에 경제담론이 이슬람문화권이나 인도문화권보다 활발하여 경제학 관련 저술이 더욱 풍부하였던 것으로 생각된다. 시바 요시노부斯波義信 편저의 『중국사회경제사 용어해中國社會經濟史用語解』는 고대에서 청 말까지 사용된 경제용어 5천 개 내외를 해설하고 있다. 일본이 근대 개념의 번역에 유능하였던 것은 이러한 중국문명

178 서적 생산은 문화 역량의 중요한 지표인데, 근세 일본과 중국의 서적 생산은 대부분의 유럽 국가에 크게 못 미쳤지만, 아시아에서는 높은 수준이었으며(Zanden 2009 : 178~193) 조선도 그에 필적하였다(이헌창2013a : 153~156).

의 학술 자산을 능숙하게 활용하면서도 중국 및 조선과 달리 그것을 상대화하여 유럽 학문을 잘 수용하였기 때문이다.

이슬람세계는 그 성립기부터 유럽과 접촉하였는데, 1699년 카를로비치조약부터 무슬림은 기독교 세력 앞에 일방적으로 후퇴하였다. 이 조약 이후 오스만 지배층은 서양을 탐색 · 모방할 가치가 있다고 보았는데, 초기에는 주로 군사적인 관점에서 접근하였다. 이후에도 오스만국가는 과학과 기술, 그리고 제도에서 서구를 따라잡는 데에 무능하였다. 터키 지도자들은 문제를 잘 알고 일부 해결책을 갖고 있었으나, 엄청난 제도적 · 이념적 장애를 극복하지 못했다. 오랫동안 지속된 터키인의 인쇄 · 출판에 대한 거부는 1729년에야 종식되어 터키에서 출판사가 승인을 받았다. 그런데 한동안 서구사상의 영향은 소수 집단에 국한되었다. 유럽의 새로운 사상은 번역물의 출판과 보급, 1820년대부터 시작된 주간지, 조금 뒤에 나타난 일간지에 의해 더욱 확산되었다(루이스 2009 : 288~291, 296~345). 앞에서 아바스왕조가 고대 그리스 문헌을 활발히 번역한 사실을 언급하였는데, 이슬람세계는 근대변혁기 유럽문명의 충격에 매우 느리게 반응하였다. 이슬람세계는 고대 그리스 · 라틴어를 번역한 아바스왕조의 자산을 유럽 근대학문의 개념을 번역하는 데에 활용하였지만, 난학의 전통을 활용한 일본처럼 유능하게 활용하지는 못하였다.

인도는 중세에 문헌 자료의 생산에서 동아시아나 서아시아보다 크게 뒤졌을 뿐만 아니라, 이 지역들처럼 외국 서적을 활발히 번역한 역사를 가지지 않았다. 영국은 1757년 플라시전투에서 벵골 토후의 군대를 격파하여 인도대륙을 지배하는 첫 발판으로 삼았다. 영국의 총독들은 1772년 사법개혁부터 시작하여 지속적으로 다방

면의 제도개혁을 추진하였고, 1853년 철도를, 1854년에는 전신을 개통하였다. 영국에 지배되기 이전 인도국가들은 유럽의 군사기술은 도입하였지만, 뚜렷한 정치적 · 경제적 · 사회적 개혁은 하지 않은 것으로 보인다. 인도인은 1857년 세포이폭동의 좌절을 경험한 후 서구의 근대화에 관심을 가지게 되었다. 선각자인 람 모한 로이Ram Mohan Roy, 1772~1833가 1828년 창설한 브라모 사마지는 힌두교를 개혁하고 사회 악습을 고치고자 했다. 그는 팸플릿, 신문, 공공회합 등을 이용하여 인도인의 정치적 자유를 위해 노력하였다. 이어서 힌두교를 받들면서 민족의식을 고취하는 단체가 나타났다. 1857년에는 대학이 설립되었는데, 영국이 마련한 대학의 영어 교육을 통해 서구문화에 친숙해진 인도인은 1880년경 약 5만 명이 되었다. 이 서구식 교육을 받은 사람들이, 1885년에 창설되어 인도 민족주의운동의 구심점이 되는 국민회의의 구성원이 되었다(조길태 2000). 플라시전투 이후 근대화를 위한 인도사회의 반응은 19세기 후반 문호개방기의 조선과 중국보다 느렸다. 동남아시아의 근대화에 대한 대응도 인도와 마찬가지로 문호개방기의 조선과 중국보다 느렸다(이헌창 2010b).

중국은 2~8세기에 걸쳐 인도 산스크리트어 불경을 중국어로 번역한 역사를 가졌다. 처음에는 외국인이 불경 번역을 주도하였다. 안식국安息國 · Parthia 출신인 안세고가 후한에 와서 147~169년 역경譯經 작업을 한 것이 효시를 이룬다. 중국의 4대 역경가의 작업은 구마라집이 74부 384권을, 진제가 49부 142권, 불공이 111부 143권, 그리고 현장玄奘이 75부 1,335권이었다. 이중 유일하게 중국인인 현장은 그 작업량에서 드러나듯이 어느 역경가보다도 월등한 자질을 가졌다. 의정義淨이 700~703년 불경 20부 115권을 번역한 것은 역경사의 대미를 이룬다. 현장과 의정은, 당나라시대가 되면 중국인이 산스크리트 불경을 번역하는 역량이 성숙하였음을 보여 준다. "인도 불교의 전문 술어가 거듭된 번역 · 재해석을 겪으며 중국인의 언어망으로 편입되자, 이제 중국인은 원전을 팽개" 치고 "또다시 3차, 4차에 걸친 재해석을 하며, …'중국식 불교'를 형성해 나간다" (이종철 2008 : 218).

이처럼 중국은 당나라 때에 산스크리트어 불경의 원전을 번역하여 자기 문화로 융해한 성숙된 역량을 보여 주었는데, 16세기 후반부터 전달된 유럽문명을 초기에는 효과적으로 흡수하였으나, 그런 활발한 대응은 지속되지 못하였다. 예수회 선교사들은 7천여 권의 유럽 서적을 북경에 가져와서 17세기에 한문으로 된 서학서西學書를 약 380종 출간하였다. 그 대부분은 종교서였으나 상당수는 과학 · 기술에 관한 것이었다. 그 초기 단계에 이지조李之藻, 1564~1630, 서광계徐光啓, 1562~1633 등이 마테오 리치의 번역 사업을 도왔다. 서광계는 1607년 기하학에 관한 『측량법의測量法義』, 『측량산동測量算同』, 『구고의句股義』 및 『기하원본幾何原本』을 '필술筆述'하고, 1631년 『측량전의測量全義』를 '역집譯輯'하고 1631년 수학서인 『대측大測』을 '편역編譯'하였으며, 1611년 천문역법에 관한 『간평의설簡平儀說』을 '차기箚記'하고 1641년부터 『숭정역서崇禎曆書』를 '주편主編'하였으며, 1612년 수리水利에 관한 『태서수법泰西水法』을, 1624년 종교서인 『영언여작靈言蠡勺』을 필술하고 1628년 서학서를 모은 『천학초함天學初函』 54권을 편집하였다. 이지조는 1607년 천문역법에 관한 『혼개통헌도설渾蓋通憲圖說』을, 후에 『경천해經天該』를 '필술'하고, 1613~1614년 수학서인 『동문산지同文算指』를 역술하고 1614년 『원용교의圜容較義』를 '연산演算'하였는데, 모두 마테오 리치가 구술한 것이다. 수리水利에 관한 『태서수법泰西水法』은 1612년 서광계가 필술하고 이지조가 수정하였다. 1628년 이지조는 이러한 서학서를 모은 『천학초함天學初函』을 서광계와 함께 편집하였다. 그는 1628년 종교서인 『환유전環有詮』을 필술하고 1631년 윤리학에 관한 『명리탐名理探』을 '달의達意'하였다. 양정균楊廷筠, 1557~1627은 1623년 알레니가 편찬한 『직방외기』를 필술하였다(張曉 2011). 모두 서양 선교사가 번역을 주도하였는데, '필술'은 서양 선교사의 구술을 중국인이 그대로 옮겨 적은 것, '역술'은 번역에도 부분적으로 참여하면서 필술한 것, '달의'는 뜻풀이에 참여한 것, '연산'은 수학 계산에 참여한 것으로 보인다. 중국인은 처음에 단순히 필술하는 데에 그치다가 점차 번역에도 참여하는 추세임을 알 수 있다. 아직 중국인이 서양 서적을 독자적으로 번역하는 단계에 이르지는 못하였으나, 과학서를 비롯하여 다양한 서적이 활발히 번역된 것은 인상적이다. 이런 추세가 조금 더 진전되었더라면 독자 번역으로 나아갔겠으나 아쉽게도 멈추고 말았다. 그래서 중국은 2백 년이 더 흐른 문호개방 이후 번역 사업을 다시 착수해야 하였다. Part 3에서 언급하였는데 1880년 왕펑자오汪鳳藻가 번역에 참여한 『부국책』은 서광계의 수준을 회복하였음을 보여 주며, 옌푸의 1898년 번역서 『천연론』과 1901년 번역서 『원부』는 중국인이 독자로 수준 높은 번역을 할 수 있게 되었음을 보여 주었다.

명 말 · 청 초에 서양의 종교보다 과학 · 기술이 훨씬 원활하게 수용되었다. 당시 중국인 학자들은 "예수회파 선교사들이 하나로 엮으려고 시도했던 기독교의 신앙과 과학적 개념들을 분명히 구별할 수 있었다"(엘먼 2008 : 471). 강희제康熙帝, 재위 1662~1722는 서양의 과학 · 기술에 관심이 많았고 그의 치세 중간의 20~30년 동안 예수회의 영향력이 가장 컸다. 1701년 예수회만이 208개의 성당과 공소를 가지고 있었고 약 30만 명의 신자가 있었다. 그래서 명 말 · 청 초에는 서양 학문의 도입과 번역 사업이 전도유망해 보였다. 그런데 기독교에 대한 유학자들의 반감이 있었고, 게다가 교황이 1715년에 조상제사 등의 전례에 대해 중국문화를 존중하는 예수회의 입장을 반대하는 교서를 내렸다. 그러자 옹정제雍正帝는 1722년부터 기독교를 강하게 탄압하기 시작하였다(페어뱅크 · 라이샤워 · 크레이그 1991 : 308~316).

유럽 서적이 활발히 번역된 명 말 · 청 초는 경세치용학經世致用學과 고증학考證學이 대두한 시기이기도 하였다. 유학은 원래 정치 · 경제 · 사회 · 문화 등 실생활에 관련되는 문제를 중시하였는데, 황종희黃宗羲 · 고염무顧炎武 등 명 말 · 청 초의 개혁론자들은 군신관계, 토지문제, 그리고 중앙 · 지방관계 등 경세제민에 관련된 다양한 논점을 활발히 다루었다. 이들은 경세치용 등의 구호를 내걸어 경세치용학파라고 불리기도 한다(山井湧 1980 : 223~233 ; 本間次彦 2001 : 394~396). 명 말 국가체제의 문란, 왕조 교체, 시장의 성장 등은 경세치용학파의 대두를 낳았다. 그러다 청나라가 안정되고 반청적 요소를 억압함에 따라 경세치용 학풍은 위축되었다.

서학西學은 천문 · 수리 등 경세치용에 관련되는 내용을 다루었으나, 경세치용학보다는 고증학과의 관계가 더욱 깊었다. 17세기 중국의 일부 지식인은 제국의 정통 학설인 도학道學과 결별하고 고증학으로 나아갔다. 서학은 종교와 과학 · 기술로 대별되는데, 그 어느 것이든 형이상학적이고 도덕 지향적인 도학과는 양립하기 어려웠다. 그 반면 서학의 과학 · 기술은 경세치용학뿐만 아니라 구체적 입증 가능성을 중시하는 고증학에도 잘 통할 수 있었다. 고증학풍은 명 대 중반부터 형성되었다. 고증학풍의 형성과 경세치용 학풍의 대두는 중국이 서학을 도입할 수 있는 비옥한 토양을 만들었음을 보여 준다. 나아가 마테오 리치와 서광계 등의 서학 소개는 고증학의 확립을 위한 중대한 자극을 제공하였다. 고증학의 성장은 근대 학술의 기반을 닦는 과정이었다(엘먼 2008 : 55, 160~184, 471).

그런데 양정균, 이지조 및 서광계의 사후에 고증학이 성장하였음에도 불구하고 이들에 필적할 서학의 전문가가 나타나지 않은 것은 어떻게 이해하여야 할까? 강희 연간에 유학자들의 기독교에 대한 반감이 커지는 가운데 황실이 정주학程朱學을 점점 더 중시하게 되었다. 그런 가운데 1690~1740년에는 고증학이 침체하였다. 정주학이 중시되고 고증학이 침체된 이 시기에 서학에 대한 관심이 퇴조하였던 것으로 보인다. 그리고 천문학, 수학, 측량술 등에서 유럽의 성취에 감명을 받고 그 도전에 자극을 받은 대진戴震, 1724~1777 등 고증학자들은 중국 고대의 수학과 천문학 관련 문헌의 복원에 힘썼다. 그 결과 송 · 원시대의 방법이 예수회 선교사들이 소개한 대수학代數學보다 우수하다는 사실을 확신하였다. 나아가 중국인 학자들은 서학이 중국에서 발원하였다는 학설로 예수회의 도전을 꺾었다. 19세기 전반까지 중국인 학자들은 서구의 수학이 그런 대수학의 수준을 넘어 미분학 · 적분학으로 발전하고 있음을 알지 못하였다(엘먼 2008 : 32, 192~195, 220~225, 471~472).

이상에서 알 수 있듯이, 17세기 후반부터 서구 서적의 번역이 위축되었으나, 예수회 선교사들이 전래한 서학은 중국의 것으로 내재화되었고 고증학은 성장하였다. 그런데 고증학은 실증 학풍이기는 하나 문헌학에 치중한 한계를 가졌다. "중국에서 근대과학이 승리하기 위해서는 유럽과 마찬가지로 문헌학의 영역을 넘어선 학술상의 변화가 필요했다. 또 자연계에 대한 체계적인 계량화에 필요한 초보적인 연구와 실험을 진전하는 학풍도 요구되었다. 그러나 그러한 요구가 실현되지 않는 상황에서도 중요한 과학적 연구는 이미 출현하였고, 실증 학풍에 필요한 기구도 이미 성립하였다"(엘먼 2008 : 225~227). 17~18세기에 학문적 성숙이 있었으나, 명 말 · 청 초에 분출하던 학문적 에너지가 약화된 것을 부인할 수는 없다. 서학에 대한 관심이 줄어들고 논리학, 수학, 통계학 등에서의 학문적 진전이 없는 상태에서 서구 경제학의 도입이나 경제학의 내재적 발전은 어려울 수밖에 없다.

중국은 명 말 · 청 초에 서학의 도전을 받았지만, 학문적 전통이 깊어 서학이 중국에서 발원하였다고 자부할 수 있어서 서학의 학습은 지속되지 못하였다. 전례를 둘러싼 갈등도 서학의 학습 요구를 저해하였다. 중국 학문과 문명의 위대한 전통은 중국문명을 최고로 보고 다른 문명을 야만시하는 화이관華夷觀을 낳았고, 중국이 서양보다 우월한 문명 중심국이라는 의식은 청일전쟁 이전까지 사라지지 않았다. 이것이 유럽 근대문명을 효과적으로 도입하지 못한 근본적인 요인으로 판단된다. 강제로 문호를 개방당한 19세기 후반에야 중국인이 번역 사업에 참여하게 되었다. 최초로 서양 서적을 독자적으로 번역한 중국인은 옌푸였다.

대체로 보아 10세기 전후 이슬람권은 세계 최고의 선진국이었고, 중국은 송 대에 세계 최고의 선진국이 되었다. 그래서 근세의 아시아에서 문명 수준이 가장 높은 지역은 동아시아와 이슬람세계였다. 중국은 산스크리트 불경을 활발히 번역하여 자신의 문명을 풍성하게 만들고, 이슬람세계는 고대 그리스 문헌을 활발히 번역하여 문명 수준을 크게 향상하였다. 이 수준 높은 두 문명권 모두 근대변혁기 유럽문명의 충격에 느리게 반응하였다. 여기에는 정치·경제체제, 엘리트와 지식인의 특성 등과 같은 요인이 작용하였겠지만, 유럽문명에 대한 우월감이라는 문화적 요인을 빼놓을 수 없다. 중국은 중화주의가 완전히 파탄한 청일전쟁 이후 유럽문명을 열심히 학습한 반면, 이슬람세계는 오스만제국의 러시아에 대한 철저한 굴욕으로 넓은 의미에서 유럽과 중동 관계의 한 전환점을 이룬 1774년 쿠추크카이나르지조약 이후에도 근대적 변화가 빠르게 진행되지는 않았다. 쿠추크카이나르지조약보다 120년 뒤 중국은 더욱 강력해진 근대문명에 직면하여 훨씬 충격적인 패배를 겪었기 때문일 것이다. 흥미롭게도 중국과 이슬람세계보다 외국 문헌의 번역 역사가 늦게 출발한 일본이 아시아의 어느 나라보다 유능하게 근대문명을 흡수하였다.

8. 일본의 근대 유럽 학문에 대한 신속한 반응의 요인

아시아의 어느 나라보다 유능하게 근대문명을 흡수한 일본은 경제학의 도입에서도 그러하였다. 문호개방 후에 일본인은 수많은 경제학 서적을 번역하였던 반면, 중국인이 번역한 볼만한 경제학 저서는 옌푸의 『원부』 등 소수였고, 조선인은 구미 경제학 서적을 하나도 번역하지 못하였다. 문호를 늦게 개방한 일본이 중국보다 경제학 개념의 번역에 먼저 착수하여 훨씬 많은 성과를 거두었다. 조선은 일본이 번역한 개념을 신속하게 흡수하였지만, 번역에 기여한 바가 거의 없다. 중국은 조선보다 번역의 성취가 많은 것은 조선보다 훨씬 일찍 유럽 근대문명의 충격에 직접 접한 점에도 기인한다. 문호개방 이전 중국과 일본의 문화적 역량은 대등하였다고 보이며, 조선은 이들 나라보다 뒤졌지만 그 격차가 큰 것은 아니었다. 그런데도 일본이 조선 및 중국보다 구미 경제학의 도입과 그 개념의 번역에서 훨씬 유능하였다. 그 원인이 무엇인지 고찰해 본다.

일본이 구미 경제학의 도입과 개념 번역에서 역량을 발휘할 수 있게 된 기본 전제조건은 도쿠가와시대 학문의 발전이었다. 1657년 태어난 아라이 하쿠세키新井白石는 "어릴 적에 본 무사들 중 책이나 숫자 따위를 알고 있는 자는 열 명에 하나가 겨우 있을까 말까 할 정도"였다고 회상하였으며, 야마자키 안사이山崎闇齋는 교토에 간 초기인 1647년경 "비로소 학문의 싹이 움트기 시작했기에 학문에 뜻을 품은 사람이 한 사람도 없었다"고 회상하였다. 5대 쇼군將軍 도쿠가와 쓰나요시德川綱吉의 치세1681~1708에 유학이 발전한 것을 두고 오규 소라이는 쓰나요시가 호학好學했기 "때문에 학문이 유행했다"고 보았다. 오타 난포大田南畝는 18세기 초에 "문아文雅가 융성해지고" 1730년대부터는 문아가 민간까지 확산되었다고 보았다(히로시 2007 : 31~41, 224). 17세기 전반만 하더라도 일본의 학문 역량은 중국은 물론이고 조선보다도 크게 뒤떨어져 있었는데, 그후 빠르게 성장하여 18세기에는 서양 학문까지 포함하면 조선을 능가하고 중국에 대등한 수준에 도달한 것으로 보인다. 이러한 학문적 역량의 축적은 유럽 학문의 도입에 우호적인 토양을 제공하였음이 분명하다.

17~18세기 일본은 전근대적 기준으로서는 눈부신 시장 발전과 경제성장을 성취하였는데, 이것이 학문의 발달과 문맹률의 하락을 뒷받침하였다. 학문이 주로 도시의 산물이라는 점에서 17세기 괄목할 도시화는 학문의 발달에 이바지하였다.

Part 5에서 언급하였듯이, 난학이 성립하기 이전 일본에서는 유학이 이식되고 정착되는 국면이었는데, 이토 진사이 · 오규 소라이

등 주자학에 구애받지 않고 자유로운 발상을 하는 학자들이 적지 않았다. 무인과 상인 출신 학자들은 조선과 중국의 유학자들보다 더욱 공리 지향적이었다. 시장의 현저한 발전과 상인 학자들의 출현도 학문의 실용화에 이바지하였다. 다자이 슌다이太宰春臺는 유학자로 자처한 인물이나, 그의 저서 『경제록經濟錄』1729은 조선과 중국의 유학자에게 보기 어려운 자유로운 발상을 보여 주는데 Part 5에서 언급한 내용을 다시 정리해 본다. 첫째, 한자어 경제의 정의가 체계적으로 이루어졌다. 둘째, 다자이는 관념적인 심학을 부정한 반면, 실생활에 이바지하는 경세제민론에 절대적 의의를 부여하였다. "성인의 도는 천하, 국가를 다스리는 외에 별로 소용이 없다"는 것이다. 셋째, '경제의 술術'을 의사의 처방에 비유하였는데, 도덕적 이념보다 다스리는 기술을 중시하였다. 넷째, 유학에서 공자의 기본 정신을 취하면서도 제자백가, 그리고 가의賈誼 등 한나라 이후 유명 경세가의 실질적인 방책을 개방적인 자세로 흡수하였다. 다섯째, 무엇보다도 주목되는 점은 시時와 세勢의 여건에 맞는 경제론을 추구하며 도리와 달리 경제법칙으로 이어질 잠재성을 가진 물리의 해명을 추구하고 경제학의 효용에 통하는 개념인 인정人情을 중시하는 방법론이다(賴惟勤 1972). 사토 노부히로佐藤信淵가 『경제요략經濟要略』1822에서 경제의 개념에 대한 근대적 내용을 부여할 수 있던 것은 조선과 중국에서는 찾기 힘든 학풍과 무관하지 않다. 그는 '신도神道 · 유교 · 불교의… 삼도 교합校合의 궁리학'을 표방하여 유교도덕의 제약으로부터 벗어나 각종 물산과 광업 등 경제문제를 깊이 탐구하였다(尾藤正英 · 島崎隆夫 1977 : 520, 560).

중앙집권제인 조선과 중국의 왕실은 정주학으로 사상적 통일을 기하고자 하여 성과를 거두었다. 도쿠가와막부는 주자학을 육성하여 사상의 통일을 도모하고자 하였는데, 주자학은 도쿠가와막부 성립 초기 반세기 동안 지배력을 발휘하는 데에 그쳤다(마루야마 1995 : 145~149). 중앙집권적 봉건제인 막번제幕藩制라는 정치체제는 사상의 다원적 발달에 유리하게 작용하였던 것이다. 그런 점에서 일본이 중국과 정치체제를 달리하므로 학문의 성격이 달라질 수밖에 없다는 다자이 슌다이의 주장은 탁견이라 하겠다. 앞에서 언급하였듯이, 중국 춘추전국시대의 국가 간 경쟁체제는 사상이 다원적이고 창의적으로 발전할 수 있는 환경을 조성하였는데, 막번체제는 평화를 누리면서도 사상의 다원적 발전을 위한 환경을 제공하였다.

일본이 근대학문의 도입과 번역에서 뛰어난 성취를 이룬 또 다른 중요한 조건은 도쿠가와시대 난학蘭學의 전통이었다. 일본은 1630년대에 유럽 국가에 대해 쇄국을 단행하였는데, 점차 기독교에 대한 공포가 약해짐에 따라 1720년 기독교를 다룬 서적을 제외한 서양 서적에 대한 금령을 완화하였다. 1740년 8대 쇼군 도쿠가와 요시무네德川吉宗는 실학을 장려하면서 네덜란드어 연구를 명하였고, 그 명령을 받은 아오키 곤요靑木昆陽는 『화란화역和蘭話譯』, 『화란문역和蘭文譯』, 『화란문자약고和蘭文字略考』 등의 필사본을 남겼다. 그러자 서양 서적의 수입이 재개되었고, 학자들은 나가사키長崎로 가서 네덜란드어를 배우고 그 학문을 받아들였다. 그 결과 유럽의 학문과 과학 · 기술을 흡수하는 난학이 형성되었다. 1774년에 마에노 료타쿠前野良澤, 스기타 겐파쿠杉田玄白 등은 독일인 의사의 저술을 네덜란드어로 번역한 것을 다시 한자로 번역하여 『해체신서解體新書』를 출간하였는데, 이것은 일본인이 서구의 문화 · 과학을 섭취한 최초의 번역서였다(渡邊實 1977 : 20~21). 중국에서는 명 말 · 청 초에 서광계 · 이지조 등이 서양 선교사가 주도한 유럽 서적의 번역에 참여하였으나, 『해체신서』는 한자문화권에서는 아시아인에 의한 최초의 독자 번역서로 보인다. 이후 일본은 유럽 서적의 독자 번역 역량을 축적하다가 문호개방을 맞이하였다. 시즈키 다다오志筑忠雄는 뉴턴 역학을 연구하여 번역한 『역상신서曆象新書』를 간행하였다. 1796년에 이나무라 산파쿠稻村三伯와 우다가와 겐즈이宇田川玄隨는 프랑스인 할마François Halma의 『난불사전蘭佛辭書』1729을 토대로 일본 최초의 난화蘭和사전으로서 『할마화해ハルマ和解』를 1798년 간행하였다. 1811년에는 네덜란드어 서적을 번역할 막부 기구인 난서역국蘭書譯局이 설립되었다. 19세기에 들어와 난학은 나가사키와 에도를 벗어나 각지로 파급되면서 한층 발전하였다. 그러한 가운데 시마즈 시게히데島津重豪, 1745~1833를 비롯한 재력을 가진 서부 다이묘大名 가운데 난학을 진흥한 자들이 나타났다. 영국 선박 파에톤호가 갑자기 나가사키항으로 들어온 다음 해인 1809년 막부는 영어 학습을 명하여 관련 서적이 출판되었다. 그로부터 1854년 개국 때까지는 난학이 성숙하고 영학英學이 발흥하는 시기였다(大阪女子大學 1991 : 35~36). 막말幕末의 개국 이후 일본이 세계 각국과 교류하게 되면서 난학 대신 '양학洋學'이라는 명칭이 일반화되었다.

문호개방 당시 일본은 난학이 성숙하고 영학이 발흥한 덕분에 중국과 달리 유럽어의 해독자가 많았는데, 이것은 번역 사업의 진전에 큰 힘이었다. 난학과 영학의 역사는 일본이 구미문명을 적극 받아들일 태세를 갖추어 가고 있었음을 보여 준다. 1855년에는 최초의 외국인 학교인 양학소洋學所가 설립되었다. 1860년경부터 포술

砲術 · 천문학 · 의학에 한정된 양학의 도입 범위가 인문 · 사회과학으로 확장되는 동시에 네덜란드어 일변도에서 벗어나 영어나 프랑스어의 학습도 중시되게 되었다(杉原四郎 1972 : 5). 난학자가 신속하게 영어를 습득하여 1862년 막부의 양학 연구기관인 번서조소蕃書調所는 영일사전인 『영화대역 수진사서英和對譯袖珍辭書』를 편찬할 수 있었다. 여기에서 경제학이라는 번역어가 성립하였음은 Part 2에서 이미 살펴보았다. 중국과 이슬람세계와 달리 일본은 난학과 영학을 통한 외국 문헌의 번역 역사가 유럽 근대학문의 번역의 역사로 곧바로 접속될 수 있는 행운을 누렸다.

존왕양이파尊王攘夷派는 1864년 4국 연합함대의 시모노세키下關 보복 폭격에 무력함을 자각하게 된 것을 계기로 양이를 포기하고 막부타도운동으로 전환하는데, 구미문명을 받아들일 태세를 갖춘 것이 이러한 돌변을 설명하는 중요한 요인이다. 그에 반해 자기중심주의에 빠져 있던 중국은 청일전쟁의 패배 이후에야 구미문명을 적극 받아들일 태세를 갖추었다. Part 4에서 살펴보았듯이 조선 정부는 1880년 제2차 수신사의 보고서를 계기로 근대화정책을 추진하게 되었으나, 1884년 갑신정변의 좌절로 근대화정책은 활력을 상실하고 갑오개혁 이후 국가적 · 사회적 대응이 활발해졌다. 민두기는 중국과 일본이 19세기 말부터 "그 시대적 과제를 추구함에 있어 몹시 조급하여 역사의 시간과 숨 가쁜 경쟁을 했었다"고 하였는데(민두기 2002 : 2~3), 이 숨 가쁜 시기에 30~40년간 문호개방과 그 대응의 시차가 동아시아 세 국가에 미친 영향은 컸다. 일본이 중국보다 빨리 대응하고 조선이 가장 늦게 개방한 것은 문호개방 이후 세 국가의 운명에 중대한 영향을 미쳤던 것이다.

도쿠가와시대 초기 일본은 유학 덕분에 학문 발달의 시동을 걸 수 있었다. 일본인은 유교도덕에 구애되지 않고 실질적 공효가 있다면 제자백가와 유럽 학문에도 관심을 기울였다. 그리고 자국의 독자성 의식으로 국학國學을 성립시켰다. 이처럼 일본은 먼저 유학을 발달시키고 이어서 사상의 다변화를 달성하고 나아가 난학을 성숙시킴으로써, 18세기에 전반적인 학문 수준에서 조선을 능가하고 중국에 대등해졌다고 할 수 있다.

도쿠가와시대 일본에서 중국 및 조선과 달리 유교도덕을 벗어난 공리 지향적인 경제담론이 활발하였지만, 일본 경제사상의 수준이 중국이나 조선보다 높았다고 보기 어렵다(이헌창 2006 : 203~206). 도쿠가와시대 일본에서 이익 추구에 적극적인 사상이 있었지만, 막스 베버가 지적한 바처럼 이익 추구에 윤리적 정당성을 부여하는 사상이 사회적으로 승인을 받지는 못하였다. 그래서 개인의 이익 추구로 경제와 사회가 잘 돌아갈 것이라는 인식은 나타나지 못하였다. 애덤 스미스의 『도덕감정론』처럼 시장사회를 뒷받침하는 수준 높은 도덕론이 나오지 못하였다.

나가사키에서만 외국인을 만날 수 있던 일본은 중국을 통해 간접적으로 유럽 학문에 접한 조선보다는 서양인에 대한 접근도가 높았으나, 북경에까지 서양인이 거주한 중국보다는 못했다. 18세기 일본은 난학을 제외한다면 학문 역량이 중국보다 높지 않았고 조선과 별 차이가 없는 상태에서 조선은 물론 중국보다 유럽 학문의 도입에 훨씬 높은 성과를 거두었는데, 그것을 어떻게 설명해야 할까? 첫째, 일본은 유학을 상대화하여 유교도덕에 크게 구애받지 않았고 실질적 공효에 이바지하는 학문이라면 서양 학문이라도 개방적인 자세로 흡수하는 학문 풍토를 가졌다. 둘째, 중국은 명 말 · 청 초에 유럽 학문의 충격을 받았으나 장구한 학문 전통으로 그 충격을 내재화하고 중화 관념을 존속하였는데, 일본은 중국보다 학문적 전통이 훨씬 얕았기 때문에 오히려 서구의 학습을 막는 문화적 장벽이 없었다. 셋째, 18세기 이후 네덜란드 상인이 나가사키를 통해 전해 준 유럽 학문은 중국이 유럽 학문에 관심을 갖던 명 말 · 청 초 예수회 선교사들이 전해 준 것보다 수준이 높았기 때문에 그 충격은 더 컸다. 중국사회가 유교와 중화사상의 문제점을 절감한 것은 청일전쟁의 패배를 통해서였다.

일본이 경제학 개념의 번역어를 고안하고 경제학 서적을 번역하는 일에 조선이나 중국보다 훨씬 유능하였던 것은 또 다른 문화적 차이에도 힘입은 덕분이다. 오규 소라이는 중국어를 외국어로 인식하고 일본인이 번역해서 읽고 있을 따름이라고 자각하였고, 이토 도가이伊藤東涯는 1716년 편찬한 『조자고助字考』에서 중국어에는 없는 일본어의 특색인 조사에 주목하였다. 이런 비교문화사라 할 수 있는 학풍이 일본에 있었던 것은 번역의 시대를 여는 데에 이바지하였다(마루야마 마사오 · 가토 슈이치 2000 : 30~47). 이런 문화적 특질은 한문을 일본어로 읽는 독특한 방식인 훈독에서 기인한 것으로 보인다. 예를 들어 주자의 권학문勸學文에 나오는 '소년은 늙기 쉽고 학문은 이루기 어렵다'는 뜻의 '少年易老 學難成'을 읽을 때, 조선에서는 '少年易老하고 學難成이니라'고 하여 한문 그대로에다 우리말 토를 달아주는데, 일본에서는 '少年しょうねんは老おひ易やすく, 學がくは成なり難がたし'라고 읽었다. 이처럼 조선인은 한문을 그대로 읽은 반면, 일본인은 일본어로 풀어 읽었다(이한섭 2012 : 25~26). 그래서 일본이 조선보다

중국 문헌을 도입한 역사는 짧지만, 번역의 역사는 훨씬 오래되었다. 이런 독특한 한문 도입 문화는 유럽어 번역에도 우호적으로 작용하여 난학의 발전에 이바지하였을 것이다.

9. 조선과 일본의 근대 유럽 학문에 대한 반응 차이를 낳은 요인

일본에 난학이 있었다면, 조선에는 서학西學이 있었다. 안정복安鼎福, 1712~1791에 의하면 "서양 서적이 선조 말년부터 전래되어 이를 보지 않는 고관 · 석학들이 없다"고 할 정도였으나, 조선의 엘리트는 서양 서적을 "제자백가 · 도교 · 불교의 글 정도로 여겨서 서재의 장식용으로 갖추었으며, 거기에서 받아들인 것은 단지 천문학과 기하학에 관한 것뿐이었다"(『順菴叢書』 卷17, 雜著 「天學考」). 이런 문화적 장벽 등이 작용하여 18세기 조선에서는 중국에서처럼 서양 학문이 잘 확산되지 못하였다.

일본과 마찬가지로 중국문명을 잘 흡수한 조선이 왜 유럽문명의 흡수에서는 일본에 뒤졌는지 고찰해 보자. 그것은 부분적으로 문명 역량의 차이를 반영한다. 고려 · 조선시대의 경제는 같은 시기 일본보다 완만히 발전하였다. 그 결과 일본은 경제적으로 17세기 전후 조선을 앞질러 18세기에는 일본은 경제적으로 조선보다 높은 수준에 도달하였고, 특히 시장 발달에서 양국 간 격차가 컸다. 도쿠가와 시대에 문화 역량도 빠르게 향상되고 교육 보급이 진전되어 18세기에는 조선보다 높은 수준에 도달하였다. 이러한 경제적 · 문화적 격차는 19세기에 한층 확대되었다(Lee 2006). 18세기 일본은 시장과 문화의 발달에서 중국의 선진 지대와 대등한 수준에 도달하였고, 19세기에는 중국을 앞지르게 된 것으로 보인다. 18세기 조선은 일본 · 중국에 비해 시장 발전에서는 크게 뒤졌으나, 농업기술, 제도 수준 및 인적 자본 축적도에서는 큰 격차를 가지지 않았다(이헌창 2013a).

조선이 중국의 선진문명을 잘 흡수한 사실과 관련하여 그것에 대한 학습 열의를 반영하는 중국 여행기를 언급할 필요가 있다. Part 4에서 언급하였듯이 개항 전 조선시대에는 사절단만 외국여행을 할 수 있었지만, 독립성을 가진 중국 여행기는 5백 종 이상 발굴되었다. 이렇게 지속적이면서 방대한 외국 견문기는 세계사에서 유례를 찾기 힘들다 한다. 선진문물에 대한 이러한 학습 열의 덕분에 조선은 건국 초에 중국과 대등한 수준의 국가체제를 정비하였고, 15세기에 과학은 세계적 수준이었고, 16세기에 유학이 중국에 대등한 수준에 올랐다. 1876년 강화도조약 이전에 일본이 조선보다 문화적으로 후진적이라는 관념이 조선에서는 일반적이었지만, 1607~1811년 모두 12차례에 걸쳐 통신사通信使로 다녀온 사람들은 70여 종의 여행기를 남겼다. 통신사행의 횟수가 적은 데에도 불구하고 여행기가 많은 것은 인상적이다. 문호개방 이전의 중국과 일본에 대해 조선보다 풍부한 기록을 남긴 나라는 없다. 만약 조선이 중국문명에 대한 학습 열의만큼으로 유럽문명을 학습하였다면 역사가 바뀌었을 수도 있다.

그런 점에서 일본이 중국과 조선보다 유럽 근대문명의 흡수에 훨씬 유능하였던 주된 요인은 문화적 차이로 판단된다. 한국이나 일본 모두 고대부터 중국의 선진문명을 흡수하려고 노력하였는데, 중국과 가까운 지리적 요인으로 한국은 중국의 제도를 더욱 잘 흡수하였다. 그래서 조선시대에 중국과 같은 수준의 국가체제가 성립하였던 반면, 일본은 중국을 모방한 율령국가체제가 무너진 후에 중국과는 다른 분권적인 무인사회로 나아갔다. 중앙집권적 군주제인 조선은 중국보다도 철저한 유교사회를 이룬 반면, 분권적인 무가사회인 일본은 유교의 영향을 강하게 받았을지언정 유교사회가 아니어서 사상이 다원적으로 전개되었다. 게다가 중국과 국경을 공유한 조선과는 달리 바다로 격리된 일본은 중국의 조공 · 책봉질서로부터 이탈하게 되었다. 그래서 일본은 한국처럼 중국의 선진문명을 열심히 흡수하는 한편 조선보다 독자적인 자의식이 강하였다. 이것을 잘 보여 주는 사실로서 조선인은 이두를 사용하고 토를 달기는 하였으나 한문을 그대로 읽었던 반면, 일본인은 완전히 일본어로 풀어 읽었다.

일본이 중국의 선진문명을 학습하면서도 자국의 문화적 독자성을 인식하는 것은 중국문명을 상대화할 수 있는 능력을 의미한다. 그것은 유럽문명도 객관적으로 평가할 수 있는 문화적 장점을 제공하였다. 일본은 유교사회가 아니었기에 유교도덕에 구속받지 않고 공리를 적극 추구하였다. 그래서 중국 이외의 문명에 더욱 개방적인 자세를 취할 수 있었다. 그리고 도쿠가와막부는 조선 국가보다 치열하게 기독교를 탄압하였는데, 그 쟁점은 유교윤리와의 충돌이 아니라 유럽 기독교 국가들의 정치적 · 군사적 위협이었다. 그래서 일본은 종교적 · 정치적 쟁점을 피하면서 실용적인 관점에서 과학 · 기술 등 유럽의 선진문명을 조선과 중국보다 적극적으로 흡수할 수 있었다. 조선 후기에 유럽 근대문명의 우수성을 객관화하여 파악하는 실학자가 나타났으나, 명나라에서 청나라로 교체된 이후 성립된 조선중화주의朝鮮中華主義의 사조는 서학을 억압하였다. 그리고 일본은 조선보다 변경에 위치하여 중국뿐만 아니라 조선에게도 배운 역사적 경험을 가졌으므로 자신의 후진성을 철저히 자각하였고, 그 때문에 선진문명의 흡수에 더욱 적극적일 수 있었다. 이것은 임진왜란 당시 일본군이 조선의 유학자, 인쇄공, 도자기공 등을 끌고 가 자국 문화의 기술 수준을 높인 데에서도 드러난다. 이런 문화적 차이로 인해 난학이 서학보다 더욱 순조롭게 발전할 수 있었다.

조선은 일본보다는 약하지만 문화적 독자성이 있었다. 조선의 정치적 · 경제적 · 사회적 현실, 그리고 조선의 역사와 문화를 탐구하는 실학이 그 중요한 징표이다. 서학을 억압한 조선중화주의도 문화적 자존심의 발로로 평가되기도 한다. 18세기 후반에는 유럽의 과학과 기술을 탐구하는 풍조가 일부 지식인 사이에 형성되었을 뿐만 아니라 천주교도가 사회적 세력으로 대두하였다.[179]

조선에서보다 먼저 대두한 기독교도에 대해 일본은 1630년대에

179 정약용은 20세경에 서양 서적을 즐겨 보았는데, "이 무렵에 천문 · 역상(曆象) 분야, 농정(農政) · 수리(水利) 기구, 그리고 측량 · 실험방법을 잘 설명하는 자에 대하여 세상에서 해박하다고 지목하면서 서로 전하는 풍습이 원래 있었으므로 신이 어릴 적에 마음속으로 이를 사모하였다"라고 했다[『정조실록』 21년(1797) 6월 경인].

시마바라島原난의 진압 등으로 가혹한 탄압을 가하면서 폐쇄체제로 전환하였다. 8대 쇼군이 서양 서적에 대한 금지령을 완화한 1720년 이후 난학이 1세기 이상 꾸준히 성장하여 성숙된 단계에서 문호개방을 맞이하였다. 그와 대조적으로 중국에서는 17세기 서양 학문의 전도가 유망하게 보였으나, 18세기 초 유교 전례를 둘러싼 갈등으로 천주교도에 대한 탄압이 이루어지고 유럽에 대한 이해가 진전되지 못하였다. 조선에서는 18세기에 유럽에 대한 이해가 진전되고 천주교도가 증가하여, 18세기 후반에 전례문제 등으로 갈등이 격화되고 마침내 1801년 신유박해辛酉迫害가 일어났다. 신유박해는 서학을 크게 침체시켰고 19세기에도 박해는 이어졌다. 조선은 신유박해의 어두운 그림자로부터 충분히 회복되지 못한 상태에서 문호개방을 맞이하였으며, 문호개방 당시 조선의 문화 역량이 18세기 후반보다 높다고 하기 어렵다(이헌창 2011 : 228~235). 그 결과 18세기 후반 일본인의 서양 학문에 대한 이해는 조선과 중국을 앞질렀고, 19세기에 그 격차는 더욱 커졌다. 일본이 조선, 중국, 이슬람세계 등보다 근대문명의 흡수에 훨씬 유능하였던 데에는 경제성장, 사회 발전, 난학 성숙 등의 문명 상승 국면이 문호개방에 순조롭게 접속되는 행운을 가진 점이 작용하였다.

중국과 조선의 과거科擧는 선진적인 관료임용제도이나, 서양 학문의 도입에 불리하였다. 조선과 중국의 엘리트는 과거 급제가 일생의 중대한 과제여서 젊어서 과거 공부에 매달렸으나, 과거 시험에 무관한 서양 학문에 대한 관심이 약하였다. 그 반면 과거를 통해 출세할 길이 없던 일본의 지식인은 훨씬 다양한 방식으로 학문의 길을 추구하였다. 그런 가운데 난학 같은 데에서 자신의 존재 가치를 찾으려는 학자가 적지 않았다. 18세기 조선에서는 이익 · 신유담 · 홍대용 · 박지원 · 박제가 등 과거 공부를 그만두고 서학 등 다양한 학문에 관심을 가지는 인물이 나타났으나, 조선의 전반적인 학문이 일본처럼 다원화되지는 못하였다.[180]

과거제도는 사士제도와 표리관계에 있다. 중국과 조선에서는 독서를 통해 학문을 닦은 사가 과거에 급제하여 관료가 되고 나아가 정치가가 되는, 달리 말해 치자가 되는 것을 목표로 삼았다. 그 결과 학문은 정치로부터 독립하기 어려웠고, 정치적 동기와 무관한 순수학문이 발전하는 데에 제약을 받았다. 그에 반해 일본에서는 사무라이인 사가 관직을 독점하고 사무라이가 아닌 지식인이 과거를 통해 관직에 진출할 수 없었다. 이런 변형된 사제도는 전국시대까지 학문의 발달에 불리하게 작용하였다. 그런데 도쿠가와시대에 평화와 더불어 경제 번영을 이루어 학문의 수요가 증가하자, 정계 진출에 한눈을 팔지 않고 학문에 전념하는 학자의 두터운 층이 형성되어 정치적 동기와 무관한 순수학문이 발전할 수 있었다. 일본의 이런 학문 풍토는 조선과 중국에 비해 서양 학문의 도입과 흡수에 유리하게 작용하였다.

조선은 일본보다 중국문명에 접근하기 편리하고 국토의 응집력이 컸는데 이런 지리적 차이는 조선이 중국식 군현제 왕조국가로, 일본이 분권적인 무가사회로 나아가게 만든 중대한 조건이었다. 이

180 오늘날에도 관리임용시험은 관료제에 필요하나 학문 발달에 이바지하지 않는다. 관리임용제도와 별도로 학문의 세계가 존립하여 발달하고 있다. 그런데 수기치인(修己治人)을 기본 목표로 삼은 유학이 지배한 중국과 조선에서는 학문을 연마한 다음 관료 · 정치인이 되는 것이 엘리트의 일반적인 지향이었으므로, 과거가 학문의 여건과 성격을 강하게 규정할 수밖에 없었다.

런 정치체제의 차이는 양국 간 경제통합방식의 차이를 규정하고, 나아가 경제 성과에 영향을 미쳤다(Lee 2006). 조선은 중국과 마찬가지로 군주제의 집권적 관료국가인 데다가 중국보다 영토가 훨씬 작고 통일성이 컸으므로, 유교가 지배력을 행사하기 유리한 조건을 가졌다. 그 반면 도쿠가와시대 일본은 중앙집권적 봉건제라는 다른 체제를 갖추고 중국적 세계질서로부터 이탈하여 학문의 다원화와 유럽 학문의 도입에 유리한 조건을 갖추었다. 조선은 일본과 마찬가지로 유학을 흡수하여 학문을 발전시켰으나, 일본과 달리 유교도덕에 절대적 가치를 부여하여 경제합리주의가 억제되고 학문의 다원화를 이루지 못하였다. 그 결과 조선은 서양 학문의 수용에서 일본에 크게 뒤떨어졌다.

10. 근세에서의 경제와 경제학의 대분기

과학혁명, 1인당 생산이 정체하여 기근의 위협으로부터 벗어나지 못한 맬서스T. R. Malthus 시대로부터 그것이 산업혁명으로 지속적으로 성장하는 근대경제성장 시대로의 전환, 그리고 민주주의의 성립으로 인한 기본권과 정치적 자유의 확립이라는 근대적 변혁은 유럽에서 먼저 일어났다. 그 결과 유럽은 아시아 지역보다 한 차원 높은 역사 발전을 이루었다.

엄밀하게 말하면 근세, 곧 근대 초기에 영국 · 네덜란드 경제와 여타 지역 경제 사이에 '대분기大分岐 · the great divergence'가 있었다. 그 원인에 관한 논쟁과 논의가 활발하다. 지금까지의 연구 성과를 정리해 보자. 서유럽은 대서양 무역의 발전 등에 힘입어 시장의 가장 역동적인 발전을 이루었다. 서유럽 특히 영국과 네덜란드는 재산권 등 제도의 발전이 가장 앞섰고 구텐베르크의 금속활자 발명 이후 인적 자본 축적이 가장 현저한 가운데 과학혁명과 계몽주의문화 사조를 이루었는데, 이러한 요인 등에 힘입어 먼저 근대경제를 확립하였다(이헌창 2012 ; 이헌창 2013a ; 이헌창 2014).

근세에 서유럽에서는 근대경제뿐만 아니라 근대경제학도 먼저 성립하여, 경제학에서도 대분기가 발생하였다. 경제의 대분기와는 달리 경제학의 대분기에 관한 본격적인 논의는 아직 이루어지지 않았다. Part 1과 이 Part에서 살펴본 바에 의하면, 크세노폰의 『오이코노미코스』로부터 애덤 스미스의 political economy에 이르는 개념의 긴 여정의 배경에는 고대 그리스에서의 시장경제의 초보적 형성과 학술 발전, 로마세계에서의 개인의 재산권과 계약을 보호하는 법문화의 성립, 그리고 근세 서유럽에서의 종교개혁, 과학혁명, 시장경제체제의 형성, 계약사회와 계약국가론의 탄생, 개인주의와 자유주의, 계몽주의 등이라는 변혁이 있었다.

근세에 서유럽에서 근대경제뿐만 아니라 근대경제학이 먼저 성립하였던 것은 양자의 성립을 낳는 공통 요소가 있었기 때문이다. 시장 발전, 재산권 등 제도의 발전, 인적 자본의 축적, 그리고 과학혁명과 계몽주의는 근대경제뿐만 아니라 근대경제학의 성립을 낳은 요소이다.

그러면 어떻게 18세기 유럽에서 근대경제학이 성립할 수 있었던가를 설명해 보자. 지식 탐구의 정신이 국가권력과 종교의 속박을 벗어나 자유롭게 추구될 수 있으며, 대외 교류 내지 국제 교류가 활성화되고 외부의 자극에 개방적인 환경과 문화가 학문 발전의 핵심 요인이라고 앞에서 언급하였다. 고대 그리스가 이러한 조건을 갖추었는데, 근세 유럽은 한층 넓은 지역적 범위에서 더욱 포괄적이고 높은 수준으로 그러한 조건을 갖추게 되었다. 지식인의 국가 간 이동이 활성화된 가운데 영국과 네덜란드가 17세기 이후 민주주의제도를 마련해 갔다. 종교개혁, 계몽주의 등은 자유로운 지식 탐구의 정신을 고양시켰다. 유럽의 국제 교류는 유례가 없이 발전하였고, 유럽은 특히 개방적이고 적극적으로 고대 그리스문명과 아시아문명을 학습하였다. 이러한 환경과 문화적 요소 외에 역사적 축적을 고려해야 한다. 문명의 발전과 더불어 학문이 꾸준히 발전하였는데, 과학혁명은 학문의 새로운 도약을 보여 주며 사회과학의 성립을 자극하였다. 그리고 근대경제의 성립을 낳은 요소인 시장 발전, 재산권 등 제도의 발전 및 인적 자본의 축적은 경제학의 발달을 자극하였다.

18세기 중엽에는 서유럽과 아시아 선진 지역의 경제적 격차가 아직 컸다고 하기는 어렵다. 조선을 비롯한 아시아 선진 지역에서도 기술과 시장의 발전이 있었고 재산권 · 계약 등 제도가 상당한 정도 정비되었으며, 계약사회의 성립이 거론되고 인적 자본이 어느 정도 축적되어 있었던 것이다(이헌창 2013a ; 이헌창 2014). 영국의 산업혁명이 시작하려던 참인 18세기 중엽 프랑스와 영국에서는 중농주의 · 고전학파 경제학이 성립하여 경제학의 대분기가 일어났다. 그런데 18세기 중엽 한 · 중 · 일 삼국의 선진적인 경제사상은 유럽 중상주의의 초기 단계로 볼 수 있다. 6절에서 언급하였듯이, 문호개방 이전 동아시아에서는 토머스 먼의 『대외무역에 의한 잉글랜드의 보물』1664 정도의 체계와 분석을 갖춘 경제학 저술은 나오지 않았던 것이다. 조선에서는 앞에서 언급한 박제가가 대표적인 중상주의자였고, 일본 중상주의자의 층은 조선과 중국보다 두터웠다(이헌창 2006 ; 杉原四郎 · 逆井孝仁 · 藤原昭夫 · 藤井隆至 1990). Part 5에서 언급하였듯이, 문호개방 이전 일본에서는 중국 및 조선과는 달리 유럽의 중상주의 정책에 접근하는 것이 나타났다. 이처럼 18세기에 유럽과 아시아 사이에 경제적 격차보다 경제학술의 격차가 더욱 컸던 것은 고대 그리스의 학술, 로마의 법문화, 종교개혁, 과학혁명, 개인주의와 자유주의, 계몽주의 등 유럽에 고유하거나 현저한 문화 때문이다. 동서 간의 문화적 차이는 경제 수준보다 경제학 수준에 더욱 큰 영향을 미쳤던 것이다. 이 점을 설명해 보자.

고대 그리스에서는 근대적 학문과 과학의 싹이 처음으로 움텄고 중동이 그것을 먼저 계승하여 유럽에 전하였다. 그런데 유럽은 중동과 달리 그리스 학문을 새로운 차원으로 발전시켰다. 그것은 이탈리아의 갈릴레오에서 시작하여 영국 뉴턴의 『프린키피아*Principia*』 1687에 의해 완성된 과학혁명에서 잘 드러난다. 과학혁명은 경제 분석의 성립을 자극하였다. 17세기에는 수학과 물리학의 영향으로 새로운 정치산술이 출현하고, 나아가 18세기에는 고전학파 경제학이 성립하였다. 근세 중동과 동아시아는 과학혁명 초기 단계에는 도달해 있었으나, 과학혁명을 수행하지는 못하였다.

유럽의 학문이 그리스 수준을 극복하여 새로운 차원으로 발전하는 데에 종교개혁이 중요한 역할을 하였다. 앞에서 언급하였듯이, 유럽이 아시아와 달리 종교개혁을 수행할 수 있었던 중요한 요인은 정치적 · 사회적 다원성이었다. 유럽은 정치적 · 사회적 다원성을 가진 데다가 종교개혁도 수행하였으므로, 지식 탐구의 정신이 국가 권력과 종교의 속박을 벗어나 자유롭게 추구될 수 있었다. 종교개혁은 과학 탐구의 정신을 종교의 속박으로부터 해방시켰을 뿐만 아니라 경제합리주의를 종교의 속박으로부터 벗어나게 하였다. 그래서 사적 이익의 추구를 기본 원리로 하는 사회관이 성립하여 사회적 승인을 받았다. 고전학파의 선구자인 애덤 스미스는 정의의 토대 위에서 사리가 추구되는 사회질서관을 수립하고 그런 질서 위에서 사리 추구가 사회복지를 증진하는 경제관을 내세웠다. 중동에서는 이슬람개혁운동이 일어나고 동아시아에서는 경세치용학과 실학 등 유학의 새로운 학풍이 나타나기도 했으나, 아시아에서는 고전학파 경제학이 성립하는 시점에서도 유럽의 종교개혁에 상응하는 변혁은 없었다. 아시아에서 과학혁명이 수행되지 못하고 사리 추구에 윤리적 정당성을 부여하는 사상이 사회적 승인을 받기에 이르지 못한 것은 종교개혁에 상응하는 변혁이 없었던 사실과 관련이 있을 것이다.

서유럽에서 개인과 권리의 개념, 그리고 사회계약적 국가론이 성립한 것이 고전학파 경제학의 성립에 유리한 환경을 조성하였다고 Part 1에서 언급하였는데, 그것들은 고대 로마법에 뿌리를 두고 있다. 로마법은 자유주의원리에 따라 개인이 사회생활의 기본 단위이며 개인의 의사가 모든 생활관계를 결정하는 구성을 가졌다. 로마법에 의해 비로소 배타적이고 전면적인 지배권으로서 단독소유권, 당사자 간 합의로 성립하는 매매 · 임차 등의 계약이 성립하였다. 로마법상 소유권은 동산과 부동산을 막론하고 소유자가 목적물을 자유롭게 사용 · 수익 · 처분할 수 있는 권리였다(玄勝鍾 · 曺圭昌 2004 : 23~31). 사권私權을 처음으로 명확하게 규정한 로마법은 11세기 후반 이탈리아에서 발견된 후 유럽 각지에 수용되었다. 로크의 재산권이론은 로마의 자연법을 발전시킨 것이며, 로마법은 사회계약론의 토대가 되는 개인주의 이념을 제공하였다. 개인의 자유주의원리에 입각한 재산권 · 계약제도가 정비된 위에서 자본주의 시장경제가 확립되고 그것을 설명하는 이론체계가 성립할 수 있었다.

동아시아와 이슬람세계에서도 재산권 등 개인의 권리가 법적으로 보호되었으나, 개인의 권리라는 개념은 내부적으로 성립하지 않았다(이헌창 2014). 이 지역들에서는 봉건시대를 경험하지 못하여 자치도시와 의회가 성립하지 못하였고 국가권력이 강력하여 사회가 자립하지 못하였으므로, 로마법과 달리 공법이 사법을 압도하고 개인주의와 사회계약적 국가론이 출현할 수도 없었다. 그래서 재산권이론이 성립할 수 없었다.

근세에는 동서 간에 대분기가 있었을 뿐만 아니라 동아시아 세 국가 간에 소분기도 있었다. 일본이 경제적 · 학술적으로 빠르게 발전하여 조선을 추월하였으며, 중국과 대등한 수준에 도달하고 중국에 앞선 면도 있었다. 도쿠가와시대 일본은 17세기 조카마치城下町의 건설에 따른 괄목할 도시화, 그리고 영국領國 간 교역에 따른 축소형 세계경제 덕분에 해외무역에 대한 강한 규제에도 불구하고 거대한 시장 발전을 이루었다(이헌창 1999b). 막번체제의 일본은 중앙집권적 봉건제여서 유교의 지배를 받지는 않았다. 그래서 중국과 조선보다 사상이 다원적으로 발전하였다. 게다가 시장의 괄목할 발전이 있어서 경제적 동기에 대한 윤리적 제약이 약하여 경제사회가 성립하였다고도 한다. 사상이 다원적으로 전개되고 선진문명을 개방적으로 학습하는 문화가 있어서 유럽의 과학 등 학문을 가장 적극적으로 흡수하였다. 이처럼 시장 발달, 다원적인 문화, 봉건제의 요소 등 동아시아의 소분기를 낳은 요인은 동서 간 대분기를 낳은 요인에 상통하는 면을 가졌다.

일본보다 근대화에 대한 반응이 느렸던 조선과 중국은 다른 아시아국가보다는 빠르게 반응하였다. 경제학의 도입과 그 개념의 번역에서도 그러하였다. 지리적 요인으로 인하여 동아시아 세 국가는 유럽문명과의 접촉이 이슬람문화권과 인도보다 늦었지만, 그 수용에는 더욱 적극적이었다. 동아시아 세 국가가 다른 아시아국가보다 근대화에 빠르게 반응한 것은 16세기부터 유럽의 근세적 단계의 충격을 받은 다른 아시아국가와 달리, 19세기 중엽에 문호를 개방하여 산업혁명으로 근대를 확립한 유럽의 한층 강렬한 충격을 받았기 때문이다. 일본의 성공적인 근대화 추진은 1880년 이래 조선의 근대화를 자극하였다. 그리고 경제적 · 사회적 역량social capability을 축적한 동아시아 세 국가의 내부적 요인도 작용한 것으로 생각된다. 18세기 전반기 중국과 일본은 유럽과 비슷한 발전 수준에 있었다는 견해도 있다. 조선은 세 나라 중에서 시장 발달 수준이 가장 낮고 경제합리주의사상의 기반이 가장 좁았지만, 중국문명의 성공적인 흡수에서 드러나듯이 선진문명의 흡수 능력이 낮지는 않았다. 전근대에 동아시아 세 국가는 서유럽과 더불어 기록문화가 가장 발달한 지역으로 보인다. 동아시아 세 국가는 모두 유럽의 복식부기법을 도입하기 이전에 복식부기의 초기적 형태를 이용하였으며, 세 국가는 모두 교육 보급도가 높은 편이었다. 그리고 국가기구의 발달로 사회의 행정적 편성이 성숙한 편이었다. 이러한 문명 역량은 근대유럽을 따라잡기 위한 사회적 역량으로 연결되었을 것이다. 그것은 20세기 아시아에서는 동아시아 세 국가가 지속적 경제성장의 국면으로 먼저 진입한 사실을 상당한 정도 설명할 것이다(이헌창 2010b ; 이헌창 2013a). 문호개방 이전에 축적된 세 국가의 문화 역량은 구미경제학을 신속하게 도입 · 흡수하도록 도왔다.

경제학이라는 지식의 발전과 축적을 진화이론으로 설명할 수도 있다. '창의적 변이의 혁신→집단적 수용→집단적 기억→더 수준 높은 창의적 변이'라는 지식의 발전과 축적의 진화가 가장 성공적으로 이루어진 고대 그리스, 중국 춘추전국시대 그리고 근세 유럽에서 경제학이 괄목할 발전을 이루었다. 집단적 수용과 집단적 기억을 결정하는 중요한 요인이 상호 이익인데 고대 그리스, 중국 춘추전국시대, 그리고 근세 유럽의 정치체제와 대외 환경은 그 상호 이익을 크게 만들었다. 창의적 변이의 혁신을 결정하는 중요한 요인은 집단적 수용의 이익뿐만 아니라 그런 이익을 초월한 지적 탐구를 자극하는 문화이다. 종교나 지배 이데올로기로부터 자유로운 이성의 정신으로 창의성을 발휘하여 지식의 수준을 높이려는 노력을 격려하는 문화가 중요함은 고대 그리스와 중국, 그리고 근세 서유럽에서 드러났다. 사회의 개방성 · 다원성 · 경쟁성, 민주주의 등이 그러한 문화의 조성에 유리한 조건으로 보인다. 근세 동아시아에서는 상대적으로 사회의 다원성과 경쟁성이 높고 유교의 구속이 약한 일본에서 학문의 발전이 가장 괄목하였다.[181]

181 경제학이라는 지식의 발전과 축적을 진화이론으로 설명할 수도 있다는 발상은 홍기현 교수의 가르침이다. 홍기현(2011 : 187~189)에 진화경제학의 내용이 소개되어 있다.

| 맺음말 |

Part 1의 결론

경제와 경제학의 개념사를 다룬 Part 1의 결론을 정리해 본다. 크세노폰의 저서명 『오이코노미코스*Oikonomikos*』는 economics의 어원을, 헬레니즘시대에 사용된 politike oikonomia는 political economy의 어원을 이룬다. 시민의 공동체인 고대 그리스의 폴리스체제에서는 oikonomia라는 가정관리의 담론이 활성화되었고, 군주제가 대세였던 헬레니즘시대에는 politike oikonomia라는 용어가 출현하였고, 중세 유럽의 봉건사회에서 œconómĭa의 담론이 다시 활성화되었고, 근세 국민국가시대에는 political economy의 담론이 활성화되었다. 정치 · 경제체제의 변화가 개념 변동을 규정하는 기본 요인이었던 것이다.

개념사의 정립에 기여한 코젤렉은 1750~1850년의 '문턱의 시대 Schwellenzeit'에 유럽에서 개념이 근본적이고 급속한 변화를 겪어 근대세계와 그 이전을 나누는 단절이 발생하였음을 주목하였는데, 이 시대에 경제 논의를 학문 차원으로 확립한 중농주의학파 · 고전학파는 political economy를 부의 성격 · 생산 · 분배를 기본 고찰 대상으로 삼는 학문이라는 개념으로 정립하였다. 이 무렵 economy는 가정에 관한 윤리적 담론의 차원을 넘어 시장에서의 이윤 추구 행위도 수용하는 오늘날의 개념으로 진화하였다. 애덤 스미스에게서 political economy는 국부國富의 성격과 경제성장의 요인을 탐구하는 사회과학으로 질적 변혁을 이루었다. political economy가 과학을 지향하면서 근대학문으로서 확립되고 그에 수반하여 political economy와 economy가 새로운 개념으로 탄생하였는데, 이것이 문턱의 시대의 내용을 이룬다.

크세노폰의 『오이코노미코스』로부터 애덤 스미스의 political economy에 이르는 개념의 긴 여정의 배경에는 고대 그리스에서의 시장경제의 초보적 형성과 학술 발전, 로마세계에서의 개인의 재산권과 계약을 보호하는 법문화의 성립, 그리고 근세 서유럽에서의 종교개혁, 과학혁명, 시장경제체제의 형성, 계약사회와 계약국가관의 탄생, 개인주의와 자유주의 및 계몽주의라는 변혁이 있었다. 애덤 스미스의 경제학은 인류문명이 오랜 기간에 축적한 정수를 폭넓게 반영하고 있었던 것이다. 아시아에서는 선진 지역도 이러한 조건이 부분적이고 제한적으로 충족되는 데에 그쳤기 때문에 근대경제학이 성립하기 어려웠다.

경제학을 정치학으로부터 분리된 과학으로 확립하려는 신고전학파는 political economy 대신 economics라는 학문명을 사용하게 되었다. 희소한 자원의 관리를 위한 합리적 선택을 다루는 학문이라는 로빈스의 경제학 정의는, 효율을 중시하는 신고전학파의 정신에 부합하면서 수학적 분석에도 적합하여 오늘날 주류 경제학계에 널리 수용되고 있다. 고전학파의 political economy라는 개념에 비해 신고전학파의 economics는 한편으로는 정치학 · 윤리학과의 연계를 단절한 순수경제영역을 다루어 대상영역을 축소하였고, 다른 한편에서는 귀납적 역사학을 배제하면서 과학적인 방법론을 강조한 점에서 특색을 가진다. 그러다 20세기 후반부터 경제학의 대상은 정치, 역사, 윤리 등으로 확장하였다. 그리고 행동경제학은 합리성 가정에 의문을 던지고 있다. 그런 점에서 경제학 개념의 재정립이 필요한지 모른다.

경제라는 용어가 먼저 나타났지만, 경제학이라는 학문이 성립하면서 그 대상으로 경제라는 개념이 다시 정의되었고, 경제학이 변천함에 따라 경제라는 개념도 변하였다. 부 · 소득 · 이윤 · 임금 · 농업 · 공업 · 생산 · 분배 등 경제학을 구성하는 여러 용어는 전근대부터 여러 지역에 존재하였지만, 그것을 종합하는 추상적인 개념은 체계적 학문으로서 경제학이 성립하여 그 대상을 탐구하기 전에는 출현하기 어려웠다. 마찬가지로 희소성 · 합리성 · 선택 등과 비슷한 개념도 전근대문명에서 존재하였지만, 희소한 자원의 효율적 배분행위로서 합리적 선택은 경제학이 심화되기 전에는 단일한 개념으로 정립되기 곤란하였다. 한계 · 균형 등과 같은 개념이 경제학의 발달을 낳았는데, 경제학을 총칭하는 개념은 학문의 변천에 따라 변하였다. 경제와 경제학이라는 개념의 역사는 경제학의 역사를 반영하는 것이다.

"경제학은 인민과 국가 모두를 부유하게 하려는 것이다"라는 애덤 스미스의 정의는 국민 전반의 부를 증진하려는 문제의식을 담았다. 앨프리드 마셜은 경제학이 "인간의 후생에 필요한 물질의 획득과 사용에 밀접히 관련된 개인적 · 사회적 행위"를 연구한다고 정의하였는데, 가난한 대중의 생활 개선에 깊은 관심을 기울인 마셜의 문제의식이 반영된 정의이다. 라이어넬 로빈스는 "경제학이 목적과 대체 용도를 가진 희소한 수단 사이의 관계로서 인간행동을 연구하는 과학"이라고 하였는데, 효율을 추구하는 경제학의 정신을 이보다 더 잘 표현하는 정의는 없다.

경제학의 개념은 경제학의 변천과 발달을 반영한다. 그런데 경제학 개념은 단지 학문 전개의 수동적 산물이지는 않다. 중농주의 학파 · 고전학파가 political economy를 부의 성격 · 생산 · 분배를 기본 고찰 대상으로 삼는 학문이라는 개념으로 정립함에 따라, 경제학은 재화와 서비스를 다루는 학문으로 전문화되어 갔다고 하겠다. 그런 연장선에서 신고전학파가 성립하고 나아가 마셜과 라이어넬 로빈스의 정의가 출현하였다. 로빈스가 경제학을 희소성의 관점에서 정의한 다음 경제학자들은 희소성 문제의 분석에 집중하였다. 그러다 보니 경제학은 희소성을 가진 모든 사회현상에 대한 설명을 추구하게 되었다. 개념의 정의가 학문 연구의 방향에 영향을 미친 것이다.

Part 2~4의 결론

동아시아 세 국가에서의 경제와 경제학이라는 개념의 번역사를 다룬 Part 2~4의 결론을 종합적으로 정리해 본다. 한자문화권에서 경제학이라는 번역어가 채택된 것은 그 출발점에서는 새로운 학문의 진화 과정에 영향을 받았고, 그 귀결점에서는 이 학문에 대한 시대적 요구를 반영하였다. 일본에 처음 도입된 고전학파 경제학의 도덕철학적 성격은 그것과 친화성을 갖는 한자인 경제학이라는 번역어가 출현하도록 유도하였다. 게다가 고전학파 경제학이 전제하는 정치체제인 계약국가의 관념이 낯설기 때문에, 국민을 중심으로 삼는 학문체계를 상정하지 못하여 처음에 국가정책론 위주의 시각으로 고전학파 경제학을 이해한 것은 경제학이 번역어로 선택되도록 유도하였을 것이다. 그렇다 해도 만약 애당초 political이 들어가지 않은 신고전학파의 economics를 번역의 대상으로 삼았더라면, 경제학이라는 번역어가 나오기 힘들었을 것이다. 경제학이라는 번역어가 출현할 때, 유럽에서는 economics라는 용어가 출현하지 않았던 것이다.

일본에서 고전학파 경제학에 대한 이해가 깊어지고 신고전학파 경제학이 영향력을 미침에 따라 경제학이라는 번역어에 대한 불만이 커졌다. 그래서 번역어의 대안이 활발히 모색되었다. 그중 이재학理材學이라는 번역어는 영국의 자유주의 경제학에 대한 일본인의 이해가 심화되는 가운데 등장하여 확산되었다. 그전에 경제근대화를 위해 서양의 이재 활동이 주목을 받았다. 이재는 자원의 효율적 이용이라는 신고전학파의 정의에 부합하는 의미를 가졌다. 학계에서 이재학이라는 번역어의 지지층이 늘어나는 가운데 정부는 이 번역어로의 통일을 유도하였다. 신고전학파의 economics라는 용어가 널리 알려진 후 경제학이라는 번역어가 최종적인 승리를 거두었는데, 만약 고전학파와 신고전학파라는 영국의 자유주의 경제학이 학계의 주류로서 확고히 뿌리를 내렸더라면, 이재학이라는 번역어가 선택될 가능성이 높았다.

그런데도 경제학이라는 번역어의 궁극적 승리를 낳은 결정적인 요인은, 새로운 학문을 통해 국가 발전을 도모하여 후진성의 극복에 이바지하고자 했던 사회적 요구였다. 개인적 선택을 표시하는 데에는 이재라는 한자어가 적당하지만, 국가적 목표를 담는 데에는 경제라는 한자어가 적합하다. 일본이 이재학에서 경제학으로 번역어를 다시 바꾼 데에는 영국의 자유주의 경제학보다는 독일의 역사학파 경제학을 선호하게 되었기 때문이며, 그 바탕에는 사회계약적 국가론과 유기체적 국가론 중에서 후자를 선택하여 국가체제를 설계해 나간 역사적 사실이 놓여 있다. 일본의 엘리트는 독일의 경제적 · 군사적 성취에 감명을 받아 독일을 발전 모델로 지향하면서 독일의 국가주의적 경향을 반영한 역사학파 경제학을 도입하였고, 자유주의 경제학보다 역사학파 경제학이 국민경제의 형성 등을 통해 국가 통합을 달성하고 식산흥업정책을 통해 근대 산업국가를 수립해야 하는 시대적 과제에 더 잘 봉사할 수 있다고 판단하였던 것이다. 요컨대 경제학에 대한 이해가 증진된 후에도 유럽의 경제학이 변천하고 주어진 시점에서도 하나의 학파만 있는 것은 아니었기 때문에 어떤 경제학을 알고 선택하였는가에 따라 번역의 귀결이 영향을 받았다.

중국은 일본보다 문호개방 이전에 서양 학술과 접촉하는 면이 넓었을 뿐만 아니라 먼저 문호를 개방하였음에도 불구하고 구미 경제학의 개념 번역과 번역서 간행에서 늦었다. 문호개방 직후에는 선교사가 경제학 저술의 번역에 종사하면서 번역어를 만들어 냈고, 1860년 제2차 아편전쟁 이후 국가 주도의 번역이 이루어졌다. 1860년대 후반부터 한동안 부국富國이 유력한 번역어였다. 중국 양무파洋務派 관료는 1882년에 이미 이재를 번역어로 사용하였는데, 이 무렵부터 이재가 유력한 번역어로 대두하였다. 중국에서 일본의 영향을 받지 않고 이재가 번역어로서 성립하였을 가능성이 높다. 그렇다면, 그것이 유력한 선택임을 보여 준다. 청일전쟁 이후에는 중국인 학자와 정치인들이 번역서 간행과 개념 번역에 적극 나섰다. 애덤 스미스의 저서를 번역한 『원부原富』를 1901년 출간한 옌푸嚴復는 이재학이라는 번역어를 계학計學으로 바꾸고자 하였다. 량치차오梁啓超보다 political economy 내지 economics의 번역어 모색에 심한 우여곡절을 겪은 사람은 찾기 어려운데, 경제와 생계라는 번역어 중 어느 것을 선택할지 주저하였다. 중국에서 번역어의 모색과 확정은 일본보다 장기간에 걸친 복잡한 과정이었다. 청일전쟁 이후 일본의 번역어가 점차 영향을 미쳤지만, 한자어 경제학이 새로운 학문의 내용과 잘 맞지 않다는 점 때문에 중국인은 그 채택에 오랫동안 주저하였다.

경제학이라는 일본 번역어의 채택에 오랫동안 주저한 중국과 달리 조선은 일본을 근대문명을 도입하는 중심 창구로 삼아 1881년 일본의 대규모 시찰단을 파견한 직후 신속하게 경제학이라는 번역어를 도입하였다. 그것은 『한성순보』, 『독립신문』, 『황성신문』 등 신문을 통해 점차 보급되었다. 조선에서는 『한성순보』에서 국재론國財論이라는 독자적인 번역어가 나왔는데, 그 외의 독자 모색은 보이지 않는다. 1900년대 량치차오의 학문에 관심을 가진 조선인이 생계학이라는 용어를, 일본에 유학한 인사가 이재학이라는 용어를 사용했는데, 경제학이라는 번역어에 대한 그 도전은 강하지도 오래가지도 못했다.

political economy의 번역어로서 일본이 초기에 경제학을, 중국이 초기에 부국학이라는 번역어를 주로 사용한 것은 부국강병을 도모하려는 사회적 요구가 작용하였다. 그다음 단계에 일본에서 이재학이라는 번역어가 대두한 것은 신학문의 내용에 엄밀하게 부합하는 용어를 찾으려는 학문적 동기가 작용하였는데, 중국에서 이재학 · 계학 · 생계학 등의 번역어가 출현한 것은 마찬가지 사정으로 이해할 수 있다. 결국 양국 모두에서 경제학이라는 번역어가 최종적인 승리를 거둔 요인은 이 학문이 제국주의시대에 국가의 부강과 주권 수호를 위한 과제에 이바지하기를 바라는 사회적 요구였다. 이 점은 경제학이라는 번역어가 이재학과 생계학의 도전을 받은 조선에서도 마찬가지였다. 중국에서는 사회주의 변혁의 이상을 경세제민이라는 용어가 잘 표현할 수 있던 점이 경제학이라는 번역어의 최종적 승리를 낳은 한 요인이었다.

한자문화권에서 번역어가 모색되는 초기, 유럽에서는 경제학을 과학으로 정립하려는 움직임의 과정에서 political economy라는 호칭의 대안이 모색되었다. 그래서 중국의 번역어인 부국학의 의미에 통하는 plutology, 이재학으로 번역될 수 있는 chrematistics, 그리고 교환의 학문이라는 의미의 catallactics 등의 새로운 이름도 등장하였다. 그중 catallactics가 가장 유력한 대안으로서 거론되었다.[182]

182 그런데 catallactics에 해당하는 한자어가 번역어로 거론되지는 않았다. 이것은 한자문화권에

이러한 도전을 헤치고 economics가 선택된 데에는 그 어원이 아리스토텔레스 등 그리스 학문의 위대한 전통에 결부되어 있어서 익숙한 용어가 될 수 있었던 점도 작용하였다.

마찬가지로 한자문화권에서는 경제학이 최초의 번역어로서 익숙해진 것이 결국 선택되는 데에 도움을 주었다. 그리고 일본에서는 도쿠가와시대에 경제용어의 담론이 활발하였던 반면 이재는 생소한 용어였다. 1900년대 한국에서 경제학이라는 번역어가 이재학을 압도한 데에는 경제라는 용어가 이재보다 더욱 널리 사용되어 왔고 호감을 준다는 고려가 작용하였으며, 중국에서도 그러하였다고 보아야 한다. 경제라는 한자는 유학의 이상을 집약하여 중국과 조선에서 애용된 용어이고, 유교사회가 아닌 도쿠가와시대 일본에서도 정치 목표를 표현하는 용어로서 활발히 사용되었다. 게다가 고대 그리스에서는 oikonomikos, 그리고 한자문화권에서는 경제학으로 불린 담론의 체계가 본디 있어서 새로운 학문의 내용과 어느 정도 관련되어 있었다. 이처럼 유럽에서 학문 명칭이 economics로, 그리고 한자문화권에서 그 번역어가 경제학으로 최종적으로 정해진 데에는 용어의 사회적 수용도가 작용하였다.

애당초 일본에서 경제학이라는 번역어가 출현할 때, 그리고 조선에서 그것을 도입할 때에는 그 번역어가 한자어의 의미에 통하는 것으로 인식되었다. 그러다 경제학이 번역어로서 정착되어 가자, 점차 한자와 유학사상의 의미를 벗어나 새로운 학문의 개념으로 인

서 상품교환비를 다루는 아리스토텔레스의 분석에 상응하는 것이 출현하지 못하여 교환의 담론이 미성숙하였기 때문일 것이다. 그 때문에 경제 분석이 발달하기 어려웠다.

식되기에 이르렀다. 그래도 한자문화권에서는 이 한자어라는 프리즘을 통해 새로운 학문을 이해하지 않을 수 없었으므로, 경제학이라는 용어는 한자어 의미를 완전히 망각하지는 않았던 것으로 보인다. 『황성신문』은 한자어 경제 개념의 계승, 달리 말해 유학사상의 비판적 계승 위에서 그것을 번역어로 재정립하려는 지향을 뚜렷이 보여 준다. 일본과 중국에서도 한자어 경제 의미와 번역어 경제 의미가 융합되는 양상은 나타났으나, 일본과 중국의 지식인은 한자어 경제가 영어의 뜻에 맞지 않는다는 사실에 고뇌하여 그 대안의 번역어를 고안하려 힘썼으나, 조선의 지식인은 그런 고민을 그다지 하지 않고 양자를 융합하여 사용하였다.

서양에서 들어온 economics가 경세제민을 위한 것이고 그래서 경제학이라는 번역이 이루어졌을 것이라는 막연한 관념은 오늘날까지 우리 사회에 널리 퍼져 있다. 이것은 부정확한 지식의 전달이라기보다는 한자어의 프리즘을 통해 신학문을 이해한 산물로 보아야 할 것이다. economics가 의미로는 한자어 경제학과 다르지만, 인민을 구제하고 국가를 다스리는 데에 유용하다는 취지에서는 한자어 경제에 통하는 것이다. 요컨대 한자문화권에서 political economy 내지 economics의 번역 과정은 유럽문화권과 한자문화권 사이에 개념이 접촉하다 충돌하고 마침내 타협하면서 재정립되는 과정이었던 것이다.

경제학이라는 한자는 그것이 번역의 대상으로 삼은 학문과 언어상 의미로 보면 잘 맞지 않는 것처럼 보이나, 그 내면적인 의미나 의의로 보면 상통하는 바가 있었다. 그래도 양자 간 의미 차가 가볍지는 않은 가운데 경제학이라는 번역어는 학문의 내용과 한자어의 절충의 산물로 성립하였다. 일본에서 처음 경제학이 번역어로 대두한 것은 유학사상의 소양으로 신학문을 바라보는 면이 있었다면, 이재학으로 전환한 것은 유학사상에서 멀어지는 추세를 반영하였고, 결국 경제학이라는 번역어가 선택된 것은 유교적 전통과의 완전한 결별이 아니라 전통을 고려한 일종의 절충을 보여 주고 있다. 이것은 동아시아 세 국가 모두 개인주의와 자유주의를 사회적으로 정착시켜 구미의 민주주의제도를 전면 도입하지는 못한 사정과 관련을 가진다. 그래서 일본에서는 천황에게 주권을 귀속한 정치체제가 고안되었는데, 그것이 국가주의 사조를 낳고 그에 상응하는 독일 역사학파 경제학을 대두시킴으로써 경제학이라는 번역어의 최종 승리를 낳았다. 중국에서는 신문화운동의 영수인 천두슈陳獨秀가 1917년 "개인 독립주의는 경제학이 낳은 대원칙"이고 개인의 권리를 무시하는 중국의 유자儒者는 현대경제를 논할 수 없다고 주장하였다. 이후 근대 구미 수준으로 개인주의와 재산권제도를 성숙시키지 못하였으므로 중국사회가 경제를 수용한 것은 유교적 전통과의 완전한 결별로 보기는 어렵다.

갑오개혁 이후 조선의 신문에서는 번역어 경제가 점차 활발하고 능숙하게 사용되었다. 그로 인해 번역어가 일상용어로 보급되었음은 분명하다. 1900년대에 번역어 경제는 신문에서 능숙하고도 활발히 사용되기에 이르렀지만, 일기를 보면 생활용어로 서울에서조차 널리 보급되지는 않았을 뿐 아니라 일제시대까지 농촌에 일상화되지는 않았을 가능성도 있다. 일반 사람은 경제문제를 생계라는 용어로 표현할 수 있었다. 일본에 반감을 가진 유학적 지식인은 한자 의미와 다르고 일본인이 애용하는 경제라는 번역어를 기꺼이 사용하려는 마음을 갖지 못한 점도 작용하였을 것이다.

일본인, 중국인, 그리고 조선인 모두가 political economy 또는 economics의 번역어로서 경제의 뜻이 지나치게 넓고 이재의 뜻은 지나치게 좁다고 생각했으나, 결국 전자를 선택하게 되었다. 경제학의 영역을 정치 · 윤리 · 역사로부터 분리하여 축소한 신고전학파가 구미에서 영향력을 강화하던 시기에 동아시아에서는 신고전학파적 개념에 가까운 이재보다 넓은 의미의 경제라는 번역어를 선택한 것은 흥미롭다. 19세기 후반, 20세기 초 한자문화권의 지식인들이 정태적 효율화와 최적화의 논리를 제공하던 신고전학파보다 폭넓은 문명사적 시야를 제공한 고전학파와 동태적인 역사 발전의 시야를 제공한 역사학파에 더욱 끌린 이유를 단지 경제 지식이 부족한 탓으로만 돌릴 수는 없으며, 그보다는 근대국가의 확립이라는 시대적 과제에 필요한 지식을 경제학에서 구하고자 한 열망 때문이었다.

이상에서 알 수 있듯이, 동아시아에서 political economy 또는 economics의 번역어 고안과 선택은 근대화 과정의 일환이며 국가체제의 구상과 관련이 있었다. 메이지 초기 일본의 정치인들은 경제나 이재라는 용어로 경제체제를 구상하는 정책안을 발표하였다. 관은 번역어의 선택에 개입하였다. 일본에서 경제학이라는 번역어가 최종적으로 선택된 데에는 천황제 국가체제를 뒷받침하는 국가주의와 독일의 발전 모델을 추구하는 정책 지향이 작용하였다. 중국인이 이재, 경제 등의 번역어 후보를 두고 고심하는 데에는 개인주의, 국가주의 등의 이념과 관련이 있으며, 경제가 궁극적으로 선택된 데에는 국가 부강의 열망, 사회주의적 지향 등이 작용하였다. 조선에서 경제라는 용어의 사용은 국가의 근대화와 부강을 도모하는 개화사상의 일환이었다.

신고전학파 경제학은 고전학파 경제학보다 분석 기법을 발전시켰으나, 20세기 전반까지는 고전학파가 관심을 가진 역사 · 제도 · 정치 · 윤리 등을 분석 대상으로부터 배제하였다. 20세기 후반 주류 경제학은 역사 분석의 성장사학 · 신경제사, 제도 분석의 신제도학파, 정치영역을 고려하는 정치경제학 등의 성립을 통해 연구영역을 확장하여 왔다. 나아가 오늘날의 경제학은 국방, 교육, 가정문제 등 희소성에 따른 합리적 선택에 관련되는 일상적인 인간사를 다루게 되었다. 이러한 결과로 보면 20세기 전반 이전 신고전학파의 좁은 연구영역에 친화성을 갖는 이재학보다는 고전학파의 political economy의 도입을 통해 도출된 경제학이라는 번역이 더욱 적절한지도 모른다.

저자가 20세기 후반 경제학의 발전을 목격하지 못한 상태에서 economics에 가장 가까운 한자어를 선정하는 위치에 있었다면 이재학을 선택하겠다. 그러나 20세기 후반 경제학의 영역 확장을 목도한 지금에는 경제학보다 더 나은 한자어가 머리에 떠오르지 않는다. 어원이 상통한 점에서 선정되었지만, '오식誤植'이라는 평가가 나올 정도로 영어의 뜻에 부합하지 않았지만(馮天瑜 2004 : 573), 오늘날 결과로 보면 좋았다. 이것은 헤겔의 이른바 '이성의 간지奸智'가 작용한 까닭인가?

Part 5~6의 결론

동아시아 번역어의 개념사를 다룬 Part 5와 이슬람세계 · 인도의 번역사를 다룬 Part 6의 결론을 정리하고 그 의미를 고찰해 본다. 경제학이 political economy의 번역어로 채택되도록 지원한, 한자어 경제의 개념 진화에 관한 논의를 정리해 보자. 첫째, 한자어 경제가 물질생활에 관한 내용의 비중을 점차 늘려 economy의 개념에 접근하여 갔다. 둘째, 경제학이라는 용어가 나왔고, 그 분야는 고전학파의 political economy의 내용에 접근하여 갔다. 셋째, 한자어 경제는 원래 국가관리를 의미하였지만 가정관리라는 의미로도 사용되기에 이르렀다. 국가관리에서는 정치문제가, 가정관리에서는 경제문제가 중요하기 마련이다. 그래서 국가뿐만 아니라 가정의 관리도 경제의 일환으로 보는 것은 한자어 경제가 economy의 개념에 접근하는 것이었다. 물론 당시 경제의 담론이 경제법칙을 논하는 데에 이르지는 못하였다.

흥미롭게도 한자문화권과 인도에서 채택된 political economy의 번역의 어원은 근대경제학이 성립하기 이전 political economy의 의미와 상통한다. 기원전 4세기 전반 그리스의 크세노폰은 가정관리론의 저서인 『오이코노미코스』를 출간하였고 그후 헬레니즘시대인 기원전 2세기 말 politike oikonomia라는 용어가 나타났다. 그 반면 경제는 원래 국가관리에 직결되는 용어인데, 후에는 가정관리를 의미하는 산림경제나 임원林園경제라는 용어로 확장되었다. 인도에서는 국가관리에 관한 『아르타샤스트라*Arthashastra*』라는 저서가 출현하여 그 저서명이 오늘날 힌두어 번역어가 되었다. 유라시아대륙의 넓은 지역에 걸쳐 경제학은 가정 · 국가관리사상으로부터 발전하여 왔던 것이다. 이슬람권에서 채택된 번역어 이크티쇼드iqtiṣād의 어원은 economy의 절약이라는 의미와 통한다. 절약은 가정과 국가의 관리원칙이라고 할 수 있다. 기본적으로 정치론이었던 경제의 담론이 근세 조선 · 중국 · 일본 세 국가 모두에서 물질적 욕구의 충족을 더욱 중시하게 된 개념의 진화는 경제학이 political economy의 번역어로 선택된 데에는 한몫을 하였다. 아랍어 이크티쇼드도 진화하여 마침내 economy의 번역어로 선택되었다.

카를 야스퍼스Karl Jaspers가 명명한 기축시대Axial Age의 후반부에 지중해세계에서는 『오이코노미코스』라는 저서와 politike oikonomia라는 용어가, 인도에서는 『아르타샤스트라』라는 저서가 처음 만들어졌다. 중국에서도 기원전에 political economy의 번역어 후보인 이재, 식화, 이용후생 및 안민 · 부국이 모두 출현하였다. 경제라는 표현은 기원후에 나타났지만, 기원전에 경세 · 제민 및 경제經制라는 용어는 있었다.

이슬람문화권에서 economy의 번역어인 이크티쇼드는 뒤늦게 성립하였지만, 이 지역에는 고대 그리스문명의 성립을 자극한 메소포타미아문명과 이집트문명이 있어서 국가체제를 가장 먼저 발달시켰다. 크세노폰의 『오이코노미코스』는 메소포타미아문명을 계승한 페르시아의 국가관리술의 영향을 받았다. 페르시아에서는 국가관리술을 종합적으로 표현하는 개념이 있었는지 알 수 없으나, 그런 내용은 있었고 그 중심은 농사술과 전쟁술이었다.

기축시대에 청동기, 이어서 철기의 사용으로 농경사회가 확립되고 문명이 성립하고 고대국가가 출현하였는데, 이러한 기술적 · 제도적 발전은 개념의 시대를 열었다. 고대국가체제의 발전은 경제학 개념의 어원인 국가관리라는 용어가 출현하는 배경을 이루었던 것이다. 이 기축시대에 경제학의 초보적 발전이 있었던 배경으로는 상공업, 시장, 금융을 중심으로 하는 경제의 발전을 들 수 있다.

중국의 춘추전국시대에 국가관리의 담론이 활발하고 국가체제의 발전이 괄목할 만하여 political economy의 적지 않은 번역어 후보가 출현하였다. 국가관리의 효율화는 이재에 표현되어 있다. 국가관리의 철학으로서 유학이 출현하였고, 경제는 유학의 이상이 되었다. 안민과 부국과 이용후생도 유가가 생각하는 국가경제정책의 기본 목표들이다. 식화食貨라는 용어는 이 시기에 경제를 독자적으로 파악하는 관념이 성립하였음을 보여 준다. 오늘날 경제와 경제학 개념은 시장경제체제의 성립이라는 근대적 변혁을 배경으로 성립하였다면, 그 어원은 고대국가의 발전을 배경으로 한 것이다. 국가체제의 발달이 늦은 반면 가족이 특히 중요한 의의를 가진 아랍 유목사회에서는 가정관리원칙이라고 할 절약을 의미하는 이크티솨드가 economy의 번역어가 되었다.

이처럼 political economy와 그 번역어만 보더라도 야스퍼스의 기축시대는 개념들의 원형이 형성된 시기였다.[183] 그렇게 성립한 개념들은 코젤렉이 명명한 1750～1850년 '문턱의 시대'에 유럽에서 근본적인 변화를 겪어 근대세계와 그 이전을 나누는 단절이 발생하였다. 이것은 개념사에서 제2차 기축시대라 할 수 있으며, 그 변혁

183 코젤렉 등이 편찬한 『역사적 기본 개념 : 독일 정치 · 사회 언어 역사사전』 등을 보면, 기축시대에 문화 · 문명 · 국가 · 법 등 중요한 개념이 형성되고 있었고 중국에도 그에 상응하는 한자어가 있었다. 기축시대의 개념사적 의의에 관해 더욱 깊이 있는 연구가 필요하다.

은 다른 대륙에 파급되었다. 오늘날 경제학 등 사회과학에서 사용하는 개념들은 다수가 이 제2차 기축시대에 다시 또는 새롭게 탄생한 것이었다. 제1차 기축시대의 개념은 선험적이었다면, 제2차 기축시대를 선도한 개념들은 분석적이었다. 코젤렉의 문턱의 시대라는 용어보다 제2차 기축시대가 기원전 기축시대와 관련지으면서 개념사의 혁명적 변화를 표시하는 데에 더 큰 이점을 갖지 않을까 생각된다.

오늘날 경제학과 경제의 개념을 성립시킨 시장경제체제의 형성, 과학혁명, 그리고 개인주의와 계약국가와 사회의 성립이라는 조건은 16~18세기 걸친 유럽의 근세early modern에 조성되었다. 인류사의 2대 경제적 변혁은 농경 · 목축의 성립으로 인한 농경사회의 성립과 산업혁명으로 인한 근대 자본주의사회의 성립이라고 하겠는데, 제1차 변혁인 농업혁명이 완료되는 과정에서 개념사의 제1차 기축시대가 성립하였다면, 제2차 변혁인 산업혁명을 포함한 근대적 전환이 이루어지면서 개념사의 제2차 기축시대가 열린 것이다.

제1차 기축시대에 성립한 개념은 근세 유럽에서 먼저 근본적인 변혁을 겪었다. 유럽이 근대경제학을 확립한 18세기 아시아에서는 아직 과학혁명이 일어나지 않았고 자유로운 개인과 계약사회라는 관념이 성립하지 않았기 때문에, 과학적 경제 분석의 학문체계가 성립할 수 없었고 그에 입각한 경제와 경제학의 개념이 나오지 못하였다. 전근대에는 문명권마다 독자적 개념체계가 존재하였던 반면, 유럽에서 성립한 근대적 개념은 전 세계에 통용되기에 이르렀다. 그래서 한자문화권에도 경제학의 흡수와 그 개념의 번역이라는 과제가 대두하였던 것이다.

한자문화권에서는 political economy, economy 및 economics의 번역어로 다양한 후보가 등장하여 그 번역어 확정을 둘러싼 활발한 모색이 있었다. 그런데 이슬람문화권과 인도문화권은 동아시아보다 유럽과 일찍 폭넓게 접촉하였음에도 불구하고 경제학의 도입이나 번역어의 성립에서 일본보다 늦었다. 그리고 이 지역들에서는 일본과 중국에서처럼 번역어의 치열한 모색도 없었다. 한자문화권은 번역어의 풍부한 후보를 제공하였는데, 이슬람문화권과 인도문화권은 그 정도에 미치지 못하였다. 중국에서 정치와 경제가 발전하는 가운데 경제담론이 특히 활발하였던 것이 한 요인일 것이다. 그리고 표의문자表意文字라는 한자의 특성도 작용하였을 것이다.

1902년 량치차오가 『신민총보新民叢報』의 창간호에서 political economy의 새로운 번역어인 '정술이재학政術理財學'을 제시한 데에 대해, 도쿄애독생東京愛讀生은 『신민총보』 제3호에서 불만을 표시하면서 수천 년 문명국인 중국이 수많은 고문헌 가운데 인류사회의 필수적 학문인 political economy에 상응하는 번역어 하나를 어찌 찾지 못하겠는가라고 반문하였다. 그런데 량치차오 등 중국 석학들은 political economy의 개념에 잘 들어맞는 만족할 만한 번역어를 찾지 못하였다. 저자는 애덤 스미스의 political economy 정의에 가까운 한자어는 안민부국, 앨프리드 마셜의 economics 정의에 가까운 한자어는 이용후생, 그리고 희소한 자원의 합리적 관리라는 라이어넬 로빈스의 정의에 가까운 한자어는 이재라고 본다. 경제학은 전문 과학으로서 발전하여 가면서 그 정의가 변하였는데, 유럽 중상주의의 초기 단계를 벗어나지 못한 동아시아에서 애덤 스미스 이후의 경제학 개념에 가까운 한자어들이, 그것도 기원전에 출현한 사실은 흥미롭다. 로빈스의 정의는 1932년에 나오고 량치차오가 마셜의 정의를 충분히 음미하지는 못하였던 것은 번역어로서 이재와 이용후생에게는 불리하게 작용하였다. 그리고 안민부국과 이용후생은 네 글자라는 한계를 가진다.

애덤 스미스 이후의 경제학 개념에 가까운 한자어는 있었다 하나 개념의 분석적 내용에서는 큰 격차가 있었다. 애덤 스미스의 개념은 1인당 노동생산성의 상승에 의한 1인당 소비 수준의 향상이라는 국부의 내용을 담았는데, 안민부국은 그러한 내용을 담지 못하였다. 그리고 이용후생이라는 한자어가 초보적인 내용을 담은 데에 불과하여 마셜의 분석적 논리에 상응하는 이용후생론은 성립하지 않았다.

이처럼 동서양 간 개념 발달 수준이 가볍지 않은 격차를 가졌으나, 한자문화권에서 경제학 관련 용어가 풍성하였던 것은 근대 개념을 소화하여 번역어를 신속히 내놓고 사회적으로 확산시킬 수 있는 문화 역량이라고 할 수 있다. 우리는 이러한 양면성을 인식할 필요가 있다.

Part 7의 결론

개념사의 제1차 기축시대인 고대에 그리스, 인도, 중국 모두에서 체계적인 경제사상이 성립하고 초보적 수준의 경제학이 나타났다. 이 시대에 크세노폰의 『오이코노미코스』와 『세입론』, 아리스토텔레스의 『정치학』과 『니코마코스 윤리학』, 『관자』, 그리고 『아르타샤스트라』라는 수준 높은 경제사상의 저술들이 동시에 출현하였다.

제2차 기축시대 내지 문턱의 시대에 유럽에서만 근대경제학이 확립되었다. 개념의 발전과 학문의 발전은 궤도를 같이한다. 어떻게 유럽이 근대경제학을 먼저 확립하였던가는 Part 7의 중심적 물음이다.

근대경제학의 성립은 시장 등 경제의 발전을 반영한다. 개념은 경제학 수준에 대응하고, 경제의 성격에 영향을 받는다. 호혜와 재분배가 배분체제로서 중요한 역할을 수행하고 그것을 지지하는 이데올로기가 강한 영향력을 행사하는 단계에서는 윤리적 성격이 강한 경제관리사상이 발전하여 경제 분석이 발전하기 어려웠던 반면, 경제적인 자동조절기능을 갖춘 시장경제체제의 성립은 윤리적 제약으로부터 벗어난 경제 분석의 발전, 나아가 근대경제학의 성립을 낳은 것이다.

제1차 기축시대에 경제사상이 발달한 지역에서는 모두 고대적 수준으로는 경제가 발달해 있었다. 유럽 중세의 암흑기에는 학문적으로 볼만한 것이 없었다. 유럽에서는 10세기 중반 이후 경제가 호전되었는데, 그로부터 2세기 정도 지난 후부터 학술이 뚜렷이 발전하였다. 12세기 이후 경제사상을 포함한 학술 발전이 가장 뚜렷한 서유럽은 경제적으로도 가장 역동적으로 발전한 지역이었다. 유럽 근세에 가장 부유한 영국은 중상주의 경제학이 가장 수준 높은 발전을 이루고 세계에서 처음으로 산업혁명을 개시하던 무렵 『국부론』을 배출하였다.

그런데 경제 발전이 경제학술 발전의 유일한 요인일 수는 없고 경제 발전이 경제학술 수준을 기계적인 방식으로 결정하지는 않는다. 예컨대 중국은 한漢 대부터 19세기 중엽 문호개방 때까지 경제가 완만하나마 성장하는 추세였는데, 경제학술이 그에 상응하여 발전하였다고 말하기 어렵다. 고대 그리스와 전국시대 중국이 경제적으로는 대등한 수준이었으나, 중국에서는 피타고라스정리와 같은 것도 플라톤이나 아리스토텔레스 수준의 학자도 나오지 못했다. 18세기 전반 유럽과 중국 사이에 대분기가 아직 일어나지 않았다는 학설도 나올 정도이나, 서유럽에서 중농주의 · 고전학파 경제학이 성립한 18세기 중엽 동아시아 세 국가에는 초보적인 중상주의사상이 출현하는 데에 그쳤다. 요컨대 경제 발전 수준을 통제하고 보더라도 고대에는 그리스, 근세에는 서유럽이 경제학술에서 다른 지역보다 발전하였다. 그 원인은 무엇일까?

경제 규모나 생산성 수준에 못지않게 경제의 특성이 경제학술에 영향을 미친 것으로 보인다. 전국시대부터 국가체제가 발달하여 국가재분배가 강력한 영향력을 행사한 중국에서는 국가경제관리에 관한 담론이 활발하고 초보적인 경제 분석의 싹이 나타났지만, 그 후 19세기 중반의 문호개방에 이르는 2천 년간 『관자』를 능가하는 경제 분석의 진전은 없었다. 고대 그리스에서는 폴리스라는 국가공동체가 존재하였지만 중국에 비해 관료제와 국가재정제도가 정비되지 않아 시장의 주도력이 강하였다. 그리스에서는 정치의 주체인 시민층의 사경제에 대한 담론이 발달하여 크세노폰의 가정관리론인 『오이코노미코스』가 나왔다. 유럽 중세 봉건사회에서 국가재분배의 주도력이 강할 수 없던 반면 시장의 영향력은 강하였다. 10세기 후반부터 유럽에서는 도시의 성장이 현저하고 자치도시가 출현하는 가운데 시장은 정치적 속박에서 벗어나 뚜렷이 성장할 수 있었다. 이러한 역사적 전제 위에서 국민국가가 출현하는 가운데 중상주의사상이 성립하여 발전하였던 것이다. 이런 사례들로 보건대 시장의 주도력이 강한 정치공동체라는 역사적인 조건이 경제 분석의 출현과 발달에 유리하게 작용한 것으로 보인다. 정치공동체의 존재는 국가관리를 위한 경제담론의 활성화를 낳고 시장경제는 경제 분석을 자극했기 때문으로 판단된다. 그리고 경제 중에서 시장의 발전이 경제학술의 발전을 낳은 특히 중요한 요인이었다. 근대경제학이 성립한 유럽의 근세에는, 국민국가라는 발전된 국가체제가 성립하고 인류사 최초로 시장의 역동적인 발전에 따른 시장사회가 형성되었다. 세계시장이 형성되면서 무역이 유례없이 발전하였으며, 이러한 무역 활동과 국가의 자금 조달을 위한 금융시장이 발달하였다. 그래서 시장의 주도력이 강한 정치공동체라는 역사적인 조건이 잘 갖추어졌다. 그에 힘입어 무역, 화폐 등의 영역에서 경제 분석이 성립하였다. 그에 반해 무역을 외교에 종속시키는 조공체제를 유지한 중국과 그것에 편입된 조선에서는 무역이론이 나오기 곤란하였다.

유럽에서 근대경제학이 성립한 데에는 경제 · 정치 발전뿐만 아니라 학술문화의 강점이 작용하였다. 유럽 학술문화의 일차적 강점은 그리스 학술을 잘 계승 · 발전한 데에 있다. 제1차 기축시대에 고대 그리스의 경제학술이 중국 및 인도와 대등한 수준이라고 하지만, 아시아는 유럽 근대문명의 충격을 받기 전에는 아리스토텔레스 같은 사회과학자나 유클리드 같은 수학자를 배출하지 못하였다. 고대세계에 그리스가 가장 탁월한 학문을 성취할 수 있던 요인은 무엇인가? 그리스인은 학술적으로 의미 있는 근본적인 질문을 던졌고, 그 문제를 사유할 수 있는 탁월한 방법론을 개발하고 활용하여 그 질문에 유효한 답을 구했다. 그리스인이 지식의 수준을 높이기 위해 각별히 노력하는 가운데 아리스토텔레스에 이르러 에피스테메epistēmē는 원리와 인과관계를 탐구하고 귀납과 연역을 통해 증명할 수 있는 이론적 지식이라는 개념으로 확립되었다. 아리스토텔레스는 공리, 정의, 가설 등 이론적 학문을 구성하는 개념들을 제시하였을 뿐만 아니라 연역적 논증의 방법으로서 삼단논법을 고안하였다. 이처럼 그리스에서는 과학적 사유가 성립하여 경제학술 등에도 영향을 미쳤다. 중세 유럽의 암흑기에 이슬람세계는 그리스 학문을 흡수하였지만, 인문 · 사회철학에서 그 수준을 새로운 차원으로 발전시키지는 못하였다. 그 반면 12세기 이후 이슬람세계를 통해 그리스 학문을 학습한 서유럽은 근세에 그 수준을 뛰어넘어 먼저 과학혁명을 수행하고 근대경제학을 확립하였다.

나아가 유럽은 르네상스, 종교개혁, 과학혁명, 그리고 계몽주의 시대를 거쳤는데, 다른 지역은 이 정도로 근대적 전환에 유리한 문화적 변혁을 경험하지 못하였다. 근대경제학의 성립에 필요한 문화로 경제합리주의와 과학적 사유를 들 수 있다. 아시아의 선진 지역에서도 도시화와 시장 성장과 더불어 경제합리주의가 성장하는 추세였지만, 종교개혁과 같은 변혁을 갖지 못해 경제합리주의가 이슬람교, 힌두교 및 유교의 제약으로부터 근본적으로 벗어날 수는 없었다. 종교가 인류사 초기에 경제사상의 발달을 낳았지만, 경제 분석이 발전하기 위해서는 이성과 경제합리주의가 종교윤리의 속박에서 벗어나야 했던 것이다. 그리고 유교문화권에서 성리학, 경세치용학, 고증학, 실학 등의 대두에서 나타나듯이 학술 발전이 있었지만, 과학혁명에 상응하는 사유의 발전은 없었다. 중국은 16세기 말부터 르네상스 수준의 유럽 학술을 받아들였으나, 문호개방 이전까지 그것을 더 높은 차원으로 발전시키지 못하였다. 뒤늦게 유럽 학술을 수용한 일본이 그에 대해 중국보다 높은 이해 수준에 도달하였다.

정치체제는 경제체제에 대한 규정력을 통하여 경제학술에 영향을 미칠 뿐만 아니라 학술문화 전반에 영향을 미친다. 춘추전국시대 중국에서 경제사상을 포함한 사상 전반이 다원적이고 창의적으로 발전한 데에는 국가 간 경쟁체제가 작용하였다. 진秦이라는 통일제국이 성립한 이후에는 백가쟁명의 시대가 끝나고 사상의 통일이 도모되었는데, 장구한 통일제국기에 학문의 발달은 미약하였다. 고대 그리스에서도 도시국가 간 경쟁체제가 성립하였다. 그뿐만 아니라 아테네에서는 자유시민이 참여하는 정치공동체로서 도시국가가 성립하였다. 인구가 많지 않던 아테네의 폴리스에서의 경이로운 학술 발전은 민주정 아래 시민의 자유로운 사유와 개방적인 토의가 학술 발전에 얼마나 중요한지를 잘 보여 준다. 그후 그리스와 같은 정치 환경은 중세 이후 유럽에서 나타났다. 봉건사회에서 군주와 영주의 정치력이 약한 공간에서 자치도시가 출현하였고 그 속에서 시민은 자유를 누릴 수 있었다. 근세 국민국가는 정치 논의의 장인 의회를 가졌다. 유럽의 정치적 · 사회적 다원성은 개인이 종교의 속박뿐만 아니라 국가의 권리 침해로부터 벗어날 수 있는 환경을 제공하였다. 고대 그리스 · 로마에서 출현한 개인주의와 자유주의는 유럽 중세에 부활하고 중세 후기와 근세에 성숙해져 근대경제학의 이념적 토대를 이루었다. 그 반면 아시아의 전제군주제 아래에서는 개인주의와 자유주의의 전통이 성립할 수 없었다. 그래서 유럽에서는 이슬람권이나 동아시아보다 한층 개방적인 토의와 자유로운 사유가 가능하였다. 이처럼 경쟁성과 다원성을 가진 정치체제 아래 개방적이고 자유로운 담론이 이루어지는 가운데 재산권 관념과 계약국가론이 거론될 수 있었다. 그러한 가운데 경제 분석이 발전하고 근대경제학이 성립하였던 것이다. 고대 그리스와 근세 유럽에서 경제 분석이 발전한 사실은 근대경제학이 민주주의의 산물임을 보여 주는 것으로 생각된다.

대외 교류 내지 국제 교류도 경제학술 발전에 중요한 역할을 하였다. 춘추전국시대에 학술 발전을 낳은 요인인 국가 간 경쟁체제는 넓게 보면 국제 교류의 범주에 포함할 수 있다. 지식인들이 각국을 돌아다니며 자신의 사상을 펼쳐 지식세계의 자극이 활발하였다. 중국은 전국시대에 이미 높은 수준의 문명을 달성하였음에도 불구하고 그후 학술 발전이 미약했는데, 그 중요한 이유는 내부적으로 정치적 통일을 이루어 학술의 다원적 발전이 곤란하였던 점 외에 국제 교류가 제한되어 외부적 자극이 미약하였던 점도 있다. 중국은 유럽문명의 충격 이전에 인도의 불교 외에 중대한 문명적 자극을 받지 않았다. 고대에 지중해세계만큼 대외 교류의 자극이 활발하고 해상 교류가 활발하게 이루어진 곳은 없었다. 그리스는 많은 나라와 교류하였으며, 그런 가운데 이집트와 페르시아라는 선진문명의 자극을 받았다. 페니키아의 알파벳을 도입하여 호메로스의 시가 쓰였다(Amemiya 2007 : 6). 아리스토텔레스는 1백 개가 넘는 정치 단위의 다양한 체제를 알아 최선의 정치질서를 탐구할 수 있었다. 중국 주변에도 여러 나라가 있었지만, 중세 이전에 중국에 대등한 수준에 도달한 나라는 없었다. 주변이 모두 중국의 영향을 받아 문명을 발전시켜 지중해세계에 비해 문화적 동질성이 컸다. 그래서 중국에 대한 국제 교류의 자극은 그리스보다 매우 약하였다. 중세부터 유럽 내 국제 교류가 활성화되어 경제적 · 문화적 발전에 이바지하였고, 서유럽보다 고대 그리스와 중동과 중국의 외부 문명을 잘 배운 곳은 없다.

이제 어떤 조건이 18세기 유럽에서 근대경제학을 성립시켰던가를 설명해 보자. 정치적 · 사회적 다원성에 힘입어 국가권력과 종교의 속박에서 벗어나 자유롭게 지식을 탐구할 수 있었던 점, 그리고 대외 내지 국제 교류가 활발하고 외부의 자극에 개방적인 환경과 문화를 갖고 있었던 점을 학문 발전의 핵심 요인으로 꼽을 수 있다. 고대 그리스는 대내적으로 정치체제가 분열된 가운데 시민이 정치 주체가 되는 공동체인 민주정의 출현, 대외적으로 지중해세계의 활발한 교류 덕분에 이러한 조건을 갖추어 학문의 거대한 발전을 이루었다. 근세 유럽은 한층 넓은 지역적 범위에서 더욱 포괄적이고 높은 수준으로 그러한 조건을 갖추게 되었다. 지식인의 국가 간 이동이 활성화된 가운데 영국과 네덜란드가 17세기에 민주제도를 마련해 갔으며, 종교개혁 · 계몽주의 등은 자유로운 지식 탐구의 정신을 고양시켰다. 유럽의 국제 교류는 유례없이 활성화되어 개방적이고 적극적으로 아시아문명의 장점을 학습하였다. 이러한 환경과 문화적 요소 외에 그리스 학술을 발전시키는 등 역사적 축적도 고려해야 한다. 문명의 발전과 더불어 학문도 꾸준히 발전하였는데, 과학혁명은 학문의 새로운 도약을 보여 주며 사회과학의 성립을 자극하였다. 그리고 근대경제의 성립을 낳은 요소인 시장 발전, 재산권 등 제도의 발전 및 인적 자본의 축적은 경제학의 발달을 자극하였다.

Part 1에서 설명하였듯이 크세노폰의 『오이코노미코스』로부터 애덤 스미스의 political economy에 이르는 개념의 긴 여정의 배경에는 고대 그리스 · 로마세계에서 시장경제의 초보적 형성, 학술 발전, 개인의 재산권과 계약을 보호하는 법문화의 성립이 있었고, 근세 서유럽에서 종교개혁, 르네상스, 과학혁명, 시장경제체제의 확립, 사회와 계약국가론의 탄생이라는 변혁이 있었다. 근대경제학의 성립은 단순한 학술 발전이 아니라 시장, 제도, 문화 등을 포괄하는 문명 전반의 발전을 전제로 하고 있는 것이다. 경제 발전, 특히 시장 발전이 전제되어야 했다. 애덤 스미스의 경제학은 개인의 재산권과 계약을 보호하는 시장경제체제이자 계약국가를 전제로 하였다. 종교개혁은 이익 추구 동기를 윤리적 속박으로부터 해방하였다. 논리학과 수학의 발전, 그리고 과학혁명은 사회과학의 성립을 위한 전제였다.

아시아는 선진 지역에서도 이러한 조건이 부분적이고 제한적으로 충족되는 데에 그쳤으므로 근대경제학이 성립하기 어려웠다. 18세기 전반 시장 통합도에서는 중국과 일본이 서유럽과 큰 차이가 없었다 하나, 국제무역이나 금융시장의 발전도에서의 격차는 뚜렷하였다. 중국과 조선에서도 개인의 재산권과 계약이 폭넓게 보호되었지만, 로마법처럼 권리 개념이 엄밀하게 정의되지 않았고 계약의 질은 낮았다. 의회가 재산권을 보호하는 일은 유럽에서만 나타났다. 아시아에서는 국가권력으로부터 자립한 공적 영역으로 사회가 성립하기 어려웠다. 아시아에서는 종교개혁과 과학혁명에 필적할 변혁이 없었고 유럽보다 수학과 논리학이 뒤떨어졌다. 그래서 동아시아 세 국가는 문호개방 시점인 19세기 중엽에도 애덤 스미스의 political economy라는 학문체계와 그것에 상응하는 분석적인 개념을 갖지 못하였다.

그래도 유럽 근대문명의 충격을 받기 이전 아시아 각국은 나름의 시장과 제도의 발전, 그리고 학술 발전이 있었으며, 그것이 서구로부터 근대경제학을 얼마나 빠르게 잘 흡수하는가를 결정하는 요소였다. 동아시아가 비교적 근대경제학을 잘 흡수한 것은 이러한 기반을 축적하였기 때문이다. 문호개방 직전 중국과 일본은 경제적 수준이나 문화 역량에서 대등하였고 조선 역시 크게 뒤떨어지지 않았음에도 불구하고 일본이 근대경제학의 흡수와 그 개념의 번역에 단연 앞섰다. 이것은 유럽 학문을 배우는 자세의 차이에 주로 기인하였다. 중국은 유교에 절대적 가치를 부여하고 중화주의에 빠져 유럽문명의 충격에 적극적으로 대응하지 못하였다. 유교사회인 조선도 이런 장벽을 가졌다. 조선은 일본과 마찬가지로 유학을 흡수하여 학문을 발전시켰으나, 일본과 달리 유교도덕에 절대적 가치를 부여하여 경제합리주의가 억제되고 학문의 다원화를 이루지 못하였던 것이다. 그 결과 조선은 서양학문의 수용에서 일본에 크게 뒤떨어졌다. 조선은 중국과 마찬가지로 군주제의 집권적 관료국가인데다가 중국보다 영토가 훨씬 작고 통일성이 컸으므로, 유교가 지배력을 행사하기 유리한 조건을 가졌다. 그 반면 도쿠가와시대 일본은 중앙집권적 봉건제라는 체제를 갖추고 중국적 세계질서에서 이탈하여 학문의 다원화와 유럽 학문의 도입에 유리한 조건을 갖추었다. 중국 · 조선과는 다른 정치체제의 도쿠가와시대 일본에서는 과거제도가 없고 사무라이가 관직을 독점한 결과, 학문에 전념하는 학자의 두터운 층이 형성되었고, 정치적 동기와 무관한 순수학문이 발전할 수 있었다. 일본의 이런 학문 풍토는 조선과 중국에 비해 서양 학문의 도입과 흡수에 유리하게 작용하였다.

| 참고문헌 |

1. 국내 문헌

1) 단행본

김광수(2005), 『애덤 스미스의 학문과 사상』, 서울 : 해남.

김근수(1992), 『한국잡지사연구』, 서울 : 韓國學硏究所.

김남두 편저(1993), 『재산권 사상의 흐름』, 서울 : 天池.

김영식(2013), 『동아시아 과학의 차이 : 서양 과학, 동양 과학, 그리고 한국 과학』, 서울 : 사이언스북스.

김용구(2008), 『한국개념사총서 1 만국공법』, 서울 : 소화.

김율(2010), 『서양 고대 미학사 강의 : 철학사로서의 미학사 이해를 위하여』, 파주 : 한길사.

김필수 · 고대혁 · 장승구 · 신창호 옮김(2006), 『관자 : 世經의 바이블』, 서울 : 소나무.

金泰永(2006), 『朝鮮性理學의 歷史像』, 서울 : 경희대학교 출판국.

김효전(2009), 『한국개념사총서 3 헌법』, 서울 : 소화.

노대환(2010), 『한국개념사총서 6 문명』, 서울 : 소화.

민경국(2014), 『경제사상사 여행』, 서울 : 21세기북스.

민두기(2002), 『시간과의 경쟁 : 동아시아근현대사논집』, 서울 : 연세대학교 출판부.

박기수 · 이경룡 · 하원수 · 김경호 역주(2005), 『중국 고대 사회경제사 : 『史記』 「平準書」 · 「貨殖列傳」, 『漢書』 「食貨志」 譯註』, 서울 : 청어람미디어.

박명규(2009), 『한국개념사총서 4 국민 · 인민 · 시민』, 서울 : 소화.

朴秉濠(1974), 『韓國法制史攷 : 近世의 法과 社會』, 서울 : 法文社.

박상섭(2008), 『한국개념사총서 2 국가 · 주권』, 서울 : 소화.

박성순(2006), 『박제가와 젊은 그들』, 서울 : 고즈윈.

박순성(2003), 『아담 스미스와 자유주의』, 서울 : 풀빛.

朴承鑄 · 朱定均 著, 俞承兼 校閱(1908), 『最新經濟學』, 서울 : 普文社

박원호 · 양종국 · 노기식 · 김성한 · 이석현 · 권인용(2008), 『명사식화지 역주』, 서울 : 소명출판.
實是學舍 고전문학연구회 편(2006), 『변영만 전집 하 : 薊篁散文集』, 서울 : 성균관대학교 대동문화연구원.
양동휴(2014), 『유럽의 발흥』, 서울 : 서울대학교 출판문화원.
俞東濬(1987), 『俞吉濬傳』, 서울 : 一潮閣.
유봉학(1995), 『燕巖一派 北學思想 硏究』, 서울 : 一志社.
俞承廉(1910), 『最新經濟學教科書』, 서울 : 漢城唯一書館.
李基俊(1985 / 1997), 『韓末 西歐 經濟學 導入史硏究』, 서울 : 一潮閣.
이종철(2008), 『중국 불경의 탄생 : 인도 불경의 번역과 두 문화의 만남』, 파주 : 창비.
이한섭(2014), 『일본에서 온 우리말 사전』, 서울 : 고려대학교 출판부.
이헌창(2011), 『조선시대 최고의 경제발전안을 제시한 박제가』, 서울 : 민속원.
정수일(2002/2006), 『이슬람문명』, 서울 : 창작과비평사.
조길태(2000), 『인도사』(제2판), 서울 : 민음사.
許東賢 編(2000a), 『朝士視察團關係資料集 13』, 서울 : 國學資料院.
許東賢 編(2000b), 『朝士視察團關係資料集 14』, 서울 : 國學資料院.
玄勝鍾 · 曺圭昌(1996 / 2004), 『로마法』, 서울 : 法文社.

2) 논문

길진숙(2004), 「『독립신문』 · 『매일신문』에 수용된 '문명 / 야만' 담론의 의미 층위」, 『근대계몽기 지식 개념의 수용과 그 변용』, 이화여자대학교 한국문화연구원, pp.59～95.
김동택(2004), 「『독립신문』의 근대 국가 건설론」, 『社會科學硏究』 제12권 제2호, pp.68～97.
노희천(2008), 「아리스토텔레스의 『분석론 후서』에 나타난 지식episteme의 문제」, 『범한철학』 제51집, pp.171～192.
미야지마 히로시(2012), 「후쿠자와 유키치福澤諭吉의 유교인식」, 『韓國實學硏究』 제23호, pp.381～417.
박종민(2009), 「행정학은 과학인가 기술인가?」, 『한국행정학보』 제43권 제4호,

pp.1～18.
박주원(2000), 「마르크스의 자유주의 비판에 대한 연구 : '생산'패러다임과 '정치'이념의 종합을 위하여」, 이화여자대학교 박사학위논문.
박주원(2004), 「『독립신문』과 근대적 '개인', '사회' 개념의 탄생」, 『근대계몽기 지식 개념의 수용과 그 변용』, 이화여자대학교 한국문화연구원, pp.127～165.
朴慧眞(2014), 「『독립신문』에 나타난 일본어 어휘 연구」, 고려대학교 문학 박사학위논문.
손열(2009), 「근대한국의 경제 개념」, 하영선 · 최정운 · 신욱희 · 김영호 · 장인성 · 강동국 · 김용직 · 손열 · 김석근 · 이헌미, 『근대한국의 사회과학 개념 형성사』, 파주 : 창비, pp.320～344.
安秉直(1982), 「舊韓末經濟學敎育과 經濟學敎科書에 관한 硏究」, 『韓國敎育史硏究의 새 方向』, 集文堂, pp.400～439.
安秉直(1990), 「茶山의 農業經營論」, 벽사이우성교수 정년퇴직기념 논총간행위원회, 『民族史의 展開와 그 文化 하』, 서울 : 창작과비평사, pp.378～412.
양일모(2011), 「한국 개념사 연구의 모색과 논점」, 『개념과 소통』 제8호, pp.5～38.
尹絲淳(1995), 「實學 意味의 變異」, 『민족문화연구』 제28집, 고려대학교 민족문화연구소.
李基俊(1987), 「韓末의 西歐經濟學導入과 日帝下의 經濟學」, 『經濟論集』 제26권 제4호, pp.433～465.
李成九(1989/1992), 「春秋戰國時代의 國家와 社會」, 서울대학교 동양사학연구실 편, 『講座 中國史 I 古代文明과 帝國의 成立』, 서울 : 지식산업사, pp.89～155.
李守龍(1988), 「漢城旬報에 나타난 開化 · 富强論과 그 性格」, 孫寶基博士停年紀念 韓國史學論叢刊行委員會, 『孫寶基博士停年紀念 韓國史學論叢』, 서울 : 지식산업사, pp.725～754.
李承煥(1993), 「결과주의와 동기주의의 대결 : 陳亮과 朱熹와 왕패논쟁」, 『東洋哲學』 제4집, pp.129～163.

이한섭(2012), 「근대어 성립에서 번역어의 역할 : 일본의 사례」, 『새국어생활』 제22권 제1호, pp.23～35.
이헌창(1999a), 「磻溪 柳馨遠의 經濟思想에 관한 연구」, 『朝鮮時代史學報』 제10집, pp.61～96.
이헌창(1999b), 「朝鮮後期社會와 日本近世社會의 商品流通의 比較研究」, 『財政政策論集』 創刊號, pp.57～87.
이헌창(2000), 「河西 金麟厚의 經濟思想」, 『河西 金麟厚의 思想과 文學 제2집』, 서울 : 재단법인 河西紀念會, pp.461～503.
이헌창(2003), 「조선 중 · 후기 실학자의 해로무역육성론海路貿易育成論」, 『조선시대의 사상과 문화』, 서울 : 집문당, pp.227～265.
이헌창(2004), 「개화사상의 대외 인식과 그 대응」, 『泰東古典研究』 제20집, pp.47～123.
이헌창(2005), 「보성전문학교 시절의 경제학술활동」, 김균 · 이헌창 · 박찬승 · 이덕재 · 이제민 · 홍기현 · 민경국 · 안병직, 『한국 경제학의 발달과 고려대학교』, 서울 : 고려대학교 출판부, pp.29～102.
이헌창(2006), 「朴齊家 경제사상의 구조와 성격(II)」, 『韓國實學研究』 제11호, pp.183～215.
이헌창(2007a), 「김육의 경제사상과 경제업적」, 박병련 · 곽진 · 이헌창 · 이영춘, 『잠곡潛谷 김육金堉 연구』, 파주 : 태학사, pp.133～264.
이헌창(2007b), 「18세기 황윤석가의 경제생활」, 강신항 · 이종묵 · 권오영 · 정순우 · 정만조 · 이헌창 · 정성희 · 강관식, 『이재난고로 보는 조선 지식인의 생활사』, 성남 : 한국학중앙연구원, pp.339～450.
이헌창(2008), 「서애 류성룡의 경제정책론」, 이성무 · 이태진 · 정만조 · 이헌창 · 권오영 · 송재소 · 오종록 · 한명기 · 스가와 히데노리, 『류성룡의 학술과 경륜』, 파주 : 태학사, pp.107～182.
이헌창(2009), 「『林園經濟志』의 경제학」, 『震檀學報』 제108호, pp.43～80.
이헌창(2010a), 「조선시대를 바라보는 제3의 시각」, 『韓國史研究』 제148호, pp.115～167.
이헌창(2010b), 「1910년 조선 植民地化의 내적 원인」, 『朝鮮時代史學報』 제55집, pp.261～307.

이헌창(2012), 「경제사의 과학적 인식과 그 한계」, 한국학술원, 『학문연구의 동향과 쟁점 1 경제학 · 경영학』, 서울 : 대한민국학술원, pp.232~273.
이헌창(2013a), 「근대경제성장의 기반형성기로서 18세기 조선의 성취와 그 한계」, 역사학회 편, 『정조와 18세기』, 서울 : 푸른역사, pp.134~178.
이헌창(2013b), 「楚亭의 利用厚生思想과 富國論」, 안대회 · 이헌창 · 한영규 · 김현영 · 미야지마 히로시, 『초정 박제가 연구』, 서울 : 사람의무늬.
이헌창(2014), 「조선시대 재산권 · 계약제도에 관한 試論」, 『경제사학』 제56호, pp.3~53.
이헌창(2015), 「조선시대 耕地所有權의 성장」, 『경제사학』 제58호, pp.3~52.
錢東炫(2004), 「大韓帝國時期 中國 梁啓超를 통한 近代的 民權槪念의 수용 : 韓國言論의 "新民"과 "愛國" 이해」, 『中國近現代史硏究』 제21집, pp.121~153.
趙璣濬(1986), 「韓國 經濟學의 始源에 관한 硏究」, 보성전문학교의 법학 경상학교육과 한국의 근대화 연구위원회, 『近代西歐學問의 受容과 普專』, 서울 : 고려대학교 출판부, pp.287~339.
趙東元(1979), 「葉適의 思想에 대하여 : 蘇學과의 關聯性을 중심으로」, 『東洋史學硏究』 제14호.
曺秉漢(1992), 「淸代 後期 經世思想과 洋務論의 形成」, 서울대학교 문학 박사학위논문.
胡偉希(2003), 「嚴復과 梁啓超의 國家思想의 變化」, 『東아시아 近代史에서의 西洋思想 受容과 國家建設에 관한 思想史的 比較 硏究』, 韓國 · 東洋政治思想史學會 제2회 국제학술회의 발표문.
홍기현(2011), 「사회 인식과 한국 기업의 경쟁력」, 김광억 · 김병연 · 이재열 · 전재성 · 홍기현 편, 『한국 기업과 사회의 경쟁력』, 서울 : 서울대학교 출판문화원, pp.181~214.

3) 번역서

데이비드 C. 린드버그(2009), 『서양과학의 기원들 : 철학 · 종교 · 제도적 맥락에서 본 유럽의 과학전통, BC 600~AD 1450』, 이종흡 옮김, 파주 : 나남〔Lindberg, David. C.(1992), *The Beginnings of Western Science : The*

European Scientific Tradition in Philosophical, Religious, and Institutional Context, 600 B.C. to A.D. 1450, Chicago : University of Chicago Press〕.

데이비드 컬랜더 · 리처드 홀트 · 바클리 로서(2011), 『경제학, 최전방의 동향 : 열 명의 이단자와 두 명의 영주 그리고 세 명의 순례자가 진실을 찾아 길을 나선다』, 박만섭 옮김, 서울 : 지식을만드는지식〔Colander, David, Richard P. F. Holt, and John Barkley Rosser(2004), *The Changing Face of Economics : Conversation with Cutting Edge Economists*, London ; New York : University of Michigan Press〕.

디미트리 구타스(2013), 『그리스 사상과 아랍 문명 : 번역운동과 이슬람의 지적 혁신』, 정영목 옮김, 서울 : 글항아리〔Gutas, Dimitri(1998), *Greek Thought, Arabic Culture : The Graeco-Arabic Translation Movement in Baghdad and Early Abbasid Society (2nd-4th/8th-10th Centuries)*, London ; New York : Routledge〕.

라인하르트 코젤렉(1998/2007), 『지나간 미래』, 한철 옮김, 서울 : 문학동네〔Koselleck, Reinhart(1979), *Vergangene Zukunft : Zur Semantik Geschichtlichen Zeiten*, Frankfurt am Main : Suhrkamp〕.

로라 아릴라가 안드레센(2013), 『기부 2.0』, 최성환 · 김치완 · 정하나 · 김종욱 옮김, 서울 : W.미디어〔Arrillaga-Andreessen, Laura(2012), *Giving 2.0 : Transform Your Giving and Our World*, San Francisco : Jossey-Bass〕.

로버트 L. 하일브로너 · 윌리암 밀버그(2010), 『자본주의 어디서 와서 어디로 가는가』, 홍기빈 옮김, 서울 : 미지북스〔Heilbroner, Robert L. and William Milberg(2007), *Making of Economic Society*, 12th ed., Upper Saddle River : Prentice Hall〕.

로이드 E. 이스트만(1999/2003), 『중국사회의 지속과 변화』, 이승휘 옮김, 서울 : 돌베개〔Eastman, Lloyd E.(1988), *Family, Fields, and Ancestors : Constancy and Change in China's Social and Economic History, 1550-1949*, New York : Oxford University Press〕.

리차드 탈러 · 캐스 선스타인(2009), 『넛지 : 똑똑한 선택을 이끄는 힘』, 안진환 옮김, 서울 : 리더스북〔Thaler, Richard H. and Cass R. Sunstein(2008),

Nudge : Improving Decisions about Health, Wealth, and Happiness, New Haven : Yale University Press〕.

마루야마 마사오(1995), 『日本政治思想史硏究』, 김석근 옮김, 서울 : 통나무〔丸山眞男(1983), 『日本政治思想史硏究』, 東京 : 東京大學出版會〕.

마루야마 마사오 · 가토 슈이치(2000), 『번역과 일본의 근대』, 임성모 옮김, 서울 : 이산〔丸山眞男 · 加藤周一 注(1991), 『飜譯と日本の近代』, 東京 : 岩波書店〕.

마이클 샌델(2012), 『돈으로 살 수 없는 것들 : 무엇이 가치를 결정하는가』, 안기순 옮김, 서울 : 미래엔〔Sandel, Michael J.(2012), *What Money Can't Buy : The Moral Limits of Markets*, New York : Farrar, Straus and Giroux〕.

멜빈 릭터(2010), 『정치 · 사회적 개념의 역사 : 비판적 소개』, 송승철 · 김용수 옮김, 서울 : 소화〔Richter, Melvin(1995), *The History of Political and Social Concepts : A Critical Introduction*, New York : Oxford University Press〕.

버나드 루이스(1998/2009), 『중동의 역사』, 이희수 옮김, 서울 : 까치〔Lewis, Bernard(1995), *The Middle East*, London : The Orion〕.

벤저민 슈워츠(2006), 『부와 권력을 찾아서』, 최효선 옮김, 서울 : 한길사〔Schwartz, Benjamin(1964), *In Search of Wealth and Power : Yen Fu and the West*, Cambridge : Harvard University Press〕.

벤저민 엘먼(2004/2008), 『성리학에서 고증학으로』, 양휘웅 옮김, 서울 : 예문서원〔Elman, Benjamin A.(2001), *From Philosophy to Philology : Intellectual and Social Aspects of Change in Late Imperial China*, Cambridge : Harvard University Press〕.

션궈웨이(2012), 『근대중일 어휘교류사 : 신한자어의 생성과 수용』, 이한섭 · 김지연 · 윤재숙 · 이자호 · 정영숙 · 황미정 옮김, 서울 : 고려대학교 출판부〔沈國威(2008), 『近代日中語彙交流史 : 新漢語の生成と受容』(改訂新版), 東京 : 笠間書院〕.

蕭公權(1998), 『中國政治思想史』, 崔明 · 孫文鎬 옮김, 서울 : 서울대학교 출판부.

스티븐 레빗 · 스티븐 더브너(2007/2010), 『괴짜경제학』(개정증보판), 안진환 옮김, 서울 : 웅진지식하우스〔Levitt, Steven D. and Stephen J. Dubner(2005), *Freakonomics : A Rogue Economist Explores the Hidden Side of Everything*, Revised and Expanded Edition, New York : William Morrow〕.

아리스토텔레스(1982/1983), 『政治學 · 詩學』, 羅鍾一 · 千丙熙 옮김, 서울 : 三省出版社〔Aristotle(1963), *The Politics*, Ernest Barker ed. and trans., Oxford : Clarendon Press〕.

아리스토텔레스(2006), 『니코마코스 윤리학』, 이창우 · 김재홍 · 강상진 옮김, 서울 : 이제이북스〔Aristotelis(1894), *Aristotelis Ethica Nichomachea*, Ingram Bywater ed., Oxford : Clarendon Press〕.

아리스토텔레스(2012), 『아리스토텔레스 형이상학 1 · 2』, 조대호 옮김, 서울 : 나남〔Aristotelis(1957), *Metaphysics*, Oxford : Clarendon Press〕.

아미티아 센(1999), 『윤리학과 경제학』, 박순성 · 강신욱 옮김, 서울 : 한울〔Sen, Amartya(1987), *On Ethics and Economics*, New York : Blackwell〕.

아이라 M. 라피두스(2008), 『이슬람의 세계사』, 신연성 옮김, 서울 : 이산〔Lapidus, Ira M.(2002), *A History of Islamic Societies*, Second ed., Cambridge University Press〕.

앙드레 슈미드(2007), 『제국 그 사이의 한국 1895~1919』, 정여울 옮김, 서울 : 휴머니스트〔Schmid, Andre(2002), *Korea between Empires 1895-1919*, Columbia University Press〕.

애덤 스미스(2003), 『국부론 상 · 하』(개역판), 김수행 옮김, 서울 : 비봉출판사〔Smith, Adam(1776), *An Inquiry into the Nature and Causes of the Wealth of Nations*, London : W. Strahan and T. Cadell〕.

애덤 스미스(2009/2014), 『도덕감정론』(개역판), 박세일 · 민경국 옮김, 서울 : 비봉출판사〔Smith, Adam(1759), *The Theory of Moral Sentiments*, Edinburgh : A. Kincaid and J. Bell〕.

앨버트 허쉬먼(1994), 『열정과 이해관계 : 고전적 자본주의의 옹호론』, 김승현 편역, 서울 : 나남출판〔Hirschman, Albert O.(1977), *The Passions and the Interests : Political Arguments for Capitalism before Its Triumph*, Princeton : Princeton University Press〕.

앨버트 후라니(2010), 『아랍인의 역사』, 김정명 · 홍미정 옮김, 서울 : 심산〔Hourani, Albert(1991), *A History of Arab Peoples*, New York : Warner Books〕.

에드워드 윌슨(2000), 『인간 본성에 대하여』, 이한음 옮김, 서울 : 사이언스북스〔Wilson, Edward Osborne(1994), *On Human Nature*, Cambridge : Harvard University Press〕.

오타베 다네히사(2011), 『예술의 역설 : 근대 미학의 성립』, 김일림 옮김, 서울 : 돌베개〔小田部胤(2001), 『藝術の逆說 : 近代美學の成立』, 東京 : 東京大學出版會〕.

와타나베 히로시(2007), 『주자학과 근세 일본사회』, 박홍규 옮김, 서울 : 예문서원〔渡邊浩(1985), 『近世日本社會と宋學』, 東京 : 東京大學出版會〕.

이븐 할둔(2003), 『역사서설』, 김호동 옮김, 서울 : 까치〔Khaldûn, Ibn(1958), *The Muqaddimah An Introduction to History*, F. Rosenthal tran., Princeton : Princeton University Press〕.

자이위중(2010), 『國富策 : 베이징대학의 미래 핵심 프로젝트 서양경제학에 대한 동양경제학의 재정립』, 홍순도 · 홍광훈 옮김, 서울 : 더숲〔翟玉忠(2010), 『國富策 : 中國古典經濟思想及其三十六計』, 北京 : 中國友誼出版公司〕.

조지 세이번 · 토마스 솔슨(1983/2006), 『정치사상사 1』, 성유보 · 차남희 옮김, 서울 : 한길사〔Sabine, George Holland and Thomas Landon Thorson(1973), *A History of Political Theory 1*, 4th ed., New York : Henry Holt〕.

조지프 슘페터(2007), 『경제학의 역사와 방법』, 성낙선 옮김, 오산 : 한신대학교 출판부〔Schumpeter, Joseph A.(1954), *Economic Doctrine and Method : An Historical Sketch*, New York : Oxford University Press〕.

존 길링엄 · 대니 댄지거(2005), 『1215 : 마그나카르타의 해』, 황정하 옮김, 서울 : 생각의나무〔Danny, Danziger and John Gillingham(2003), *1215 : The Year of Magna Carta*, London : Hodder & Stoughton〕.

존 K. 페어뱅크 · 에드윈 O. 라이샤워 · 앨버트 M. 크레이그(1991), 『동양문화사 상』, 김한규 · 전용만 · 윤병만 옮김, 서울 : 을유문화사〔Fairbank, John K., Edwin O. Reischauer, and Albert M. Craig(1990), *East Asia :*

Tradition and Transformation, Revised ed., Boston : Houghton Mifflin].

존 K. 페어뱅크 · 에드윈 O. 라이샤워 · 앨버트 M. 크레이그(1992), 『동양문화사 하』, 김한균 · 전용만 · 윤병만 옮김, 서울 : 을유문화사[Fairbank, John K., Edwin O. Reischauer, and Albert M. Craig(1990), *East Asia : Tradition and Transformation*, Revised ed., Boston : Houghton Mifflin].

진관타오 · 류칭펑(2010a), 『중국 근현대사를 새로 쓰는 관념사란 무엇인가 1 이론과 방법』, 양일모 · 송인재 · 한치은 · 강충기 · 이상돈 옮김, 서울 : 푸른역사[金觀濤 · 劉青峰(2009), 『觀念史研究 : 中國現代重要政治術語的形成』, 北京 : 法律出版社].

진관타오 · 류칭펑(2010b), 『중국 근현대사를 새로 쓰는 관념사란 무엇인가 2 관념의 변천과 용어』, 양일모 · 송인재 · 한치은 · 강충기 · 이상돈 옮김, 서울 : 푸른역사[金觀濤 · 劉青峰(2009), 『觀念史研究 : 中國現代重要政治術語的形成』, 北京 : 法律出版社].

찰스 밴 도렌(2010), 『지식의 역사 : 과거, 현재, 그리고 미래의 모든 지식을 찾아』, 박중서 옮김, 서울 : 갈라파고스[Doren, Charles Van(1992), *A History of Knowledge : Past, Present, and Future*, New York : Ballantine Books].

카를로 M. 치폴라(2013), 『시계와 문명 : 1300~1700년, 유럽의 시계는 역사를 어떻게 바꾸었는가』, 최파일 옮김, 서울 : 미지북스[Cipolla, Carlo Maria(2003), *Clocks and Culture, 1300-1700*, New York : Norton].

칼 폴라니(1981/1983), 『人間의 經濟 I』, 朴賢洙 옮김, 서울 : 풀빛[Polayni, Karl(1977), *The Livelihood of Man*, Harry W. Pearson ed., New York : Academic Press].

크세노폰(2005), 『향연 · 경영론』, 오유석 옮김, 서울 : 작은이야기[Xenophon (1923), *Volume IV : Memorabilia, Oeconomicus, Symposium and Apology*, Loeb Classical Library 168, E. C. Marchant and O. J. Todd trans., Cambridge : Harvard University Press].

페데리코 마시니(2005), 『근대 중국의 언어와 역사 : 중국어 어휘의 형성과 국가어의 발전 : 1840~1898』, 이정재 옮김, 서울 : 소명출판[Masini, Federico (1993), *The Formation of Modern Chinese Lexicon and Its Evolution*

toward a National Language : The Period from 1840 to 1898, Journal of Chinese Linguistics Monograph Series Number 6, Berkeley : Project on Linguistic Analysis, Unversity of California〕.
폴 스트레턴(2002), 『세계를 움직인 경제학자들의 삶과 사상』, 김낙년 · 천병윤 옮김, 서울 : 몸과마음〔Strathein, Paul(2001), *Dr. Strangelove's Game : A Brief History of Economic Genius*, London : Hamish Hamilton〕.
풍우란(馮友蘭)(1989/1996), 『중국철학사』, 정인재 옮김, 서울 : 형설출판사〔Feng, Yu-lan(1948), *A Short History of Chinese Philosophy*, Derk Bodde ed., New York : Macmillan〕.
프랜시스 로빈슨 외(2002), 『사진과 그림으로 보는 케임브리지 이슬람사』, 손주영 외 옮김, 서울 : 시공사〔Robinson, Francis et al.(1994), *The Cambridge Illustrated History of the Islamic World*, New York : Cambridge University Press〕.
한나 아렌트(1996/2006), 『인간의 조건』, 이진우 · 태정우 옮김, 서울 : 한길사〔Arendt, Hannah(1958), *Human Conditions*, Chicago : University of Chicago Press〕.
히구치 요이치(2012), 『한 단어 사전, 인권』, 송석원 옮김, 서울 : 푸른역사〔樋口陽一(1996), 『人權 : 一語の辭典』, 東京 : 三省堂〕.
E. M. 번즈 · R. 러너 · S. 미첨(2007), 『서양 문명의 역사 상』, 박상익 옮김, 서울 : 소나무〔Burns, Edward McNall, Robert E. Lerner, and Standish Meacham(1998), *Western Civilization*, New York : W. W. Norton & Co.〕.
G. E. R. 로이드(1996), 『그리스 과학사상사 : 탈레스에서 아리스토텔레스까지』, 이광래 옮김, 서울 : 지성의샘〔Lloyd, G. E. R.(1970), *Early Greek Science : Thales to Aristotle*, New York : W. W. Norton & Co.〕.
H. 코르방(1997), 『이슬람 철학사』, 김정위 옮김, 서울 : 서광사〔Corbin, Henry(1986), *Historie de la philosophie islamique*, Paris : Gallimard〕.
M. 포사이스 · M. 킨소소퍼(1993), 『서양정치사상 입문』, 부남철 옮김, 서울 : 한울아카데미〔Forsyth, Murray and Maurice Keens-Soper eds.(1988), *A Guide to the Political Classics : Plato to Rousseau*, New York : Oxford University Press〕.

M. I. 핀리(1993), 『서양고대경제』, 지동식 옮김, 서울 : 민음사〔Finley, Moses I.(1975), *The Ancient Economy*, London : Chatto & Windus〕.
R. H. 토니(1983), 『宗教와 資本主義의 發興』, 金鍾哲 옮김, 서울 : 한길사〔Tawney, R. H.(1950), *Religion and the Rise of Capitalism*, Gloucester : Peter Smith Publisher〕.
G. Aleni(2001), 『17세기 조선에 소개된 서구교육 : 『서학범』, 『직방외기』』, 김귀성 옮김, 서울 : 원미사.

4) 번역 논문

멜빈 리히터(2009), 황정아 옮김, 「개념사, 번역, 그리고 상호 문화적 개념 전이」, 박근갑 외, 『개념사의 전망과 지평』, 서울 : 소화, pp.191~229.
조셉 크랍시(2007), 「아담 스미스」, 레오 스트라우스 · 조셉 크랍시 편, 『서양 정치철학사』, 김남국 외 옮김, 서울 : 인간사랑, pp.23~60.

2. 해외 문헌

1) 단행본

加藤博(2005), 『イスラム世界の經濟史』, 東京 : NTT出版.
慶應義塾(1960), 『慶應義塾百年史 中』, 東京 : 慶應義塾.
橋川文三 · 松本三之介(1971), 『近代日本政治思想史 I』, 東京 : 有斐閣.
金井延(1894), 『經濟學』, 東京 : 水間尙志.
大久保利謙 編(1981), 『西周全集 4』, 東京 : 水宗高書房.
大阪女子大學(1991), 『大阪女子大學藏 蘭學英學資料選』.
渡邊實(1977), 『近代日本海外留學生史 上』, 東京 : 講談社.
東京大學百年史編集委員會 編(1987), 『東京大學百年史』, 제3편 經濟學部, 東京 : 東京大學出版會.
賴惟勤 校注(1972), 『日本思想大系 37 徂徠學派』, 東京 : 岩波書店.
木崎喜代治(1978), 『フランス政治經濟學の生成』, 東京 : 未來社.
尾藤正英 · 島崎隆夫 校注(1977), 『日本思想大系 45 安藤昌益 · 佐藤信淵』,

東京：岩波書店.
福澤諭吉(1867),『西洋事情 外篇』, 尙古堂.
本壓榮治郎(1942),『日本經濟思想史硏究』, 日本評論社.
本壓榮治郎(1958),『日本經濟思想史』, 有斐閣.
本壓榮治郎(1966),『日本經濟思想史硏究 上』, 日本評論社.
史官本局 譯述(1876),『理財原論』.
斯波義信 編著(2012),『中國社會經濟史用語解』, 東洋文庫 前近代硏究班.
山井湧(1980),『明淸思想史の硏究』, 東京大學出版會.
杉山忠平(1986/1991),『明治啓蒙期の經濟思想』, 法政大學出版局.
杉原四郎(1972),『西歐經濟學と近代日本』, 未來社.
杉原四郎・逆井孝仁・藤原昭夫・藤井隆至(1990),『日本の經濟思想四百年』, 日本經濟評論社.
小田部胤久(2009),『西洋美學史』, 東京大學出版會.
速水融(1973),『日本における經濟社會の展開』, 慶應通信.
宋本三之介・山室信一 校注(1988/1999),『學問と知識人』, 東京：岩波書店.
神田孝平(1867),『經濟小學』, 紀伊國屋.
鈴木修次(1981),『文明のことば』, 廣島：文化評論出版株式會社.
藏並省自(1990),『海保青陵經濟思想の硏究』, 雄山閣.
專修大學(1981),『專修大學百年史 上』.
中村元(2000),『論理の構造 上』, 青土社.
中村政則・石井寬治・春日豊(1988),『日本近代思想大系 8 經濟構想』, 東京：岩波書店.
塚谷晃弘・藏並省自 校注(1970),『日本思想大系 44 本多利明・海保青陵』, 東京：岩波書店.
八木紀一郎(1999),『近代日本の社會經濟學』, 東京：筑摩書房.
合衆國鮑留雲易 編・平田宗 敬校(1871),『致富新書』(復刻版), 簶箖軒藏.
戸川芳郎・蜂屋邦夫・溝口雄三(1987),『儒敎史』, 山川出版社.
ブラオン(1875),『致富新論譯解 上・中・下』, 中島雄・讚井逸三 譯, 松栢堂.
ジョセーフ・ガルニェー(1878),『理財論』, 中山眞一 譯, 東京：大藏省.
テッサ・モーリスー鈴木(1991),『日本の經濟思想』, 藤井隆至 譯, 東京：岩波書店.

唐慶增(1975),『中國上古經濟思想史』, 臺北 : 古亭書屋.
雷立柏 編(2007),『漢語神學術語辭典』, 宗教文化出版社.
沈國威 編著(2011),『新爾雅』, 上海辭書出版社.
亞丹斯密(1901),『原富』, 嚴復 譯(臺灣商務印書館에서 1977년 복간).
汪榮寶 · 葉瀾 編纂(1903),『新爾雅』, 上海明權社.
張曉 編著(2011),『近代漢譯西學書目提要 : 明末至1919』, 北京大學出版社.
趙靖 主編 · 石世奇 副主編(1993),『中國經濟管理思想史教程』, 北京大學校出版社.
周世輔(1971),『管子經濟政策與民生思想』, 臺北 : 幼獅書店.
鮑留雲易 編(1847),『致富新書』, 香港飛鵝山書院藏板.
馮天瑜(2004),『新語探源 : 中西日文化互洞輿近代漢字術語生成』, 中華書局.
胡寄窓(1962/1983a),『中國經濟思想史 上』, 上海人民出版社.
胡寄窓(1963/1978),『中國經濟思想史 中』, 上海人民出版社.
胡寄窓(1981/1983b),『中國經濟思想史 下』, 上海人民出版社.

Amemiya, Takeshi(2007), *Economy and Economics of Ancient Greece*, London : Routledge.
Aristotle(1969), *Metaphysics, Oeconomica and Megna Moralla*, Cambridge : Harvard University Press.
Becker, Gary S.(1976/1990), *The Economic Approach to Human Behavior*, Chicago : University of Chicago Press.
Braudel, Fernand(1984), *Civilization and Capitalism 15th-18th Century* Vol.III, S. Reynolds trans., New York : Harper & Row.
Chambers, William and Robert Chambers eds.(1852), *Political Economy, for Use in Schools, and for Private Instruction*, Bristol : Thoemmes Press.
Chen, Huan-Chang(1911), *The Economic Principles of Confucius and His School* 1, New York : Columbia University Press.
Crosby, Alfred W.(1997), *The Measure of Reality : Quantification and Western Society, 1250-1600*, New York : Cambridge University Press〔앨프리드 W. 크로스비(2005),『수량화혁명 : 유럽의 패권을 가져온 세계관의 탄생』,

김병화 옮김, 서울 : 심산].

Davies, Glyn(1994/2002), *A History of Money : From Ancient Times to the Present Day*, Cardiff : University of Wales Press.

Ermiş, Fatih(2013), *A History of Ottoman Economic Thought : Developments before the Nineteenth Century*, New York : Routledge.

Fakhry, Majid(2002), *Al-Fārābi : Founder of Islamic Neoplatonism : His Life, Works and Influence*, Oxford : Oneworld.

Ghazanfar, Shaikh Mohammad and Abdul Azim Islahi(1997), *Economic Thought of Al-Ghazali (450-505 A.H./1058-1111 A.D.)*, Jeddah, Saudi Arabia : Scientific Publising Centre, King Abdulaziz University.

Goody, Jack(1996), *The East in the West*, Cambridge ; New York : Cambridge University Press.

Greif, Avner(2006), *Insitutions and the Path to the Modern Economy : Lessons from Medieval Trade*, New York : Cambridge University Press.

Hammad, Naziya(2008), *Mu'jam al-Mustalahat al-Maliya wa al-Iqtisadiya fi Lughat al-Fuqha*, Damascus : Dar al-Qalam.

Harari, Orna(2004), *Knowledge and Demonstration : Aristotle's Posterior Analytics*, Dordrecht : Kluwer Academic Publisher.

Harrison, A. R. W.(1968), *The Law of Athens : The Family and Property*, Oxford : Clarendon Press.

Hicks, John(1969), *A Theory of Economic History*, New York : Oxford University Press.

John of Salisbury and Bishop of Chartres(2009), *The Metalogicon : A Twelfth-Century Defense of the Verbal and Logical Arts of the Trivium*, Daniel D. McGarry trans., Philadelphia : Paul Dry Books.

Kautilya(1992), *The Arthashastra*, L. N. Rangarjan ed. and trans., London : Penguin Books.

Kaye, Joel(1998), *Economy and Nature in the Fourteenth Century : Money, Market Exchange, and the Emergence of Scientific Thought*, New York : Cambridge University Press.

Krugman, Paul, Robins Wells, and Martha L. Olney(2007), *Essentials of Economics*, New York : Worth Publishers.

Laertius, Diogenes(1925), *Lives of Eminent Philosophers*, R. D. Hicks ed., Cambridge : Harvard University Press.

Lipsey, Richard G., Douglas D. Purvis, and Peter O. Steine(1987), *Economics*, 8th ed., New York : Harper & Row.

Lloyd, G. E. R(1990), *Demystifying Mentalities*, Cambridge, U.K. ; New York : Cambridge University Press.

Lloyd, G. E. R(2004), *Ancient Worlds, Modern Reflections : Philosophical Perspectives on Greek and Chinese Science and Culture*, New York : Oxford University Press.

Maddison, Angus(2001), *The World Economy : A Millennial Perspective*, Paris : OECD.

Maddison, Angus(2007), *Contours of the World Economy, 1-2030 AD*, New York : Oxford University Press.

Mankiw, N. Gregory(2007), *Principles of Economics*, 4th ed., Mason, Ohio : Thomson Higher Education.

Manzur, Ibn(1955～1956/1993～1994), *Lisān al-ʻArab*, Dar Sadir, Beirut, 전 15권.

Marshall, Alfred(1890/1920), *Principles of Economics*, London : Macmillan.

Marshall, Alfred and Mary Paley Marshall(1879), *The Economics of Industry*, London : Macmillan.

Milonakis, Dimitris and Ben Fine(2008), *From Political Economy to Economics : Method, the Social and the Historical in the Evolution of Economic Theory*, London : Routledge.

Myers, Milton L.(1983), *The Soul of Modern Economic Man*, Chicago : University of Chicago Press.

Piketty, Thomas(2014), *Capital in the Twenty-First Century*, Arthur Goldhammer trans., Cambridge Mass. : The Belknap Press of Harvard University Press.

Ramaswamy, T. N.(1962), *Essentials of Indian Statecraft : Kautilya's Arthasha-*

stra for Contemporary Readers, New Delhi : Munshiram Manoharlal Publishers.

Robbins, Lionel(1932/1935), *An Essay on the Nature and Significance of Economic Science*, London : Macmillan.

Roncaglia, Alessandro(2006), *The Wealth of Ideas : A History of Economic Thought*, Cambridge : Cambridge University Press.

Samuelson, Paul A. and William D. Nordhaus(1989), *Economics*, 13th ed., New York : MacGraw-Hill.

Schaerer, René(1930), *Epistēmē et technē : Étude sur les notions de connaissance et d'art d'Homère a Platon*, Macon : Protat Frçres, Imprimeurs.

Schultz, Theodore W.(1964), *Transforming Traditional Agriculture*, New Haven ; London : Yale University Press.

Schumpeter, Joseph A.(1954), *History of Economic Analysis*, Boston : George Allen & Unwin.

Smith, Adam(1776/1961), *An Inquiry into the Nature and Causes of the Wealth of Nations* IV, New York : Collier.

Spiegel, Henry W.(1991), *The Growth of Economic Thought*, 3th ed., Durham : Duke University Press.

Steuart, James(1767/1998), *An Inquiry into the Principles of Political Economy*, Andrew S. Skinner, Noburo Kobayashi, and Hiroshi Mizuta eds., London : Pickering & Chatto.

Sweezy, Paul M.(1942/1946), *The Theory of Capitalist Development : Principles of Marxian Political Economy*, New York : Oxford University Press.

Temin, Peter(2013), *The Roman Market Economy*, Princeton : Princeton University Press.

Thapar, Romila(2002), *Early India : From the Origin to AD 1300*, Berkeley : University of California Press.

The Oxford English Dictionary(1933/1989), *Prepared by J. A. Simpson and E. S. C. Weiner*, Oxford : Clarendon Press.

Thomas, Rosalind(2000a), *Herodotus in Context : Ethnography, Science, and the Art of Persuasion*, Cambridge, U.K. ; New York : Cambridge University Press.

Thomas, Rosalind(2000b), *The Classical City, Classical Greece 500-323 BC*, Robin Osborne ed., New York : Oxford University Press.

Trescott, B. Paul(2007), *Jingji Xue : The History of the Introduction of Western Economic Ideas into China*, Hong Kong : Chinese University Press.

Walras, Léon(1954/2003), *Elements of Pure Economics, or the Theory of Social Wealth*, William Jaffe trans., London : Routledge.

Williams, Raymond(1983), *Keywords : A Vocabulary of Culture and Society*, New York : Oxford University Press.

Wood, Ellen Meiksins and Neal Wood(1978), *Class Ideology and Ancient Political Theory : Socrates, Plato, and Aristotle in Social Context*, Oxford : Blackwell.

Zanden, Jan Luiten Van(2009), *The Long Road to the Industrial Revolution*, London : Brill.

2) 논문

加藤博(2004), 「イスラム市場社會の歷史的特質」, 三浦徹・岸本美緒・關本照夫 編, 『比較史のアジア : 所有・契約・市場・公正』, 東京大學出版會.

慶應義塾(1962), 「經濟學部 付商學部」, 『慶應義塾百年史』 別卷 大學篇.

高木正道(1982), 「經濟概念の意味變化と「家族」の機能縮小」, 『靜岡大學法經研究』 30(3-4), pp.91～108.

溝口雄三・池田知久・葉坦(2001), 「利」, 溝口雄三・丸山松幸・池田知久 編, 『中國思想文化事典』, 東京大學出版會, pp.108～116.

內山俊彦・馬淵昌也・坂元ひろ子(2001), 「知」, 溝口雄三・丸山松幸・池田知久 編, 『中國思想文化事典』, 東京大學出版會, pp.319～327.

島崎隆夫(1959), 「日本經濟思想の研究史」, 『日本における經濟學の百年 上』, 日本評論社, pp.109～184.

馬場宏二(2004), 「經濟という言葉 : 意味・語源・歷史」, 大同文化大學, Research Paper 44.

尾藤正英(1972),「太宰春臺の人と思想」, 賴惟勤 校注,『日本思想大系 37 徂徠學派』, 岩波書店, pp.487～514.
方維規(2008),「「經濟」譯語に關する再考」,『東アジアにおける知的システムの近代的再編をめぐって』, 國際日本文化研究センター, pp.193～200.
本間次彦(2001),「經世致用の學」, 溝口雄三・丸山松幸・池田知久 編,『中國思想文化事典』, 東京大學出版會, pp.394～396.
山崎怜(1971),「アダム・スミズ：ひとつの序章」, 杉原四郎 編,『近代日本の經濟思想』, ミネルバァ書房, pp.115～172.
森時彦(1999),「梁啓超の經濟思想」, 狹間直樹 編,『梁啓超：西洋近代思想受容と明治日本』(京都大學人文科學研究所共同報告), みすず書房, pp.229～254.
森時彦(2000),「生計學と經濟學の間」,『東方學報』第72册, pp.500～523.
森時彦(2013),「清末におけるpolitical economyの受容：梁啓超を中心に」, 石川禎浩・狹間直樹 編,『近代東アジアにおける飜譯槪念の展開』, 京都大學人文科學研究所, pp.253～276.
杉原四郎(1971),「古典學派經濟學と近代日本：わが國への古典派導入前史を中心として」, 杉原四郎 編,『近代日本の經濟思想』, ミネルバァ書房, pp.3～23.
森藏三郎(1943),「經濟學部總說」,『東京帝國大學學術大觀, 法學部・經濟學部』, 東京帝國大學, pp.467～519.
孫建軍(2012),「日中をわたるS. R. Brown：『致富新書』から『致富新論譯解』まで」,『越境する近代語：中國・日本・韓國 近代東亞語言接觸國際學術硏討會予稿集』, pp.37～44.
沈國威(2014),「近代の新語譯語と中國語の二字語化」, 沈國威・內田慶市 編,『環流する東アジアの近代新語譯語』, 關西大學 アジア文化研究センター, pp.303～318.
岩橋勝・李紅梅(2010),「近世日本中國朝鮮における貨幣經濟化比較史試論」, 大阪經濟大學日本經濟史研究所 編,『東アジア經濟史研究 第一集：中國・韓國・日本・琉球の交流』, 思文閣出版.
奧野滿里子(2003),「功利主義」, 石塚正英・柴田隆行 監修,『哲學・思想飜譯語事典』, 論創社, p.106.
雨宮健(2012), 「古代ギリシャと古代中國の貨幣經濟と經濟思想」, 『金融研究』, 日本銀行金融研究所, pp.1～51.
李漢燮(2003), 「19世紀末以後の日韓兩語の接觸と交流について：李鑢永の『日槎集略』に出ている語を中心に」, 飛田民文 他編, 『アジアにおける異文化交流』, 明治書院, pp.66～76.
李漢燮(2010), 「近代東アジアにおける新概念の傳播と新聞との關わり：『漢城旬報』の場合を中心に」, 『東アジア近代における概念と知の再編成』, 國際日本文化研究センター, pp.161～176.
李漢燮(2014), 「舊韓國『官報』に入った近代日本語の語彙について」, 沈國威・內田慶市 編, 『環流する東アジアの近代新語譯語』, 關西大學アジア文化研究センター, pp.1～16.
李憲昶(2008), 「漢字文化圈におけるPolitical EconomyとEconomicsの飜譯」, 沈國威 編, 『漢字文化圈諸言語の近代語彙の形成：創出と共有』, 關西大學出版部, pp.167～211.
李憲昶(2013c), 「アジアにおいてpolitical economyの飜譯語として登場した諸用語の原義とその進化」, 鈴木貞美・劉建輝 編, 『東アジアにおける知的交流：キイ・コンセプトの再検討』, 京都：國際日本文化研究センター, pp.119～136.
鄭英淑(2004), 「津田眞道の譯語研究」, 國際基督教大學 比較文化研究科 博士論文.
佐幸信介(2003), 「言述」, 石塚正英・柴田隆行 監修, 『哲學・思想飜譯語事典』, 論創社, p.100.
朱京偉・李漢燮(2014), 「『漢城旬報』(1883-84)と中日韓の語彙交流」, 沈國威・內田慶市 編, 『環流する東アジアの近代新語譯語』, 關西大學アジア文化研究センター, pp.17～52.
竹浪聰(1983), 「けいざい經濟」, 佐藤喜代治 編, 『講座日本語の語彙 10』, 明治書院, pp.1～4.
重田園江(2003), 「經濟」, 『哲學・思想飜譯語事典』, 論創社, pp.85～86.
馮天瑜(2005a), 「中國語, 日本語, 西洋語間の相互傳播と飜譯のプロセスにおける「經濟」という概念の變遷」,『日本研究』31, 國際日本文化研究センター紀要, pp.159～190.
下谷政弘(2011),「經濟學と「理財學」: 明治期日本語變遷一齣」,『福井縣立大學論集』36, pp.1～18.
下谷政弘(2014),「經濟學と「理財學」」,『經濟學用語考』, 日本經濟評論社, pp.51～94.

姜廣輝(1999),「顔元的"習行經濟"之學」, 陳鼓應・辛冠潔・葛榮晉 主編,『明清實學思潮史 下』, 齊魯書社, pp.1410～1434.
金觀濤・劉青峰(2003),「從「經世」到「經濟」: 社會組織原則變化的思想史研究」,『臺大歷史學報』32, 廣知書局, pp.139～189.
梁啓超(1902/1905),「生計學學說沿革小史」,『飮氷室文集』.
梁啓超(1902/1909),「論近世國民競爭之大勢及中國之前途」,『飮氷室文集』.
葉坦(1997),「"經濟"補考」,『讀書』11.
熊月之(2009),「郭實≪貿易通志≫簡論」,『史林』3.
衷爾鉅(1999),「張履祥의 "經濟之學"」, 陳鼓應・辛冠潔・葛榮晉 主編,『明清實學思潮史 中』, 齊魯書社, pp.1072～1111.
馮天瑜(2005b),「"經濟" 辨析 上」,『湖北經濟學院學報』2005年 3卷 6期, pp.5～12.
馮天瑜(2006),「"經濟" 辨析 下」,『湖北經濟學院學報』2006年 4卷 1期, pp.5～11.

Abramovitz, Moses(1986), "Catching up, Forging ahead and Falling behind," *Journal of Economic History* 46(2), pp.385～406.
Acemoglu, Daron, Simon Johnson, and James Robinson(2005), "The Rise of Europe : Atlantic Trade, Institutional Change and Economic Growth," *American Economic Review* 95(3), pp.546～579.
Arndt, Heinz Wolfgang(1984), "Political Economy," *Economic Record* 60(170), pp.266～273.
Backhouse, Roger and Steven Medema(2009), "Retrospectives : On the Defi-

nition of Economics," *Journal of Economic Perspectives* 23(1), pp.221 ~234.

Baeck, Louis(1991), "The Economic Thought of Classical Islam," *Diogenes* 154, pp.99~115.

Bashkin, Orit(2015), "Journeys between Civility and Wilderness : Debates on Civilization and Emotions in the Arab Middle East 1861-1939," in Margrit Pernau and Helge Jordheim eds., *Civilizing Emotions : Concepts in Nineteenth Century Asia and Europe*, New York : Oxford University Press.

Becker, Gary S.(1993), "The Economic Way of Looking at Behavior," *The Journal of Political Economy* 101(3), pp.385~409.

Boesche, Roger(2005), "Han Feizi's Legalism versus Kautilya's Arthashastra," *Asian Philosophy* 15(2), pp.157~172.

Boulding, Kenneth E.(1969) "Economics as a Moral Science," *American Economic Review* 59(1), pp.1~12.

Burckhardt, Johannes, Otto Gerhard Oexle, and Peter Spahn(1978) "Wirtschaft," in Otto Brunner, Werner Conze, and Reinhart Koselleck eds., *Geschichtliche Grundbegriffe : Historisches Lexikon zur politisch-sozialen Sprache in Deutschland* Band 7, Stuttgart : Klett-Cotta.

Casalin, Federica(2006), "Some Preliminary Remarks on the Zhifuxinshu 致富新書,"『或問』11, pp.85~99.

Cohen, Edward E.(2006), "Commercial Law," in Michael Gagarin and David Cohen ed., *The Cambridge Companion to Ancient Greek Law*, Cambridge : Cambridge University Press, pp.290~302.

Cooper, Alison Burford(1976), "The Family Farm in Greece," *The Classical Journal* 73(2), pp.162~175.

Eisenstadt, Shmuel N.(1982), "The Axial Age : The Emergence of Transcendental Visions and the Rise of Clerics," *European Journal of Sociology* 23(2), pp.294~313.

Essid, M. Yassine(1987), "Islamic Economic Thought," in S. Todd Lowry ed., *Pre-Classical Economic Thought*, Boston : Kluwer Academic Publishers, pp.77～102.

Fairbank, John K.(1968), "A Preliminary Framework," in John K. Fairbank ed., *The Chinese World Order : Traditional China's Foreign Relations*, Cambridge : Harvard University Press, pp.1～19.

Finley, M. I.(1987), "Chrematistics," in Peter Newman, John Eatwell, and Murray Milgate eds., *The New Palgrave : A Dictionary of Economics* 1, pp.421～423.

Flux(1987), "Plutology," in Peter Newman, John Eatwell, and Murray Milgate eds., *The New Palgrave : A Dictionary of Economics* 3, p.897.

Gay, Edwin F.(1903), "The New Economics Tripos at Cambrigde University," *The Quarterly Journal of Economics* 17(3), pp.492～496.

Ghazanfar, S. Mohammad(2000), "The Economic Thought of Abu Hamid Al-Ghazali and St. Thomas Aquinas : Some Comparative Parallels and Links," *History of Political Economy* 32(4), pp.857～888.

Goldin, Claudia(1995), "Cliometrics and the Nobel," *Journal of Economic Perspectives* 9(2), pp.191～208.

Groenewegen, Peter(1985), "Professor Arndt on Political Economy : A Comment," *Economic Record* 61(175), pp.744～751.

Groenewegen, Peter(1987), "'Political Economy' and 'Economics'," in Peter Newman, John Eatwell, and Murray Milgate eds., *The New Palgrave : A Dictionary of Economics* 3, pp.904～907.

Kartunen, Klaus(2014), "Sabhā-Samāj Society : Some Linguistic Considerations," in Hagen Schulz-Forberg ed., *A Global Conceptual History of Asia, 1860-1940*, London : Pickering and Chatto.

Khuri-Makdisi, Ilham(2014), "Conceptualization of the Social in Late Nineteenth- and Early Twentieth-Century Arabic Thought and Language," in Hagen Schulz-Forberg ed., *A Global Conceptual History of Asia, 1860-1940*, London : Pickering and Chatto, pp.91～110.

King, James E.(1948), "The Origin of the 'Term Political Economy'," *The Journal of Modern History* 20(3), pp.230～231.

Kolm, Serge-Chrisophe(2006), "Introduction to the Economics of Giving, Altruism and Reciprocity," in Serge-Christophe Kolm and Jean Mercier Ythier eds., *Handbook of the Economics of Giving, Altruism, and Reciprocity* 1, Amsterdam : Elsevier, pp.1~122.

Lee, Hun-Chang(2006), "When and How Did Japan Catch up with Korea? : A Comparative Study of the Pre-Industrial Economies of Korea and Japan," CEI Working Paper Series, No.2006-15, Institute of Economic Research, Hitotsubashi University(http://cei.ier.hit-u.ac.jp/working/2006/main.html).

Leshem, Dotam(2013), "Oikonomia Redefined," *Journal of the History of Economic Thought* 35(1), pp.43~61.

Lippert, Wolfgang(2004), "The Formation and Development of the Term 'Political Economy' in Japanese and Chinese," in Michael Lackner and Natascha Vittinghoff eds., *Mapping Meanings : The Field of New Learning in Late Qing China*, Leiden ; Boston : Brill, pp.119~128.

Macleod, Henry Dunning(1875), "What is Political Economy?," *Contemporary Review* 25, pp.871~893.

Mankiw, N. Gregory(2006), "The Macroeconomist as Scientist and Engineer," *NBER Working Paper* 12349.

Mason, Edward S. and Thomas S. Lamont(1982), "The Harvard Department of Economics from the Beginning to World War II," *The Quarterly Journal of Economics* 97(3), pp.383~433.

McClosky, Deirdre(1981/2000), "1780-1860 : A Survey," in Roderick Floud and Deirdre McClosky eds., *The Economic History of Britain Since 1700* 1, Cambridge : Cambridge University Press, pp.242~270.

North, Douglas C.(1977), "Markets and Other Allocation Systems in History : The Challenge of Karl Polanyi," *Journal of European Economic History* 6(3), pp.703~716.

Pamuk, Şevket(2012), "Political Power and Institutional Change : Lessons from the Middle East," Spec. Issue of *Economic History of Developing*

Regions 27(1), pp.s41～s56.

Parry, Richard(2003/2007), "Episteme and Techne," *Stanford Encyclopedia of Philosophy*(http://plato.stanford.edu/entries/episteme-techne/).

Peil, Jan(2009), "Introduction," in Jan Peil and Irene van Staveren eds., *Handbook of Economics and Ethics*, Northampton：Edward Elgar, pp.xvi～xviii.

Rothbard, Murray N.(1987), "Catallactics," in Peter Newman, John Eatwell, and Murray Milgate eds., *The New Palgrave：A Dictionary of Economics* 1, pp.377～378.

Shiue, Carol H. and Wolfgang Keller(2007), "Markets in China and Europe on the Eve of the Industrial Revolution," *American Economic Review* 97(4), pp.1189～1216.

Sidgwick, Henry(1987), "'Economic Science' and 'Economics'," in Peter Newman, John Eatwell, and Murray Milgate eds., *The New Palgrave：A Dictionary of Economics* 2, pp.58～59.

Skinner, Andrew S.(1998), "Introduction," in James Steuart, *An Inquiry into the Principles of Political Economy*, Andrew S. Skinner, Noboru Kobayashi, and Hiroshi Mizuta eds., London：Pikering & Chatto.

Temin, Peter(2001), "A Market Economy in the Early Roman Empire," *Journal of Roman Studies* 91, pp.169～181.

Waldauer, Charles, William J. Zahka, and Surendra Pal(1996), "Kautilya's Arthashastra：A Neglected Precursor to Classical Economics," *Indian Economic Review* 31(1), pp.101～108.

Zoepffel, Renate(2006), "Einleitung," in Renate Zoepffel, *Aristoteles, Oikonomika：Schriften zu Hauswirtschaft und Finanzwesen：Übersetzt und Erläutert*, Berlin：Akademie Verlag.

| 찾아보기 |

사항

ㄹ

ㅁ

ㅂ

ㅇ

ㅈ

인명

책·신문·잡지

ㅊ

ㅋ

ㅎ